수정 증보판

송석하의 민속학
군국주의 맥락과 제삼의 조선학

졸저를 삼가 석남선생 영전에 바칩니다

수정 증보판

송서하의 민속학
군국주의 맥락과 제삼의 조선학

2023년 12월 30일 초판 1쇄 발행
2025년 11월 14일 수정 증보판 1쇄 발행

지은이　전경수

펴낸이　권혁재

편　집　권이지
교정교열　천승현
디자인　이정아

인　쇄　성광인쇄
펴낸곳　학연문화사
등　록　1988년 2월 26일 제2-501호
주　소　서울시 금천구 가산디지털1로 16 가산2차 SKV1AP타워 1415호

전　화　02-6223-2301
전　송　02-6223-2303
E-mail　hak7891@chol.com

ISBN　978-89-5508-713-0 (93910)

수정 증보판

송석하의 민속학
군국주의 맥락과 제삼의 조선학

Korean Folklore and Sohng Suk-ha: Militarism Context and Korean Studies

전경수 지음

학연문화사

수정증보판의 변

　기간된 서적의 내용을 보완하고 싶은 마음은 저술을 해본 사람들에게는 누구에게나 다가오는 심정일게다. 석남 선생의 업적을 정리하려는 의지는 상당히 오래전부터 실천으로 옮기고 있었으나, 석남의 활동기간이 일정기(日政期)를 대부분으로 하고 있기 때문에, 석남의 이해를 위해서는 필연적으로 일정기의 전반적인 통치구도와 지배사상을 비롯하여, 당시 일본의 내지에서 진행되었던 소위 민속학 또는 일본민속학이라는 분야에 대한 이해가 필연적인 작업에 해당된다. 이러한 문제의식이 존재한다는 것만으로는 작업이 순항할 수 없다는 점이 분명하다. 나이가 더 먹기 전에 수행했어야 할 작업들이 산적해 있다는 것을 알게 된 시점에는 기력이 딸린다는 생각이 들기 시작하였다. 필자는 일본학계의 핵심부를 이해하지 않으면, 일정기 조선에서의 학문적 성과와 이후의 과정들이 사상누각 위의 작업이라는 생각을 하게 되었다. 일본에서 진행되었던 학문적인 업적에 대한 이해의 깊이 정도에 따라서 일정기 조선의 학문에 대한 이해도를 담보받을 수 있다는 생각도 하게 된다.

　본서의 초판이 대한민국학술원이 추천하는 우수도서로 선정된 이후에도 필자의 일본에 대한 연구는 지속되었고, 그 결과로 인한 송석하 이해의 정도를 반영하는 것이 도리라고 생각하여 수정증보판을 발행하기로 하였다. 이 과정에는 출판사의 동의가 없이는 불가능하였다. 학연문화사 권혁재 대표께서 필자의 요청을 선선히 수용해주신 결과, 초판 발행 후 1년 반만에 수정증보판이 간행되게 되었다.

　초판에서 잘못되었던 오자와 탈자를 보완하는 수준이 아니라 부분적으로는 상당한 정도로 내용을 보완하는 작업이 포함되었다. 본서는 상당한 양의 사진을 포함하고 있다. 초판에 등장한 사진들의 독해가 불편하다는 독자들의 원성을 담아서 사진의 크기를 키움으로써 수정증보판이 초판보다 판형이 커지게 되었다.

앞으로도 기회가 되면 제2의 수정증보판을 내는 것이 희망이다. 왜냐하면, 학문은 진보한다. 진보하는 만큼의 보고가 독자들에게 제공되는 것이 바람직하다는 생각을 하게 된다. 동학 제현의 가차없는 질정과 편달을 바라마지 않는다.

2025년 8월 카나가와대학 일본상민문화연구실에서
전 경수 삼가 올림.

머리말

"새벽닭이 홀로 울어 날이 새느냐, 들닭이 함께 울어 날이 새지."

본서는 송석하와 그가 실천하였던 민속학에 집중한 내용을 담은 일종의 평전이라고 말할 수 있다. 그러나 본서에는 적지 않은 인사들의 이름자들과 그들의 업적과 문제점을 포함한 내용이 등장한다. 송석하만 논의해서는 송석하를 볼 수 없었다는 것이 솔직한 표현이다. 더군다나 민속학이라는 학문을 배경으로 송석하를 논의하기 때문에, 민속학이라는 학문 분야와 관련된 인사들을 포함하는 학계와 연계하는 구도를 설정하지 않으면 맥락을 상실할 수 있다는 점도 알게 되었다. 송석하와 동시대를 살았던 많은 인사들의 배경과 활동을 알지 않으면 송석하에 대한 이해는 불가능하다는 점은 분명하다. 아직도 더 많은 인사들의 활동과 업적들에 대한 정보 수집이 필요한 상태다.

사람은 시공적(時空的) 존재다. 시간과 공간에서 얽힌 인간관계의 맥락 속에서 한 사람의 모습이 제대로 조명될 수 있다. 어느 시점에, 어느 장소에서 어떠한 언행이 있었는가에 대한 정밀한 추적과 정리는 한 사람의 인생을 이해하는 기본이다. 송석하가 이룩하려고 했던 학문에 대한 이해는 기본적으로 시공적 맥락 속의 송석하를 추적하지 않으면 안 되는 작업이다. 나는 송석하의 작업 속에서 송석하와 가능한 커뮤니케이션을 시도하려 노력하였고, 송석하의 입장을 이해하기 위한 최소한의 방법이 감정이입의 시도일 수 있다고 생각했다. 그 시도를 어느 정도까지 성공적으로 달성할 수 있을지 장담할 수는 없다. 송석하의 입장을 이해하기 위한 하나의 방법으로 시도해 보는 것이다. 학문이라는 배경을 바탕으로 한 논의가 대전제이기 때문에, 학문이라는 현상의 맥락을 시공적인 과정의 일환으로 설명할 의무가 있다. 말하자면, 학문의 흐름 속에서 미래를 예측할 수 있는 과정들을 섬세하게 정리하고 분석하는 노력이 필요하다.

결과에 대해서는 제삼자인 독자들이 판단한다. 내가 이해한 송석하가 다른 분들에게는 몰이해로 규정될 수도 있고, 그 반대도 성립한다. 그래서 필자는 독자들이 기탄없이 비판하기를 학수고대한다.

1967년 3월에서 1971년 2월, 필자가 대학에 다닐 때 학부의 선택과목 중에 '한국민속학'이란 과목이 있었다. 이두현 선생(당시 사범대학국어교육과 교수)께서 강의하셨는데, 학점이 짜다고 선배들로부터 소문이 자자하였다. 당시 선생께서는 『한국의 가면극』이라는 대저를 발행하셨고, 그 책은 표지부터 컬러인 거창한 책이었다. 선생께서는 국제적인 활동이 많았기 때문에, 한 학기 동안 휴강 횟수가 적지 않았다. 학기말 시험을 대체하여 리포트를 제출하라는 전언이 있었기 때문에, 거금으로 책을 구입하여 독파하고 사진도 정성껏 찍어서 작성한 리포트를 사범대학 선생님의 연구실로 가지고 가서 제출하였는데, 학점은 B0를 받았다. 역시 짰다. 창의력이 부족한 나의 글에 대한 선생님의 평가였다. '한국민속학'에 올인하느라 나는 사실 송석하라는 이름도 대수롭지 않게 생각하고 한 학기를 보냈다.

지금 생각해 보면, 당시의 대학 생활에서 공부는 대체로 '혼자 하는 것'이었다. 멘토-멘티 관계가 제대로 작동하지 않았던 시절이었다. 고고학을 중심으로 활동이 이루어졌던 분위기였기 때문에, 고고인류학과를 다니면서 인류학이 아니라 민속학은 거들떠보지도 않았던 시절이었다. 국립박물관의 발굴에 동원되느라고, 문리대강당에서 개최되었던 김천흥선생의 춤 공연을 놓쳤던 것이 지금도 아쉽다. 지금 생각해 보면 별 것도 아니었지만, 인류학과 민속학의 관계에 대해서도 누구 하나 제대로 설명해 주지 않았던 시절이었다. 언제나 친근하게 대해 주시던 이종철 형께서 한국민속관에 취직하고 계셨기 때문에 추운 겨울날 그곳을 찾아가 보니, 경복궁 내 조그만 한옥의 작은 방에서 장주근 선생과 함께 종철 형이 어둠을 지키고 계셨던 모습이 떠오른다. 조개탄 난로를 가운데 두고, 난로로부터 연결된 알루미늄 연통이 약간 번쩍였던 기억도 있다. 난로 위에는 알미늄 도시락이 얹혀서 데워지기를 기다렸던 것 같다. 당시 나는 장주근 선생이 누구인지도 몰랐고, 한국문화인류학회의 발표회장에서 개회 말씀을 하셨던 분으로만 알고 있었다.

그때 학회의 월례 발표회는 주로 동숭동에 있는 문리대의 강의실에서 이루어졌고, 모임에 오시는 분들은 그야말로 늘 뵙는 소수였다. 매달 한 번씩 소수가 모여서 진행되는 모임이었기에, 지금 생각해 보면, 내집단의 관계가 상당히 끈끈하였다는 생각이 든다. 몇 차례 참석해서 발표를 들었던 기억이 있지만, 발표 내용들은 모두 별로였던 것 같았다. 그래도 임석재 선생, 양재연 선생, 이두현 선생, 장주근 선생, 임동권 선생, 이광규 선생, 한상복 선생, 최길성 선생, 그리고 이종철 형, 여중철 형, 장철수 형, 임돈희 누님 등이 번갈아서 간헐적으로 참여하는 자리였다. 학회라는 것은 본시 네다섯 명 또는 많아야 예닐곱 명이 모여서 하는 것인 줄로 알았다.

나는 학회의 심부름을 할 만한 위치도 되지 못하였기에, 포스터라고도 할만한 물건도 안되는 간략한 월례 발표회 안내문과 종이쪽지로 된 방향표를 대학의 이 구석 저 구석에 붙이는 정도의 심부름을 하였다. 그리고 항상 말석에서 발표를 들었다. 어느 날 키가 훤칠하고 옅은 선글라스를 착용하신 노신사 한 분이 참석하셨는데, 그분이 최상수 선생이었다. 나는 항상 뒤에 앉아 있었는데, 그분은 나보다도 뒷자리에 앉아 계셨기에 월례 발표회에서 그분을 두 번 뵈었음을 지금도 선명하게 기억하고 있다. 발표회가 끝나고 문리대 앞에 있는 '진아춘'에서 짜장면 한 그릇 얻어먹었던 것도 나에게는 잊을 수 없는 추억으로 남아 있다. 짜장면 파티를 하는 도중에 선생님들께서 하시는 말씀을 들었는데, 최상수 선생께서 참석하셨던 그날은 무엇 때문인지 이두현 선생께서 특히 비난의 목소리를 높였던 대상이었다는 것을 알게 되었다. 이후 한국 인류학사 자료를 정리하면서, 1996년경 고인이 되셨던 최상수 선생 댁으로 수소문 끝에 전화를 드린 적이 있었다. 남겨진 자료를 보고 싶은 마음이 앞섰던 나의 태도가 지극정성이지 못하였던 까닭일까, 유족들로부터 단호하게 거절당했던 적이 있었다.

사범대 국어교육과를 졸업하고 문리대 고고인류학과로 학사 편입했던 장철수(張哲秀) 형은 필자와 같은 학년으로 공부하였다. 민속학을 필생의 업으로 한다는 신념이 투철하였던 분이었다. 함부르크 민족학박물관 게르넛 프루너(Gernot Prunner, 1935-2002) 박사의 조수를 하면서 독일 유학의 꿈을 키웠고, 독일 유학 뒤에 자리를 잡았던 안동대학 민속학과로부터 한국정신문화연구원으로 자리를 옮겼다. 그후 얼마 지나지 않아서 발암을 알게 되었고, 그즈음 장형은 상례(喪禮)를 중심으로 한 민속학의 정립을 필생의 업으로 삼고 있었다. 그는 당시 송석하를 깊이 있게 정독하고 있었다. 인덕원에 있는 '탕집'에서 여러 차례 열변을 토하던 모습이 지금도 생생하다. 당시 나는 한국 인류학사를 정리하는 작업에 돌입한 상태였기 때문에, 장형과의 토론은 언제든지 열기가 후끈 달아오를 수밖에 없었다. 채 마무리가 되기도 전에 장형은 그렇게 먼저 가셨다.

송석하에 대한 인지도가 말만 무성하였지 실지로 제대로 정리된 자료들이 별로 없었던 이유를 얼마 전에야 비로소 알게 되었다. 송석하의 이름으로 나온 글들은 대부분 과거의 잡지와 신문지에 게재된 것들이며, 옛 잡지와 신문들을 뒤지는 작업은 여러 가지 제약으로 쉽지 않았다. 결과적으로 송석하의 본체가 오랫동안 소문 속에서만 맴돌고 있었다. 말하자면, 연구자들이 과거의 잡지와 신문지를 뒤지는 작업에 태만하였던 점을 알게 되었다.

한국문화인류학회를 비롯하여 여러 종류로 진행된 모임들의 배경에, 러한 이야기들의 과거에 송석하가 자리하고 있었다는 점을 제대로 알게 된 것은 1994년 이후였다. 한국 인류학사를 정리하는 작업이 시작되면서 송석하는 나에게 커다랗게 다가왔고, 오늘에 이르렀다. 식민지 조선의 문제가 송석하와 분리될 수 없다는 확신에서 나는 일본을 방문하는 기회마다 송석하의 흔적을 찾으려 노력했다. 2023년 전반기에는 요코하마의 카나가와대학 일본상민문화연구소에 객원 연구원으로 반년 간 체류하면서, 오사카를 방문하는 기회를 만들어서 송석하의 족적을 찾기 위한 헤맴을 도모하였다. 나의 오랜 친구이며 고고학자인 오노 사치오(大野左千夫) 형에게 사전 자료 조사를 부탁했다. 토비타신치(飛田新地)를 함께 방문하자고 미리 제안했기 때문에, 오노 형으로부터 자료가 몇 가지 온 후 비로소 나는 그곳이 오사카의 유명한 유곽 지대라는 사실을 알게 되었다. 유곽 지대의 일우(一隅)에서 민속학에 취미를 갖고 민속학 잡지 『이나카(田舍)』를 십여 호까지 발행하였던 요코이 테루히데(橫井照秀)의 족적을 찾는 방문이었다.

오랜 지기 타카무라 에츠코(高村江津子)가 운전한 차로 오노 사치오 형과 함께 찾아간 곳은 유월 햇볕의 뜨거운 대낮인데도 유곽업이 진행되고 있었다. 사실 오노 형은 그곳에 가기를 꺼리는 눈치였는데, 그러한 분위기도 모르고 방문에 동행을 강조하였던 나는 지금 늦게나마 오노 형에게 사죄를 드리고 싶다. 유곽 지대를 알리는 기념탑과 안내문이 있는 입구에 자리한 파출소(고반, 交番)는 지극히 좁은 공간에 의자도 없는 탁자만 덩그러니 있고, 인기척은 없었고, 벽에는 토비타신치 유곽 지대의 지도가 걸려 있었다. 파출소에 근무자가 얼씬하는 것이 유곽 지대의 영업에 방해가 될 것을 미리 염려한 조치가 아닐까? 음식점처럼 바깥이 치장된 내부에 앉아서 '놀다 가라'며 손짓하는 여성을 먼발치에서 보고, 『이나카』의 간기(刊記)에 적힌 발행소의 주소를 찾아서 간 곳의 번지는 세월이 격하였음을 증언하고도 남음이 있었다. 하나의 번지가 여러 개의 하위 번지로 쪼개어져 있었고, 가장 대로변에는 주상복합의 빌딩이 한 채 서 있었다. 송석하의 논문 2편이 『이나카』에 게재되어 있기에, 아직도 정리되지 않은 토비타신치의 상황이 머릿속을 맴돌고 있었다. 한 시간 정도 토비타신치의 내부를 왕래하면서 서성거렸는데, 지금 생각해 보면 아뿔싸! 그때 근처의 사람들이 70대 중반인 사치오 형과 나를 보고 무슨 생각을 하였을까?!

요코이 테루히데는 도대체 어떤 사람일까? 유곽 지대의 일우에서 유곽업으로 살아가면서 민속학에 정진하였던 요코이란 인물과 송석하가 연결되었던 과정과 족적은 어떻게 설명되어야 할까? 약간의 자료를 찾아본 결과, 일본 민속학계의 연구사 속에서도 요코이의 족적은 오리무중이다. 야나기타 쿠니오(柳田國男)도 송석하도 그리고 적지 않은 일본 민속학자들이 요코이에게 원고료를 얼마 정도 받았을 텐데. 요코이의 수입은 여하간에 유곽 경영의 수입에서 나왔음이 분명한데. 요코이는 사실상 정상적인 유곽을 경영했던 것이 아니라 유곽들이 밀집한 일우에서 시간제 방을 빌려주는 업으로 살았던 사람이었다. 어떻게 보면 유곽 경영자보다도 경제적으로는 열등한 지위에 있었을 것이라는 추측이 가능하다. 그런 사람이 민속학을 하였다는 점에 호기심이 극도로 발동하였던 나는 솔직히 좀체로 흥분이 가라앉지 않았다.

일제 식민지 시대의 문제는 이렇게 아직도 우리의 주변을 맴돌고 있다. 선명하게 보이기보다는 흐릿하면서도 애매한 자태로서 다가오는 경우가 대부분이다. 당시 조선은 일본 제국의 식민지였기 때문에, 전체인 일본 제국과 부분인 식민지 조선이라는 구도를 명확하게 정리하지 않으면 식민지 조선을 이어받은 대한민국의 자태를 제대로 보기란 쉽지 않다. 전체와 부분의 관계는 반대 방향으로도 힘이 작용한다. 부분을 제대로 알지 않으면 전체를 알기 어렵다. 식민지 조선을 제대로 알지 않으면, 일본 제국도 제대로 알기 어렵다. 일본인 학자들이 조선에 대해서 그렇게도 열심히 연구하는 이유 중 하나가 이상과 같은 맥락이 존재하기 때문이다.

사람이란 존재는 스스로 자신을 볼 수가 없다. 쉽게 말하면, 사람은 자신을 보기 위해서 항상 거울이 필요하다. 남을 꾸준히 깊이 있게 들여다보다 보면, 어느 순간에 그것이 거울로 전환되어 자신이 비치는 때를 맞이하게 된다. 일제 식민지 시대 조선과 일본은 서로의 거울 역할을 하게 된 역사적 소산의 운명을 공유하는 부분이 있다. 스스로 보지 못하기 때문에, 스스로 보려는 사람은 필연적으로 스스로 보지 못한 부분에 대한 인식을 분명하게 해야 한다. 스스로 보지 못하는 부분을 앞이나 뒤나 옆에 있는 사람이 보아주는 것이다. 나를 향한 제삼자의 목소리를 경청해야 하는 이유가 여기에 있다.

본서에는 일본어들을 그대로 옮겨 쓴 경우가 적지 않게 등장한다. 이것도 식민지 경험의 불멸성으로 귀착된다. 필자가 걱정하는 대표적인 표현들 중의 하나는 '내지(內地)'라는 단어다. 식민지에 대해서 일본 본토를 이르는 말로 사용되었고, 현재 대만에서도 이 용어가 쓰이며, 오키나와에서도 현행으로 통용된다. 필자가 이 단어를 사용하지 않으려면 여러 구차스러운 설명을 붙여야 한다. 단순히 '일본'이라고는 말할 수가 없는 상황들이 있다. 새로운 용어를 대체하는 과정에 맥락상의 의미 변질이 발생하기 쉽고 글쓰기가 어려워지는 불편함을 피하고자, 필요한 경우에는 '내지'라는 단어를 그대로 사용하였다. 그렇게 함으로써 당시의 분위기를 살려내는 추가적인 의미도 있다. 식민지 시대의 문제를 거론하는 한 이러한 문제는 지속적으로 작가의 발목을 잡게 될 것이다.

이 단어를 사용하는 것이 친일파의 증거라고 공격한다면, 우리는 또 다른 토론장을 마련해야 한다. 우리가 현행으로 사용하고 있는 많은 단어들이 일본어로부터 차용되었음에 대한 설명을 해야 한다. 나는 결코 친일 행위를 위해서 '내지'라는 단어를 쓰지 않았음을 분명히 기록한다. 글쓰기의 편의와 식민지 시대의 분위기를 살린다는 두 가지 목적으로 이 단어를 사용함에 대한 이해를 미리 구한다. 또 다른 단어들도 이러한 맥락에 걸려 있음에 대해서 미리 보고를 드린다.

한국 인류학사에 관심을 갖고 논문을 쓰기 시작한 이래로 필자가 발표하였던 송석하 및 조선민속학회와 관련된 글들을 연대기 순으로 정리하면 아래와 같다. 필자가 민속학을 인류학의 한 하위분야로 생각하고 있음은 "민속학은 반드시 인류학적 연구의 한 브랜치(branch)여야만 한다"(Boas, 1974: 268)라는 프란츠 보아스의 학문분류 체계를 따르기 때문이다. 나는 1997년부터 2022년 사이에 송석하와 관련된 논문을 6편을 발표하였는데, 회고하건대 사실상 1997년도에 발표한 논문은 자료수집이 부족해서 수준 미달이라고 말할 수밖에 없다. 따라서 앞으로 송석하와 조선민속학회에 관련된 주제에 관심이 있는 분들께서는 나의 1997년도 논문은 참고로만 이용하시기를 바란다. 혹시 인용하실 일이 있다면 같은 내용이 2013년부터 2022년 사이에 나온 후자를 인용하시기를 바란다. 1997년의 논문이 갖는 의미는 저급한 수준에서 출발하였다는 과정으로서의 의미를 부여하는 것으로 충분하다고 생각한다.

1997 "송석하, 조선민속학회, 국립민족박물관, 인류학과", 民俗學硏究 4: 23-43.

2013.12.20 "조선민속학회와 〈朝鮮民俗〉의 식민지와 은항책", 民俗學硏究 33: 5-50.

2022.9.30 "송석하가 쓴 최초의 논문, 조선화폐사", 사회와 역사 135: 299-309.

2022.11.30a "〈朝鮮民俗〉과 '鄕土舞踊民謠大會'로 본 조선민속학회: 조선민속학회 창립 90년에 식민지혼종론을 생각한다", 한국민속학 76: 37-131.

2022.11.30b "민속학과 민속주의 사이의 송석하: 일제식민지하의 지식인상", 民俗學硏究 51: 5-51.

2022.12. "미군 점령지하의 송석하: 문화주권을 제창하다", 비교문화연구 28(2): 97-183

본서는 이상의 논문들에서 발견된 부족한 부분들을 보완하였고, 새로운 자료를 첨가하여 새롭게 원고를 작성한 결과이다. 물론 위의 논문들에서 언급된 내용이 본서에서 누락된 부분도 있다. 따라서 위의 논문들과 본서의 내용을 대조한 후, 같은 내용이 중복되는 경우들이 나타날 수밖에 없다. 같은 내용에서 차이가 날 때는 본서의 내용이 더욱 정확한 것으로 이해해 주시기를 앙망한다.

이 책으로 드러난 나의 족적은 이제 강산이 세 번 변한 삼십 년의 세월을 보낸 결과 중 일부이다. 일지사(출판사) 김성재 사장님의 "해방 오십 년의 학계를 정리해야 하지 않겠는가"라는 전화 목소리가 지금도 쟁쟁하게 울린다. 관악의 연구실에서 그 전화를 받았던 때가 1994년 10월의 어느 날이었다. 쟁쟁한 목소리가 에너지가 되었던가, 쟁쟁한 목소리가 전해준 충격파의 에너지가 나를 여기까지 몰고 왔다. 그사이에 나는 나의 가족사와 관련된 식민지의 문제에도 천착하게 되었고, 토쿄의 시부야에서 하숙하셨다던 아버지의 그림자를 찾아보는 일도 있었다. 어려운 출판 사정 속에서 학문을 깊이 있게 생각하셨던 김성재 사장님께 감사의 말씀을 올리고 싶다. 영면하신 자리에서 편히 계시기를 비는 소원도 올리고 싶다.

이 책의 발행과 비슷한 시기에 필자의 이름으로 서울대학교출판문화원에서 『경성학파의 인류학』이란 제목의 책을 발간하였다. 그 책은 일제 식민지 시대에 설립된 경성제국대학에 근무하였던 일본인 학자들을 중심으로 자료를 정리하고 분석한 결과였다. 그 사이 손진태에 관한 서적은 『손진태의 문화인류학』이란 제목의 단행본으로 발행하여 개정판까지 내었다. 이번에 발행하는 이 책은 사실상 『경성학파의 인류학』의 준비 과정과 같은 시간대에 송석하를 중심으로 한 조선인들의 업적들을 정리하고 분석한 내용이다. 이 책을 쓰면서, 필자는 전자의 책 내용을 끊임없이 반복적으로 되뇌이고 대조하는 작업을 시도하였다. 왜냐하면 같은 시기에 같은 장소에서 진행되었던 일들이 적지 않았기 때문이었다. 따라서 전자의 『경성학파의 인류학』과 이 책은 쌍(雙)으로 취급되는 것이 바람직하므로, 상호 이해라는 점에서 상생효과를 증진시킬 수 있을 것이다.

두 책을 관통하는 하나의 중심된 개념이 일본의 군국주의라는 점도 확인되어야 할 사항이다. 전자는 인류학이라는 학문을 통하여 군국주의를 직간접으로 실천하였던 일본인 연구자들의 구체적인 공정(工程) 과정을 보여주며, 이 책은 군국주의 실천 과정에 동원되었던 조선 민속과 민속학을 연구하였던 송석하를 중심으로 한 조선인들의 활동, 즉 군국주의에 의해서 이용 및 탄압 당하였던 측의 구체적인 공정을 보여준다. 두 권을 합하면 20세기 전반에 이 땅에서 진행되었던 인류학이란 학문의 대강이 드러나는 셈이다. 지난 30년간의 작업 결과다. 2024년은 석남(石南) 송석하 선생의 탄신 120주년이 되는 해이기도 하다. 조선 민속학의 바탕을 마련하고 육성하셨던 석남 선생의 영전에 졸저를 바치는 기회를 마련하고자 한다.

이제 다시 한숨 돌리고 일본의 상황을 점검해야겠다. 나의 경험에 의하면, 일본을 아는 만큼 한국이 보이기 때문이다. 비교라는 방법론을 엄정하게 생각하면, 한국과의 대비를 위해서 일본을 공부하는 것은 단견이요 실패의 길이다. 일본 그 자체를 알아야 한국이 제대로 보이기 시작한다. 처음부터 비교의 목적으로 일본을 공부하는 것은 다른 길로 빠질 수밖에 없다. 일본과 한국의 관계는 상당 부분이 글자 그대로 쌍방의 순치 관계다. 처음부터 일본 연구에 정면 돌파를 시도하는 것이 궁극적으로 한국 연구에 새로운 방향과 시각을 제공할 수 있다.

본서를 준비하고 집필하는 과정에 여러분들과 단체로부터 말씀과 자료로 다대한 도움을 받았다. 고영진(동지사대학 교수), 권영민(서울대학교 명예교수), 권태억(서울대학교 명예교수), 권태효(국립민속박물관 학예관), 김광식(릿쿄대학 강사), 김동철(부산대학교 명예교수), 김종대(국립민속박물관장), 김창민(전주대학교 교수), 김태성(부산대학교 명예교수), 김필동(충남대학교 명예교수), 박천홍(아단문고 실장), 배기동(국립중앙박물관장), 석종걸(군산시 임피면 축산리 소재 용천사 주지), 송의정(국립중앙박물관 고고부장), 송지형(서울대학교중앙도서관 고문헌자료실장), 오영식(근대서지연구소장), 왕한석(서울대학교 명예교수), 이관호(국립민속박물관 학예관), 이문웅(서울대학교 명예교수), 이종철(전통문화대학 총장), 장상훈(국립중앙박물관 연구부장), 정상박(동아대학교 명예교수), 정연학(국립민속박물관 학예관), 조 광(고려대학교박물관장), 한창훈(전북대학교 교수), 홍종화(민속원 사장), 이토 사야카(伊藤さやか, 카나가와대학 도서관), 스즈키 치구리(鈴木千久里, 일본상민문화연구소 도서실), 마쓰모토 세이이치(松本誠一, 동양대학 명예교수), 아사쿠라 토시오(朝倉敏夫, 국립민족학박물관 명예교수), 아키바 마리코(秋葉万里子, 요코하마 거주), 오노 사치오(大野左千夫, 와카야마시립박물관), 이토 아비토(伊藤亞人, 동경대학 명예교수), 쿠보다 료코(窪田涼子, 일본상민문화연구소), 이타가키 류타(板垣竜太, 동지사대학 교수), 타카무라 에츠코(高村江津子, 오사카 미노시 거주), 알란 배인(Alan Bain, 스미스소니언 연구소 아키비스트), 앤 언더힐(Anne Underhill, 예일대학 인류학과 교수), 마틴 피터슨(Martin Petersen, 코펜하겐국립박물관 학예관), 스티븐 랑(Stephen Lang, 펜실베이니아대학 박물관 학예관), 경북대학교도서관, 근대서지연구소, 서울대학교중앙도서관 고문헌자료실, 한국연구원도서실, 국립민족학박물관 도서실(오사카 소재), 카나가와대학 도서관(요코하마 소재), 카나가와대학 일본상민문화연구소(요코하마 소재), 예일대학교 스털링기념도서관 아카이브실, 펜실베이니아대학 박물관 등에 이 자리를 빌려서 심심한 감사의 말씀을 올린다.

책을 만드는 과정에는 편집자의 역할이 막중하다. 저자와 편집자는 상호 견제할 뿐만 아니라 협력하는 관계라고 생각한다. 편집자는 출판되는 서적의 유통과 독자의 입장을 생각하기 때문에, 저자가 생각하지 못하는 부분을 보완하는 기능도 한다. 그래서 학문 분야별로 전문적인 편집자가 아쉬운 것이다. 학연문화사의 직원들과 특히 편집을 담당하였던 분에게 심심한 사의를 표한다.

학문하는 과정에 함께 살아준 가족들의 헌신에도 고마움을 표하고 싶다. 아내 누미, 명군과 동군, 지은, 빈후와 자후의 장래가 건강하고 밝기를 기원한다.

2023년 가을빛 짙은 예일대학(Yale University)
힐하우스(Hillhouse) 51번지의 연구실(205호)에서
전 경수 삼가 적다

수정증보판의 변 4
머리말 6

서론

1. 군국주의의 뿌리 24
2. 조선학으로서 민속학 34
   1) 송석하의 생애와 조선학 34
   2) 이론적 배경과 가설적 구도 47

본론

3. 민속학 입문 시기 56
4. 조선민속학회 창립: 발등의 불 80
5. 예술과 사상 사이의 조선 민속 : 향토무용민요대회 106
6. 자료 발굴과 연구 심화: 교류와 계몽 126
   1) 논문 작성 및 학회 창립 126
   2) 민속학의 공론화 및 체계화 135
   3) 민속무용 연구 147
   4) 농촌 오락 분류 및 분석 167
   5) 해외 학자들과의 교류 169
   6) 민속학의 공론화 및 체계화 175
7. 민속의 진작과 조사연구: 구제(救濟)를 위한 타협 186
   1) 민속극 186
   2) 솟대 191

목 차

   3) 어촌 민속 ·· 197
   4) 산간 민속 ·· 199
   5) 도시 민속 ·· 200
   6) 봉산탈춤 ·· 205
   7) 민속학의 포폄 ·· 218

8. 전시 동원과 향토 오락: 대회와 경연 ································ 222
   1) 식민지 조선의 병참화 ·· 222
   2) 향토문화 조사 ·· 235
   3) 총동원 체제와 오락: '건전'-'위안'-'결전' ················· 250
   4) 황기 2600년과 대동아전쟁 ·· 278

9. 해방과 미군 점령지 시기 ·· 302
   1) 광복과 사회참여: 권위의 소재 ··································· 302
   2) 유산(遺産)으로서의 송석하 ·· 329
   3) 제3의 조선학 ··· 339
   4) 기존 비평에 대한 비판 ··· 342

결론

10. 자문화인류학을 향하여 ·· 350

참고문헌 ··· 360
인명색인 ··· 376
사항색인 ··· 381

CONTENT

Words for the Revised Edition ································· 4
Preface ·· 6

Section 1. Introduction

Chapter 1. The Roots of Militarism ······························· 24
Chapter 2. Folklore as Korean Studies ·························· 34

Section 2. Introduction

Chapter 3. Meeting with Folklore ································· 56
Chapter 4. Founding the 〈Korean Folk-Lore Society〉 ······ 80
Chapter 5. Korean Folklore between Folkarts and Surveillance ········ 106
Chapter 6. Discovery and Research of the Veiled Heritages ·········· 126
Chapter 7. Salvage Ethnography and Compromise with the Colonial Authority··· 186
Chapter 8. Wartime Mobilization and Indigenous Folkarts ············ 222
Chapter 9. Liberation from Japanese Colonialism and U.S. Military
　　　　　Occupation : Cultural Sovereignty ································· 302

Section 3. Conclusion

Chapter 10. Korean Anthropology ································· 350

References ··· 360
Index-Names ·· 376
Index-Items ·· 381

사 진 목 차

사진 1. 송석하와 가족 일부. 1938년 1월 2일 촬영. 왼쪽부터 동생 송석찬, 장남 대영, 송석하, 장녀 조영. 국립민속박물관 소장. … 35

사진 2. 송석하와 두 형제(왼쪽으로부터 석구, 석하, 석찬) … 58

사진 3. 송석하가 동생 석구(錫龜)에게 보낸 엽서 … 61

사진 4 & 5. 송석하가 부산 본가의 막냇동생 석찬(錫璨)에게 보낸 엽서 양면(1923년 10월 13일). 9월 1일 관동대지진으로 인하여 궤멸한 동경시가지 중 진보초(神保町) 일우의 광경이다. … 62

사진 6. 동경상과대학 재학 당시 송석하 … 63

사진 7 & 8. "KSA of Tokyo University of Commerce": 동경상과대학에 존재하였던 조선인학생회(KSA: Korean Student Association, 국립민속박물관 소장) 회원 18명이 1923년 3월 23일 촬영한 것이다. 이 사진의 이면에 기록된 인명으로부터 적지 않은 사실들이 밝혀질 수 있을 것으로 생각된다.[16] 송석하의 얼굴 위에 글자가 쓰여있다. 백남운(뒷줄 오른쪽에서 2번째)의 이름도 보인다. … 65

사진 9. '입석(立石) 1926년 여름 대전군 동면'이라 적혀 있다. … 69

사진 10, 11, 12. 왼쪽 위에는 '덕물산상 최영사 가면중(德物山上 崔瑩祠 假面中, 4個中 2個)' '소화3년(昭和3年 夏)'라 적혀 있으며, 오른쪽 위에는 연필로 '2362'라 적혀 있다. 아래 사진에 있는 인물은 아키바 타카시 교수이다(赤松智城, 秋葉 隆, 1938.10.30: 參考圖錄 20, 사진 39). 이 건물의 이름을 정귀당(精鬼堂)(Tjenkoui-tang)이라고 적었다. 배경 벽면에 무화들과 가면 3엽이 보인다. 1엽(상좌의 오른쪽 가면)은 아래의 사진에 나타나지 않은 오른쪽에 걸려 있는 것 같다. 가면은 모두 목제이다. … 72

사진 13. 덕물산 굿당. 시이키 우노스케가 1925년 이전에 찍은 사진이 1930년대 중반 히노데 상행에서 상업용으로 발행된 것이다. … 74

사진 14. '1931년 5월 30일 철원 고석정에서'라 되어 있다(국립민속박물관 소장). 석벽에 음각된 글씨들은 '본읍이만금 고석정유명대(本邑李萬金 高石亭有名坮)'이다. … 77

사진 15 & 16. 김화의 성황당: 할미당과 애기당(1931년 9월 18일 촬영, 국립민속박물관 소장) … 78

사진 17. 「조선의 민속극(朝鮮の民俗劇)」 원고가 게재된다는 알림 엽서(민속학회편집위원 1932년 7월 10일 자)(국립민속박물관 소장) … 86

사진 18 & 19. 김준근의 풍속화인 탈판모양(김준근의 풍속화)(Cavendish, 1894: 180-181 사이의 삽화). … 90

사진 20. 양주별산대 가면(미국 펜실베이니아대학 고고학 및 인류학박물관 소장, 소장 번호 17680) … 91

사진 21. 양주별산대 공연도(公演圖, 미국 펜실베이니아대학 박물관 소장, 소장 번호 17679) … 92

사진 22 & 23. 거제면 하청리의 별신간(왼쪽)과 통영의 돌벅수(오른쪽) … 95

사진 24 & 25. 모두 14엽(葉)의 통영오광대 가면 한 세트다(1932년 10월 7일 촬영). 송석하가 이것을 구입하고자 시도했다가 실패하고, 주문 제작한 것이 후일 송석하 소장의 통영오광대 가면임을 알 수 있다. … 98

사진 26 & 27. 송석하가 구입한 통영가면. 국립민속박물관 소장, 송석하 수집품. … 102

사진 28, 29, 30, 31. 〈여행과 전설〉 잡지를 출판하는 동경의 출판사인 삼원사(三元社) 사장 하기와라 마사노리가 보낸 엽서들 두 매(각각 전면과 후면). … 103

사진 32. 코데라가 경성을 방문하는 쿠마가이에게 '조선민속학회 송석하씨'를 소개하는 명함. … 109

사진 33. 난에 지로(南江二郎)가 송석하에게 보낸 편지 … 112

사진 34, 35, 36. 1933년 9월 22일 동래군 동래읍 수안동의 유영준(兪永濬)으로부터 송석하에게 온 엽서(전면과 후면). 세 번째의 한 장은 1933년 11월 18일 유영준으로부터 송석하에게 온 엽서다. ·············· 113

사진 37. 이 사진은 1934년 4월 12일에 촬영된 것이다(神田海之助, 1934.4.5: 16-17)34. 본 공연이 있기 하루 전에 기록촬영을 위하여 일종의 리허설을 하는 장면이다. ·············· 115

사진 38 & 39. 등촌리풍년용 팀이 동경으로부터 귀성하여 총독부에서 공연한 사진. 1934년 4월 20일 송석하 촬영(국립민속박물관 소장). ·············· 121

사진 40. 1933년 6월 5일 해미. 안경을 쓴 사람이 송석하(왼쪽에서 두 번째)다. 바로 옆의 부친 송태관으로 짐작된다. 간척 공사 중 수로와 수문이 완성된 상태의 모습이다(국립민속박물관 소장). ·············· 126

사진 41. 난에 지로가 송석하에게 보낸 엽서(1933년 12월 13일 소인, 국립민속박물관 소장) ·············· 128

사진 42. 난에 지로의 저서 『원시민속가면고(原始民俗假面考)』 표지 ·············· 129

사진 43 & 44. 안양역전의 미륵당과 미륵불 방문. 1934년 2월 20일(국립민속박물관 소장). ·············· 134

사진 45 & 46. 한성도서주식회사 〈學燈〉 편집부에서 보낸 원고료 건 ·············· 136

사진 47. 1934년 2월 28일 진주군 수정산상 "달집"(近景, 국립민속박물관 소장). 이 사진은 新東亞의 잡지에 "달문"(宋錫夏, 1935.12.: 141)이라고 소개되었다. ·············· 140

사진 48 & 49. 1934년 2월 28일 마산부 합포면 어시장 '星神之位'(왼쪽). 남원관제묘 홍살문(오른쪽). ·············· 145

사진 50. 이선근이 송석하에게 보낸 엽서(1934년 5월 17일, 국립민속박물관 소장) ·············· 146

사진 51 & 52. 이이츠카 토모이치로가 송석하에게 演劇學이라는 잡지에 게재할 원고를 청탁하는 내용의 엽서(1933.6.24., 국립민속박물관 소장) ·············· 149

사진 53. 『악학궤범』의 처용가면 ·············· 150

사진 54. 통영의 물대(水竿): 청전의 그림(宋錫夏, 1934.11.: 157). ·············· 155

사진 55. 부산진색전(釜山鎭索戰)(1935년 2월, 부산진매립지에서). 송석하가 수집한 부산일보의 사진이다. ·············· 161

사진 56. 돌허수아비(1933년 9월 22일 촬영, 공주군 반포면 학봉리에서) ·············· 163

사진 57. 1930경의 빌헬름 슈미트 신부(위키피디아로 부터) ·············· 169

사진 58. 나의지농장(羅衣地農場) 두래(小遠景, 1935년 8월) ·············· 176

사진 59 & 60. 송석하가 마에마에게 보낸 편지(큐슈대학 자이산루 소장). ·············· 177

사진 61, 62, 63. 배관협으로부터 송석하에게 온 편지(1934.1.31) ·············· 188

사진 64, 65, 66, 67. 1936년 2월 7일 북청가옥과 동기여복. 북청읍동리. 사진의 이면에 '송석하선생이 1934년에 찍은 사진이며 송선생의 누이동생 송석혜여사 소장 사진'이라는 캡션이 있으나, 이것은 잘못되었다. ·············· 190

사진 68. 1935년 11월 20일 대전부 동광교 반(大田府 東光橋 畔) 목장생 석장생[遠景] 소도. 장생과 소도가 하나의 세트로 설치되어 있음에 주목하게 된다. ·············· 192

사진 69. 1936년 6월 28일 의령 신반시장(旧노리터) 사진. ·············· 203

사진 70. 임병숙방. '사자(死者)잇는집 대문에 토(토)를 단다'라고 적혀 있다. 어떤 일로 이때 남도를 순방하였을까? ·············· 204

사진 71. 승무(僧舞) 가락, 1936년 9월 23일 덕수궁에서, model 李剛仙(송석하 사진, 국립민속박물관 소장). ·············· 208

사진 72, 73, 74. '단오속 대동강(端午俗 大同江) 나생이 1937년 6월 13일, 평양 대동강상'(송석하 사진, 국립민속박물관 소장) ··· 209

사진 75, 76, 77. "경성무 제상 및 무화(京城巫 祭床及巫畵) 1937년 8월 경성부 자하문내 치성당" "京巫 본향거리 1937년 8월. 경성부 자하문내 치성당" "京巫 德物山삼마누라 초일장군(衣=철익)(才三거리) 1937년 8월 경성자하문내 치성당" ··· 216

사진 78 & 79. 1938년 3월 5일 민속담화회 사진(좌). 왼쪽부터 송석하, 무라야마 지준, 아카마쓰 치조, 이마무라 토모에, 아키바 타카시, 손진태, 김두헌(아키바 타카시 소장 사진) 1938년 3월 26일 아카마쓰가 송석하에게 보낸 엽서(우). 지난번 성대한 대접 감사한다는 내용. 무당의 촬영에 대한 언급이 있다. 3월 5일 민속담화회가 송석하의 초청으로 이루어졌음을 알 수 있는 내용이다(송석하 사진, 국립민속박물관 소장). ··· 220

사진 80 & 81. 걸궁의 상쇠(위), 짠지폐 공연(아래)(송석하 사진, 국립민속박물관 소장) ··· 224

사진 82, 83, 84. "鳳山탈춤"(鄭玄雄(畵) 1938.5.4)(좌), "山臺都監"(鄭玄雄(畵) 1938.5.5)(중), "꼭두각시"(鄭玄雄(畵) 1938.5.6)(우)의 삽화 3점. ··· 226

사진 85. "楊州別山臺, 신하래비及미얄할미(第十二科場末), 1938년 5월, 京城府外君子里 골프장"(송석하 사진, 국립민속박물관 소장) ··· 229

사진 86. "1938년 조선일보가 펼친 향토문화조사사업의 편집위원. 앞줄 오른쪽부터 황의돈, 이은상, 이전화(女). 뒷줄 왼쪽부터 송석하, 방종현, 이상춘(?), 문일평, 계용묵이다"(이한수 기자: "'격동의 역사와 함께한 조선일보 90년' 민족혼 일깨운 '향토문화 조사사업'"(조선일보 2010.2.2 03:24). ··· 236

사진 87. "강강수월내, 1938년 5월 (전라남도) 장흥군장흥면원도리"(송석하 사진, 국립민속박물관 소장) ··· 239

사진 88. 황해도 "황주성불사 극락전 및 석탑(黃州成佛寺 極樂殿及石塔), 1938년 7월 18일, 황주군주남면정방리 동사내(黃州郡州南面正方里 同寺內)", 사진 속 인물은 송석하(송석하 사진, 국립민속박물관 소장) (가로 6.6cm, 세로 9cm) ··· 240

사진 89. 전라남도 "영암도갑사 장생(靈岩道岬寺 長栍), 1938년 9월 13일 전남 영암군 군서면 도갑리 도갑사"(宋錫夏 사진, 국립민속박물관 소장). ··· 241

사진 90. "강령 목중 1938년"(송석하 사진, 국립민속박물관 소장) ··· 244

사진 91. "하회 가면희전원(河回 假面戲全員) 1940년 12월 14일 안동군풍천면하회리"(송석하 사진, 국립민속박물관 소장) ··· 246

사진 92 & 93. "河回(9) 白丁, 1939년 8월 20일 안동군 풍천면 하회리" "河回(18) 중, 1940년 12월 14일 안동군 풍천면 하회리"(송석하 사진, 국립민속박물관 소장) ··· 247

사진 94. 집안의 고구려능묘 내부의 벽화를 촬영하였다. ··· 248

사진 95. 1941년 5월 31일 양주군 의정부 호동리 "마마배송(天然痘神)" ··· 249

사진 96. 무량수전판 월인석보 ··· 250

사진 97. 신협극단의 춘향전 포스터(30cmX30cm, 석종걸 소장). ··· 258

사진 98. 1938.10.25.~27 장혁주 작(張赫宙作), 무라야마 토모요시 연출(村山知義演出). 이도령 역의 황철(우)과 방자역의 심영(좌). "신협춘향전(경성부민관) 이도령춘향집갈라는것을방자가말린다"(송석하 사진, 국립민속박물관 소장). 이 사진은 송석하가 극단으로부터 입수하였을 가능성이 높다. ··· 259

사진 99, 100, 101, 102. 〈日本民族舞踊の研究〉(佐谷 功 1943.4.5)에 수록된 "牛島" 향토무용의 장면들. 韓成俊과 三橋蓮子(위의 사진 좌상), 봉산탈(좌중), 四鼓舞(좌하), 승무(우상), 조선의 봄(우하)이 소개되었다. ··· 265

사진 103. 『일본민족무용의 연구(日本民族舞踊の研究)』(佐谷 功 1943.4.5)에 수록된 "반도(半島)" 향토무용(좌)의 사진들이 대만 아미족의 무용(우)과 함께 "일본민족무용"의 일원으로 소개되었다. 반도의 경우는 "춘뢰"(좌상)와 "지원병"(좌하)이란 제목이다. ··· 265

사진 104. "소화1940년 2월 8일 遊覽바스萬壽山觀光紀念". 전시 관광 특수의 일면을 보여준다. "리영선"(앉은 사람들 중 왼쪽), "李相佰"(선 사람들 중 가운데), "송석하"(선 사람들 중 가장 오른쪽)라는 만년필 글씨의 주인공이 누구인지는 알 수 없다. 북경관광에 관한 이야기는 가람일기에서도 등장한다 "(1940.3.4) 아서원(雅敍園)을 가다. 이병도 군도 함께, 김두헌 군도 만나다. 송석하 군의 북경여행담(北京旅行談)을 듣다. 이언영, 조윤재, 손진태 군도 모였다"(이병기 2021.12.30.: 512). ·········· 286

사진 105. 1940년 2월 북경반점 앞에서 상연된 지나인형극(支那人形芝居). 관광단의 일원으로 북경을 방문하였던 송석하는 7장의 지나인형극 사진을 남겼다. ·········· 287

사진 106. 시로야마가 송석하에게 원고 제출을 독촉하였던 내용의 엽서(국립민속박물관 소장). ·········· 294

사진 107. 1946년 4월 26일 자 중외신보의 국립민족박물관 창설 관련 보도와 관장 송석하의 사진 ·········· 307

사진 108. 1947년 6월말에 송석하를 만났던 커넬리우스 오스굿 교수(예일대학 인류학과 소장) ·········· 312

사진 109. 1947년 6월 8,9,10일에 황금정 4정목에 있는 국도극장에서 공연하는 봉산탈춤 안내장이다. 진단학회의 원고용지에 작성된 송석하의 친필 영문 편지다. 6월 9일에 작성한 것으로 기록되었다. ·········· 313

사진 110. 송석하(1904년생, 좌), 조윤제(1904년생, 중), 유치진(1905년생, 우). 송석하가 정갈하고 단정한 모습으로 앉아 있지만, 동갑내기와 한 살 차이 친구들 사이의 얼굴 대조는 병색의 초췌한 모습을 한 송석하를 읽기에 모자람이 없다 (송석하 사진, 국립민속박물관 소장). ·········· 319

사진 111. 석남 초상화(국립민속박물관 소장) ·········· 321

사진 112. 〈대학신문(大學新聞)〉 제2호(1947년 7월 20일), 왼쪽 하단의 "교수명 및 담당강의" 내용에 송석하의 인류학개론과 인류학연습이 기록되었다. ·········· 322

사진 113 & 114. 정치학과 학생 정상기(鄭祥基)의 학수부와 수강과목 명세 ·········· 324

사진115. '가로 8.8cm, 세로 6.6cm 크기의 우대통감(優待通鑑)으로서 박물관측에 발행해 준 일종의 출입증과 같은것이다. 국립민족박물관이란 서체가 분명하고, 기간이 "4283년 4월 1일부터 4284년 3월 231일으로 기록되었다.(화봉문고 소장) ·········· 330

사진 116, 117, 118, 119. 상단의 두 사진은 송석하의 장서인(石南宋錫夏藏書)을 보여준다. 장서인 실물(상단, 좌)은 현재 국립민속박물관에서 소장하고 있다. 상단의 오른쪽 사진은 또 다른 장서인이 찍힌 "宋錫夏藏書印" 잡지 『佛敎』이다. 하단의 좌측은 방종현이 송석하에게 기증한 서적, 하단 중앙은 경성을 방문하였던 스웨덴의 박물학자 스텐 베리만(Sten Bergman)이 송석하에게 기증한 자신의 서적, 하단 우측은 "石南"이 날인된 〈新增東國輿地勝覽〉(平安道篇)이다. 이상의 사진들은 근대서지학회 회장 오영식 선생께서 제공하였다. ·········· 338

사진 120. 1946년 7월 15일 발행된 〈향토〉 창간호의 표지(화봉문소 소장) ·········· 340

사진 121 & 122. 최상수의 저서 〈여학교〉와 〈조선의 전설〉 ·········· 341

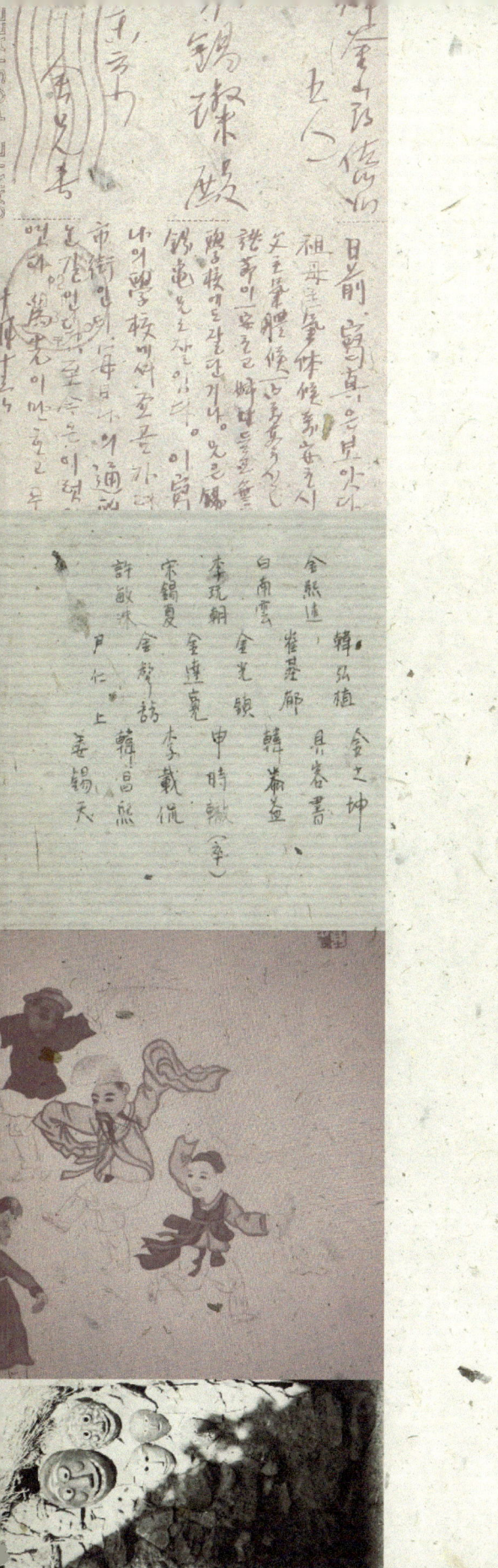

서론

1. 군국주의의 뿌리

일제 식민지 시대 민속학의 선구자, 해방 후 국토구명사업의 지휘와 실천 등의 공로가 인정되어서, 만시지탄의 감이 있지만 1996년 정부로부터 금관문화훈장이 추서된 송석하의 학문적 업적에 대한 평가는 사실상 긍정적이라고 말하기가 불편한 현실이 있다. 제대로 평가하기 위한 노력도 부족했을 뿐만 아니라 일부에서는 왜곡된 주장들을 전개한 점도 없지 않았다. 이 두 가지 경향은 모두 송석하의 이름으로 남겨진 글들을 제대로 정리하고 읽지 않았기 때문에 파생된 어처구니없는 일이라는 점에서 더욱더 모골이 송연해진다. 송석하의 전체를 보려는 노력을 포기하고 개별적으로 목표물을 정한 부분만을 도려내 침소봉대하여 읽기만 해서는 결코 송석하의 전모를 알 수가 없다. 때로는 구체적인 한 가지 사안에만 집중하는 분석도 필요하지만, 순서라는 게 있다. 먼저 전체적인 대강의 제대로 된 평가가 선행된 후에 특화된 문제에 집중하는 것이 순서다. 그렇지 않으면, 필연적으로 오해들이 이해에 선행하는 과정이 발생하게 되고, 오해로부터 비롯된 고정관념이 이해의 자리를 대체하는 수가 벌어진다. 본서의 역할은 전체적인 대강의 면모를 살펴보는 수준에서 만족하고자 한다.

필자는 왜 이렇게 불편한 상태가 해방 후 반세기 이상 지속되었는지 의문을 품었다. 흔히 학자의 학문적 평가는 후진들에 의해서 시행되게 마련인데, 송석하는 직계 제자가 없었을 뿐만 아니라 송석하가 남긴 자료들이 부지불식간에 산일되는 고통을 경험하였다는 사실이 중대한 문제로 지목될 수 있었다. 유산으로서 간주해야 할 자료가 산일되었다는 것은 당사자의 업적을 일목요연하게 정리하고 분석할 수 있는 바탕을 상실하였음을 말한다. 누군가가 산일된 송석하의 자료들을 제대로 정리하고 재정리하지 못한 상태에서 세월이 흘러버렸기 때문에, 후속세대들의 작업이 쉽지 않았음을 이해할 수 있다.

생전에 송석하의 이름으로 간행된 단행본이 한 권도 없었다. 송석하 자신이 자료집 성격의 단행본을 내려고 시도는 하였던 정황들이 포착되었지만, 불명확한 연유로 성사되지 못했던 사실들은 확인되었다. 유고집(遺稿集)이라고 출판되었던 『한국민속고』(1960년 간행)도 내용이 부실할 뿐만 아니라 조직적으로 모양새를 제대로 갖추지 못하였다고 말할 수밖에 없다. 그 책은 송석하의 논고들이 제대로 정리되지 않은 상태에서 수집하기 손쉬운 작품들만 부분적으로 추려서 편집한 상태임을 지적하지 않을 수 없다. 그것도 외국 기관의 자금지원으로 간행이 가능하였던 당시의 현실을 반영하고 있다.

환언하면, 송석하를 바라보는 안목이 지극히 수동적이며 소극적이라는 점을 지적하지 않을 수 없고, 결과적으로 그러한 분위기는 민속학이란 학문 분야에도 전염되어 있다는 느낌을 지울 수가 없다. 학문을 바라보는 관점에서 소극성과 수동성은 그 방법론으로부터 연유한다. 종래의 민속학은 객관성 유지라는 미명하에 지극히 피상적이었다고 생각한다. 사회적 현상으로서 민속은 해석을 요구하며, 민속학은 해석을 핵심적인 방법론으로 삼아야 한다. 해석이란 상상력으로부터 자극을 받는 정신 현상이다. 상상력이 허구의 영역을 허용하게 되면, 해석도 학문도 존재 불가능성에 직면한다. 따라서 민속학이 학문임을 전제로 한다면, 해석과 상상력 사이에는 항상 긴장감을 유지해야 한다. 사실에 근거한 해석은 논리적이고 합리적인 추론의 영역을 확대하는 과정이다.

상상력의 유혹에 넘어가는 순간 해석은 더 이상 해석이 아니라 허구의 영역에 오염되게 마련이고, 허구를 끌어안은 해석은 더 이상 해석이 아니라 소설화한다. 따라서 사실과 허구 사이의 긴장감과 해석과 상상력 사이의 견제가 교차하는 사고 과정을 면밀하게 검토하면서, 사실에 근거하여 엄정하게 해석하려는 작업을 유지하려는 노력이 연구자의 사명이다. 한 개인의 업적에 대한 해석이라는 작업 과정이 경험하게 되는 또 하나의 문제는 특수성과 보편성 사이의 균형 문제이다. 양자 사이의 긴장감 또한 관련된 자료들의 해석 과정에서 필수적인 노력이어야 한다.

가면과 가면극에 드러난 현상을 대사와 춤사위 등을 세밀하게 서술하는 민속지의 완성물 생산에 몰두한 나머지, 민속 현상을 생산하고 유통하고 소비하는 사회경제사적인 민중사관이 결여되었다는 점을 지적하고 싶다. 인류학자 타일러가 핵심 개념으로 언급하였던 '잔존'(survival)이 고립 상태를 그대로 유지하고 있는 것에 만족하지 않고 잔존한 현상이 현대의 삶과 어떠한 연관관계를 갖고 있으며, 현대의 삶 속에서 어떠한 의미를 지니는지에 대해서 적극적인 해석을 함으로써 문화의 개념을 구성한다는 관점이었다. 양자 사이의 연계를 추적하는 작업이 해석이며, 그것이 학자의 작업 과정이다. 그렇지 않으면 '잔존물'의 의미는 현대의 삶 속에서 기능을 상실한 화석에 불과하다. 송석하가 피력하고자 했던 일제 식민지 시대 조선의 민중사관을 적극적으로 읽어내려는 노력이 소극과 수동의 수렁에 빠진 민속학을 구해 낼 방법이라고 생각한다. 필자의 입장은 단호하다. 민속학을 둘러싼 소극적이고 수동적인 분위기를 일소하고, 어떻게 하면 적극적이고 능동적인 해석의 분위기 속에서 송석하와 송석하가 이룬 민속학을 쇄신하고 재창조할지 확고하게 다짐할 필요가 있다.

송석하의 이름으로 발표되었던 많은 글들은 특이하게도 오래된 신문이나 잡지 속에서 잠을 자고 있었기 때문에, 식민지 시대에 간행되었던 신문과 잡지로부터 송석하와 관련된 자료들을 검색하고 정리하기 위해 체계적인 정보제공의 시스템이 마련되기를 기다리는 시간이 필요하였다. 물론 그러한 시스템이 마련되기 전에 연구자들의 노력으로 해결되어야 마땅하였음은 물론이다. 한국학이란 구도를 설정하고, 선행의 어문학과 역사학 분야에서 괄목할 만한 성과들이 출현하였던 사실과 비교하면, 변명의 여지가 없는 한없는 부끄러움이 다가선다. 시간이 없어서, 또는 연구자의 숫자가 적어서 그러한 결과가 초래되었다는 변명은 구차스럽기도 하지만 무책임하기 그지없는 소치다. 선학의 업적을 추적하고 정리하는 작업은 단 한 사람만으로도 시작할 수 있다. 새로운 학문 분야들이 너도나도 솟구치고 있었던 반세기 이상의 기간에 단 한 사람이 제대로 나서지 않았다는 결과에 대해서는 변명의 여지가 없다.

민속학 분야의 학계가 제대로 형성되지도 못하였고, 대동으로 합심한 학계 구성의 노력이 미약한 상태에서 상호 도토리 키재기 식으로 자중지란(自中之亂)의 논란만 이어졌음을 반성해야 한다. 그러한 점에서 연구자들이 깊이 있게 반성해야 할 것이고, 뒤늦은 연구 행위로 인하여 민속학 분야의 학문이 뒤처지고, 소멸의 위기를 맞게 된 점에 대해서도 후회 없는 반성의 기회를 마련하는 것이 도리라고 생각한다.

송석하와 관련된 자료들이 유가족으로부터 국립민속박물관에 기증되었던 최초 시점은 1996년 7월이었다. 그것은 정부의 문화훈장 추서와 관련된 사업의 일환이었다. 정부의 문화정책에 끌려간 학계가 노력하는 면모를 보여주고 있었다는 사실에 대해서는 앞으로 심도 있게 검토할 필요가 있다. 최소한도 정책이 학계를 선도하는 현상에 대한 논의를 말한다. 그동안 박물관에서는 자료의 정리와 전시를 통하여 송석하에 대한 조명에 노력하였음에도 불구하고, 박물관이라는 조직의 특성상 심층적인 자료 분석과 친절한 설명에는 한계를 보인다. 문제는 박물관이라는 조직이 아니라, 송석하에게 관심을 가지는 관련 학계이다. 박물관 측의 노력으로 모든 자료가 인터넷으로 공개되어 있음에도 불구하고, 송석하와 한국 민속학에 관심을 가진 학계의 구성원들(필자를 포함하여)의 게으른 행동으로 인하여 아직도 송석하에 관한 연구 결과가 요원한 상태임을 자괴감으로 대하게 된다. 공허한 거대 담론보다는 구체적이고 명확한 미시적 분석이 아쉬운 상태가 지속되고 있는 현실을 본다.

본고는 만시지탄의 감을 안고 이러한 상황을 타개하는 작업으로 '송석하의 민속학'(이하 '송민')을 대강이나마 보여줄 수 있는 연대기적 시술을 바탕으로, 그가 시도하였던 민속학이란 학문의 성격을 규명해 보고, 일단의 평가를 시도하고자 한다. '송민'의 핵심적인 대상은 조선민속학이었다. 이때의 '조선민속학'은 '조선민속의 학'이 아니라 '조선의 민속학'이다. 민속학이란 학문을 연마하였던 송석하가 그 학문의 적용 대상을 조선으로 설정하였던 것이다.

'송민'이 전개되었던 시공적(時空的) 조건에 대한 이해의 깊이는 이 작업의 아킬레스건이다. 바로 본서의 부제로 제시한 '군국주의 맥락(militarism context)'이다. '상황'이란 단어와 '맥락'이란 단어가 일반적으로 거의 동일한 것처럼 통용되지만, 양자는 엄밀하게 구분됨으로써 논리적 치밀성을 확보한 사실(事實)에 근접할 수 있다고 생각한다. 필자는 양자를 다음과 같이 구분한다. '상황'이란 일반적인 조건들을 뭉뚱그려서 사회적 또는 개인적 현상을 그려내는 단어지만, '맥락'은 그러한 조건들이 관계를 맺는 과정을 구체적으로 논증한 모습을 보이는 현상을 그린 단어다. '식민지 상황(colonial situations)'이란 용어는 인류학사를 정리하였던 조지 스토킹(George W. Stocking Jr, 1928-2013)이 사용한 경험이 있지만, 그의 저서에서 드러난 '상황'이란 단어는 필자가 이해한 대로 구체적인 것이 아니라 뭉뚱그려진 식민지의 상황을 말하는 것이었다.

'맥락'이란 단어가 의미 있게 구사된 문헌의 최초 사례로는 브로니슬라브 말리노브스키(Bronislaw K. Malinowski, 1884-1942)의 논문이다. 「원시언어에서 의미의 문제(The Problem of Meaning in Primitive Language)」(Malinowski 1923)라는 논문에서는 맥락이라는 문제를 가장 중요하게 여겼다. 의미는 맥락에 의해서 형성된다는 논리였다. 따라서 맥락은 의미를 형성하는 구체적인 과정을 엮어내는 메커니즘이다.

본서에서 사용하는 '군국주의 맥락'이라는 용어의 의미는 다음과 같다. 통치시스템으로서의 군국주의가 일본 제국의 전시 상황과 마주한 식민지 조선이라는 사회를 정책화하는 과정에서 구체적으로 전쟁과 군사적인 문제를 위하여 동원 및 전개하였던 내용과 항목들과의 관계를 파악한다는 의미로 사용되고 있다. 그 과정의 시작을 한마디로 표현한다면, 이른바 병참기지화(兵站基地化)였다. 군대가 필요로 하는 제반의 물적 자원들을 준비하는 작업을 하는 곳이 병참기지이고, 그것을 위한 인적자원들이 동원되어야 함은 물론이다. 병참기지화로부터 시작하여 단말마의 결전 체제에 이르기까지 15년간(만주사변으로부터 일본 패전까지) 식민지 조선 속에서 전개되었던 '송민'의 내용을 다루는 것이 본서의 주제다.

'싸우면서 일하자'. 1970년대 새마을운동으로부터 발신되었던 구호였다. 싸움과 일을 동시에 해야 했던 시절이었다. 가장 기억에 많이 남는 구호가 '싸우면서 일하자'다. 싸우는 일은 군대가 하는데, 어찌하여 이 구호가 가장 강렬하게 새마을운동을 이끌었을까? 흔히 들었던 얘기로 한국에서는 군대만한 조직이 없었다. 조직이라는 측면은 물론이었고, 기술이라는 측면에서도 가장 첨단적인 기술이 군사원조를 통하여 수입되었다. 관념이라는 측면에서도 강력하게 내세웠던 '반공'이란 이념이 사실상 국시였다. 거기에 더해서 잘살아 보자는 뜻이 뭉쳐서 시작했던 것이 새마을운동이었다. 일제 식민지 시대에도 자력갱생 등의 운동들이 있었다. 새마을운동은 일제 식민지 시대의 운동을 벤치마킹했다는 평가도 있었다. 그 속에는 '싸움'이라는 내용이 잠재되어 있었음에 대한 이해가 필요하다. 싸움, 즉 전쟁이 일제 식민지 시기에 집중적인 통치의 내용으로 자리 잡았던 시기는 후반에 집중되었던 역사적 사실이 있다. 만주 사변으로 시작되었던 일제의 대륙 침공을 말하며, 그 과정에서 조선은 일본의 군국주의 정책 산하로 편입되었고, 조선인들 사이에 군국주의의 씨앗이 뿌리를 내리는 계기가 되었다.

조직과 기술과 관념의 세 가지 측면을 하나로 통합하면, 그것이 인류학에서 말하는 문화(culture)라는 용어로 집약된다. 문(文)을 숭상하였던 500년 역사의 조선 시대임을 감안한다면, 이 땅에서 흔히 일컬어지고 있는 '군사문화'(military culture)라는 것의 원천에 대해서 의문이 없을 수 없다. 카터 에커트(Carter Eckert) 교수의 역저 『박정희와 현대한국: 군국주의의 뿌리, 1866-1945』가 이 의문에 대하여 명쾌한 해답을 제공하였다(Carter, 2016). 박정희 장군 주도의 쿠데타 성공으로부터 시작된 군사 정권은 사실상 30년 이상 지속되었으며, 그 기간에 한국경제는 세계 10위로 부상하는 괄목할 만한 성과를 이루었다는 평가가 있다. 군국주의의 배경이 없이는 쿠데타 성공도 한국경제의 현재와 같은 도약도 있을 수 없었다는 에커트 교수의 결론에 대해서 반박할 만한 논거를 대기도 쉽지 않다. 군국주의 하의 부작용도 만만치 않게 축적되었으며, 현재 한국 사회에 노정(露呈)되고 있는 많은 병리적 현상이 일제의 군국주의 정책으로부터 파생되었다고 말하는 것도 무리가 아니다. 그 연결고리를 정리하여 인과관계를 밝히는 것이 앞으로 중요한 과제이기도 하다.

일본이 획책하던 군국주의의 희생자였으면서 동시에, 그 희생의 과정에서 군국화된 한국인(조선인)들의 경험이 후일 군사 정권이 주도한 경제 발전의 밑거름으로 작용하였다는 역설이 통하는 대목이다. 북조선에서는 한발 더 나아가서 "선군정치(先軍政治)"를 하고 있음에 대해서도 흥미로운 논의의 전개가 가능하다. 전체 사회를 군국화로 몰아간 선군정치는 군국주의의 연장선상에서 고찰될 수도 있다. 한국 현대사의 설명에 군국주의라는 개념이 중요하게 자리 잡았음을 이해할 수 있다.

필자는 에커트 교수의 탁견에 동의하면서도, 한국 사회에서 '군국주의의 뿌리'라는 문제를 천착하기 위해서는 두 가지의 중간 과정에 대한 생각이 전제되는 것이 바람직하다고 생각한다. 하나는 뿌리 역할을 한 일제의 군국주의의 본질이 무엇인가 하는 문제이다(전경수, 2023.11.). 많은 설명이 요하는 문제이지만, 지면 관계상 본서에서는 결론만 제시하고자 한다. 사회현상으로서의 군국주의와 미래 전망으로서의 군국주의라는 양면성을 구분할 필요가 있다. 양자를 명확하게 구분함으로 인해서 얻는 소득이 훨씬 더 크다고 생각한다. 에커트 교수는 후자에 대해서는 전혀 고려하지 않았다.

군사 중심의 사회 편제로 인하여 나타나는 결과론적인 현상으로서의 군국주의는 일본 사회에 뿌리 깊게 역사화된 미래 전망으로서의 군국주의로부터 구분되어야 한다. 후자가 과연 현대 한국사의 설명에 적용될 수 있을까 하는 점에서는 의문이다. 필자는 식민지 시대의 영향으로서 일제의 군국주의는 사회현상이라는 차원에 머물렀다고 생각한다. 일제가 조선총독부를 통하여 펼쳤던 군국주의의 이면에는 미래 지향적인 사회적 가치로서의 군국이었을 것으로 예측할 수 있지만, 일본 사회가 내재한 문화전통으로서의 군국주의가 한국 현대사의 설명에 적용되는 것은 무리다. 에커트 교수가 양자의 명확한 구분을 전제로 하지 않았기 때문에 발생할 수 있는 오해를 사전에 방지한다는 의미에서 문제를 제기한다.

다른 하나는 에커트 교수가 집중하였던 사회현상으로서의 군국주의가 한반도에 영향을 미친 구체적인 시간상의 집약적인 특정화가 필요하다고 생각한다. 에커트 교수는 한국 사회 밀리터리즘의 뿌리는 한국인들이 일제 식민지 시대에 습득한 역사적 경험이라는 견해를 제시하지만, 직접적인 전쟁 경험이라는 차원에서 시간상 더욱더 집약된 의견이 필요하다. 조선총독부는 만주 사변 폭발 후인 1931년 9월에 조선을 병참기지로 선언했다. 일본의 역사학자 츠루미 슌스케(鶴見俊輔, 1922-2015)가 제시한 '15년 전쟁'(鶴見俊輔, 2001.4.)이라는 기간 즉 전시체제로 급선회하였던 일본 제국의 침략 전쟁(1931년 만주 사변으로부터 대동아 전쟁의 패전까지)의 경험에 군국주의의 틀을 접합시키는 것이 합리적이라고 생각한다. 이렇게 명확하게 구분해야 하는 이유는 전쟁과 평화의 시스템적인 차이가 분명하기 때문이다. 만주 사변을 계기로 하여, 평화 체제가 전쟁 체제로 전환되었던 역사적 사실의 의미는 막중하다. 전쟁이 선도하는 지정학적 사고체계의 일상화가 고착됨으로써 전개되는 군사 중심적인 삶의 문제에 대한 인식론을 군국주의라고 지적할 수 있다.

한국인들은 그 15년 동안 군국주의의 일환으로 전쟁과 관련하여 집약적인 경험을 축적하였으며, 이후 군사 정권 시대의 새마을운동을 거쳐서 오늘날의 한국 사회를 건설하는 기틀이 되었다. 아픈 만큼 상처가 깊었고, 그 상처를 아물게 하는 데에 시간과 노력이 뒤따랐다. 상처가 깊었던 만큼 그로 인한 영향도 컸다. 그 고통의 경험이 고통 감당만으로 종료된 것이 아니고, 고통 과정에 축적되었던 우여곡절의 삶의 경험이 전화위복의 결과를 생산한 에너지원으로 작동했다고 가설을 세울 수 있다. 에커트 교수의 저서는 이 부분에 주목한 것이다. 따라서 시간상 일제 식민지 시대 전체를 지칭하는 식민주의라는 인식론으로부터 전쟁에 집중되었던 만주 사변 이후의 특정한 시기로 집약된 군국주의라는 용어와 개념이 더 정밀하게 한국 사회를 연구하는 인식론으로 자리 잡을 수 있다고 생각한다.

물론 본서는 제국 일본의 군국주의에 의한 희생, 즉 아팠던 고통의 기간만을 다루고 있고, 민속학이란 학문 분야를 통하여 그 기간에 어떠한 종류의 군국화의 경험이 어떻게 축적되었는지 논의하게 된다. 군국화의 과정과 관련된 많은 문서들이 총독부와 군부에 의해서 생산되었으리라 추정하지만, 현재 그러한 과정을 구체적으로 보여주는 문서들은 대부분 종적을 감춘 상태다. 현상 간의 인과 관계를 증명할 자료들이 희박한 상태에서 '송민'과 군국화의 관계를 논의해야 하는 불리한 조건에 대해서도 미리 양해의 말씀을 드리고 싶다.

정치·경제적으로 판 역할을 했던 일제 식민지 시대 조선이라는 현상에 대한 이해의 깊이 정도가 '송민'을 이해함에 결정적인 역할을 한다. 식민지라는 현상에 대한 이해가 본고의 목적이 아니지만, 그 현상이 하나의 대전제 조건으로 작동하였다는 점에서 본고는 식민지 연구라는 문제와 함께 식민주의 및 군국주의와 연동되었던 인류학적인 학문의 경향에 관한 연구의 일환이 되기도 하다. 식민지 상황이라는 판 위에서 민속학이라는 학문 활동을 한 송석하에 대한 평가라는 과제가 가장 중요하게 인식해야 할 문제는 제국일본과 총독부의 식민지 정책과 관련된 사항들에 대한 이해이며, 이를 얼마나 잘 이해하느냐가 '송민' 이해의 관건이 된다. 식민주의라는 현상의 일반적인 측면이 있을 뿐만 아니라 일본이 조선에 대해서 적용하였던 식민지 정책의 구체적인 사건들이 학문 또는 민속학이라는 학문 현상과 어떠한 연관관계에 놓여 있었는지 심층적인 이해를 요한다.

식민주의라는 이름으로 진행되었던 총독부의 통치시스템에 대한 이해는 일반적인 식민지 정책을 넘어서는 군국주의의 문제들이 연구자들의 역량을 시험하게 된다. 츠루미 슌스케 이래 소위 '15년 전쟁'이라고 요약된 만주 사변 이후의 정책들은 일본 제국의 팽창 과정을 보여주기 때문에, 이 기간의 정책은 군사 중심적 또는 군사 지향적인 측면에서 분석되지 않으면 본질을 놓치기 쉽다.

나는 츠루미의 '15년 전쟁'이란 표현이 단순한 숫자상의 1931년부터 1945년까지를 표기하는 기간을 넘어선 군국주의를 의미하는 것으로 해석한다. 일본의 현대사를 바꾸어 놓은 군국주의를 무미건조한 숫자상으로 표기한 데에는 어떤 의도가 있을 것이다. 전선(前線)을 위한 총후(銃後, 후방을 말함)의 생산을 독려하려는 목적으로 민중 동원이 일차적인 목표가 되었던 총동원 체제의 전시 상황에 대한 이해를 요한다. 식민지 상황 속의 맥락이 전쟁 문제로 이동하고 있음에 대한 이해를 말한다. 따라서 식민주의에서 군국주의로 통치 정책이 전환된 문제는 조선뿐 아니라 일본 전체에 적용되어야 하는 관점이기도 하다. 15년 전쟁 동안 드러났던 일본의 군국주의적 전통과 유산에 대해서 심도 있는 이해의 노력이 지극히 중요한 과제임을 확인하지 않으면 문제의 본질을 놓치기 쉽다.

문제의 본질이라 함은 일본 사회의 군국주의의 본질을 말한다. 그것이 사회현상으로서라기보다는 문화전통으로 자리 잡은 일본의 군국주의에 대한 이해를 말하며, 이 문제는 별도로 심도 있는 논의가 필요하다. 에커트 교수는 이 부분의 구분에 대해서 무관심하였다. 그것이 과연 에커트 교수가 말하는 한국 사회에서 언급되고 있는 군국주의와 어떻게 연계될 수 있는가 하는 질문이 남아 있다.

이러한 과제를 목전에 두고 가로 놓인 가장 큰 문제가 그동안의 '송민'에 대한 이해와 평가가 상당한 정도로 사실(事實)과는 거리가 있다는 데에 있다. 말하자면, 정확하지 않거나 의도된 왜곡 등으로 '송민'의 실체가 사실화(史實化)하면서 고착된 몰이해를 해체하고, 실체에 접근하여 사실(事實)을 제대로 정리하는 것이 과제이다. 사실(史實)이 사실(事實)로부터 동떨어지면서 엄청난 사건이 발생했던 사례들은 결과적으로 혹세무민의 원천이 되어서 세상을 어지럽히는 질서를 창조하였음을 우리는 잘 알고 있다. 광해군(光海君) 폐위의 빌미가 되었던 강홍립(姜弘立)의 만주투항(滿洲投降) 사건을 증거로 인용하여 사실(事實)이 사실화(史實化)하는 과정을 설명하였던 윤백남의 단문(尹白南, 1948.6.21: 22-22)이 명쾌한 하나의 사례다. 실록(實錄)과 승정원일기(承政院日記) 등 관찬사서가 총동원되어서 사실을 왜곡하는 사실화를 통하여 사실(事實)을 덮어버리기 위해 대못을 박은 과정이 있었음을 우리는 잘 알고 있다.

문자사회에서 작업을 하는 인류학자들은 단호하게 민속지적 사실주의(ethnographic realism)를 추구한다. 사실화(史實化)된 부분을 해체하여 그 원인과 과정을 밝힘으로써 사실(事實)에 근접하려는 입장이다. 가장 심혈을 기울이는 과정은 사실들 간에 드러나는 맥락을 존중함으로써 사실에 내재한 궁극적인 의미에 도달하는 방법이다. 이것이 말리노브스키가 추구하였던 트로브리안드(Trobriand) 민속지의 핵심적인 방법(전경수, 2018.10.10)을 응용하는 길이다. 학사를 정리하는 입장에서는 이 문제가 가장 심각하게 고려되어야 하는 방법론적인 과제임을 역설하고자 한다. 역사를 기록해 온 문자 사회에서는 이 문제가 더더욱 심각한 상황이었음을 광해군 폐위 과정에서 학습되었다.

2. 조선학으로서 민속학

1) 송석하의 생애와 조선학

송석하는 아버지 송태관과 어머니 최성하의 장남으로 1904년 10월 11일 출생하였다. 송석하는 김경옥(金瓊玉, 1909년생) 여사와 혼인하여 장남 대영(大永, 1929.1.1-1945.11.30)을 두었었고, 차남 문영(文永, 1940년생)이 호주 상속을 했다. 후일 문영도 일찍이 사망한 후 장녀(첫째 자녀)인 조영에게 재산이 상속된 것으로 알려졌다. 송석하 자신이 집안 어른인 송완용(宋瑗用)에게 1922년 9월 25일 자로 사후양자를 간 것으로 보첩에 기록되었다(1966년에 발행된 恩津宋氏大同譜에 의함). 보명으로 용(用)자가 22대이고, 석(錫)자가 23대이다. 송완용의 보명은 포용(浦用, 1858-1917)이고, 1894년 갑오식년 사마시에 등과한 기록이 보인다. 송석하 생부의 이름은 태관(台觀, 보명은 觀用 1874-1940)이고, 1940년 4월 25일 사망하였다. 관련 기록은 가람일기에 소상하게 나온다. "(1940.4.25) 송석하군 외간상(外艱喪)", "(1940.4.26) 손진태, 조윤제 군도 왔다. 가치 송석하 군 집에 가다". "(1940.4.27) 송석하 군 집에 가다", "(1940.4.28) 송석하 군 집에 가다. 매헌(梅軒), 소정(小汀)이 오다. … 두계(斗溪)가 오다. 가치 금호정을 나가, 김상기 군을 찾다. … 놀다가 두계와 가치 송석하 군 집을 가다. 자정에 돌아오다", "(1940.4.29) 송석하 군 집 회장(会章)을 가다. 두계, 청전, 남창, 도남, 천뢰도 동행. 버스를 탔다. 오전 10시에 떠나 오전에 파주군 주내면 백성리에 도착. 오후 6시 반에 돌아오다"(이병기 2021.12.30: 521-22). 오일장을 하였고, 당시 송석하의 우인 관계를 가늠해 볼 수 있는 내용으로 주목할 수 있다.

사진 1. 송석하와 가족 일부. 1938년 1월 2일 촬영. 왼쪽부터 동생 송석찬, 장남 대영, 송석하, 장녀 조영. 국립민속박물관 소장.

　남동생 두 명은 각각 석구(錫龜, 1909-?)와 석찬(錫瓚, 1914-?)이다. 현재 송석하의 후예로는 송씨 집안으로는 대가 끊어졌다. 사위는 은희춘(殷熙春)이었고, 그의 아들 남기(南基) 가족이 현재 충남 해미의 묘소를 돌보고 있다.

　본고가 의지하는 상당한 양의 자료는 유족이 국립민속박물관에 자료를 기증한 직후 박물관 측이 배려하여 필자가 자료검토용으로 받았던 것들이며, 국립민속박물관에 소장되어 있다. 현재 필자가 소장하고 있는 자료들은 국립민속박물관 소장 유물로 되어 있으므로 고유번호들이 기재되어 있다. 필자는 유물이 되기 전의 자료들을 접한 셈이다. 양자를 대조하는 작업이 또 다른 과업이기 때문에, 그 부분, 즉 유물번호를 기록하는 작업은 생략했음을 양해하기 바란다.

　본고는 '송민'이란 직물을 짜는 과정과 결과를 보여주려고 한다. 씨줄과 날줄을 엮어서 하나의 직물이 완성되듯이 작업할 것이다. 송석하의 이름으로 간행되었던 저작물로 씨줄을 구성하여 시간순으로 열거한 후, 날줄에 해당하는 사진과 편지 및 기타 자료들을 엮어 넣을 것이다. 이러한 과정에 의해서 '송민'의 가능한 맥락이 소생될 수 있기를 기대한다. 이 맥락 소생의 과정에서 가장 큰 걸림돌로 작용하고 있는 문제 중 하나가 '식민지 지식인'과 '지일(知日)'에 관련된 한국 사회의 현실이다. '식민주의와 인류학'이라는 관점에서 이 부분이 구체적으로 논의될 수 있는 대상이 '송민'이라는 인식이 본고의 저변에 깔린 지향점 중 하나다. 세계사적인 경향의 하나로서 식민주의라는 문제를 '식민지 조선'에 적용하면, 하나의 특수한 현상을 맞는다. 일본이 취했던 기본적인 입장이 황도사상(皇道思想)을 기반으로 한 동화주의에 있었다는 사실이다.

일본 제국의 동화주의는 서구의 식민주의와 입장이 극명하게 다르므로, 서구의 식민정책과는 달라질 수밖에 없는 현상들이 전개된다. 서구의 식민정책에서도 극히 부분적으로 동화라는 용어가 적용된 적이 있지만, 일본의 동화주의(同化主義)는 본질적으로 황도사상에서 비롯되었다는 점에서 지극히 특수한 형태의 식민주의로 발전하였다. 서구로부터 수입한 식민주의라는 문제를 일본의 상황에 맞도록 재조정하였다는 점에서 일본의 식민주의는 서구에서 전개되었던 식민정책과는 다른 양상을 보일 수밖에 없고, 그로 인하여 일종의 특수한 식민주의를 경험하였던 곳이 일본의 식민지였던 조선이다. 따라서 일본의 식민지 정책에 대해서도 연구 대상을 심층적으로 분석하고 이해해야 한다. 제국 일본의 식민지 정책에 대해서 아는 만큼 식민지 조선의 현상에 대한 이해도가 높아질 수 있다는 전제가 성립한다.

일제 식민지 시대의 문제가 최대의 정치적 이슈로 부상하는 상황에서 '친일과 반일'의 양극화는 지식이라는 현상의 독립성을 보장하지 못하는 몰지혜와 몰상식의 상황을 창출하므로, 식민지 시대를 살면서 교육을 받은 결과의 지식과 관련된 행위를 하였던 지식인들에 관한 논의는 그 자체가 살얼음판을 걷는 해괴한 과정을 경험하고 있다. 따라서 '친일과 반일'의 양극화 구도 속에서 지일(知日) 공간을 제대로 확보하기가 쉽지 않은 정치적 상황을 의식해야 하는 점이 본서가 극복해야 할 학문 외적 걸림돌이다. 지일이라는 지식축적의 과정으로만 안주해서는 친일과 반일의 양극 구도를 타파할 수 없다. 이 양극 구도는 언제든지 실시간으로 드러나는 행동이기 때문에, 일본에 관한 지식을 축적하는 지일이라는 과정 후 실천 양식으로서 '통일(通日)' 과정이 필요하다. 상대인 일본과의 긴밀한 소통이 절실하다. 필자의 입장은 분명하다. 친일과 반일의 양극화 구도 속에서 지일 공간을 확보하고 확장하는 작업의 결과를 구축하고, 지일을 바탕으로 한 통일을 실천하는 것이 미래를 위한 역사하기의 길이다.

필자가 시도하는 통일의 실천 양식은 필자가 전문으로 하는 학문 분야를 통하여 일본 측의 전문가들과 지속적인 대화와 공동연구 등 교류 활동으로 달성할 수 있다. 그러한 과정의 하나로서 본서는 '송민'을 논하고 있다. 송석하가 민속학을 하는 과정에서 어떻게 일본인들과 일본학계와 소통하였는지에 대한 과정을 정리해 보는 것이 '통일'의 모델이 될 수 있다. 이렇게 하는 이유는 '아는 만큼 보인다'는 신조가 있기 때문이다. 깊고 넓어진 지일 공간 위에서 실천 양식으로서 통일 행위는 논문 작성일 수도 있고, 저서 집필일 수도 있다. 지일과 통일의 공간이 넓어지는 만큼 일본뿐만 아니라 일제의 식민지였던 조선의 상황도 보인다는 확신이 있기 때문이다. 나아가서 친일의 본질도 반일의 의도도 더욱더 명쾌하게 꿰뚫을 수 있다는 신념이 강고해진다. '지피지기 백전백승'이라고 했다. 일각에서 주장하고 있는 '극일'도 알아야 가능한 것이고, 일본을 알기 위한 실천 양식으로서 '통일'을 거론하는 것이다. '지일'과 '통일'은 상호 시너지 효과를 생성하면서 진행되게 마련이다.

필자가 본고에서 구사하는 민속지(ethnography)라는 관점을 갖고 행하는 학사의 연구는 이미 발행된 문헌에만 의존하지 않는다. 문헌뿐만 아니라 관련된 인사들을 방문하여 증언을 채록하고, 관련된 자료들(편지, 메모, 사진류 등)을 수집하여 가능한 한 전체를 구성하려는 노력의 결과로 학사의 민속지 작성에 임한다. 말하자면, 야연(野研, field research)을 포함한다. 식민지 시기라는 시간적 문제가 개입되어 있으므로 송석하 개인 및 그와 관련된 조직이나 인사들은 한국에만 존재하는 것이 아니라 식민모국이었던 일본까지 연장되어 있음은 분명한 사실이다. 따라서 송석하에 관한 연구는 시대적 연관성으로 인하여 자연스럽게 일본에서까지 자료를 수집하는 과정이 필요하다. 이러한 것이 통일의 과정이다. 그렇게 하지 않으면, 부분을 전체라고 착각하는 경우가 발생하게 된다. 일본 제국이라는 전체의 부분으로 수십 년을 보냈기 때문에 빚어지는 문제다. 따라서 끊임없는 반복적인 '줌인(zoom in)'과 '줌아웃(zoom out)'의 행위를 심화하지 않으면 고정관념의 수렁에 빠지고 만다. 그러한 결과의 한 현상이 '친일 대 반일'이라는 논쟁 구도다. 인간의 삶, 더군다나 일상생활과 살림살이라는 관점에서 식민지 시대를 들여다보면, 양극화된 이념적 주장들은 공허한 정치적 구호에 휘둘린 것들이며, 그러한 주장들은 학문적으로 발붙일 자리가 없음을 알게 된다.

일제 식민지 시기의 조선학은 어문학과 역사학을 중심으로 전개되었음이 명백하다. 일찍이 이능화(李能和, 1869-1943)와 최남선(崔南善, 1890-1957)이 약간씩 분야를 달리하기도 하고 겹치기도 하면서 조선학의 대통을 구성하였다고 말할 수 있다. 역사학과 어문학이 대통이 된 조선학이 또 하나의 축을 구성하고 있었다면 그것은 민속학이라고 말할 수 있다. 삼각관계(三角關係)로 정립(鼎立)된 조선학을 말한다. 이능화와 최남선도 조선의 민속뿐만 아니라 인류학과 민족학을 거론하면서 광역의 비교문화 자료들을 적지 않게 섭렵하였고, 그들의 저작물은 적지 않은 서양의 인류학적 또는 민족학적 사례와 이론들을 다루고 있다. 이능화와 최남선은 서양인들의 안목이 조선의 민속에 집중되고 있었음을 분명하게 인식하였으며, 조선의 민속을 바라보는 서양인들의 관점에 대한 조선인의 견해를 제시하는 저작물을 적지 않게 발행하였다. 그러한 과정에서 하나의 학문적인 관점으로 다가왔던 것이 인류학이었다. 조선 민속에 관한 이능화와 최남선의 글들이 인류학이라는 학문적 입장하에서 저술되었다는 점을 확인하고 싶다. 어문학과 역사학을 조선학으로 입론하면서 민속이라는 주제를 부차적으로 다루었던 이능화와 최남선에 비해서 한 세대 후발 주자인 송석하의 입장은 달랐다. 송석하는 민속을 조선학의 독립적인 영역으로 옹립하고, '휘일드 웍(Field Work)'에 기반한 연구에 매진하였다고 말할 수 있다.

본고는 '제삼의 조선학'이라는 부제로서 송석하의 입장을 대변하는 과제를 감당하고자 한다. 역사학과 어문학에 이어서 민속학이 '조선학하기'의 대열에 합류하게 되었다는 의미이기도 하다. 사실상 조선학의 틀은 일본인들에 의해서 대강이 구성되었음을 부정하지 못한다. 근대학문이라는 장르의 형성과 진행 과정에서 '탈아입구'라는 시도로 근대화를 적극적으로 수용하였던 일본의 지식인들이 서양에 대응하여 자신들의 지식 체계를 형성하는 구도를 마련한 절차가 이를 충분히 증명하고도 남는다. 따라서 조선학이라는 틀도 일본인들에 의해서 만들어진 것이라는 인식이 상당한 정도로 수용될 수 있고, 이러한 시각은 현재 진행되고 있는 한국학의 연원에 관한 논의로 수렴될 수 있다. 그렇지 않으면, 그 반대 방향의 지식 체계를 형성하는 과정에 대한 연구가 필요하다. 삼각관계의 조선학이라는 인식이 필요하고, 그 일각(一角)의 역할을 하였던 민속학에 대한 관심의 제고가 동시대를 향한 목소리였다고 생각한다. 그 목소리의 주인공이 송석하였다.

어문학과 역사학이 '제1의 조선학'과 '제2의 조선학'으로 각축하는 상황에서 민속학은 '제3의 조선학'으로서 어떻게 차별성을 추구할 수 있는가? 이러한 문제의식을 분명하게 설정할 필요가 있다. 그렇지 않으면 민속학이 조선학이라는 구도 속에서 '제3'의 지위로 등장할 이유가 애매모호해질 뿐만 아니라, 방향과 좌표가 분명하지 않으면 앞으로 진행해야 할 명분과 실리의 목적이 불분명해진다. 일본 제국이 '과학적'이라는 방법론을 선봉에 세운 서구의 학문을 수입하기 시작하였던 19세기 말, 조선의 학문은 종래의 유교를 바탕으로 한 경학이나 불교의 전통을 이은 교학이 전부였다고 해도 과언이 아니다. 근대를 상징하는 과학의 특성은 사실 발견 및 발견된 사실의 분석을 기본으로 하였다. 분석은 하나의 사실을 해체하는 과정을 말한다. 조선의 언어라는 현상을 분석하고, 전래하는 역사서들을 과학적 방법으로 분석하는 것이 언어학과 역사학의 과정이었다.

조선의 살림살이를 분석하기 위한 식민주의적 방법은 '과학적'이라는 이름의 정책이었다. 정책이 비집고 들어가야 할 자리를 분석하기 위한 살림살이의 해체 작업이 필수적이었다. 언어 현상과 역사 현상이 분석이라는 이름의 해체가 '과학적' 방법론을 적용하기 위한 대상이라는 점과 살림살이가 동일한 방법으로 대상화되는 것 사이의 차이점에 대해 문제의식을 설정하고 견제하지 않으면, 정책이라는 이름의 식민주의적 통제와 간섭을 비판적으로 바라볼 수 있는 관점을 상실하게 된다. 식민주의의 개입이 용이하도록 탄탄대로를 닦기 위해서 도입되었던 사상이 사회진화론(social evolutionism)이었음은 두말할 나위도 없다. '문명과 야만'이라는 이분법적 구도의 주입이 성공하게 되면, 뒤따르는 '과학과 미신'의 구도는 식민 통치의 지배를 위한 정책이라는 이름의 수단으로서 일사천리의 속도로 안착한다.

'과학'이라는 이름으로 구축된 학문이라는 영역의 어문학과 역사학에 '미신'이라는 가치 판단의 범주가 적용된 경우를 보았는가? 조선어의 미신적 요소에 대한 논의를 보았는가? 『삼국사기』와 『삼국유사』를 비롯한 고문서의 내용 속에서 '미신'적인 요소를 지적할 수는 있지만, 고문서를 분석하는 사학자가 고문서의 존재를 '미신'으로 대상화하지는 않는다. 따라서 조선학으로서의 언어학과 역사학이 구성했던 제반의 현상에 '미신'이라는 저주가 주입된 예는 없었다고 단언할 수 있다. 그러나 조선의 살림살이라는 현상에는 '미신'이라는 자학적 저주가 안착했다는 점에서 민속학이 자각해야 할 문제의식이 도사리고 있다. 살림살이를 공부의 대상으로 설정하는 민속학이 직면한 문제가 '과학과 미신'이라는 이분법적 구도라는 점을 분명하게 인식해야 한다. '제3의 조선학'으로서 민속학이 어문학이나 역사학과는 본질적으로 다른 입장에 처해 있는 지점이 분명해진다. 따라서 조선학으로서의 민속학을 설정하였던 송석하가 어떻게 이 부분의 문제의식을 설정하였는지에 대한 발견이 절실한 과제다.

나라키 스에자네의 「조선의 미신과 속전(朝鮮の迷信と俗傳)」(楢木末實, 1913), 이마무라 토모에의 「조선풍속집(朝鮮風俗集)」(今村 鞆, 1914), 제8사단군의부의 「조선인의 의식주 및 기타위생(朝鮮人ノ衣食住及其ノ他ノ衛生)」(第八師團軍醫部, 1915),[1] 조선문 검열에 있어서 염라대왕과 같은 존재였다고 일컬어지는 검열관 니시무라 신타로의 「조선의 용모(朝鮮の俤)」(西村眞太郎, 1923) 등과는 차원이 다른 연구보고서들이 무라야마 지준(村山智順, 1891-1968)에 의해서 '조선의 민간신앙(全四部作)'으로 제작되었으며, 이어서 키타가와 스케토의 『조선고유색사전(朝鮮固有色辭典, 上,下)』(北川左人, 1932)이 출간되었다.

키타가와 스케토의 저서는 '권말어(卷末語)'에서 '고유색-향토색, 지방색'이라는 표현으

---

1 팔사단군의부(第八師團軍醫部)가 발행한 총 374페이지에 달하는 「조선인의 의식주 및 기타위생(朝鮮人ノ衣食住及其ノ他ノ衛生)」(2005.10.)의 보고서(韓國倂合史研究資料 53, 東京: 龍溪書舍)에 사카모토 타케줏츠(坂本武戌, 第八師團軍醫部長)의 서언(緒言)이 1915년 4월에 기록한 것으로 쓰여 있다. 따라서 이 보고서는 1915년에 간행된 것으로 이해하는 것이 바람직하다. 과제 제출자 23명 중 4명을 제외하고 나머지 19명은 모두 함경북도와 평안북도 국경 지역의 군부대 소속 의무 관계자들이다. '의식주 및 기타 위생'이라는 연구 주제가 군부의 업무였음에 대해서 주의 깊이 생각하게 한다. '과제'라고 기록한 것을 보면, 상부의 지시에 따라 체계적으로 수행되었던 업무의 일환이었음을 알 수 있다.

로 고유색에 대한 설명을 부가하였다. 12개의 대항목에는 풍속습관(風俗習慣, 21 소항목), 신앙제사(信仰祭祀, 13), 음악유희(音樂遊戲, 7), 천문지리(天文地理, 15), 관제일반(官制一般, 4), 학술위생(學術衛生, 8), 상사금융(商事金融, 5), 공예광산(工藝鑛産, 4), 경농영림(耕農營林, 10), 어로수산(漁撈水産, 11), 동물식물(動物植物, 6), 조선사략(朝鮮史略, 11), 소항목을 모두 합하면 115개 항목이다. 그중에서 민속이라는 범주에 포함될 수 있는 항목들만 간추릴 수 있다. 대항목 중 앞의 세가지와 다른 대항목 중에서 포함될 수 있는 것들을 합하면 45항목이 된다(北川左人, 1932.12.26). 그야말로 식민주의의 입장에서 식민지의 사정을 간파하는 작업의 결과들을 생산하였다.

사전을 발간하는 수준까지 도달한 재조선일본인들의 조선학 연구 결과는 조선의 지식인들에게는 충격을 넘어서 자성의 계기를 마련하였을 것이다. 무라야마 지준의 업적은 본질적으로 식민주의적 통치시스템 하에서 필수적으로 요구되었던 사상정책의 바탕을 마련하기 위한 작업이었음은 두말할 나위도 없다. 조선 민중의 민간 신앙을 조사의 대상으로 정리하고 분석한 자료들이 조선인들의 사상을 구성하는 뿌리라고 인식한 것은 방법론적으로 손색없는 접근이었다. 경찰의 행정력을 동원하여 자료를 수집하였다는 것을 빌미로 무라야마의 방법론을 비판하는 것은 신을 신은 채로 가려운 발등을 긁는 정도의 역할밖에 하지 못한다. 본질을 보아야 한다. 지엽적인 문제를 거론하는 것은 본질 보기를 방해하는 훼방꾼일 뿐이다. 조선인의 심상에 자리 잡은 민간신앙의 자료들이 광범위하게 집적되고 치밀하게 분석되었다는 사실이 더욱 중요하다. 심상에서 파생할 수밖에 없는 사상을 어떻게 정책적으로 관리하고 감당할지 총독부의 요구에 부응한 작업 결과에 조선의 지식인들이 경천동지했을 것임은 미루어 짐작할 수 있다.

송석하가 주도한 조선민속학회의 창립을 계기로, 역사학과 어문학으로부터 자양분을 받고 당지연구(當地硏究)를 방법론으로 설정하여 조선 민중의 살림살이에 들어가려는 민속학이 주목받게 되었던 현상이 그러한 사례 중 하나다. 역사학과 어문학에 이어서 민속학이 '제삼의 조선학'으로 자리를 잡은 바탕은 근대학문 체계를 먼저 시작하였던 일본인 연구자들과 이능화와 최남선과 같은 선각자들로부터 기인한 것으로 이해할 수 있지만, 본격적으로 조직이라는 모습으로 형태를 갖추는 바탕은 조선민속학회로부터 마련되었다고 평가할 수 있다.

그러나 나는 송석하를 비롯한 조선의 민속학계가 상당한 부분에 있어서 총독부 촉탁이었던 무라야마의 업적에 미치지 못했다고 생각한다. 한국의 인문사회과학계, 즉 인류학을 비롯하여 사회학 및 종교학 등의 연구자들이 무라야마의 업적을 등한시하는 한 일제 식민 통치의 사상적 핵심을 놓치는 원인을 제공하게 된다. 조직적인 연구팀이 결성되어서 무라야마 지준의 업적을 총체적으로 분석하는 작업이 앞으로의 커다란 과제다. 오류투성이인 어설픈 번역서의 출간은 오히려 저해 요인일 뿐이다.

이 땅에서 민속학이라는 학문을 언급하고, 그 학문의 선구자에 대해서 생각할 때, "Korea의 민속학 사상, 3인의 개척자가 있다. 저자(송석하를 말함), 손진태, 아키바 타카시이다. (중략)아키바 씨가 강조한 것은 무속과 사회조직에 관한 연구였고, 손진태 씨의 특색은 민간전승과 민간신앙 그리고 선사학적 유적(돌멘 등)의 연구였지만, 송석하는 주로 folkarts의 연구에 특색을 남겼다"(張賢均, 1962. 8. 31-32)라는 평가를 부정하지는 못할 것이다. 장현균(Kenneth Chang)[2]은 캘리포니아대학 데이비스 캠퍼스(University of California at Davis)에서 인류학 교수를 역임한 바 있다. 미국 대학의 인류학과에서 일본에 관한 연구로 박사학위를 받은 인류학자가 한국의 민속학에 대해서 언급하는 것은

---

2 장현균(張賢均 Chang, Kenne, H-K, 1929-?)의 석사논문은 「Korean Kinship System: its analysis and relationship with other aspects of Korean culture」이다. 그는 캘리포니아 버클리 대학 인류학과에서 석사를 하였다. 그의 박사학위 논문은 Stanford University 인류학과로 제출되었다. 1967년부터 캘리포니아대학 데이비스 캠퍼스 조교수를 역임하였고, 1979년 2월에는 Pacific University 객원부교수였다. 그는 당시 큐슈대학 교육학부의 인류학자 요시다 테이고(吉田禎吾 1923-2018, 후일 동경대학 문화인류학연구실)교수와 함께 1962.10.-1962.12. 사이에 「난민구제법에 의해서 카고시마현에서 전후이민의 사회문화적 적응연구(難民救濟法による鹿兒島縣からの戰後移民の社會文化的適應の硏究)」의 요약보고서를 스탠포드대 인류학과로 제출하였다(民族學研究 28권 1호: 142)는 기록이 있다. 장현균은 6·25 때 미군의 신분으로 참전하였고, GI Bill을 받아서 미국에서 학업을 계속할 수 있었다. 어머니는 북조선에 거주하였고, 부인은 하와이의 일계(日系) 미국인이었다. 큐슈대학의 마루야마 코이치(丸山孝一, 1937-) 교수와 좋은 관계였다. 장현균은 캘리포니아대학 데이비스(Davis) 캠퍼스에서 종신직(tenure)을 받지 못하고, 이후 농업에 종사한 것으로 전해지고 있다. 그가 종신직을 받지 못한 것은 인종 편견 때문이었을 가능성이 있었다는 얘기도 있었고, 그러한 판정에 대해서 당시 학생들의 반발 움직임도 있었다(吉田禎吾의 증언). 장현균의 논문으로는 1964년 여름과 가을, 1968년, 1971년 사이에 이키(壹岐) 카츠모토(勝本)에서 실시하였던 당지연구의 결과로 다음과 같은 것들이 있다.
1971 "Institutional Changes and Development of the Fishing Industry in a Japanese Community", *Human Organization* 30: 158-169.
1979. 2. "漁獲行動の生態", 吉田禎吾 編, 漁村の社會人類學的研究. 東京: 東京大學出版會. Pp. 37-69.

지극히 자연스러운 모습이며, 장현균의 관점에서 송석하의 작업은 '자기 문화'에 관한 인류학에 속하는 것이었으며, 필자도 동일한 범주에 있다.

프란츠 보아스(Franz Boas, 1858-1942)가 인류학이란 학문의 범주를 설정하였고, 인류학이란 학문의 대강을 보여주는 모범적인 틀로서 자리를 잡은 것을 감안하면, 송석하의 민속학적 작업은 인류학의 하위에 있다고 본다. 즉 여기서 언급하고 있는 민속학(folklore)은 학문 분류상으로나 내용상으로나 인류학의 하위분야에 속하는 것으로 이해해야 하며, 그것이 세계학계의 보편적인 흐름이다. 민속학을 독일식의 Volkskunde라고 이해할 때도 넓은 범주에서 인류학에 속하는 것으로 이해해야 한다. 왜냐하면, 내용상으로 영미식의 문화인류학이라는 분야와 흡사하기 때문이다. 정체성 운운하면서 쓸데없는 영역논쟁은 부질없는 작업이다.

나는 40년 전에 국립민속박물관에서 마련했던 민속학과 인류학의 영역과 관련된 학술회의의 발표자로서 참여하여, 그야말로 절반 이상은 쓸데없는 논쟁을 벌인 경험이 있었다. 그때 그 논쟁에 참석하였던 분들로는 김태곤(故), 최인학, 김선풍, 임돈희, 조옥라 제씨들이었다. 주최 측인 박물관에서는 '민속학 대(對) 인류학'의 대결 구도를 설정하였고, 한편에는 김태곤·최인학·김선풍, 다른 한편에는 임돈희·조옥라·필자를 배열한 좌석을 마련하였다. 지금 생각해 보면, 그 자리에 참석했던 것이 후회막급인 시간과 장면이었다. 시간과 에너지는 한정적이고 해야 할 일은 많은데, 도토리 키재기 식 또는 땅따먹기 식의 어설픈 부질없는 논쟁은 그만하는 것이 생산적일 뿐만 아니라 여러모로 좋은 일이다. 논쟁해야 할 일은 다른 곳에서 부지기수로 기다리고 있다. 국내는 민속학이, 외국은 인류학이 담당한다는 인식이 자리 잡은 일본도 사실상 애매모호한 구석이 부지기수기 때문에, 더 이상 그와 관련된 논란은 하지 않는 것이 불문율로 되어버렸다. 중국식으로 자리 잡은 민족학은 소수민족을 다루며 인류학은 해외를 대상으로 한다는 인식이 자리 잡은 것 같지만, 사실상 그것도 불분명하고 애매모호할 뿐만 아니라 개념상 문제를 안고 있는 구석이 분명하게 자리한다.

혹시 이런 문제가 관심이 있는 분은 '문화란 무엇인가'의 개념부터 생각의 실마리를 풀어 보기를 권한다. 문화 개념을 인류학의 전유물로만 주장하지는 않는다. 문화 개념은 보편적인 사고가 지향해야 할 하나의 궁극적 개념이다. 인류학자 클리퍼드 기어츠(Clifford Geertz)가 문화의 이론화를 위하여 상당한 정도로 의존하였던 칼 야스퍼스(Karl Jaspers), 에드문트 후설(Edmund Husserl), 에른스트 카씨러(Ernst Cassirer), 그리고 현상학 분야의 철학자들이 펼쳤던 논리들을 기반으로 한 문화의 개념으로부터 이론적인 인문학적 바탕을 강고하게 갖출 수도 있다.

장현균이 지적한 '송석하와 민속학'이란 학문의 관계를 식민지 조선에만 국한된 안목으로 바라본다는 점에 대해서는 동의하지 못하는 부분이 있다. 왜냐하면 송석하는 일본 제국의 속령인 식민지 조선에서 민속학이란 학문 분야에서 활동하였기 때문이다. 송석하의 활동 범위를 분석하는 눈은 조선이라는 식민지의 공간뿐만 아니라 일본의 학문이라는 틀도 조명하여야 한다. 실제로 송석하는 당대의 다른 사람들과는 달리 도쿄나 오사카에서 발행된 민속학 관련 잡지에 조선의 민속과 관련된 적지 않은 논고들을 발표하였다. 따라서 '송민'의 추적과 분석은 일정 정도로 당대 일본의 민속학이란 학계에 기여한 바를 설명할 수 있어야 할 뿐 아니라, '송민'을 통하여 일본의 민속학적 동태를 어느 정도는 조망할 수 있어야 한다. 그렇지 않으면, '송민'의 실체에 대한 논의는 기껏해야 식민지 조선이라는 우물 안 개구리에 지나지 않게 될 것이다. '송민'의 실체는 그것을 둘러싸고 있는 일본의 동향이라는 전체의 일부분에 지나지 않았음에 대한 통찰력이 필요하다. 그렇게 하는 또 다른 이유는 '송민'의 학문적 확장력을 평가한다는 의미를 지니고 있기도 하다.

일제 식민지 경험이라는 역사적 사실(事實)에 대한 해석이 어떠한 방향으로 전개될 경우라도 우선 해야 할 것은 사실 앞에 선 해석자의 입장이 사실을 부정하거나 파괴하거나 은폐하는 일이 없도록 하는 것이다. 역사를 보는 눈은 달라질 수 있다. 입장에 따라서 달라질 수 있는 사실(史實, historical fact)과 사회적 사실(事實, social fact) 사이에 존재할 수 있는 공간을 비집고 들어서는 이념(이데올로기)의 확장이 물자체(物自體, Ding-an-Sich)의 기반을 흔들어 놓는 상황을 허용한다면, 생물학적으로 부여된 인간 존재 자체, 예를 들면 두뇌의 공유라는 사실 자체에 대해서도 모호해지게 된다. 그렇게 되면 커뮤니케이션이라는 과정은 무의미해진다. 신석기 시대의 살림살이를 영위하던 사람들의 물증인 토기를 통하여 고고학자들이 풀어내는 해석은 그들과 커뮤니케이션을 한 결과물이다. 고고학자는 그릇이란 물증이 제공하는 사실에 기반하여 그릇을 만들고 사용하는 방법에 대한 사실들을 읽음으로써 신석기 시대 사람들과 소통하는 방식의 길을 열고, 토기 연구의 연장선상에서 신석기 시대 사람들의 신앙과 철학도 논할 수 있어야 한다.

이것이 인류학자들이 생각하는 고고학이다. 인간 존재의 공유성과 그것을 기반으로 한 인간의 보편성에 대한 철학을 완성함에 힘을 보탤 수 있다는 신념이 있으므로 학문, 특히 인문학이 존재한다. 자연과학도 마찬가지다. 심리학도 대열에 합류할 수 있다. 그릇을 만들고 있는 사람의 심리상태에 대한 추론으로, 해부학자와 체질인류학자는 손가락의 움직임에 따른 근육과 뇌파의 관계에 관한 정보를 획득함으로써 인간의 보편성에 대한 그림을 완성하는 데 힘을 보탤 수 있다. 학문하는 과정이 사실(事實)에 기반해야 한다고 역설하는 이유의 궁극은 보편성에 대한 신뢰가 있기 때문이다. 이념의 개입을 허용하는 사실(史實)을 배격해야 하는 이유는 명백해진다. 사실(事實)이 학자에게 최저기반(Grundrisse)[3]이어야 함을 확인하고자 한다.

따라서 필자는 사실(史實)에 기반했다고 주장하는 식민지근대화론이나 식민지착취론의 허점에 대하여 사실(事實)로서 대항하는 논리적 입장이 어렵지 않음을 알고 있고, 따라서 그러한 이데올로기에 물든 주장들을 단연코 거부한다. 왜냐하면, 사실(事實)을 왜곡하는 사실(史實)에 기반한 주장을 하는 안목은 과학이기를 포기하고 나아가서 보편성을 외면한 특정적인 이념의 포로가 되어 있기 때문이다. 그렇게 하는 의도는 사회적 가치를 존중하는 보편성을 지향하기보다는 특정한 이익집단을 대변하는 정치적 경향으

---

3 칼 마르크스의 『정치경제학비판요강』(Grundrisse der Kritik der Politischen Ökonomie)에서 말하는 경제 결정론적 최저기반을 넘어선 생물학적 차원까지 포함하는, 그야말로 전체(whole)를 향한 최저기반을 말한다. 나는 마르크스의 경제결정론과 프로이트의 심리 결정론에 최저기반을 두는 사실론을 부정한다. 또한 사실(事實, reality)을 두 가지로 구분해서 이해한다(사실에 대한 뒤르켐의 설명이 갖는 한계에 대해서는 고를 달리할 필요가 있다). 하나는 현상학적 사실(phenomenological reality, 이른바 후설의 現實)이고 다른 하나는 역사적 사실(historical reality, 이른바 헤겔의 史實)이다. 전자는 공간을 공유하기 때문에 전제되어야 하는 존재에 대한 인식의 존중으로부터 비롯되고, 후자는 시간을 공유하기 때문에 전제되어야 하는 존재에 대한 인식의 존중에서 비롯된다. 인간이라는 존재의 사실에 대한 인식이 있기 때문이다. 인간의 인식에 개입된 상대성을 부정할 수도 없고(하지도 말아야 하고), 인간을 넘어선 차원(인간이 설정한 공간과 시간의 개념)에서 사실의 존재 자체를 부정할 권리는 없다. 사실에 근접할 모든 가능성은 열려 있어야 한다.

로 나아간다는 것이 역사적 경험으로 알려져 있다. 나는 일본 민속학을 "자기인식 방법으로서의 민속학이 식민주의와 맺은 관계는 더 다층적인 구도들이 복합적으로 결합되어 있는 연구과제"(조정우, 2008: 344)라고 비판적으로 평가하는 안목에 동의하면서, 단순한 이항 대립식으로 분석해서는 다층적인 복잡한 양상을 사상시킬 수 있다는 지적에 공감한다. 나아가서 한국에서 진행된 민속학이 일본의 영향을 지대하게 받았던 궤적이 분명하므로, 앞으로 논의에서는 일본 민속학에 배태된 특수한 입장도 외면해서는 안 된다. 여기에 설상가상으로 식민주의적인 관점들이 뒤섞이면서 식민지적 상황에 대해 양극단으로 치닫는 관점들은 수용할 수가 없다.

그래서 필자가 가설적으로 제시하는 최소한의 입장이 식민지혼종론(植民地混種論, colonial hybridity)이며, 혼종 상태인 다양한 스펙트럼에 대한 논의 여지를 남겨두고 있다(Canclini 2001 참조). 식민지혼종론은 갈등 팽배의 친일 대 반일의 억지 논리를 타개할 수 있는 하나의 대안이지만, '대안'이라는 논리적 현상이 빠지기 쉬운 수동성을 거부해야 한다. 인간의 행동은 다양하고 복잡하다는 본질론적인 전제는 식민지근대화론과 식민지착취론의 틈바구니에 끼인 식민지혼종론의 영역 확장을 위한 능동적인 작업을 요구한다. 본서는 그러한 작업의 일환으로 받아들여지기를 희망하는 바이다.

이 대목에서 한 가지 명심해야 할 문제는 당대의 학문 수준에 관한 평가의 문제다. 현재의 수준으로 당대의 학문을 평가하는 것은 불평등을 초래할 수 있다. 현재의 안목과 수준으로 당대의 학문을 평가할 수는 있다. 그러나 그것은 상당한 정도로 불평등한 결과를 초래할 가능성을 내포하고 있다. 진화론과 전파론이 지배하던 학계의 상황을 감안해서 '송민'의 오리엔테이션과 수준을 판단하는 안목이 필요하다. 따라서 필자는 당대의 학문 수준과 관행을 감안해서 송석하의 글을 보완 및 해설하는 과정이 어느 정도는 필요하다고 생각한다. 당대의 학문 수준을 어느 정도까지 용인하고 수긍할 수 있는지는 연구자의 능력에 의존할 수밖에 없다. 그것이 학사를 공부하는 과정이며, 학사 연구는 과거와의 부단한 대화로 축적되는 변증법적 과정의 결과다.

필자의 경험에 의하면, '송민'에 대한 필자의 인식도 이삼십 년 전보다도 상당히 달라졌다. 송석하의 논문이 일본의 관서 지방에서 발간되는 잡지에서 속속 발견됨으로써

1930년대 송석하의 학문적 활약상의 스펙트럼이 달라졌고, 그것을 대하는 나의 인식도 달라졌던 경험이 축적되었다. 아는 만큼 보인다는 철칙을 새삼스럽게 강조할 필요는 없을 것이다.

2) 이론적 배경과 가설적 구도

필자는 직접 통치를 기반으로 하는 식민주의적 학문이 전개되는 과정의 순차에 대하여 다음과 같은 가설적 구도를 설정하고 있다. 첫째, 식민 지배와 정책이라는 이름의 지배 수단이 침투하는 단계에서는 지배 대상으로서의 민속학과 자기 인식과 저항의 민속학이 병립하는 상황이 전개될 수 있다. 특히 조선에서 일제의 권력이 의도적으로 추진하였던 동화정책은 식민지 지식인들의 자기 인식과 저항에 필연적으로 맞부딪칠 수밖에 없는 상황이 설정되어 있었다. 일제 식민주의자들의 동화정책은 세계 식민주의 역사상 유례가 없었던 독특한 경우이기 때문에, 필자는 일본의 제국주의를 서구의 그것과 대조하여 하청제국주의(下請帝國主義, 전경수 2014.12.12)라고 명명한 바 있지만, 일본 제국주의를 이해하는 정도가 아직 일천하기 그지없는 수준이다. 그 부분에 대한 연구, 예를 들면 일제가 전개하였던 식민지의 지배권력이 영향력을 행사하였던 피지배 지역들에 대한 심도 있는 비교 연구가 동화정책의 전말을 고찰하는 데에 앞장서는 과제가 될 수 있다. 일제가 북해도에서 전개하였던 아이누와 대만의 원주민들에 대한 지배 양식에서 드러난 동화와 동화정책에 대한 이해 없이 조선의 경우만을 논의하는 것은 한쪽 눈을 감고 일제의 식민주의를 논하는 것이나 마찬가지다. 일본 제국주의자들의 점령지였던 만주국에서 전개된 협화와 동화의 의미론상 차이는 무엇이며, 정책상으로 어떻게 전개되었는지 구체적인 논의 없이 조선의 동화정책만을 분석하는 것은 일제식민주의론의 절반만을 보겠다는 의지의 표현일 뿐이다.

다양한 스펙트럼으로 구성된 문화 비교론(예를 들면, 암묵적 비교에서부터 거시적 비교에 이르기까지)을 외면한 연구는 자칫 자민족중심주의에 빠질 위험성이 농후하기 때문에, 보편적인 동의를 얻기 어려운 결과를 초래하기 마련이다. 동화를 앞세운 지배자와 피지배자 사이에 권력관계의 암중모색과 조정 과정을 드러내는 연구 결과가 얼마나 생산되어 있는지를 묻고 싶다. 논리적으로는 상호 상대의 전략을 탐색하는 과정도 당연히 발견될 텐데, 그렇게 되지 못한 연구는 자료의 고의적 파괴와 은폐 등 여러 가지 제약점에서 기인한 한계가 있다.

둘째, 무력 통치에서 문화 통치로 급격하게 방향을 전환하였던 조선총독부의 통치 정책사가 보여주듯이 피지배 측의 권력관계도 역동적으로 파악되는 것이 당연한 역사적 과정이다. 수동적일 수밖에 없는 피지배 측의 입장을 수동적으로만 고찰하는 관점에 대한 수정을 요구하고 싶다. 본질적으로 권력관계의 지배 양식이 작동하기 때문에, 피지배 측이 수동적일 수밖에 없는 상황을 감안하지 않으면, 피지배 측의 입장이 어떻게 수동적일 수밖에 없는 상황을 능동적으로 전환하기 위한 노력, 즉 은항책(隱抗策, hidden transcript)[4]을 본질적으로 사상시키게 마련이다. 그동안 주된 식민지 연구는 수동적일 수밖에 없는 상황에서 전개되는 역동적인 은항책에 대한 검토에 인색했다고 본다.

식민지 상황에서 피지배자들의 은항책을 집중적으로 파악하기 위한 새로운 식민지 연구의 관점을 확립할 필요가 있다. 지렁이도 밟으면 꿈틀거린다. 꿈틀거리는 피지배자 측이 모색할 수 있는 은항책의 초기 단계에 설정되는 전략이 타협일 수 있다. 타협은 단순한 굴복의 의미만을 담지 않으며, 저항으로 간주할 수 있는 인식과 행동의 의미가 포함되어 있다. 피지배 측의 타협이라는 과정을 피동적으로만 간주하는 안목의 수정이 필요하다. 권력관계의 비대칭적 파트너십이라는 현상을 전제로 하고 타협이라는 전략을 분석할 필요가 있다. 식민 통치 측의 지배 심화에 의한 피지배 측의 대응 모색의 결과가 비대칭적 파트너십의 형성으로 인한 타협과 협력의 과정으로 전개될 수 있다. 이 과정을 피지배 측의 수동적 태도로 판정하는 논의에는 동의할 수 없다. 중층화된 권력관계의 개입에 의한 생사(生死)의 문제가 걸려 있다는 점을 최우선으로 고려해

---

4 Hidden transcripts를 '은항책'이라고 번역하였다. 이 단어는 예일대학의 정치학자 겸 인류학자인 제임스 스콧(James C. Scott, 1936-2024) 교수가 만들었으며, 약자가 저항하는 방식을 그리기 위해서 고안된 용어다. 또한 그의 저서 *Domination and the Arts of Resistance: Hidden Transcripts*(Yale University Press, 1990)의 중심 개념이다. '숨겨진 저항방식'이라는 의미를 필자가 은항책이라는 단어로 만든 것이다.

야 하기 때문이다.

　권력의 속성이라는 점을 고려한다면, 타협과 협력이 목적이 아니라 차후의 기회를 포착하기 위한 수단으로 고려될 여지를 남겨야 한다. 그렇지 않으면 지배권력의 희생이 되었던 대상들을 재차 희생시키는 결과를 생산하게 된다. 권력관계 속에 형성될 수밖에 없는 약자의 입장을 당당하게 대변할 수 있는 장치가 필요하다. 자칫 잘못하여 흑백논리의 함정에 걸려들어 식민주의적 폭력에 대응하는 살림살이의 미세한 과정들이 교직하는 다층적 전략들을 사상시키는 우를 범하지 말아야 한다. 비대칭적 권력관계에서 전개되었던 피지배 측의 은항책을 발견하려는 노력을 회색분자의 수정주의라는 논리로 매도한다면, 나는 사회적 사실들을 발견하려는 노력을 포기하라는 선언으로 받아들일 수밖에 없고, 시간과 공간이 교직하여 만들어진 살림살이의 구체적이고도 맥락적인 상황을 무시하는 흑백논리의 허구성에 대하여 선전포고할 수밖에 없다.

　셋째, 일제의 전쟁 시기에 명백하게 드러났던 전시 동원의 민속주의적 정책에서 서서히 찢어발겨지는 과정을 경험한 살림살이의 도탄상(塗炭狀)과 무기력 상태가 식민주의적 학문의 대상으로 포착되어야 한다. 일본의 제국주의자들은 1935년에 '신국'의 '황기 2600년'이라는 상징을 식민 지배의 최우선 전략으로 설정하여 새로운 형태의 지배 정책에 시동을 걸었다. 만 5년간의 준비를 통한 '황기 2600년'의 상징화 과정은 중일 전쟁을 기점으로 대동아 전쟁까지 확산되었다. 전쟁 획책의 총동원을 주도하기 위한 결속력으로서 조직된 대정익찬회(大政翼贊會)는 삼국동맹(정식 명칭은 日獨伊三國間條約. 1940년 9월 27일 체결)을 등에 업고 독일의 나치 정당과 이탈리아의 파쇼 정당을 모방한 일당독재의 전쟁 정당이었음을 간과하지 말아야 한다. 총력전 체제에서 물적·인적자원 동원에 내몰렸던 조선의 살림살이는 더 이상 식민주의(colonialism)라는 구도만으로는 관찰될 수가 없다.

　제국주의적 전쟁을 주도하였던 새로운 질서로서의 군국주의(軍國主義 militarism)라는 개념이 설정될 필요가 있다. 만주 사변 이전의 평화적인 상황과 이후의 전쟁 상황은 구분해서 고찰되어야 한다. 말하자면, 만주 사변으로부터 중일 전쟁 그리고 '황기 2600년'의 상징에 대한 분석을 '전쟁과 평화'의 관점으로 대응하는 것이 일본의 현대사를 관찰하는 안목으로 설정되는 것이 바람직하다. 따라서 총력전 상황에서 군국주의에 아부하는 제3제국의 민속학과 같은 행태가 아니라 민속주의적 전쟁 상황을 분석하는 안목이 진정한 도탄문화론(predicament of culture)[5]을 끌어낼 수 있다고 생각한다.

군국주의의 과정과 결과를 보여주는 '전쟁과 도탄문화론'이라는 새로운 분석적 구도를 설정하는 혜안이 필요하다. 이 과정에는 조선이 따로 있고, 일본이 따로 있을 수 없다. 군대가 제국 전체를 장악한 식민지 조선의 살림살이 전모를 들여다보는 혜안이 필요하다. 전시 동원의 상황에서 토해낼 수 없었던 발설들을 유도하고 정리하고 분석함으로써 위기의 살림살이를 대변하고, 전체라는 명분을 앞세운 이데올로기로서의 군국주의적 반인륜적 과정과 결과를 고발할 수 있어야 한다. 필자는 전쟁을 목적으로 하여 조직된 군대에 의해서 전개되는 사상(思想)과 사상(事象)이 민중의 일상생활을 지배하는 상황을 군국주의라고 정의하며, 이에 대한 본격적인 논의는 별고를 요한다.

따라서 일본 제국주의의 통치에서 식민주의와 군국주의는 분석적인 개념으로서 시간상으로 상호 혼동되지 말아야 한다. 현실적으로 양자의 구분이 쉽지 않다는 점은 이해한다. 그러나 학문상의 분석적인 도구로서 양자는 혼동되지 말아야 하고 혼합되지 말아야 한다. 군국주의의 전횡 하에서 살림살이의 도탄을 경험하였던 민중들의 역사가 사방에 존재한다. 그들은 일본뿐 아니라 일제 전쟁광들의 권력이 손을 뻗쳤던 만주와 중국 그리고 동남아시아와 한반도에도 존재한다. 전쟁의 도탄적 그림자는 팔라우와 뉴기니에도 유전되고 있었다. 바꿔 말하면, 일본 제국의 조선 지배를 통치시스템이라는 프레임으로 이해하려면 식민주의와 군국주의 양자를 분명하게 인식하고 분리해서 분석하는 노력이 필요하다. 식민주의라는 입장에서만 일본의 통치시스템을 이해하려는 것은 한쪽 눈을 감고 현상을 보는 것이거나, 아니면 전체를 제대로 보기를 포기하는(또는 포기하기를 종용하는) 것이나 마찬가지다. 만약에 포기하기를 종용하는 프레임에 걸린다면 어마어마한 음모의 포로가 되는 길을 의미하며, 결국 진실 가리기의 희생으로

---

5 제임스 클리퍼드(James Clifford)의 저서 *The Predicament of Culture: Twentieth-Century Ethnography, Literature, and Art*(1988, Harvard University Press)에서 설정한 개념이다.

전락하게 될 것이다.

 중세 이후 일본은 기본적으로 군대가 지배하였던 경험이 축적되어 있다. 그러한 역사적 배경을 딛고 근대화를 추진하였던 문장(文裝) 세력에게 잠깐 권력이 이양된 적이 있었지만, 일본 현대사는 명백하게 군대가 권력의 중심부에 재등장하여 전쟁을 주도하였다는 점을 분명하게 인식할 필요가 있다. 사무라이로 대표되는 일본 정치사의 문화전통(文化傳統)에 자리한 군국주의적 뿌리에 대한 이해가 선행되어야 한다. 일본에서 사용되는 군국(軍國)이라는 용어는 사회적 현상으로서의 과정과 결과를 설명하는 것일 뿐만 아니라 전체 사회가 지향해야 할 가치를 담고 있는 비전으로서 이해되고 있다는 점을 명심해야 한다.

 식민지 또는 식민주의라는 용어만이 회자하는 한 일제 전통의 군국주의는 식민주의의 가면을 쓰게 되고, 군국주의의 사실(事實)들은 식민주의의 이면에 숨게 된다. 말하자면, 식민 지배 문제와 전쟁 도발 문제는 구분하여 고찰하는 것이 바람직할 수 있다. 따라서 군국주의적 프레임 위에서 논의되어야 할 전범(戰犯) 문제가 아직도 제대로 정리되지 않은 상황이 지속하고 있고, 이를 은폐하려는 목적을 위한 전략 일부가 양자의 혼합에 의한 물타기 전략이라고 생각한다. 본고는 이상과 같은 세 가지의 단계적 과정을 본론에서 가능한 한 자세하게 짚어보는 노력을 할 것이다.

 일제 식민지 시기 조선의 송석하라는 한 개인의 살림살이로부터 '대일본' 제국주의에 연결되는 과정들을 엮기 위해서는 중간 단계에 수 많은 고리를 배치 및 정렬해야 한다. 그 과정에는 또 다른 개인들도 동원되어야 하고, 사건들도 들여다봐야 하고, 제삼과 제사의 그리고 제오의 문서들도 찾아야 한다. 이렇게 하는 이유는 사회적 사실을 대하는 개념으로써 '전체'라는 현상이 존재하기 때문이고, 전체를 추구하는 우리의 노력은 영원히 부단할 수밖에 없기 때문이다. 이를 위해서는 헤겔이 말하는 전체라는 개념을 충족시켜야 한다. 전체와 부분의 관계에 대한 기초적인 관념 설정이 작업의 시발점에 장착되어 있어야 한다. 궁극적으로는 개인이 전체이고, 전체가 개인인 관념적인 구도를 만족시킬 수 있어야 한다. 희망적인 결론을 추구하면서, 동시에 희망이 영원히 희망이어서는 곤란하다는 생각도 하면서 출발한다. 또 하나 필요한 것은 다짐이다.

나의 글이 송석하라는 개인의 입장에 얼마나 다가설 수 있을까 하는 도전적인 질문을 담고 있다. 애매한 상황을 조우하게 되는 경우, 나는 송석하의 입장을 먼저 고려할 것이다. 왜냐하면, 전체는 개인으로부터 시작하기 때문이다. 전체는 이념에 몰입되기 쉬운 속성을 지녔지만, 개인은 사실의 근거지가 된다. 개인이 이념의 선봉에 서는 경우는 개인숭배로 나아간다. 이것이 이념을 경계하는 또 다른 이유이기도 하다. 따라서 나는 개인인 송석하의 입장이 전체보다는 우선하는 자세를 취할 것이다. 나의 입장을 도그마라고 규정해도 좋다. 개인으로부터 시작해서 전체를 꿰뚫어 내는 것이 휴머니즘이라고 생각하는 관점을 도그마라고 규정해도 좋다. 나는 기꺼이 그러한 비판을 받아들인다.

송석하의 이름으로 나온 최초의 논문은 조선화폐사에 관한 1922년도의 글이며(전경수, 2022.9.30), 이 논문이 상재된 지 한 세기가 지났다. 한 세기 만에 소환하는 송석하의 논문을 대하면서, 학문 생활 사반세기 동안 송석하의 기록들을 대하는 감회를 넘어서 분석 방법에 대해 정리할 필요가 있다.

사진은 송석하가 남긴 유산으로서의 논문들을 뒷받침하는 적지 않은 자료들이다. 또한 사진은 논문 못지않게 중요하다. 어떻게 하면 송석하가 남긴 사진들을 과거 소환에 활용할 수 있을까? 영상화(picturization)가 답이다. 글자로 드러난 이미지와 함께 사진들을 엮어 영상화할 수 있을 것이다. 사실 송석하만큼 많은 민속 사진을 남긴 사례도 없다. 그렇다면, 어떻게 영상화할 것인가? 피사체를 포착하던 송석하의 입장과 함께 피사체의 입장도 소환하는 과정이 필요하다. 또한 이 두 과정이 송석하가 남긴 글들과 소통할 수 있도록 사설을 만드는 제삼의 과정이 필요하다. 본론에서 영상화의 과정을 실천함으로써 본고의 임무를 다하고자 한다.

'송민'의 맥락적 재구성을 위해서 간략하나마 시대를 구분할 필요가 있다. 필자에 의한 시대구분은 일대기를 대하는 일종의 가설이 포함되어 있다. 전체적인 시대적 흐름 속에서 '송민'을 파악하던 종래의 관행을 벗어나서, 송석하와 그의 활동을 중심으로 편년하는 장점을 살리고 싶다. 장점이라고 함은 민속학자인 송석하라는 한 개인에게 일제 식민지 시대 조선의 객체일 뿐 아니라 활동 주체로서 초점을 맞추게 되는 것이다. 본고는 후자에 중점을 두고 자료를 검토하고자 한다. 이 시대구분의 저변에는 앞에서 제시하였던 식민주의적 학문의 전개 과정에 관한 3단계의 가설적 구도를 전제로 하여 1) 민속학 입문 시기, 2) 조선민속학회 조직과 『조선민속』 발간 시기, 3) 민속자료 수집과 연구 심화 시기, 4) 향토무용민요대회 개최 시기, 5) 전시 하의 수동기(受動期), 6) 해방과 미군 점령지 시기로 구분한다. 본서의 본론이 이 구도를 따라서 자료를 정리한 결과를 보여줄 것이다.

본론

3. 민속학 입문 시기

 한 개인이 하나의 학문에 입문하는 계기는 주로 대학에서 전공 분야 과정을 수학하기 시작하며 생기는 경우가 대부분이다. 송석하의 경우는 이러한 일반론과는 거리가 멀다. 학문의 초창기에는 대부분 그러하였듯이, 현재까지 드러난 자료들에 의하면 송석하가 언제 어디에서 누구를 통하여 민속학이란 학문에 입문하는 과정을 밟게 되었는지 정확하게 언급할 수가 없다. 그가 최초로 민속학과 관련된 글을 발표한 시점이나 민속학적 자료를 수집한 증거가 드러난 시점을 기준으로 '송민'의 남상을 짐작할 수밖에 없다. 이러한 경우를 우리는 흔히 독학(獨學)이라 이름해 왔고, 근대학문의 체계가 도입되었던 19세기 말부터 20세기 초에 학문을 시작한 많은 선학들이 부분적으로 답파했던 과정이기도 하였다. 독학이라고 해서 문제가 있다는 편견은 자료 해석과 토론이라는 장르에는 어울리지 않는다. 중요한 것은 어떠한 레퍼런스(reference)를 갖고 학문을 시작하였는가 하는 문제이며, 레퍼런스라는 차원에서 '송민'의 오리엔테이션을 검토하는 것이 생산적일 수 있다. 독학자의 스승 노릇을 한 것이 레퍼런스라고 말하는 것도 가능하다.

 송석하에 대하여 그동안 적지 않은 논고들이 직간접적으로 연구 결과를 생산했지만, 아직도 부족하게 느끼는 부분이 '송민'의 레퍼런스와 관련된 서지학적(書誌學的) 연구다. 학사에서 서지학적 연구라는 과정은 가시적으로 인용된 것들만을 대상으로 하지 않는다. 여러 가지 정황으로 보아서 당연히 인용되어야 할 선행 문헌들이 인용되지 않은 부분에 대해서도 점검해 보는 것이 당대 학문의 수준을 가늠할 수 있는 방법의 하나가 될 수 있다.

　19세기 말과 20세기 초 조선에서 활동했던 서양인들은 주로 선교사들과 외교관들이었다. 그들은 조선에서 자신들의 본업을 수행하는 과정에서 듣고 보고 체험하였던 것들을 출판하여 소개하였으며, 그중에는 민족학·인류학적으로 전문적인 내용을 포함하는 것들도 있었다. 모두 유럽의 언어들로 작성되었던 탓에 당시 조선인들이 접하기는 쉽지 않았던 것으로 생각된다. 예를 들면 다니엘 맥고완(Daniel J. MacGowan)[6]이 위지동이전(魏志東夷傳)의 내용을 부분적으로 소개하여 '인류학적 보고(Anthropological Notes)'라는 제목의 글을 남겼고(MacGowan, 1891), 중국에 체류하였던 영국 외교관 크리스토퍼 가드너(Christopher T. Gardner, 1842-1914)[7]는 384종의 조선 엽전(coinage)을 소개하는 글을 썼다(Gardner, 1895). 의료선교사였던 일라이 랜디스(Eli B. Landis, 1865-1898)[8]는 전설(folk tales)(Landis, 1896-1897)과 동요(Landis, 1898)를 소개하였다. 이미 잘 알려진 호머 헐버트(Homer Hulbert, 1863-1949)는 조선의 귀신 들림(demon possession)(Hulbert 1897: 25)에 대한 논문을 작성하였고, 샤머니즘의 상황을 일부 적기하고 있다. 이능화가 『백교회통(百教回通)』(1912)에서 '귀신(demon)'이라는 용어를 사용하는 것은 당시 선교사들의 영향일 것으로 보인다. 또한 헐버트는 조선의 전설을 소개하면서 "민속(folk-lore)이란 것은 역사

6　Daniel Jerome MacGowan(瑪高溫, 1815-1893)은 미국 매사추세츠(Massachusetts)주 태생이다. 1843년에 침례회 의료선교사로 중국을 방문했다. 의사 역할을 하면서 영파(寧波)에서 『博物通書』(愛華堂 1851, 전보와 전기에 관한 개론서)와 「航海金針」(愛華堂 1853, 항해와 기상에 관한 서적) 등 서적들을 발간하였으며, 이러한 서적들이 일본으로 수입되었다. 그는 일본을 3회 방문하였고, 상해에서 사망하였다. 그의 문서에는 위지동이전에 등장하는 주호(州胡)를 인용하여 제주도를 소개하고 있다. "州胡(Chau-hu) 사람들은 배를 타고 코리아와 무역을 하여 소와 돼지를 가지고 가며, 그들은 (코리아와는) 다른 언어를 사용하고, 물고기 껍질로 만든 옷을 입고 있다"(MacGowan 1891: 296). 위지동이전의 문장을 대부분 인용하고 있지만, 마지막 '물고기 껍질로 만든 옷'은 맥고완이 추정하여 삽입했다. 위지동이전에는 그러한 내용이 없다.

7　Christopher Thomas Gardner(1842-1914)는 영국의 직업외교관으로서 중국에서 활동하였다. 동아시아 지역의 동전을 수집하였는데, 3,600개가 넘는 수집품이 1883년 대영박물관으로 구입되었다.(https://www.britishmuseum.org/collection/term/BIOG132235)

8　펜실베이니아대학 의학부를 졸업한 후 의료선교사로서 1890년 조선에 파송된 랜디스 박사는 펜실베이니아대학 박물관 고고학협회의 통신회원 역할로서 박물관을 위한 유물을 수집하였다. 그가 수집했던 유물 중에는 인천 송도의 무덤들로부터 발굴된 것들이 있었다. 조선의 관습에 관한 논문들도 발표하였으며, 청일전쟁 당시 청국의 부상병들을 치료했던 성과로 청국 정부로부터 훈장을 받기도 하였다(Bulletin of the Free Museum of Science and Art of the University of Pennsylvania, Philadelphia: University of Pennsylvania, 1897: 211). 그가 1902년에 기증한 유물들은 현재 펜실베이니아대학 박물관에 소장되어 있다.

사진 2. 송석하와 두 형제(왼쪽으로부터 석구, 석하, 석찬)

의 특징을 포함하지 않으면서도 게다가 그것들의 기원이 모호하기 짝이 없을 뿐만 아니라 현대적이고 과학적으로 정리된 설합의 깨끗한 질서 속에 자리를 잡기에는 너무나 이질적인 민족학적 비품(furniture)의 그 모든 흥미로운 낡은 조각들로 치부되어 다락방 구석에 있는 것이다…. 어떤 사람들의 생활에 대한 인간 지식의 검사(test)는 그들의 민속에 관한 친숙함"(Hulbert 1902: 45)이라는 견해를 개진하였다. 개신교 목사였던 허버 존스(Heber Jones, 1867–1919)[9]는 샤머니즘에 관한 논문을 발표하였다(Jones, 1901).

19세기 말에는 조선을 상대로 정치와 학문(절반은 호기심) 사이에 착종 관계가 형성되었다고 이해하고 싶다. 여기에서 말하는 학문이 바로 인류학 또는 민족학적인 것이었다. 학문의 뒤에 '절반은 호기심'이라고 삽입한 이유가 있다. 당시의 인류학 또는 민족학적인 관심의 대상으로서 조선의 지리적인 위치를 표방한다. 중국이라는 거대한 대륙 국가와 신흥 제국으로 부상하기 시작하였던 탈아입구의 일본 사이에 끼어 있는 은둔의 나라 조선에 대한 호기심은 서양인들의 관심을 자극하기에 모자람이 없었다. 19세기 후반의 유럽에서는 호사가적인 수집이 유행이었고, 이를 전담하는 기업 행위도 성행하고 있었다. 은둔된 곳에 대한 호기심의 발동이 수집 행위와 연결되는 분위기였음을 알 수 있다.

---

9   허버 존스는 조선에 왔던 최초의 개신교 선교사였다. 그의 한국식 이름은 조원시(Jo Won-si)이다. 그는 조선의 종교에 대해서 깊은 통찰력을 보였고, *The Korean Repository*, *The Korean Review*, 그리고 *Shinhak Wolbo* (Theology Monthly) 등 그가 창간하였던 잡지들은 학문적으로 크게 공헌하였다.

그러한 상황은 "민족학과 외교 사이의 긴장관계를 형성하는 모습을 보이면서 도자기와 같은 고고학적인 미술품들이 선물로 증정되는 일들이 적지 않았다. … 그러한 선물들은 상품으로 전환되기도 하였다"(Oppenheim 2016: 27)라는 부분에서도 짐작할 수 있다. 제국의 영역을 확장하려는 미국의 해군이 국립박물관과 긴밀한 관계를 맺으면서, 수집된 물건들을 국립박물관이 소장하는 과정도 있었다. 열강의 압박 사이에서 정치적으로 위태로운 상황을 맞은 조선에서 갑신정변(1884)이 발발하여 정치망명객들을 생산했고, 망명객들이 미국에서 일시적으로 안착하였던 곳이 미국의 국립박물관(National Museum)이었던 것(Oppenheim, 2016: 54)도 정치와 학문이 착종되던 하나의 역사적 아이러니다. "스미소니언의 월터 휴(Walter Hough)는 서광범, 서재필, 그리고 변 수의 도움으로 한국에 관한 인류학적인 작업을 할 수 있었고, 세 사람이 이러한 작업에 참여한 시점은 1887년 경이다."(Oppenheim, 2016: 55-58)라는 내용과 서광범이 휴에게 그려준 조선의 가옥에 대한 도면이 스미소니언의 아카이브에 보관되어 있음(Oppenheim, 2016: 60)이 증언하는 바는 조선 정객들의 망명처가 스미소니언의 국립박물관이었다는 것이다. 정치적 망명지라는 안식처에서 만난 망명 조선인들은 정치적일 수밖에 없는 운명의 길라잡이를 택하게 된 셈이다. 생명유지 수단의 역할로 가능했던 대상일 수밖에 없었다.

1893년 시카고 박람회(World's Columbian Exposition) 개최의 책임자였던 하바드대학의 프레데릭 퍼트넘(Frederick Ward Putnam)이 스튜어트 큘린(Stewart Culin)에게 '민속학과 원시종교'의 전시를 의뢰하면서, 큘린은 조선(Korea)에 관심을 갖게 되었다(Oppenheim, 2016: 85). 박람회에 파견되었던 박용구가 큘린의 핵심 제보자 역할을 하였음도 알게 되었다.

개화를 추구하였던 조선의 정객들은 자신들의 정치적 망명처를 제공하는 박물관이 요구하는 조선에 관한 정보와 물건들을 제공하였고, 박물관은 조선의 정객들에게 안식처를 제공하는 대가로 조선에 관한 정보와 물건들을 수집하였다. 정치와 인류학이 착종하면서 조선의 정보와 물건들은 박물관과 개인의 수집 대상이 되었다. 결과적으로 『조선의 놀이(Korean Games)』(1895년 발행)의 저자 큘린은 "미국인류학(American anthropology)이란 맥락 속에서 최초의 '한국 책(Korean book)'을 만든 셈이 되었다"(Oppenheim, 2016).

이어서 1913년 조선의 혼인에 관한 논문을 발표하였던 아서 레이(Authur H. Lay, 1865-1934)는 이미 요코하마에서 일본의 장례에 관한 책(1891)을 발행한 바 있다. 세실 홋지(Cecil Hodges, 1880-1926)[10]는 조선의 신화와 민속에 관한 논문 속에서 비교신화학과 민속학(comparative mythology and folklore) 및 인류학(anthropology)"(Hodges, 1914: 41)을 거론하고 있다. 언더우드(Underwood)[11]가 발표한 사냥꾼들의 노래(lore)(Underwood, 1915)도 있으며, 시카고대학 인류학과의 프레데릭 스타(Frederick Starr, 1858-1933)[12]교수가 발표한 주물(呪物)(Starr, 1917) 등 희귀한 기록들이 있었다. 이러한 업적들로부터 학습된 중요한 문제의 하나는 타자화다. 박물관의 수집 대상으로서 조선 문화라는 측면과 정치와 학문의 착종 관계로 맺어진 인류학이라는 학문이 조선에 제대로 발을 붙이기를 기대하는 것은 무리였다.

이렇듯이 여행하던 외교관들이나 선교를 목적으로 조선에 들어온 서양 지식인들이 조선 문화에 관심을 갖고 출판한 서적들과 논문들 중에 현재 우리가 민속학의 범주에서 읽어볼 수 있는 사례들이 있다. 당시 조선의 지식인들에게 유럽의 언어로 출판되었던 서적들을 대할 수 있는 장벽이 높았던 모양이고, 지극히 일부의 조선인들만 서양인들(선교사와 선교목적의 학교에 근무하는 교사나 외교관)과 접촉할 수 있었으며, 그 좁은 통로를 통하여 수입되는 서양의 지식이 극히 일부의 조선인들에게 전달되었던 근대지식 수입 통로에 대한 이해가 필요하다. 따라서 서양 문물로 대표되는 근대지식은 대부분 중심부의 역할을 하였던 일본의 통로를 경유하는 것이 일반적인 경향이었기 때문에, 일본 제국의 시각이라는 프리즘을 통과하면서 걸러지는 지식 전달 체계가 형성되어 있었음에 대한 선이해가 필요하다.

---

10 세실 홋지(1880-1926)는 인도 태생의 성공회 신부로서 조선에 선교사로 파송되었다. 성공회대학 전신인 강화도의 성 미카엘신학원 설립자이기도 하다.
11 한국식 이름은 원한경(元漢慶, 1890-1951)이며, 미국 장로교 선교사였던 호러스 그랜트 언더우드(Horace Grant Underwood, 1859-1916)의 아들로 조선에서 태어났다.
12 프레데릭 스타는 시카고대학 최초의 인류학 교수다. 콩고와 멕시코 등지에서 고고학적인 작업을 하였으며, 장기간 일본을 방문하였고 동경에서 사망하였다. 식민지 조선의 상황에 대한 이해가 깊었고, 시카고에 유학하였던 조선인 유학생들과도 교류하였다.

'동경 유학'이라는 하나의 형식이 만들어지면서 중심부와 주변부의 관계 속에서 지식의 획득과 전달이 이루어졌기 때문에, 지식의 형성과 축적을 위한 레퍼런스는 자연스럽게 일본어 중심의 출판물일 수밖에 없었다. 송석하에게도 서양인들의 논문과 서적들이 레퍼런스로 활용되었던 흔적이 지극히 일천하였다. 그럼에도 외부로부터의 시선이 포착했던 타자화된 조선 문화에 대하여 '송민'의 입장은 단호하다. '송민'은 태생적으로 타자화를 거부한 내용이라는 점을 분명하게 하는 것이 서양인들의 관점에 이어서 등장했던 일본 식민주의자들의 관점을 대할 때도 동일하게 적용되는 당위성을 확보하게 된다.

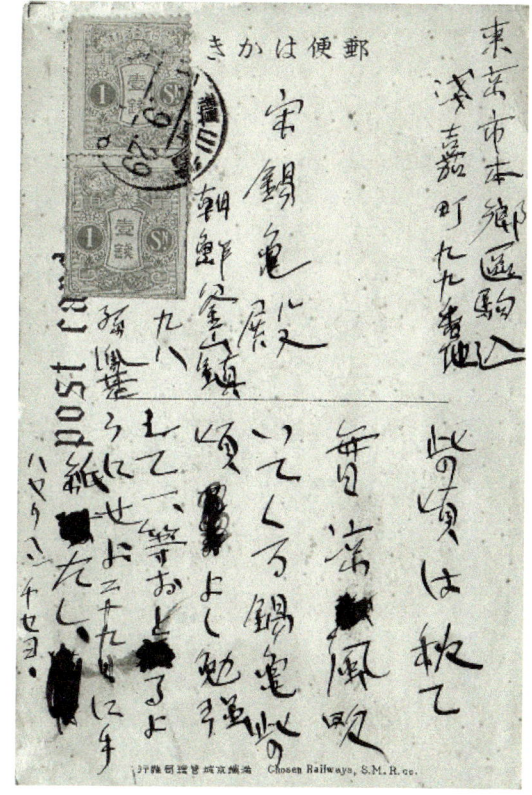

사진 3. 송석하가 동생 석구(錫龜)에게 보낸 엽서

부산의 본가에 거주하는 동생에게 열심히 공부하라는 독려의 엽서(1923년 10월 13일 자)를 보면, 송석하의 동경상대 재학 당시 주소는 동경시혼고구고마고메아사카초(東京市本鄕區駒込淺嘉町) 99번지였다(사진 2). 그 후 석구는 동경으로 유학하였고, 막냇동생 석찬에게 관동대지진 이후의 상황과 함께 안부를 전하는 엽서(사진 4)에서 조모와 부모님 안부를 묻고 있다. 관동대지진의 여파로 조선인 학살 사건이 발발하면서, 동경에 있는 두 아들 형제의 안위를 걱정했던 고향 어른들이 그들에게 조속히 귀향하라고 독촉했음을 예상할 수 있다.

앞에서 서술하였듯이 송석하의 이름으로 출판되었던 최초의 논문은 그가 동경상대 재학 당시 작성한 조선화폐사(朝鮮貨幣史)와 관련된 것이었으며, 출판 시기는 1922년 12월이었다. 모교인 부산상업학교의 교지에 게재되었다. 상과대학의 학생으로서 화폐의 역사에 관해서 질문을 하고 자료를 정리하여 글을 쓴다는 것은 너무나도 당연한 결과

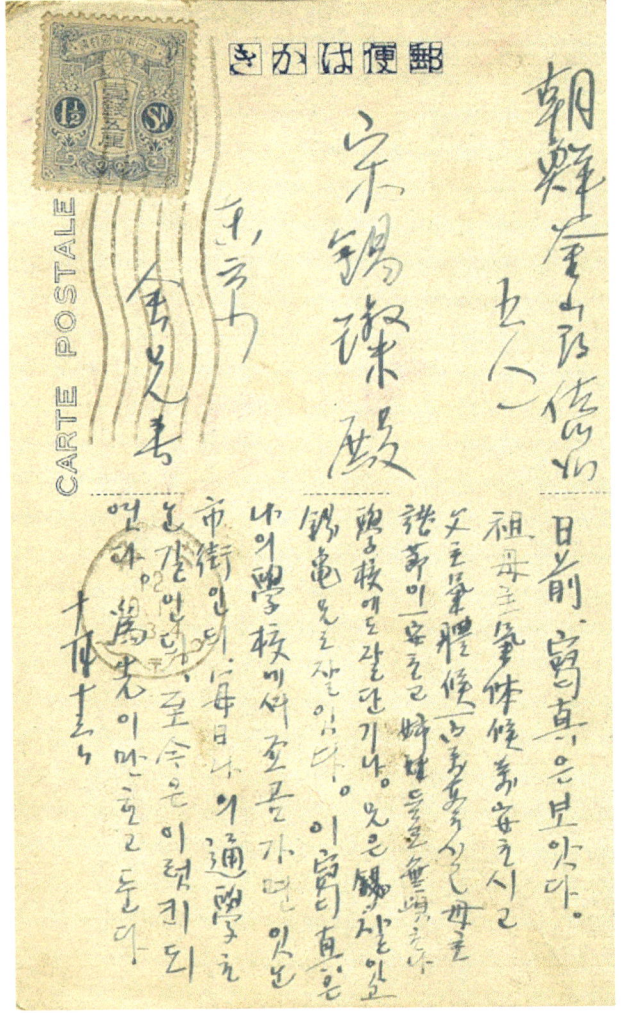

사진 4 & 5. 송석하가 부산 본가의 막냇동생 석찬(錫瓚)에게 보낸 엽서 양면(1923년 10월 13일). 9월 1일 관동대지진으로 인하여 궤멸한 동경시가지 중 진보초(神保町) 일우의 광경이다.

라고 생각된다. 논문의 내용이 민속학과 관련된 것이라고 말할 수는 없지만, 학문적인 바탕이 되는 논문을 작성하였다는 점에 주목하게 된다. 1923년 4월 그는 동경상대 본과의 상학부에 진학하였으며, 그해 9월 관동대지진으로 휴교령이 내려졌었다. 대학은 그해 11월에 다시 문을 열었는데, 송석하는 부친의 독촉으로 12월에 귀향한 것으로 판단된다.

동경으로부터 송석하의 귀향을 부친의 사업 실패로 인한 경제적 이유에서 찾고 있는 의견이 있지만(이문웅, 2004: 27; 오석민·박중훈·이용찬, 2023.6.24: 88-91), 나는 그러한 의견에 동의하지 못한다. 장래의 희망이 걸린 장자(長子)의 학업을 중단시킨다는 것은 지금이나 당대 조선인들의 정서와 어울리지 않는다. 동경상대를 그만두어야 할 만큼 경제적으로 어려웠다고 하더라도, 당시는 많은 고학생(苦學生)이 동경에서 유학하고 있었다는 사실을 잊지 말아야 한다.

송석하의 주변에서 흘러나온 겉

으로 드러난 말을 그대로 받아들이는 방식으로는 당시의 준엄한 사회·경제적 흐름을 읽어 내지 못한다. 시쳇말로 '돈이 없어서 공부를 못 한다'라는 생각은 당대 조선인들의 정서와 현실을 헤아리지 못한 피상적인 판단이다. 필자가 생각하는 송석하의 학업 중단과 귀향 이유는 신변 안전과 관련된 집안 어른들의 걱정이었다. 관동대지진 후 조선인을 향한 학살 사건과 그와 관련된 소식들은 이를 접한 고향 어른들의 걱정거리였다. 그렇기에, 혼인하라는 강권을 거부하기 위하여 세토나이카이로 도피하였던 일화도 이해가 간다. 학업을 중단해야 할 만큼 경제적으로 그렇게도 어려웠다면, 세토나이카이로 도피 여행도 불가능하였을 것이다. 당시는 자유여행이 불가능한 시대였으며, 그가 교통이 불편하였던 세토나이카이로 갈 수 있었던 것도 동경상대의 학생 신분증이 있었기 때문에 가능하였다.

송석하가 스스로 민속에 관심을 두었다고 기억하여 후일 기록한 내용 속에 흥미로운 대목이 있다. "동경상대 재학시 치바(千葉)로 홀로 산책을 하였는데, 소나기를 피할 겸 어느 집의 창고(土藏) 옆에 기대었는데, 자장가(子守唄) 소리가 들려서 메모를 하였다.[13] 이상의 내용을 뒷받침할 수 있는 보조적인 내용의 글은 다음과 같이 전개된다. "조선에도 연극이 있다"라는 반감으로 민속학이란 학문을 시작하였음(宋錫夏 1939.2.: 176)에 대한 회고적인 글이 있다. 이 글이 출판된 시점과 그로부터 약 20년 전의 관심 피력에 대한 상황을 대조하면, 송석하가 민속학이란 학문을 시작했던 시점이 개략적으로 동경상대 재학 중이었음을 무리 없이 산출할 수 있다.

당시 동경상대에서 영어를 가르쳤던 교수는 1917년

사진 6. 동경상과대학 재학 당시 송석하

---

13 송석하의 기록에는 "당시 구포에서 기름장사를 하던 김성철(金聲喆)이 함께 갈 계획이었는데 갑자기 복통이 나서 홀로 가게 되었다."라고 기록하였다. 구포에서 기름 장사를 했던 사람은 또 다른 동급생인 김지곤(金之坤, 1898~1966)이었다. 그는 송석하와 부산상업학교도 함께 다녔다. 김지곤은 해방 후 구포읍장으로 당선되기도 하였다. 송석하의 기억에 착오가 있는 것으로 생각된다. 김성철에 대해서는 특별한 정보를 찾을 수가 없었다.

에 하바드대학에서 인류학박사 학위를 취득하였던 우츠시카와 네노조(移川子之藏, 1884-1947)였다. 그는 인류학 서적을 영어 학습 교재로 사용하였다. 송석하가 민속학을 하면서도 구체적으로 인류학의 비조 에드워드 타일러(Edward Tylor)의 문장을 인용하는 것이 동경상대 시절 우츠시카와에게 영향을 받았기 때문일 가능성을 배제할 수 없다. 이 부분을 확인하기 위해서는 앞으로 우츠시카와와 관련된 자료를 더욱더 세밀하게 조사할 필요성이 있다.

그 후 관동대지진이 일어나자 송석하는 후쿠다 토쿠조(福田篤三, 1874-1930)[14] 교수를 도와서 이재민 생활 상태를 조사하다가 12월에 귀향하였다. 이후 혼인하라는 집안의 주문을 피해서 세토나이카이(瀨戶內海)의 작은 섬으로 여행한 적이 있었다. 산에 올랐다가 우거진 밀감나무 사이에 고사(古祠)가 하나 있어서 보니 일종의 링가숭배였다. 고사의 문을 열어보니, 낙화낭자(落花浪藉)의 남녀가 있었다. 또한 을축년(1925년) 홍수 시에 경주의 백사(栢栗寺)에 묵은 적이 있는데, 근처에 하루는 장구 소리가 들렸고, 색시들이 '화전(花箭)노리'를 하였다. 숨어서 보다가 들켜서 도망을 친 적이 있었다(宋錫夏, 1935.5.7)고 한다. 민속과 관련된 자신의 에피소드를 모은 내용이다.

치바에서 자장가를 메모하였다(1923년)는 사실과 세토나이카이의 작은 섬(小豆島일 가능성-필자 주)의 성신앙과 관련된 내용(1924년), 경주 백률사 근처의 '화전노리'에 관한 이야기(1925년)로 압축되는 민속 현장에 대한 기록을 바탕으로 송석하의 민속에 대한 남상이 1923년과 1925년 사이였다고 압축할 수 있다. 대판매일신문(大阪每日新聞)이 '송석하씨소전(宋錫夏氏小傳)'이라는 칼럼으로 송석하를 소개하면서, "조선민속학의 권위인데, 동경상대 재학시대부터 조선민속연구에 몰두"(匿名 1934.7.14)하였다는 내용은 송석하의 민속학적 관심의 시작을 1923년 정도로 설정할 수 있음을 보여준다.

---

14 후쿠다 토쿠조(福田德三)는 사회정책학회의 중심으로 활동하였고, 대정데모크라시 기간에는 요시노 사쿠조(吉野作造)와 함께 여명회(黎明会)를 조직하여 민본주의를 계몽하였다. 1920년 동경고등상업학교가 대학으로 승격되면서 동경상과대학 교수로 취임하였다. 관동대지진 직후 학생들과 함께 8일간 1만 324세대를 대상으로 실업률을 조사하였다. 그 결과 펴낸 논문이 「영생기회의 부흥을 서둘러라(営生機会の復興を急げ)」이다. 생존권의 필요성을 제창하였던 저서이기도 하다(https://ja.wikipedia.org/wiki 最終更新 2022年8月15日 08:06). 송석하가 이 조사에 참여하였다는 진술을 한 것으로 이해된다.

 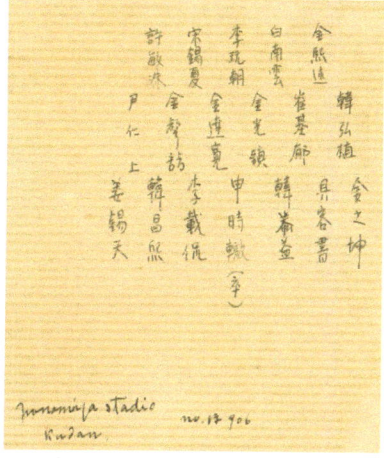

사진 7 & 8. "KSA of Tokyo University of Commerce": 동경상과대학에 존재하였던 조선인학생회(KSA: Korean Student Association, 국립민속박물관 소장) 회원 18명이 1923년 3월 23일 촬영한 것이다. 이 사진의 이면에 기록된 인명으로부터 적지 않은 사실들이 밝혀질 수 있을 것으로 생각된다.[16] 송석하의 얼굴 위에 글자가 쓰여있다. 백남운(뒷줄 오른쪽에서 2번째)의 이름도 보인다.

송석하가 썼던 글에 사회학자 아키바 타카시(秋葉 隆)가 경성에 설립되는 제국대학 교관으로 내정되었다는 신문 기사를 읽고, 아키바에 대하여 관심을 피력하였다는 내용이 있었다.[15] 즉 1924년 11월에는 이미 송석하가 자신의 관심에 부응하는 일본인 지식인(아키바 타카시)의 조선행을 주목하고 있다는 점을 확인할 수 있다. 따라서 아무리 늦어도 1924년 11월경에는 '송민'이 준비되어 있었다고 말할 수 있다. 동경상대 재학 당시에 작성하였던 조선화폐사와 관련된 단문의 논고(1922년)로부터 송석하의 학문적 자질에 관한 긍정적 바탕을 언급할 수 있고, 1923년에서 1925년 사이에 습득한 체험으로부터 민속에 대한 관심의 촉발을 기반으로 하여 독학에 의한 민속학으로 진화하는 구도를 생각할 수 있다. 송석하가 1923년 12월 동경상대의 학업을 중단하고 귀향한 배경에 대해서는 약간의 고찰이 필요하다.

---

15 신문 기사의 내용은 "성대(城大)요원내정: 동대강사 토키와 다이조(常盤大定, 宗敎學), 동대조교수 야부키 케이키(矢吹慶輝, 宗敎學), 모리슨문고(毛斯倫文庫)촉탁 아키바 타카시(秋葉 隆, 社會學), 동대대학원생 시카타 히로시(四方 博, 經濟學) 등"(每日申報 6077호, 1924.11.13)일 것이다. 종교학 담당의 교수는 토키와, 조교수는 야부키로 종교학교실을 조직한 것으로 생각된다. 종교학을 담당하기로 약속되었던 두 사람이 함께 부임하지 않았기 때문에, 성대 법문학부는 종교학 강좌를 설치하고도 담당 교수가 없는 상태로 출범하였다. 종교학 강좌 담임 교수는 1927년 9월 아카마쓰 치조(赤松智城)가 부임하기까지 공석이었다.

16 이 사진에 등장한 인물들의 실명이 사진의 뒷면에 기록되어 있다. 등장한 인물들을 한 명 한 명 자세하게 정리하면 당대

이후 식민지 시대뿐만 아니라 해방 이후 현대사에 관한 사항들이 밝혀질 수 있을 것으로 생각된다. 따라서 이 지면을 빌어서 가능한 한 등장인물들을 소개하기로 한다. 적지 않은 인물들의 정보가 공백으로 남아 있는 것이 현실이다.

허민수(許敏洙, 1896-1972, 족보상): 전남진도(全南珍島) 대지주(허찬오)의 자제로, 경성제일고등보통학교 졸업 후 동경상대로 진학하였다. 1947년 4월 조선은행 본점 지배인을 거쳐 1947년 7월 조선은행 이사에 취임하였다. 1950년 6월 12일부터 업무 개시를 앞둔 한국은행의 간부는 6월 7일의 제2차 금융통화위원회에서 결정되었으며, 허민수가 수석부총재가 되었다(漢城日報 1950.6.9). 한국은행 초대 총재와 부총재가 모두 위의 사진에 등장한 동경상대 출신인 셈이다.

김희술(金熙述): 1919년 2·8독립선언(二八獨立宣言) 당시 독립선언서 부(附)결의문은 국문·일문·영문 등으로 작성되었기 때문에, 7일 밤 김희술(金熙述)의 집에서 국문·일문(600부)을 등사판으로 밀어서 제작하였고, 영문은 타자를 쳐서 만들었다.

김달관(金達寬, 1900~1980): 제주농업학교를 마치고, 휘문고보를 졸업하였다. 1927년 동경상대를 졸업한 후, 1941년 계리사 자격시험에 합격한 뒤 카네미츠(金光) 계리사 사무소를 개업하였다. 광복 후 재일교포 200만의 권익을 위해 1945년 10월 조선인연맹 오사카지부 위원장에 당선됐다. 1950년 6월 '조국통일촉진전국협의회'가 결성되었을 때, 그는 중립계를 대표했다. 1955년 6월 조국통일촉진협의회가 결성돼 중앙위원으로 선출되었다. 재일거류민단감찰위원회 의장 등을 지냈다. 그의 아들 김용욱(金容郁)은 서울대학교 물리학과를 거쳐 미국 미시간대학을 졸업하였고, 오하이오 주립대학 교수이며, 물리학박사로 미국물리학회의 정회원이 되어 학자로서의 인정을 받았다(제주일보 http://www.jejunews.com).

김성철(金聲喆): 송석하의 "친구로서 1935년경 구포에서 정미소를 운영하였다"(宋錫夏, 1935.5.7.)라고 한다. 송석하의 기록에 착오가 있는 것 같다.

김광진(金光鎭, 1902~1986): 평안남도 출신으로, 그의 처는 유명한 연예인 왕수복(1917-2003)이었다. 1931년 9월 조선사회사정연구소를 조직하여 활동하는 한편, 경성제국대학 법문학부 조수로 있었다. 보성전문학교 시간강사를 하다가 1932년 전임교수로 임용되어, 1939년까지 경제사·상업학 등을 강의하였다. 1939년 강단에서 물러난 뒤에는 평양에서 고무공장을 경영하였다. 광복 후 1945년 8월 17일 조선건국준비위원회 평남지부가 결성되자 무임소위원으로 선정되었고, 건준 평남지부와 조선공산당 평남지구위원회가 합작하여 평남인민정치위원회로 개편되자 상공위원장을 맡았다. 1946년에서 1947년 사이에는 백남운을 통해 남한 학자들을 입북시켜 김일성대학 교수로 임용시키는 역할을 하였다. 1949년 5월 김일성대학 경제학부 교원으로 임용되었다. 1954년 김일성대학 경제학강좌장을 맡았으며, 1957년 3월 김일성대학 경제학부장이 되었다. 1960년 11월 과학원 경제법학연구소 소장, 마르크스레닌주의 방송대학 정치경제학부 경제학강좌장, 과학원 상무위원 등을 거쳐 1963년 5월 경제학 박사학위를 취득하고, 1964년 사회과학원 경제연구소장이 되었다(발췌, 한국민족문화대백과, 한국학중앙연구원).

강석천(姜錫天): 해방 후 내무부 차관보를 역임하였다. 38선에서 긴장이 고조되고 있다는 기자회견을 한 적이 있고(大同新聞 1948.12.), 「국제연합과 한국」(서울신문 1950.11.1)이란 글을 기고하였다.

한창희(韓昌熙): 1903년부터 1928년까지 한성은행을 경영했고, 조선총독부 중추원의 참의와 고문을 지낸 한상룡(韓相龍 1880-1947)의 장남으로 1902년생이다. 이완용의 생질이기도 한 한상룡은 '조선의 시부사와 에이이치(澁澤榮一)'라고 불릴 정도로 일제 식민지 시대 조선의 재계에서 중심인물이었으며, 친일 예속자본가의 전형이었다. 한창희는 다른 형제들이 조사(早死)함으로써 한상룡의 유산을 독차지하였다.

이재간(李載侃, 李在侃으로도 기록됨): 동경상과대학을 졸업하였고, 조선은행 사원이었다. 1925년 9월 15일 서울 명월관에서 백남훈(白南薰)·백남운(白南雲)·박찬희(朴瓚熙)·백관수(白寬洙)·안재홍(安在鴻)·박승철(朴勝喆)·김준연(金俊淵)·홍성하(洪性夏)·김기전(金起纏)·최원순(崔元淳)·선우전(鮮于全)·한위건(韓偉健)·조정환(曹正煥)·김수학(金秀學)·최두선(崔斗善)·조병옥(趙炳玉)·이긍종(李肯鍾)·홍명희(洪命憙)·유억겸(兪億兼)·이재간(李載侃)·이순탁(李順鐸) 등이 조선의 사정과 현상에 대해 학술적으로 조사·연구하고 그에 관해 공개 강연회를 개최하며, 팸플릿도 발간할 목적으로 조선사정연구회를 창립하였다. 1925년 태평양문제연구회(太平洋問題研究會)에도 참가하였고, 1942년 경성기도회(京城騎道會) 창설의 주역이었다.

한태익(韓泰益, 1898년생): 출생지는 경상남도 마산(慶尙南道 馬山)이다. 중앙학교(中央學校) 3학년생이었던 1919년 10월 9일 당시 경성본정경찰서(京城本町警察署)에서 대동단(大同團)에 찬동·가입하였던 혐의로 조사를 받았다. 남하 이승규(李承奎, 1860~1922) 선생이 개화기 마산의 선구자였으며, 독서숙(讀書塾)을 설립했는데, 이것이 마산 최초의 근대학교인 창신학교로 발전한다. 창신학교 교원이었던 박순천(朴順天), 김필애(金弼愛), 학생 대표 한태익(韓泰益), 이정기(李庭紀) 등이 마산에서 삼일운동의 주동이었다. 이승규의 아들 이은상(李殷相)의 공부방에서 한태익(韓泰益)·이정기(李廷紀)·이일래(李一來) 등 학생 대표가 모여 모의를 거듭하면서 독립 정신을 키웠다. 광복 후 한태익은 부친 송태관에 관한 기록은 송석하의 행보를 이해하는 데에 어느 정도 도움이 되지만, 그것을 '송민'의 전체로 확산시켜서 침소봉대하는 것은 오히려 훼방이 된다. 기록에 따르면, 송태관은 "1921년 8월 경남은행의 두취로 선출되었고, 이 무렵 열린 조선인산업대회 총회에 발기인으로 참석"(장성운, 2012.6.11)했고, "1921년에는 부산상업학교가 부산 서면으로 이전할 때, 24,550원을 기부하였다. 송태관의 기부금은 총 기부액 33,550원의 70%가 넘는 금액이었다"(이병길 2021.4.23)고 한다. 1920년 1월부터 1921년 7월까지 전 세계적인 불경기가 닥쳤다. 일본은 불경기 타개를 위한 방편의 하나로 조선인 노동력이 필요하였다. "부산부두에는 일본행 조선인 노동자들이 '백의의 물결'을 이루었다. 한 배에 평균 500명씩 승선하였고, (일본의) 동해선에 갓쓴 사람들이 즐비하였다"(朴錫胤 1924.6.17)라는 기록이 있다. 관동대지진의 복구를 위한 현장에 동원되었던 조선인 노동력이라는 문제를 생각하지 않을 수 없다. 1924년 6월 5일 일본행을 하면서 세태를 관찰하였던 박석윤의 글이다.

불경기의 영향으로 인하여 "경남은행은 두취(頭取, 어떠한 일이나 단체에서 으뜸가는 사람. 여기서는 송태관을 뜻함—필자 주)의 실패 이후 정리가 곤란하고 업적이 양호치 못함으로 타은

1947년 8월 26일 한국독립당 진주특별당부 집행위원장으로서 A.C. Wedemeyer 장군에 편지를 보낸 적이 있다.
구용서(具容書, 具鎔書라고도 씀, 1899~1977) 부산출생이며, 1918년 경성중학교를 졸업하였고, 1925년 동경상대를 졸업하였다. 그해부터 조선은행 동경지점 근무를 시작으로 금융계에 종사하였다. 조선은행 오사카지점서구출장소에서 지배인으로 지내던 중 광복과 함께 조선은행 부총재로 발탁되었다. 1950년 2월 '한국은행법'이 공포되었는데, 그는 한국은행 설립위원회의 부위원장을 담당하여 설립을 위한 제반 제도적인 준비에 관여하였고, 같은 해 6월 12일 초대 총재에 임명되었다. 1953년 대한석탄공사 총재, 1954년 산업은행 총재, 1958~1960년 상공부 장관 등을 역임하였다. 명성황후의 시해 후 시신을 불태웠던 구연수가 그의 부친이며, 송병준의 외손이다.
김지곤(金之坤, 1898~1966): 구포 출신으로 부산제2상업학교를 졸업한 후 동경상대에서 수학하였다. 구포에서 대동연료사(大同燃料社)를 운영하였고, 8·15광복 후 부산일보 초대 편집국장을 역임하였다. 1950년대 구포읍장에 2차에 걸쳐 당선되었다.
이완조(李玩朝), 윤인상(尹仁上), 최기욱(崔基郁), 한홍식(韓弘植), 신시철(申時轍, 卒)에 대해서는 미상이다.
인명의 하단에 있는 기록은 사진을 찍은 사진관에 관한 내용이다. 사진의 이면에는 사진관의 이름과 인명이 나열되어 있다. 'Nonomiya Stadio, Kudan'은 사진관의 이름과 소재지다. 야스쿠니 신사로 유명한 동경의 구단 지역에 있었던 노노미야 사진관(野々宮寫眞館, Nonomiya Studio)이며, 주소는 '野々宮寫眞館 麹町區飯田町二丁目五十三番地'(東京市役所商工課編 1924.9.10: 645)이다. '오래된 역사와 새로운 경영법'이란 제목하에 노노미야 사진관의 역사를 게재한 내용을 보면(小笠原長信, 1935.11.3: 399-408), 사진가 노지마 야스조(野島康三, 1889-1964)가 1920년에 경영을 계승하면서 장족으로 발전하였다. 당시 지배인 히지카타(土方)를 인터뷰한 자료다. 당시 동경에는 사진관이 약 800군데 있었고, '門生制度라는 助手를 두는'(小笠原長信, 1935.11.3: 406) 경영이었다. 위와 같은 사진을 집합사진(集合寫眞)이라고 하며, 노노미야 사진관에서는 34명을 포함하는 집합사진을 찍을 수 있는 촬영 시설(小笠原長信, 1935.11.3: 404)을 갖추고 있었다.

행과 합동함이 가능하다는 의견이 중역간에 있을 뿐 아니라, 후원하던 조선은행에서도 이를 종용함으로 경일은행과 합병을 교섭하였으나, 조건의 불합치로 정돈되었다. '두취의 실패'가 무엇을 의미하는지 정확히 알 수 없으나, 1920년대초 송태관이 부산신탁(주), 삼산자동차(주), 조선주조(주)를 경영하였던 기업들과의 관련이 있을 수 있다. 이들 회사가 (중략)1920년대 초반 은행회사조합요록에서 제외된 것으로 보아서 송태관이 운영한 회사의 경영난과 은행경영 실패가 관련되었을 것으로 보인다. 결국 송태관은 1923년 8월 7일 두취직에서 '사임'이 아니라 '해임'되었다"(차철욱 2001: 28)고 한다. 당시 "10만원 이상 손실로 망한 부호의 명단에 송태관(부산)이 포함되어 있다. 조선에서 일본인 기업가들은 총독부의 도움으로 회생하지만, 조선 인기업가들은 속수무책이었다"(開闢 34호. 1923년 4월 1일)라는 기록이 있다.

　부친의 사업 실패에 따른 위기와 관동대지진 후 조선인 학살 사건의 여파가 복합된 사유로 인하여 송석하가 동경상과대학의 학업을 중단하고 귀향한 것으로 생각된다. 집안이 기우는 위기에 장남을 고향으로 소환하였던 송태관의 입장이 있을 것이다. 부산에서 사업에 실패하였던 송태관은 경제적 활동무대를 충남 서산군으로 옮겼다. 그는 이곳에서 대대적인 간척사업을 하였다. 간척권은 울산의 대부 김홍조(金弘祚, 1868~1922)로부터 물려받았다. 그 결과 많은 농민이 농사지을 소작지의 땅을 확보하였다(이병길, 2021.4.23). 간척사업은 송석하에게 상속되었음이 분명하다. 송태관의 집은 부산부 좌천동 581-1번지였고, 이 집을 1916년 12월 17일 매입하여 1929년 9월에 매도하였다. 송태관은 1940년 4월 25일 사망하였고, 묘는 양주군 주내면 백석리에 안장되었다(每日申報 11740호, 1940.4.29).

　송석하가 찍었다고 추정되는 '입석(立石, 정월구리치성성황-正月旧里致誠城隍)' 사진은 '대정15년(大正15年, 1926년)하(夏)', '대전군동면(大田郡東面)'이라고 기록되어 있다. 민간 신앙의 대상인 성황당에 관심을 보인 것이다. 현재까지 발견된 사진 중에서는 이 사진이 송석하가 찍은 최초의 민속 관련 사진이다. 대전 동면 입석 사진의 시점이 1926년 여름이었다는 점으로 미루어 보아 서산 쪽의 간척사업과 관련하여 왕래하던 도중에 촬영되었을 것 같다. 이후 충청도 쪽의 민속 관련 사진들은 송석하의 간척사업 행보

사진 9. '입석(立石) 1926년 여름 대전군 동면'이라 적혀 있다.

와 연계된 것들이라고 생각된다. '송석하 소장(宋錫夏所藏)'이라고 가로로 인쇄된 카드에 '쇼와(昭和)'라는 연호가 인쇄된 글자로 보이고, 그 위에 '타이쇼(大正)'라고 고쳐서 기록하였다는 것은 후일 사진을 자료로 정리하는 과정에서 일어난 일일 것이다.

이 카드에 부착된 사진들은 송석하가 촬영한 것들뿐만 아니라 여러 사람이 찍은 사진들과 사진엽서로 활용되었던 사진들도 포함한 수집된 사진들도 상당히 많다. 따라서 '송석하 소장(宋錫夏所藏)'이라고 적힌 카드의 사진들에 대해 앞으로 촬영자와 촬영시기에 대해서 면밀하게 검토하는 과정이 필수적이다. 이 카드의 전체 규모는 현재까지 파악되지 못하였으며, 현재 모두 국립민속박물관에 소장되어 있다. 필자가 일차 정리를 시도하였으나 실패한 바 있다. 현재 잘 정리되어서 공개된 아카이브는 연구자의 손을 기다리고 있다. 한 장 한 장의 민속 사진이 얼마나 중요한 정보를 담고 있는지에 대한 세밀한 분석을 기다리고 있다.

송석하의 이름으로 간행된 민속관련 글로, 송석하 자신이 보관하고 있던 필사본 '월

성기서문(月城記序文)'(한문으로 된 문서)을 소개하는 단문이 '경주읍지(慶州邑誌)'라는 내용으로 동아일보에 게재된 시점이 1926년 11월 3일이었다. 그 글에 "외국의전문가들이와서 내나라의넷일을차저가지고 웅장(雄壯)하다니찬란(燦爛)하다니할때마다 내나라사람의손으로그것을 천명(闡明)하지못함을부끄럽다할는지가분(憤)하다고할는지여하간이상(如何間異常)한맘이난다"(宋錫夏 1926.11.3)는 구절이 있다. 한마디로 요약한다면, 내 나라가 주권이 없음에 대한 한탄 섞인 자괴감의 표출이다. 송석하는 분명하게 외부의 타자화된 인식을 경계하고 있고, 주체적으로 학문하려는 의지를 표명하고 있다. 식민지라는 정치·경제적인 조건에 놓인 지식인이 주권(主權)이라는 인식을 거론하는 것은 너무나 당연한 사건이다.

위의 인용문에서 외국의 전문가들은 스웨덴의 황태자 구스타프 아돌프(Gustaf VI Adolf, 1882~1973) 일행과 그를 수행하기 위하여 동경으로부터 경주를 방문하였던 일본인 학자들을 일컫는다. 구스타프 황태자는 시모노세키로부터 1926년 10월 9일 부산항에 도착하였고, 10일에는 총독부에 의해서 미리 짜인 각본에 따른 발굴 현장에 참여하였다. 경주분관원 코이즈미 아키오(小泉顯夫, 1897-1993)의 안내를 따라서 예정대로 금관이 출토되었고, 황태자가 금관을 들어내는 장면이 사진으로 포착되었으며, 그날 이 봉분은 스웨덴(瑞典)의 한자식 표현인 '서'자를 따서 서봉총(瑞鳳塚)으로 명명되었다.

19세기와 20세기 전반을 걸쳐서 식민통치자들이 식민지를 외교적 거래의 장식물로 이용하던 전형적인 방식의 장면이 드러났으며, 피지배자로서 어쩔 수 없었던 송석하의 심안이 포착하였던 식민지 상황이 동아일보의 '경주읍지'에 등장하였던 내용이었다. 그 장면에 관해 일제 식민지 시기 조선의 문화 상태에 대한 자각과 지배와 피지배 사이의 긴장감이 문화적인 측면에서 드러나는 장면이 '송민'의 정서적 바탕으로 작동되었던 '민족'이라는 문제였을 것이다. 그럼에도 그가 민족이라는 용어에 집착하지 않았고, 그 문제를 전면에 내세우지 않았던(또는 못했던) 저간의 정치적 상황과 얽힌 문제들이 수면 아래에 자리 잡고 있었음은 부인할 수 없다. 이러한 오랜 긴장감이 그가 운명하기 반년 전 정도부터 '문화주권(cultural sovereignty)'이란 용어로 요약되어 피력되었음을 지적하고 싶다. '문화주권'이란 용어는 송석하가 창안하였다. 이 논의는 결코 견강부회가 아니다. 앞으로 진지하게 논의해야 할 후속세대들의 과제로 남아 있다.

두 번째로 발표된 글은 「가요상으로 본 조선의 자연(歌謠上より觀たる朝鮮の自然)」(宋錫夏 1927.7.10)이란 제목으로 『조선신문(朝鮮新聞)』에 일본어로 게재한 것이다. 이글은 진인사(眞人社)가 1929년 7월 발행한 「진인」7(7)[17]에 재록되었고(宋錫夏, 1929.7.), 이치야마 모리오(市山盛雄, 1897-1988)가 편집하여 그해 10월에 발행된「조선민요의 연구(朝鮮民謠의 硏究)」[18]에 다시 수록되었다. 송석하는 조선의 민요가 조선인의 마음속에 뿌리 깊게 유전된 풍수설의 영향을 받고, '국민의 기억력'과 '뿌리 깊은 집요함'이 공명성을 지닌 채 쉼 없는 변화를 거쳐 왔다고 판단하고 있다(宋錫夏, 1927.7.10). 문화를 논함에 있어서 기억(memory)과 리질리언스(resilience)와 유사한 개념을 설정하고, 양자의 결합이라는 현상에 주목하였던 송석하의 안목은 21세기의 학계에 공명(共鳴)할 수 있는 독창적 발상이었다. 일회성으로 제기되었던 문제의식의 이론적 전개가 뒤따르지 못했던 아쉬움을 갖게 된다.

가요에 반영된 풍수설에 주목하였다는 점에서 조선에 대한 송석하의 관심은 조선 문화의 심층적인 차원에 자리하고 있었음을 이해할 수 있다. 송석하가 조선 문화를 인식하는 차원의 깊이가 민속학이란 학문으로 이어지는 저수지의 역할을 하였다는 정

---

17 한반도 최대의 단가결사(短歌結社)인 진인사(眞人社)는 1923년 7월 조선의 경성에서 창립하였다. 「진인」은 '동경에서 편집 및 발행하였으나 조선향토예술의 소개에도 힘쓰고 있다'라고 소개되었다. 진인사 동인이자 반도가단의 개척자라고 일컬어졌던 이치야마 모리오(市山盛雄, 1897-1988)는 진인 창립 5주년을 맞는 1927년 신년 특집으로 『조선민요의 연구』를 기획하였다. 최남선, 이광수, 이은상과 같은 대표적 조선인 문인들과 하마구치 요시미쓰(浜口良光), 이노우에 오사무(井上收), 아사카와 노리타카(浅川伯敎), 오카다 미츠구(岡田 貢), 난바 센타로(難波專太郎), 이마무라 라엔(今村螺炎) 같이 당시 문필활동이 두드러진 재조일본인 문인들이 이치야마 모리오(市山盛雄)와 미치히사 료(道久 良) 등 진인의 대표적 가인들과 함께 조선 민요에 관한 평론을 수록한 특집호의 반향은 상당하였다. 여기에 나가다 타쓰오(永田龍雄), 시미즈 헤이조(清水兵三), 타나카 하쓰오(田中初夫)와 같은 전문가들의 원고가 더해져 같은 해 10월 도쿄 사카모토(坂本) 서점에서 『조선민요의 연구』가 단행본으로 출간되었다(엄인경, 2015: 390).

18 "〈조선민요의 연구〉와 〈조선의 자연〉 양쪽에 기고한 사람들은 이노우에 오사무, 난바 센타로, 다나카 하쓰오, 하마구치 료코, 미치히사 료, 이치야마 모리오 여섯 명이고, 여덟 명이 새롭게 집필에 가세하였다. 〈조선의 자연〉에 새로이 기고한 집필자들은 경성제국대학 문학부 교수 타카기 이치노스케(高木市之助, 1888 - 1974), 조원가로서 명성이 높은 타쓰이 마쓰노스케(龍居松之助, 1884-1961), 화가 카토 쇼린(加藤松林, 1898-?), 조선의 호토토기스(ホトトギス)파 대표 하이진(俳人)인 아다치 료쿠토(安達綠童), 시인 이노우에 이진(井上位人)과 같은 미술이나 시가 분야의 권위자들인 것을 확인할 수 있다. 또한 조선인으로서는 유일하게 민속학자 송석하(宋錫夏)가 참여하였으며, 진인사 동인들인 키시모토 신지(岸本真治)와 세코 토시오(瀨古敏雄)가 합세하여 신앙, 전설, 속전, 수수께끼와 같은 조선의 언어문화에 관한 글을 싣고 있다"(엄인경, 2015: 391).

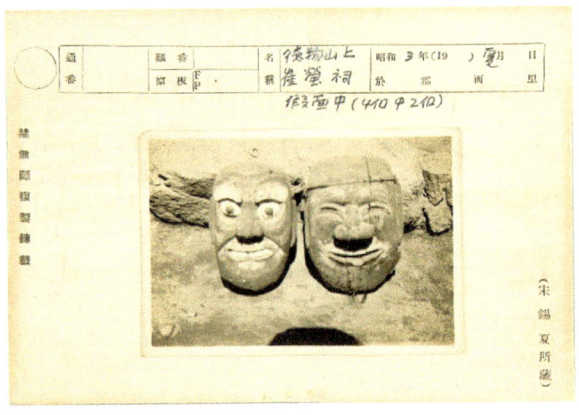

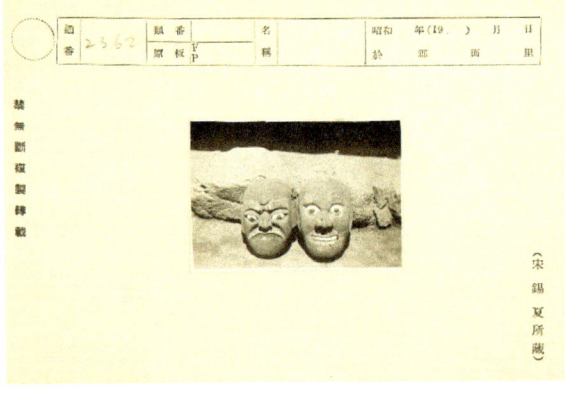

사진 10, 11, 12. 왼쪽 위에는 '덕물산상 최영사 가면중(德物山上 崔瑩祠 假面中, 4個中 2個)' '소화3년(昭和3年 夏)'라 적혀 있으며, 오른쪽 위에는 연필로 '2362'라 적혀 있다. 아래 사진에 있는 인물은 아키바 타카시 교수이다(赤松智城, 秋葉隆, 1938.10.30: 參考圖錄 20, 사진 39). 이 건물의 이름을 정귀당(精鬼堂)(Tjenkoui-tang)이라고 적었다. 배경 벽면에 무화들과 가면 3엽이 보인다. 1엽(상좌의 오른쪽 가면)은 아래의 사진에 나타나지 않은 오른쪽에 걸려 있는 것 같다. 가면은 모두 목제다.

리가 가능하다. 동시대 경성에서 공립보통학교 교장으로 재직하고 있었던 오카다 미츠구(岡田 貢)[19] 같은 일본인이 거론하였던 조선의 '민요·동화·전설(民謠·童話·傳說)'(岡田 貢, 1929.6.1)이 지향하던 내선 융화의 목적과 각축하는 문제도 생각해야 한다. 한편 송석하의 논고를 기초로 하여 "송석하로 대표되는 초기 민속학자들이 의도한 강력한 '조선주의'"(엄인경, 2015: 404)라는 평가가 있으나, 1927년경 '송민'의 수준이 당시의 조선에서 민속학을 대표하는 정도였는지는 의문이다. 이즈음에는 이능화와 최남선 및 손진태의 학문적 활약상이 돋보였다는 사실과 대조해 보아야 한다. 뿐만 아니라 민속학자로서 송석하는 '개업'을 막 시작한 상태다. '조선주의'의 개념도 모호할뿐더러 나아가서 '송민'과 '조선주의'가 어느 정도의 밀착성을 보여줄 수 있는

---

19 오카다 미츠구는 경성부의 효창공립보통학교장이었으며, 1904-1905년경 조선에 도항하여 25년이 지난 시점에 이러한 글을 작성하였다. 1928년에는 『일상생활상으로 본 내선융화의 요체(日常生活上より見たる內鮮融化の要諦)』(京城: 朝鮮事情調査會)란 서적을 출판하였다.

지는 필자의 견해를 유보하고 싶다.

'송석하 소장'으로 된 사진 중에는 '1928년 여름'에 '덕물산상 최영사'(德物山上 崔瑩祠) 가면 4개 중 2개를 찍은 것이 있다. 두 장의 사진은 동시에 찍힌 것이라고 짐작되고, 한쪽에 적힌 '통번(通番) 2362'는 송석하가 전체 사진들을 정리하면서 적었는데, 현재로는 이 번호의 내용을 이해하기가 어려운 상태다. 이 가면들은 아키바가 그해 봄에 아카마쓰를 따라서 방문하였을 때 보았던 것과 동일한 것들이다. 가면들을 배경으로 찍은 아키바의 사진이 증명한다. '최영장군사당탈'(아키바氏), '개성 덕물산(開城 德物山)'이라고 기록되어 있다. 이 세 장의 사진들은 아카마쓰와 아키바가 1928년 5월 처음으로 덕물산을 방문하였을 때 찍힌 것들이며, '송석하 소장'에 포함된 것들이다. 송석하가 발표하였던 글 중에서 덕물산에 관하여 상세한 보고가 없다는 점과 대조해 보면, 이 사진들은 송석하가 찍은 것이 아닐 가능성이 높다. 또한 송석하가 사진을 정리하면서 1928년 여름이라고 기록한 것은 '5월'의 착오라고 생각된다.

송석하의 자료 중에서 최초로 등장하는 가면이 덕물산상 최영사의 것인 점에 대해서 생각해 볼 문제가 있다. 덕물산상은 대표적인 무당촌이고, 아카마쓰와 아키바에 의해서 조선 무속 연구의 중요한 지점으로 인식되었던 곳이며, 그들이 1928년 5월부터 방문하였던 곳이다. 덕물산에 대해서는 일찍이 이능화의 『조선무속고(朝鮮巫俗考)』에 소개되어 있다. "개성의 덕물산에 최영장군사가 있다. 송도의 성 동남 십여리에 있는 덕적산(또는 덕물이라고 부름)이다. 산상에 최영사가 있고, 사에는 소상이 있다. 토민들은 기도를 하고 사에 딸린 침실에서 체험을 한다. 토인들은 민간의 처녀들로 하여금 사에서 일을 하도록 한다(開城德物山崔瑩將軍祠. 松都城東南十餘里有德積山(亦號德物). 山上有崔瑩祠. 祠有塑像. 土民祈禱有驗祠旁寢室. 土人取民間處女侍祠. …)"(李能和 1927.5.10: 66)라는 기록이다. 개성덕물산 산정이 경기도 일원 무녀의 본산으로서 행정지역명으로는 "개풍군진봉면흥왕리일구(開豊郡進鳳面興旺里一區)"(孫晉泰 1932.11.1: 35)였던 곳이다. 흥왕리 1구가 세칭 산상동으로도 불렸으며, 이 장소는 이미 일본인들에 의해서도 일찍부터 알려진 곳이라는 점을 말해주는 사진이 있다.

아래의 사진에 적힌 글자들을 살펴보자. "무녀라는 한자 표기 위에 일본어 카타카

사진 13. 덕물산 굿당. 시이키 우노스케가 1925년 이전에 찍은 사진이 1930년대 중반 히노데 상행에서 상업용으로 발행된 것이다.

나로 '무당'을 별도로 표기하였다. 1930년대 중반 경성 히노데상행(日之出商行)에서 발행되었다. … 경기도 개성 덕물산(德物山)에 있었던 최영장군사(崔瑩將軍祠)의 내부로, 최 영과 그의 부인, 그리고 그의 아들들을 묘사한 소상(塑像)과 무신도 등을 볼 수 있다. 히노데상행을 설립한 시이키 우노스케(椎木宇之助, 1871-1925)는 1904년에 경성으로 건너와 엽서와 달력, 그 밖의 각종 사진인쇄물을 제작, 판매하기 시작했으며, 훗날에는 경성 내 대표적인 일본인 영화관이었던 경성극장의 운영진으로 활동하였다"(석지훈 2022.4.1). 따라서 덕물산 산상동 무당촌은 이미 경성에 거주하는 조선인들과 일본인들 사이에 잘 알려진 명소의 하나라고 볼 수 있으며, 그곳이 샤머니즘 연구의 대상지로 지목되는 것은 아카마쓰 치조의 방문 이후라고 말하는 것이 안전하다.

위의 사진은 히노데 상행이 제작·판매하였던 조선풍속풍경사진첩(朝鮮風俗風景寫真帖) 속에 있다. 시이키가 1925년에 사망하였다는 사실로부터 위의 사진은 아카마쓰 일행이 덕물산을 방문하기 이전에 찍힌 것이라는 점이 확인된다. 시이키가 찍은 사진은 아카마쓰 일행이 1928년 5월에 기록하고 찍었던 사진들과 분위기가 사뭇 대조적이다. 그 이유는 두 가지로 해석할 수 있다. 사진을 찍기 위한 연출이었을 가능성과 굿이 진행되고 있는 과정에 사진을 찍기 위한 포즈를 취한 것인지의 차이일 것인데, 그럼에도 시이키가 찍은 사진과 아카마쓰 일행이 찍은 사진 사이의 분위기에서 드러나는 차이는 모두 설명하기가 어렵다. 즉 1925년 이전에 찍힌 사진과 1928년에 찍힌 덕물산 굿당의 모습에 대해서 여러 가지로 설명해야 할 과제들이 남아 있다고 생각한다.[20]

그런데, 송석하는 이후 이 부분에 대하여 심도 있는 관심을 두지 않았다. 이후 송석하에 의해서 소개되는 가면들이 모두 가면극을 배경으로 하고 있다는 점과 대조적이다. 최영 사당의 가면 한 벌(4葉)과 덕물산상의 무속 및 무당촌은 어떠한 관련성 속에서 이해되어야 할 것인가? 이 한 벌의 가면에 대해서는 아직도 누구에 의해서도 세밀하게 주목되지 않았다. 이 가면 사진을 이해하기 위해서는 관련 엽서 사진들을 대조적으로 주목할 필요가 있다. "경기도개성군덕물산의 무격의 신전에 제사를 드리는 가면을 '광대'라고 부르고"(宋錫夏, 1936.1.: 19)라는 송석하의 진술은 사실상 아키바에 의해서 먼저 보고(秋葉隆, 1933.1.1: 9)된 바 있지만, 송석하는 그러한 사실을 인용하지 않았다. 아카마쓰와 아키바의 공저에 등장한 가면 사진의 설명에는 '수광대(Mok-koangtai)'(赤松智城·秋葉隆, 1938.10.30: 參考圖錄 20, 사진 39)라고 적었는데, 송석하 소장 카드의 사진과는 찍힌 가면의 조합배열이 다르다. 이 사진들은 모두 송석하가 찍은 사진이 아닐 가능성이 높다. 샤머니즘과 가면이 긴밀하게 연결되어 있다는 점이 재확인된다.

송석하의 본격적인 민속학 논문이 『민속예술』에 게재된 내용은 인형극(宋錫夏, 1929.4.)에 관한 것이라는 사실에 주목해야 할 이유가 있다. 민속 분야의 여러 장르 중에서도 그가 관심을 기울였던 세부 분야에 관해서 언급할 수 있는 부분이다. 이 논문

---

20 김헌선 교수는 '아카마쓰 지죠와 아키바 다카시 두 인물이 개성 덕물산의 현지조사를 시작하기 전에 이미 조선문학 전공자를 중심으로 개성 덕물산을 주목한 사례가 있으므로'(김헌선·김채리, 2019.8.: 10)라고 기록하였고, 동일한 내용을 후술(p.12)에서도 반복하고 있다. 이어서 동일한 논문에서 '심악은 대학 1학년 여름방학 때 오꾸라 교수의 지시로 일석과 함께 덕물산의 무가를 조사하러 갔던 추억을 잊지 못한다'(김헌선·김채리, 2019.8.: 13)는 이충우의 기록(李忠雨, 1980: 197)을 재인용하였다. 시간상의 순서로 보면, 아카마쓰와 아키바가 1928년 5월에 덕물산을 방문했고, 심악과 일석은 1928년 여름에 방문하였다. 순서가 크게 중요한 것은 아니라고 생각되지만, 정확한 지식을 위해서 이상의 기록을 남긴다.

은 조선의 인형극에 관한 최초의 논문식 소개라는 점에서 의의가 있음은 물론, 인형극에 담긴 음악·무용·연희·문학이 내재한 예술성과 불교 및 민간 신앙이 내재한 민족성을 포함하여 소개한 송석하의 안목이 민속학을 지향하고 있음을 분명하게 보여준다. 당시 『민속예술』은 동경의 '민속예술의 회'가 발행하던 기관지였으며, 그 잡지의 편집 책임자가 코데라 유키치(小寺融吉)[21]라는 점도 유의할 대목이다. 왜냐하면, 코데라가 민속무용의 전문적인 연구자였을 뿐만 아니라 후일 송석하와 코데라가 상호 긴밀하게 소통하였다는 사실이 있기 때문이다(小寺融吉, 1930.7.). 조선민속학회가 결성되기 전부터 동경의 코데라와 소통하였다는 사실도 유의할 점이다. 동경에서 움직이고 있는 학계의 현황이 송석하에게는 하나의 레퍼런스로 작동하고 있었다는 사실에 주목할 수 있고, '송민'은 그러한 영향권 하에서 성장하고 있었다는 점도 확인할 수 있다. 바꿔 말하면, 학사적인 입장에서 '송민'과 조선민속학의 거론에 관심이 있는 사람은 당대 일본 학계의 근황을 무시하지 말아야 함을 역설하고 싶다.

송석하가 일본의 학계 동향에 초미의 관심을 갖고 있었다는 증거가 있다. 당시 동경에서 민속학 전문의 월간잡지로 1928년부터 간행되고 있었던 〈旅と傳說〉의 정기구독자였다는 기록이 있다. 그 잡지의 편집자가 만든 것으로 생각되는 "讀者名簿(六)"에는 '朝鮮滿洲'난이 있는데, 이 난에 기록된 조선의 독자는 모두 11명이고, 그중에 유일한 조선인으로서 송석하의 이름이 있다(匿名 1930.10.1: 95). 독자명부의 전체에서 조선인은 단 2명이었다.

1931년 5월 30일 송석하는 철원 고석정에서 기념사진을 촬영하였고, 1931년 9월 18일 김화군(金化郡)에서 '애기선낭'을 촬영하였다. 애기선낭은 성황당의 일종일 것으로

---

21 코데라 유키치(1895-1945)는 와세다대학 영문학과를 1918년에 졸업하였다. 츠보우치 쇼요(坪內逍遙)에게 사사하였고, 1922년 『근대무용사론(近代舞踊史論)』을 출판하였다. 1925년 명치신궁외원(明治神宮外苑)에 건설된 일본청년관개관기념공연(日本靑年館開館記念公演) 전국향토무용민요대회(全國鄕土舞踊と民謠大會)를 주관하였다. 이 대회는 1936년까지 매년 전국에서 55종의 향토무용과 16종의 민요가 소개되었다. 코데라는 1927년 민속예술의 회(民俗藝術の會) 결성에 주축 역할을 하였다. 잡지 『민속예술(民俗藝術)』이 1928년 정월부터 간행되었으며 코데라가 편집 담당이었다. 1931년 3월호부터는 키타노 히로미(北野博美, 1893-1948)가 편집 담당 역할을 이어받았다가 1년 후 5권 6호로 폐간되었다. 코데라(小寺)는 이 잡지에 대하여 '우리가 문자 그대로 뼈를 깎는 것으로 생각하여 유지하려 했던 민속예술'(〈演劇〉 7-7)이라고 다짐하였다. 이밖에 『藝術として神樂の硏究』(1928), 『舞踊の美學的硏究』(1928) 등의 저서가 있다(永田衡吉, 1958.8.25).

사진 14. '1931년 5월 30일 철원 고석정에서'라 되어 있다(국립민속박물관 소장). 석벽에 음각된 글씨들은 '본읍이만금 고석정유명대(本邑李萬金 高石亭有名坮)'이다.

생각되는데, 공교롭게도 이날은 만주 사변이 발발하였던 시점이었다. 김화의 성황당에는 할미당도 있고 애기당도 있음을 보여주고 있다. "풍천원(楓川原)의 궁예고도를 방문하였는데, 오중석탑이 하나 있었다. 그 사이에 돌을 끼었더니, 밑에 동네사람이 동네 망하게할려고 그러느냐고 핀잔을 들었다. 왜그러느냐 물으니. 그 사이에 돌 끼우면, 동네 여자들이 바람난다고 조심하라는 얘기를 들었다. 민속학개론 빤 여사의 책에 그런 주의사항들이 적혀 있었는데. 김화(金化)의 뒷산에 영험한 성황당이 있었다. '성황님 가택수색'으로 사진 찍으니, 동네사람들 왈, 저놈들 벼락맞을 터이니 가까이 가지도 말아야겠다"(宋錫夏 1935.5.8)라는 얘기를 들었다. '저놈들'이라고 표현한 것을 보면, 송

사진 15 & 16. 김화의 성황당: 할미당과 애기당(1931년 9월 18일 촬영, 국립민속박물관 소장)

석하는 분명히 누군가와 함께 경기도 북부를 답사하였던 것 같다. 물론 송석하가 만주사변과 어떠한 관련성도 없는 것은 분명하다.

이즈음 송석하는 경기도 북부에서 어떤 작업을 하였던 것일까? 고석정에서 찍은 사진은 구도상으로 사진기를 처음 잡은 사람의 촬영이 아니다. 누군가가 이미 사진기에 익숙한 사람이 찍은 사진임이 분명한데, 촬영자가 누구일까? 송석하는 1931년 중후반 경기도 북부에서 누구와 함께 다녔을까? 필자는 이 사람을 잠정적으로 유형목(兪亨穆)[22] 화백이라고 생각한다. 그의 고향은 철원이고, 후일 조선민속학회 발기인 8명 중 한 사람으로 이름을 올렸지만 학회 활동을 한 기록은 거의 보이지 않는다.

---

22 유형목은 3남 2녀의 자녀를 두었다. 장남 유 훈은 경성의전 출신의 의사이며, 순천향병원 원장을 역임하였다(1978-1980). 차남 유 희는 연세대학교 의과대학 출신 의사이며, 순천향병원 원장을 역임하였다(1994-1997)(전봉희·최원준·조항만, 2020.12.20: 29, 각주 15 & 16). 유형목은 1926년도와 1928년도 선전(鮮展)에 유화를 출품하였고(전봉희·최원준·조항만, 2020.12.20: 41), 1930년경 배화여학교에 근무하고 있었다. 이즈음 송석하와 교류가 있었던 것으로 생각된다. 아래에 미국에 거주하는 자제 유걸 박사가 전봉희 교수를 통하여 보내준 유형목의 사진 두 장을 소개한다. 서울 수복 후의 사진(왼쪽 사진)과 대구피난연합중고등학교 교장 시절 교무실에서 찍은 사진(오른쪽 사진)이다. 〈원로사진가 李坰謨씨의 光州西中 은사 劉선생님: 나의 잊을 수 없는 사람〉이라는 기사 중에 '시바야마(芝山) 선생'이라고 소개되었다. 즉 유형목의 창씨명은 시바야마다. 이경모는 졸업반 때 선전(鮮展)에 입선하였다(광주일보, 1996년 11월 25일). 유(兪)를 유(劉)로 잘못 알고 있었다. 이경모는 서중 21회로 졸업(1945년)하였다.
광주공립고등보통학교(光州公立高等普通學校) 제13회 졸업 기념 앨범(1937년도)에 유형목의 사진이 있으며, 광주공립고등보통학교동창회(光州公立高等普通學校同窓會) 동창회보(同窓會報)(昭和十二年度)에는 '교유(教諭) 유형목(兪亨穆) 광주부구강정57(光州府龜岡町五七)'이라고 주소가 기록되었다. 광주서중학교(光州西中學校) 동창회보(同窓會報)(昭和十三年度)에는 '유형목(兪亨穆) 화,습(畫,習) 광주부구강정57(光州府龜岡町五七)'로 되어 있다. 한신원(광주학생독립운동기념역사관 관장) 선생의 도움으로 광주공립고등보통학교와 광주서중의 자료를 구할 수 있었다.

4. 조선민속학회 창립: 발등의 불

'숨은 민속학자'(東亞日報 1931.5.8)라는 표현이 송석하에게 적용되었던 신문 기사가 있었다. 사실상 송석하는 이미 동경의 민속학 관련 잡지에 필자로서 등단하였던 상태였기 때문에, '숨은'이란 표현은 '아직 조선에서는 알려지지 않은' 정도의 의미일 것이다. 민속학이란 것도 사실상 생소하기 그지없는 학문이었던 정황도 감안해서 '숨은 민속학자'의 의미를 읽어야 한다. 그가 조선 사회의 표면에 드러났던 때는 아무리 늦어도 1932년 4월 15일 조선민속학회가 창립되었던 때(16일 자 신문에 게재되었음을 참작하여 15일 발회한 것으로 추정-필자 주)라고 말할 수 있을 것 같다. 학회가 창립되었던 배경에 대한 진술을 인용해 본다.

"하루는 송석하씨가 내가 봉직하고 있는 연희전문학교(延禧專門學校)에 찾아와서 민속학회를 발기하자고 했고 손진태씨와 3자가 합석하기로. … 처음 조선민속학의 발기는 송석하, 손진태, 나 이렇게 3人으로 시작되어 여기에 아키바 타카시(秋葉 隆)와 이마무라 토모에(今村 鞆)를 합해서 5인이 그 핵심이었다"(鄭寅燮, 1966.12.30: 190). 분명한 것은 송석하가 조선민속학회의 발기를 위해서 관련자들을 찾아다녔다는 점이다. 정인섭의 진술을 그대로 받아들이면, 정인섭(1905-1983)이 송석하와 뜻을 함께 했고(두 사람은 울주군 언양면의 동향임), 여기에 손진태(당시 동경 거주)가 가담하였다. 손진태는 당시 제국학술원의 연구비 지원으로 1932년 5월 24일 아침 평양에 도착하였다(孫晉泰 1933.1.1: 37). 즉 5월 20일 정도에 동경에서 조선으로 이동하였을 것이다. 다음에 정인섭이 경성에 거주하고 있었던 연희전문의 백낙준과 와세다대학 동문들인 이선근과 최진순²³에게 연락을 취한 것으로 생각된다. 이선근의 경우는 송석하와 구면일 수 있다. 이선근의 한증민속(汗蒸民俗)에 관한 논문(李宣根 1930.9.)이 발표되어 있었기 때문이다. 이선근은 와세다대학의 나카기리 카쿠타로(中桐確太郎, 1872-1944) 교수의 부탁을 받고, 개성의 목욕 관련 자료들을 수집하였다.

"나는 그(송석하-필자 주)와 친한 이종태를 앞세우고 그를 만나보고 그에게 지도를 받으려고 왔다고 정중히 민요와 속요를 어떻게 구별하느냐고 물었다."(이혜구 2007.7.23: 82)라는 이혜구의 회고를 볼 때, 송석하가 이종태²⁴에게 연락을 취한 것으로 추정된다. 이종태는 음악이 전공이고, 유형목은 미술이 전공이었음은 분야를 구성할 때 안배가 있었음을 의미한다. 음악과 미술 분야의 전문가가 조선민속학회의 발기인으로 포함되어 있다는 사실은 민속학이란 학문의 범위를 예술 분야까지 아우르는 광폭의 시야를 반영하고 있으며, 민속학을 바라보는 송석하의 안목에 대해서 다시 한번 생각하게 하는 대목이다.

두 일본학자와 자주 만난 사람은 송석하(鄭寅燮, 1966.12.30: 191)였다는 증언은 조선민속학회가 발기한 뒤, 송석하가 아키바와 이마무라를 접촉하였을 것이라는 정황을 설명한다. 아카마쓰는 아키바에 의해서 조선민속학회와 관계를 맺게 되는 순서일 것이다. '발기인은 손진태, 백낙준, 정인섭, 이선근, 최진순, 이종태, 유형목, 송석하(간사)이며, 사무소는 경성부안국동52번지 조선민속학회'(ドルメン 7: 53, 1932.7.1)로 고지되었으며, 이러한 사실이 발기 후 3개월도 되기 전에 동경의 민속 관련 잡지에 게재되었다는

---

23 최진순(崔瑨淳)은 경성보육학교(京城保育學校, 2년제 사범학교) 교장을 역임하였다. 아래와 같은 저술들이 있다.
崔瑨淳 1926.5.24. "體育에對한寸察", 學之光 27: 83-87.
崔瑨淳 1929.4.1. "人類의 큰 問題 男女問題 解決의 路, 男女 差異論(其二)", 別乾坤 20: 154-157.
崔瑨淳 1929.4. "無意味의 旅行은 不必要", 別乾坤 20: 116~117.
崔瑨淳 1929.9. "지구를 나날이 긴축(緊縮)시키는 철도문명의 발달사", 學生 9월호.
崔瑨淳 1930, 朝鮮歷史講座-第一篇. 개벽사. -
崔瑨淳 1932.7. "鄕土知識의 調査硏究부터", 新女性 6(7):
崔瑨淳 1932.7.19. "조선유치원교육의 현재와 장래(2)", 東亞日報
24 이종태(李鍾泰)의 이름으로 간행된 글들은 아래와 같은 것들이 있다.
1938.10.7 "조선고래아악의 사적소고", 東亞日報.
1938.11.8-1938.12.8 "조선아악기의 구조와 그 성능", 東亞日報 13회 연재.

점에 관심이 간다. 동경에서도 조선의 경성에 민속학회가 활동하고 있다는 점을 인식하게 되었다는 사실이 장래 조선 민속학의 좌표에 적지 않은 영향을 미친 것으로 해석된다. 이 발기인의 명단에 일본인들의 이름이 없기 때문에, 일본인들은 학회가 발기된 후에 참여하였음을 확인할 수 있다. 사무소는 송석하의 사저였다. 조선민속학회의 진정한 리더십을 송석하에게 돌리는 것은 전혀 무리가 아니다.

조선민속학회의 조직을 알리는 또 다른 기사가 조선일보에 1934년 2월 16일 자로 게재되었는데, 기사의 소개 내용과 게재된 시기와 회원명단에 대해서 깊이 생각할 점이 있다. 조직된 지 1년 10개월이나 지나서 이러한 기사가 나온 배경이 궁금해진다. 현재 그 사연을 이해할 만한 정확한 단서를 찾지 못했다. 학회의 책임을 맡았던 송석하가 로비하여 일간지에 기사가 등장했음이 분명한데, 시기가 지연된 점에 대한 정확한 이유를 알 수가 없다. 『조선민속』 2호가 1934년 5월에 발행되었는데, 발행을 앞두고 선전 효과를 기대했던 것일까? 민속학회의 작업은 민요와 전설을 연구하고자 조직된 것이라고 하였다. 영국식 folklore에 궤적을 맞추는 형식을 보이는데, 실제로 그러한 방향으로 정립하였다는 흔적도 확언할 수 없다. 중요한 회원으로 제시된 이름들은 송석하(가면 연구가), 손진태(역사가), 아키바 타카시(秋葉 隆, 성대교수), 이종태(이왕직아악부), 김소운(민요·동요 연구가), 백낙준(연전문과장), 정인섭(연전교수), 이선근(사학가)이다.

이 명단과 발기인 명단은 차이가 보인다. 최초의 발기인 명단(8명)에 있었던 최진순과 유형목이 빠지고, 아키바와 김소운이 들어가서 8명이 되었다. 1927년 1월 하순 경성에 부임하였던 아키바가 "조선의 민속조사 2년째"(秋葉 隆, 1929.4.1: 20)라고 진술한 것으로부터 그는 1928년부터 민속조사를 했다는 점을 알 수 있고, "작년(1928년을 말함-필자 주) 하계대학이 금강산에서 있었는데, 그곳에서 최진순(崔瑨淳)을 만나서 알게 되었고, 그의 통역으로 자료를 수집"(秋葉 隆, 1929.4.1: 20)했다는 진술로 다음과 같은 추론이 가능하다. 우연한 기회에 통역으로 아키바를 도왔던 최진순이 송석하에게 아키바를 소개하였을 가능성은 충분히 있다. 그러나 회원의 활동이라는 점에서 보면, 최진순과 유형목은 회원으로서 활동했던 기록이 거의 발견되지 않았다. 화가였던 유형목은 1934년 광주고보로 전근하면서 조선민속학회와 소원해진 것으로 생각되며, 김소운이 조선민속학회의 활동 범위 내에서 기여했던 흔적은 전혀 발견할 수 없는데, 이 명단에 포함된 것을 어떻게 해석해야 할까?

조직 당시 제시하였던 활동 범위보다는 상당히 축소된 민요·동요·기타 전설을 모으는 작업을 한다고 소개되었다. 민요 연구가 김소운이 중요한 회원으로 포함된 것과 관련되는 것으로 생각할 수 있다. 출발할 때보다는 활동 내용의 범위가 축소되었던 분위기를 감지할 수 있고, 학회 활동으로 볼 때 조선민속학회의 결성은 용두사미였다고 말할 수밖에 없다. 발기할 때의 사무소는 '경성부안국동52번지 조선민속학회'라고 하였는데, 『조선일보』의 기사에서는 계동 133번지에 둔다고 하였다. 전자의 주소는 송석하의 자택이었지만, 후자는 변경된 주소다.

송석하가 조선민속학회를 조직했던 배경에 대한 논의는 당시 조선 사회의 사상적 구도를 점검하게 한다. 1931년 9월 만주 사변의 발발이라는 정치·군사적 상황의 전개 이전에 조선총독부에서는 조선에 대해 자료를 조사한 성과들을 출판하였다. 그중에서도 괄목할 만한 성과라고 말할 수 있는 무라야마 지준(村山智順)의 연속적 대작들이 민속학에 대응되고도 남았음에 주목하게 된다. '조선의 문화를 이해하기 위해서는 조선인의 사상을 요해(了解)하지 않으면 안 된다. 조선인의 사상을 요해하는 것은 민간신앙으로부터 출발하는 것이 순리상 자연스럽다'(村山智順, 1929.7.31: 1), '민간신앙은 대중사상의 으뜸인 것이다.'(村山智順, 1929.7.31: 2)란 설파는 정곡을 찌르는 관찰의 결과였다. 삼일운동 직후 총독부에 의하여 사상조사 담당으로 채용되었던 무라야마가 주목하였던 조선인의 민간 신앙은 사실상 민속학의 핵심적인 분야였다.

동경제대 사회학과 출신의 무라야마가 아직도 학문적 성과가 일천하였던 민속학 분야를 배경으로 조선의 '민간신앙 4부작'에 도전한 결과로 생산하였던 작품들은 가히 조선의 지식인들을 깜짝 놀라게 하고도 남았을 것이다. 조선민속학회가 결성되기 전까지 1929년부터 1932년 사이에 4권이 연속적으로 출판되었다(村山智順, 1929.7.31, 1931.2.28, 1931.6.18, 1932.3.31). 총독부 관리로서 1919년 7월에 경성에 부임하였던 무라야마가 십년 이상의 잠행 기간 동안에 만들어낸 대작이었다. 각각 귀신, 풍수, 무격을 주제로 하였고, 『민간신앙』이란 제목의 단행본을 후속으로 포함하였다.

조선총독부가 야심차게 출간한 『조선사(朝鮮史)』 전35권(1932년 발행)의 등장도 전조선 지식계의 지각을 흔들기에 충분한 파괴력을 갖고 있었음은 두말할 나위도 없다. 일제 식민지 시대 조선에 관한 학문적 구도가 일본인 중심으로 서서히 재편되는 과정을 보여주고 있었다. 조선인들의 사상이라는 문제가 초미의 관심사였던 조선총독부가 정책적 이용을 위한 작업의 일환으로 접근하였던 주제가 '민간 신앙'이며, 민간 신앙이 민속학의 중요한 대상이라는 학문적 오리엔테이션과 조우한다는 점에서, 조선민속학회가 창립된 시점은 일본인들이 만들어 가는 조선학의 출현이라는 틀과 밀접한 관계성이 있음을 인정해야 한다. 조선학이라는 측면에서 고려한다면, 이는 일정 정도 경쟁관계의 구도를 창출하였다고 생각하게 된다.

한편 조선의 민간 신앙은 줄기차게 타파할 대상인 미신이라는 관점이 지배적이었음도 조선 지식인들이 선뜻 다루기가 쉽지 않았던 주제였을 것이다(松浦淑郞, 1921.8. 275: 29-32. 松浦淑郞, 1921.9. 276: 62-64. 松浦淑郞, 1921.10. 277: 32-37. 鵑坡生, 1927.8.1.-3, 紅把洞人, 1927.9.18., 松齋學人, 1929.5.11.-5.22, 金正實, 1934.7.20.). 민간 신앙이라는 주제는 당시까지 누구에게도 주요한 주목을 받았던 사회적 현상이 아니었음에도 조선의 민간 신앙에 대한 무라야마의 자료수집과 분석 능력 그리고 이해도는 특히 조선의 지식인들에게 커다란 충격이었음을 상상하기 어렵지 않다. 동경제대의 종교학자 아네자키 마사지(姉崎正治, 1873-1949)가 처음 조어한 '민간신앙(民間信仰)'(姉崎正治, 1897.12.)이란 개념으로 관찰한 종교현상이 시기상 내지(內地) 학계에서도 그만한 작품을 생산하기 전이었다는 점은 '강 건너 불'과 같았을지도 모르지만, 조선의 지식인들에게는 화들짝 놀랄만한 '발등의 불'이었을 것이다. 왜냐하면, 과학과 문명을 앞세운 총독부와 지식인들(일본인과 조선인 포함)의 공격 대상이었던 미신이 과학적인 연구 대상인 민간신앙이라는 별명으로 등장하면서 조선인의 핵심적인 사상으로 부각된 논리적 아이러니에 봉착한 사실을 직시하지 않을 수 없다.

총독부의 식민주의적 정책 대상으로 선택된 민간신앙은 한편에서는 조선인들의 사상을 읽어 내는 핵심으로 간주되었고, 또 다른 한편에서는 멸시를 위한 감정적 도구로서 수입된 '미신(迷信)'을 입증하는 대상으로 이용되었다. 말하자면, 식민지의 조선인들에게 자기 자신을 저주하도록 하는 자학교육(自虐敎育)을 시도했던 것으로 해석된다. 근대화라는 명목으로 엄습하였던 식민주의적 통치 방식의 일면을 보는 것이다.

더군다나 식민 지배의 주체인 총독부에서 양과 질에 있어서 그만한 업적을 생산하였다는 사실 자체가 명분론이 강했던 조선의 지식인들에게는 엄청난 충격이었을 것이고, 그 작업에 대한 서너 편의 서평 정도로는 충격을 가라앉히기에는 도저히 감당할 수 없었을 것이다. 송석하를 비롯한 조선 지식인들의 실질적인 반응이 나타날 수밖에 없었을 것이고, 민속학이 일제 식민지 시기의 조선에서 최초로 하나의 독립적인 학회를 구성하지 않으면 안 되었던 배경의 사상사적인 소용돌이의 문제가 있었을 것이다. 사상을 감시하는 데에 혈안이 되어 조선인들의 움직임에 민감하였던 총독부의 눈초리를 의식하면서도, 식민지배자들이 만들어 낸 논리적 아이러니의 상황을 정면 돌파하는 방안으로 채택되었던 방패가 학회라는 토착적 조직이었다.

조선이라는 명칭을 제시한 조선인들만의 학회라는 조직의 등장 자체가 하나의 상징적인 저항의 성격을 갖고 있음에 대해서도 주목하고 싶다. 충격으로 인하여 준비나 역량의 문제를 생각할 겨를도 없었던 결과로 급조되었던 것이 조선민속학회였으며, 곧이어 일본인 연구자들의 추후 가입이라는 보강 형태를 취하게 되었다. 따라서 학회가 그리 순조롭게 진행되지 못했던 이유가 시발점부터 잉태되어 있었을 것이다. 조선인 연구자들만으로는 조선민속학회를 운영하기가 사실상 무리였음을 알 수 있다. 결과적으로 일제 식민지 시기 조선에서 지배자 측과 피지배자 측이 협력하는 혼종상의 조선민속학회가 활동하였다. 상징적 저항성의 의미로 비추어질 수 있는 조직의 저항적 상징성을 감소시키는 효과가 있었다고 생각된다.

1932년 7월 10일 동경의 민속학회로부터 송석하가 투고했던「조선의 민속극」을 게재한다는 답신이 당도하였다. 그로부터 정확하게 한 달 뒤에 송석하의 논고는『민속학(民俗學)』에 게재되었다.『민속학』은 당시 동경의 주류학회로 활동하였던 '민속학회'가 발행 주체였으며, 인류학 중심의 서적들을 집중적으로 발행하였던 오카쇼인(岡書院)이 출판을 대행하였다. 실질적인 편집 업무와 발간 비용은 시부사와 케이조(澁澤敬三, 1896-1963)가 운영하였던 학술조직 '아칙쿠뮤제아무'(アチック ミユーゼアム, 영어로는 attic museum)'에서 담당하였음도 숙지할 일이다. 이해 4월 15일에 조선민속학회가 발족한 상태에서, 『조선민속』의 발행을 위하여 논문을 모아야 하는 송석하는 동경의 민속학회 기관지인 『민속학』에도 투고한 것이다. 월간으로 발행되었던 『민속학』에 게재한 논문은 민속극에 관한 것인데, 이어서 발간되었던 『조선민속』에도 오광대에 관한 내용 즉 민속극에 관한 대사의 채록분을 게재하였다.

민속학에 대한 송석하의 중심적인 관심이 민속극에 있었음을 보여준다고 말할 수 있으며, 이러한 입장은 일제 식민지 기간에 지속적으로 견지되었다. 풍자와 해학과 저항의 담론으로 영글어진 민속극의 대사들을 감안할 때, 식민 지배라는 통치구도 하에서 송석하의 민속

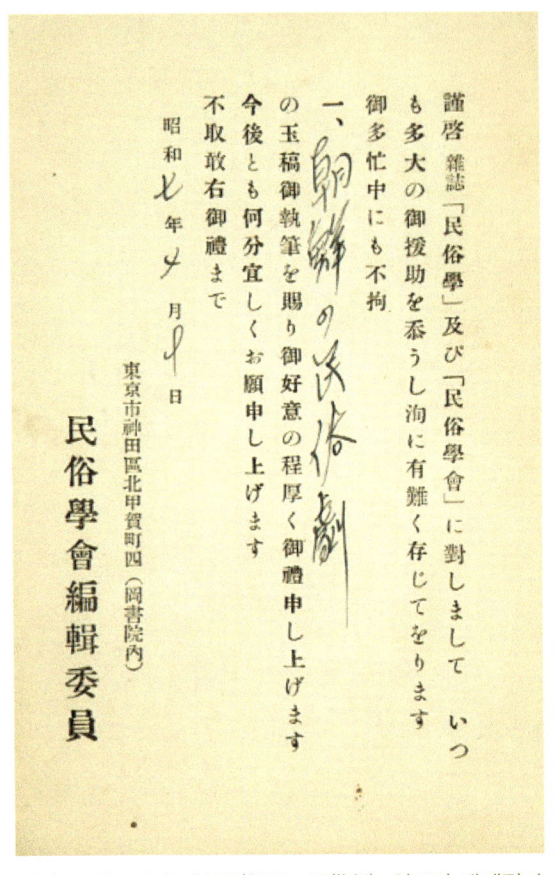

사진 17. 「조선의 민속극(朝鮮の民俗劇)」 원고가 게재된다는 알림 엽서(민속학회편집위원 1932년 7월 10일 자)(국립민속박물관 소장)

학이 기본적으로 계급적 의식을 외면하지 않았다고 말하고 싶다. 계급 구도에 대한 저항적 의식을 내포하고 있는 조선의 민속극 중에서도 송석하는 봉산탈춤을 으뜸으로 꼽았다. 또한, 일본청년관에 파견해야 하는 조선의 대표적인 민속예술로서 봉산탈춤을 추천한 적이 있었다.

코데라 유키치의 노력에도 불구하고 조선총독부와 일본청년관이 송석하의 추천을 받아들이지 않았다는 사실의 배경에 도사리고 있는 핵심적인 문제는 민속극에 배태된 '저항적 담론'에 관한 인식이라고 생각된다. 등촌리의 풍년가와 봉산탈춤 사이의 핵심적인 차이점을 저항 담론의 유무라고 말할 수 있기에, 일본청년관 측의 채택 여부에 관심이 쏠리는 것이다. 이 부분에 대해서는 앞으로 정밀하게 자료를 검토할 필요가 있다.

「조선의 민속극」(宋錫夏, 1932.8.10)이 동경에서 간행되었던『국극요람(国劇要覧)』(坪内博士記念演劇博物館 編 1932.5.20)을 구체적으로 언급하였음에 주목하게 된다. 1928년 10월 창립된 연극박물관(와세다대학 내)이 야심 차게 만들어 낸 이 책의 구성은 다음과 같다.

서설 국극총설(序說 國劇總說), 제1편 고극·민속극(第一篇 古劇·民俗劇), 제2편 노·광언(第二篇 能·狂言), 제3편 인형극(第三篇 人形劇), 제4편 카부키(第四篇 歌舞伎), 제5편 신연극(第五篇 新演劇), 제6편 항간연예(第六篇 巷間演藝), 제7편 특수 민족극(第七篇 特殊の民族劇), 제8편 영화극(第八篇 映畫劇).

『국극요람』의 발행일자가 1932년 5월 20일이고, 송석하의 논문 발행일자는 같은 해의 8월 10일이다. 약 3개월이 채 되지 않은 시간차를 보이는 사실로부터 송석하의 기민한 자료 수집과 독서 능력을 알 수 있다. 송석하는『국극요람』이 발행되자마자 자신의 관심 분야와 연계된 항목들을 읽었다는 점이다. 송석하는 이 책에서 조선의 것에 대해서는 정인섭과 손진태가 작성하였다고 적었고(사실상 정인섭과 손진태가 작성하였다는 흔적을 찾을 수 없다), 그 내용에 부족한 점이 있어서 쓴다고 부언한 점을 보아서는 정인섭을 통하여 유사한 내용이 연극박물관에 전달되었음을 암시한다. 그는 "국극요람에는 인형극에 대해서는 한마디도 언급하지 않는데, 조선에는 각본에 의하여 상당한 체계가 잡힌 인형극이 존재하여 왔다'(宋錫夏, 1932.8.10: 10)라고 주장하면서,『국극요람』에서는 주로 박첨지극(朴僉知劇), 망석중극(忘釋僧劇), 완구인형극(玩具人形劇), 산대극(山臺劇)을 소개하고 있음에 대한 미흡한 점을 지적하고 있다. 또한 "조선 민속극의 특색으로 인형극에서도 가면극에서도 쉽사리 발견할 수 있는 사상은 세 가지다.

첫번째는 수 없이 경험된 바 있는 승려의 파계에 대한 민중들의 반감과 증오다. 둘째는 일반민중에 대하여 가차없는 압박과 폭언을 가함으로써 유교도에 대한 반감을 드러내는 장면으로서 그 모욕의 방법을 잊어버릴 수가 없다. 셋째로는 성적인 방면에 대하여 외설을 쏟아내는 담대한 표현이다. ...『국극요람』에도 드러난 울산지방(경상남도)의 농군행열, 북청(함경남도) 사자놀이, 황주(황해도)의 소흉내, 장호원(경기도 이천현) 거북흉내, 각지의 추석놀이, 전라도 원무 '강강수월래' 등에 대하여는 다른 연중행사와 함께 후일 상세히 고찰할 것"(宋錫夏 1932.8.10: 10)이라고 장래의 집필 계획도 피력하였다.

이 논문의 발행 시기를 보면, 원고의 완성 시점은 조선민속학회의 창립 이전일 가능성이 농후하다. 조선민속학회 창립과 어떤 관계가 있을까? 조선민속학회의 창립 시기와 『조선민속』 창간호의 발간 시점 사이에 출판된 논문이라는 시간적 의미는 송석하가 지향하는 민속학의 내용과 관련성이 깊을 가능성이 있다. 그러한 방향의 학문적 의욕의 실천을 위하여 학회를 발기하고 잡지출판의 계획을 도모했을 가능성이 높다. 당시 동경에서 진행되던 민속학 관련 학회들의 동정에 대해서 인지하고 있었다는 점을 감안하면, 조선에서도 전문화된 민속학이 출범하고 순항할 수 있다는 자신감이 있었다고 짐작할 수 있다.

일반적인 조선학 또는 조선 문화연구 모임이 아니라 조선학 중에서도 민속학이란 분야의 특화를 시도하였다는 점을 눈여겨보아야 할 문제다. 일제 식민지 시대의 척박한 학문환경에서 소위 인문 사회 전반에서 어문학과 역사학 이외에는 어떠한 분야에서도 이렇게 특화된 시도가 없었다는 점에서 송석하 중심의 조선민속학회가 갖는 의미를 깊이 있게 새겨볼 필요가 있다. 필자가 '송민'의 성격을 '제삼의 조선학'이라고 명명하는 중요한 이유에 해당하기도 한다.

이 글에서 송석하는 캐번디시의 서적을 읽고, '북선지방의 가면극은 무동단 가면극과 동일하지만 특수한 것이 있다는 이야기는 못 들었다. 그렇게 하여 약 40년 전까지는 별도로 있었던 것 같다'(宋錫夏, 1932.8.10: 633)라고 판단하였다. 송석하의 판단은 사실상 탈맥락에 가깝다. 캐번디시는 본문에서 가면극이나 탈춤에 대해서 언급하지 않고, 40장의 원화와 두 장의 지도를 포함하여 총 224페이지에 달하는 저서의 편집 과정에서 원화를 적절하게 배열하였을 뿐이다. 그럼에도 송석하는 이 풍속화를 '황해도봉산군을 중심으로한 탈춤(가면무)의 역사는 상당히 오랜 것이라고 보겠다. … Cavendish가 1894년에 영국 런던에서 상재한 서적에 실린 다색판화(채색화-필자 주)에서도 이를 발견할 수 있다.'(宋錫夏, 1933.12.16.)라고 기록하였다. 그 그림은 김준근이 그린 소위 '기산풍속도'라고 하는 것들 중의 하나다. 여기에는 사실 판단에 착오를 유발할 수 있는 인식 차이가 개입되어 있음을 지적하고 싶다.

알프레드 에드워드 존 캐번디시(Alfred Edward John Cavendish, 1859-1943)는 영국육군

장군이었으며, 이 책은 굴드-애덤스(H. E. Goold-Adams, 1858-1920)와의 합저(合著)이다. 이 책의 그림들 속에 제목이 「탈판모양」인 그림이 있다. '그림은 한국인이 그려준 것이며, 한국의 풍속을 알기 위해서 도움되는 것들'(Cavendish, 1894: 6)이라는 진술이 있다. 180쪽과 181쪽 사이에 있는 한 장의 그림이 탈판모양이다. 채색이 되어 있고 '기산(箕山)이라는 백문방인을 찍어 작가를 표시'(김수영, 2009: 91)하였기 때문에, 김준근의 기산풍속도임이 틀림없다. 김준근이 1891년까지 부산에 있다가 1892년 게일(J.S.Gale, 1863-1937) 선교사를 따라서 원산으로 거처를 옮겼다는 사실에 비추어 보면, 1891년에 조선을 여행하던 캐번디시가 부산에서 김준근으로부터 아래의 그림을 구입했을 가능성이 높다.[25] 김준근의 기산풍속도 속에는 유사한 탈춤판의 그림도 있다. '팔탈춤'이라는 제목이 붙은 것인데, 캐번디시의 책에 게재된 그림과 비슷하다. 등장하는 악기도 동일하다. 김준근의 풍속화에 의하면, 19세기 말까지 오광대의 탈판에 동원되는 악기는 북 하나와 꽹과리 둘인 비교적 단출한 구성이었다는 견해도 가능하다. 또 한 가지 분명하게 인식해야 할 부분이 탈판의 모닥불이다. 불이 탈판의 기본적인 구성 요인이었음을 확인하고 싶다.

큘린(Culin)의 저서에서 10쪽과 11쪽 사이에 '넌날리는아희'라는 제목의 기산풍속도 한 매가 게재되었다. 연을 '넌'이라고 읽는다는 점과 아울러서 그가 원산에서 살다가 부산으로 이동하였다가 다시 원산으로 돌아갔다는 정보들과 합치하면, 김준근은 함경남도가 고향일 가능성이 높다. 당시 펜실베이니아대학 대학박물관의 관장이었던 스튜어트 큘린(Stewart Culin, 1858-1929)의 저서에는 1886년에 그려진 그림(슈펠트 제독의 딸이 수집한 것)들이 수록되어 있다. 1886년 당시 김준근은 부산 초량(Tcho-ryong)에 거주하였다 (Culin, 1895: v). 가면극의 분포 판도라는 차원에서 고려한다면, 부산은 경남 해안 지방의 오광대와 야류가 지배적인 곳인데, 이곳에서 해서가면극 또는 산대극의 내용을 주로 하는 탈판의 풍속도를 그린 김준근은 그림 소재를 위하여 이미 전국적인 풍속도의 자

---

25 이러한 그림은 이미 '외소화(外銷畵, Export painting, Trade painting)'(Crossman, 1991: 18)라는 중국(광동 지방)식 이름이 붙어 있고, 그 글자의 의미는 수출화라고 이해되고 있다. 기산 김준근이 1853년 전후에 출생했다고 추정한 (김수영, 2009: 96) 연구가 있으나, 출생지에 대해서는 아직도 정확하게 밝혀진 것은 없다.

사진 18 & 19. 김준근의 풍속화인 탈판모양(김준근의 풍속화)(Cavendish, 1894: 180-181 사이의 삽화).

료들을 구비하고 있었다고 판단할 수 있다.

상업 목적의 팔기 위한 그림을 그린 김준근의 그림들에 대해서는 별도의 전문적인 검토가 필요하다. 특히 수집상들을 위한 상품화된 장르로서의 풍속도라는 관점에 주목해야 할 것이다. 흔히 말하는 풍속도라는 장르로 설명되는 김준근의 그림들이 어느 정도로 당대의 풍속을 대변하고 있는지 검토가 필요하다. 김준근의 그림들을 당대의 풍속으로써 그대로 받아들이는 것과 그의 그림들이 갖고 있는 당대 풍속으로서의 가치에 대한 검토는 대칭 관계에 놓여 있다. 후자의 작업을 위해서는 당대의 다른 자료들과의 정밀한 대조가 필요하다.

송석하가 언급한 캐번디시의 서적에 삽입된 '탈판모양'(A)과 쿨린의 서적에 인용된 '팔탈판'(B)의 두 그림을 비교해 보면, 약간의 차이가 발견되면서도 기산이 이 그림들을 그렸던 19세기 말 탈판의 분위기가 생생하게 전달된다. 슈펠트(Shufeldt) 제독의 딸 메리(Mary) 슈펠트가 1887년에 부산에서 기산(김준근)으로부터 구입한 채색 풍속도가 스튜어트 쿨린의 『조선의 놀이(Korean Games)』에 게재되어 있다(Oppenheim, 2016: 51). A에는 6명의 춤꾼이 가면을 쓰고 등장하였고, 악사(북 1, 꽹과리 2)와 구경꾼(성인 남자 2, 소년 2)으로 구성되었다. B에는 7명의 탈춤꾼과 악사(북 1, 꽹과리 2)가 있다. B에는 구경꾼이 없다. 두 그림 다 춤판에 불이 등장하였다는 점에 주목하게 된다. B에 등장한 가면은 취발이, 영감, 첫째 양반, 둘째 양반, 먹중, 사당, 할미인데, A에는 할미가 없다. 이러한 구성으로 보아서 김준근의 탈판 풍속도가 전달하는 내용은 기본적으로 해서가면극 또는 산대극이라고 판단해도 무리가 없다.

송석하는 이 점을 간파하여 이미 19세기 말에 조선의 가면극이 서양에 소개된 것이라고 적으면서 봉산탈춤을 거론하였다. 여기에는 논리가 약간 비약했다고 본다. 당시 서양의 관심은 동양의 기이한 습속에 관한 정보의 수집이었고, 그 과정에서 서양인들의 수집욕에 부응한 것이 수출화라는 풍속도였다. 캐번디시의 서적에 삽입된 '탈판모양'과 메리 슈펠트가 구입한 '팔탈판'이 조선의 풍속을 보여주는 수출화에서 선택된 것이라는 점에 주목해야 한다. 서양인들이 특별하게 조선의 탈춤이나 가면극에 관심을 가졌다고 말하는 것은 논리 비약과 과장된 부분이 뒤섞여 있다. 서양 수집가들의 기호 대상이 되었던 풍속화에 초점이 있었다기보다는 서양인들의 조선 탈춤에 관한 관심을 겨냥하고 있었다는 차이점에 대한 송석하의 판단에 과장이라는 인식이 개입되었던 정황이 있다. 즉 19세기 말에 봉산탈춤 또는 그와 유사한 가면극이 조선에서 연행되고 있었다는 인식과 19세기 말 조선을 여행하였던 서양인들이 조선의 가면극에 관심을 갖고 소개하였다는 인식 사이에는 엄연한 차이가 개입되어 있다. 송석하의 인식에 들어맞지만 송석하가 몰랐던 사례가 있다.

사진 20. 양주별산대 가면(미국 펜실베이니아대학 고고학 및 인류학박물관 소장, 소장 번호 17680)

사진 21. 양주별산대 공연도(公演圖, 미국 펜실베이니아대학 박물관 소장, 소장 번호 17679)

　텍사스대학 인류학과의 오펜하임 교수가 19세기 말에 활동하였던 스튜어트 큐린에게 주목하여 한국민속과 관련된 자료들을 소개하고 있지만, 사실상 펜실베이니아대학 박물관 관장이었던 큐린에 가려져서 제대로 조명받지 못한 업적들이 있다. 일라이 바르 랜디스(Eli Barr Landis, 1865-1898) 박사의 중요한 업적들이 바로 그것이다. 한국의 가면 한 엽("Dance Mask 17680"으로 기록되어 있음)이 미국의 펜실베이니아대학 박물관에 소장되어 있다. 나무와 천으로 제작된 이 가면은 동일한 시간과 장소에서 랜디스 박사가 함께 수집한 한 점의 채색화 속에 등장하는 가면들 중의 하나이기도 하다. 조선인 화가에 의해서 그려진 채색화(54㎝X67㎝)는 "Painting 17679"라는 이름으로 등록되어 있다. 박물관 측의 설명서에 의하면 "산신들을 위무하기 위한" 축제이며, 악사들과 춤꾼들 13명을 구경꾼들이 에워싸고 있는 그림이다. 설명서에는 "노래 부르는 소녀들, 원숭이, 요정(genii)과 귀신(demons)" 가면들이라고 가면들의 종류도 설명되어 있다.

이 가면과 그림에 대해서는 앞으로 정밀한 검토가 필요하다. 왜냐하면, 이 가면은 양주별산대 가면으로서는 현존 최고(現存 最古)의 가면일 뿐만 아니라 1894년 봄 양주별산대의 공연 광경을 보여주는 그림이기 때문이다. 박물관 측의 기록에 의하면, 가면의 제작연대는 1894년경(ca 1894), 그림의 제작연대는 1894년이라고 되어 있다. 즉 가면과 그림의 제작연대에서 보이는 차이는 보고자의 정밀한 관찰을 증언하고 있다. 수집자인 랜디스 박사는 조선인 화가에게 현장의 그림을 그리도록 주문하였을 가능성이 높다.

성공회의 의료선교사로서 1890년에 조선에 도착하여 제물포에서 환자들을 돌보며 선교했던 랜디스 박사는 펜실베이니아대학 의과대학 출신이었다. 그에 대하여 의료와 '한국학'의 측면에서 여러분들의 논문이 발표되어 있지만(Rutt, 1979; 김승우, 2013; 이영호, 2017), 조선의 의례 연구자로서 주목한 방원일의 논문이 돋보인다. 그는 "여러 선교사처럼 랜디스도 무속의 신론(神論)이라는 교리적 관심에서 작업한 것으로 이해되기 쉽다. 그러나 그의 관심은 의례적이고 현장을 충실히 기록하는 것이라는 점에서 다른 선교사와 차별화"(방원일, 2018: 180)되며, "그는 초기 개신교 선교사 중 유일한 의례 연구가로 꼽힐 만하다"(방원일, 2018: 193)고 지적하였다. 그러한 이유가 있었던 것이다. 조선에서 생활할 당시 그는 펜실베이니아대학 박물관의 통신원 역할도 담당하였기 때문에, 박물관을 위한 민속자료들을 수집하였다.

그의 논문들이 *Journal of the Buddhist Text, and Anthropological Society of India*(캘커타에서 발행), *Journal of the Anthropological Institute*(런던에서 발행), *Journal of American Folklore*(보스턴에서 발행) 등 인류학 전문 잡지에 발표되었던 점을 눈여겨보아야 한다. 그는 펜실베이니아대학 박물관의 관계자였을 뿐만 아니라 당대 전문적인 인류학 잡지에 조선의 민속에 관한 논문을 여러 차례 발표하였던 인물이었기 때문이다. 랜디스가 조선의 가면에 대해서 별도의 논문을 남기지는 않았다. 그러한 인물에 의해서 조선의 가면과 가면극이 주목받았다는 점이 돋보인다.

양주의 별산대가면을 대하는 필자의 심정은 착잡하다. 그림에 등장한 가면은 모두

13엽이다. 현행의 양주별산대와 상당한 차이를 보인다. 이러한 차이의 원인과 과정에 대해서도 질문이 생기지만, 가면극이 연행되는 전체적인 분위기를 전달하는 군중들에 관심이 간다. 관객과 춤꾼들 사이의 경계를 짓는 줄이 보인다. 전문적인 탈꾼들이 춤을 추는 공간에는 신앙적으로 신성화라는 제상이 차려져 있고, 관객은 갓을 쓴 남성들이 대부분이며, 댕기 머리의 총각들도 보인다. 춤판을 알리기 위한 그림들도 여러 장이 걸려 있다.

물건의 관찰과 측정으로 생산되는 지식의 전유(appropriation)라는 문제를 생각하면, 탈맥락으로 "1894년 봄 제물포에서 Eli Barr Landis 박사"에 의하여 수집이라는 이름으로 떨어져 나간 양주별산대의 가면은 '송민'이란 틀 속에서 어떻게 조명되어야 할 것인가? 그리고 그러한 문제의식은 21세기를 살아가는 우리에게 어떠한 형태로라도 재생산되는 지식 전유의 의미로 다가올 것이다. 전체를 향한 노력은 끊임없이 이어질 수밖에 없다. 전유된 지식은 모두 과정이라는 현상에 대한 인식이다. 식민 지배와 군국주의의 탄압 그리고 근대화의 광풍으로 조각난 부분들 속에서 허우적거리며, 최소한도 그 과정에서 전체의 모습을 향한 생산적인 의미를 찾는 작업이 연구다.

1932년 8월 17일 다시 동경의 민속학회로부터 송석하에게 "'조선의 민속극'을 본지 8월호에 게재하였고, 게재지 3부를 보냅니다. 아시는 분들에게 증정하여 「민속학」지에 기고하시도록 하면 좋겠습니다. 별쇄도 나중에 보내드립니다. 언문이 있는 부분들은 손씨(손진태를 말함-필자 주)에게 교정을 봐달라고 할 생각이었는데 아직 돌아오지 않고 서둘러서 인쇄를 하게 되었습니다. 잘못된 곳이 많을까 생각이 됩니다. 잘부탁드립니다."라는 서신이 왔다. 당시에는 잡지에 기고한 이에게 별쇄본이 무료로 증정되지 않았고, 필자가 주문하면 유상으로 보급되었다. 그래서 필자에게 출판된 잡지 원본을 3부 무상으로 증정하였다. 당시 동경에서 손진태가 관련 학문 분야의 조선 측 파이프라인이었음을 다시 한 번 확인할 수 있는 대목이며, 손진태는 당시 '조선토속' 연구를 위한 답사 중이었음을 알 수 있다.

「남방이앙가(南方移秧歌)」(宋錫夏, 1932.9.1)라는 논문[26]은 민요를 분석하는 송석하의 시각이 드러난다. 민요라는 음악과 노동과정, 일상생활의 연계 관계의 일면을 보여준다. 노동과정의 진행에 맞춘 시간적 맥락이라는 점을 주요한 관점으로 하고 있다는 점에서 이전에 민요를 분석했던 다른 저자들의 입장과는 전혀 다른 민속학적 입장이다. 예를 들면, 김소운의 조선 민요에 관한 논고는 율조(金素雲, 1928.12.)나 서정성(金素雲, 1940.4.)이라는 가사의 형식에 초점을 맞추고 있으며, 또 다른 글은 조선의 사회상 전반적인 그림을 표현하는 조선 민요(崔榮翰, 1938.6.)를 논한다. 양자는 송석하의 민요를 보

사진 22 & 23. 거제면 하청리의 별신간(왼쪽)과 통영의 돌벅수(오른쪽)

---

26 송석하의 「남방이앙가」는 이후 다른 지면에도 복제되어 출판된 기록이 있다(宋錫夏, 1940.1.2 "南方移秧歌", 學海 3: 420-426). 손진태의 글은 『학해(學海)』란 잡지의 1937년, 1940년 판에 수록되었다. 『학해(學海)』는 일제 식민지 시기 말에 저명한 인사들의 글을 모아 백과전서 식 상식단편집으로 만든 국한문의 단행본이다. 1937년 12월 29일 발행되었으며, 홍병철이 편집 겸 발행인으로 되어 있다.

는 관점과 명백하게 다른 측면을 보여준다. 김소운의 경우는 민요라는 문학 작품에 대한 형식적 분석에 관심을 보인다는 차이를 지적할 수 있으며, 사회적인 현상의 반영으로 민요를 다룸에 있어서도 최영한과 송석하는 견해가 다르다. 노동요를 분석하는 송석하는 에스노그라퍼(ethnographer)다운 세밀함을 보여준다. 1927년 송석하의 민요론에서 제기되었던 '기억력'과 '집요함'의 바탕을 상기하게 되면, 민요를 보는 안목의 차원이라는 점에서 다른 두 사람과는 차이를 보인다.

1932년 10월 6일 통영군 거제면 하청리의 별신간(別神竿)과 다음날 통영의 돌벅수 사진의 존재는 여러 사실과 연동된다. 돌벅수의 하단에는 '토지대장군(土地大將軍)'이라고 적혀 있다. 『조선의 민속극(朝鮮の民俗劇)』에는 통영오광대에 대한 언급이 없다. 송석하가 통영의 자료들을 만나는 시점이 1932년 10월이기 때문에, 이 시기는 민속극에 관한 논문이 이미 발간된 이후이다. 송석하의 거제도 방문은 『조선민속』 창간호에 등장하는 아키바의 「입간민속」이라는 논문이 작성되는 계기가 되었다. 조선민속학회의 창립 이후 아키바가 회원으로 참가하는 계기가 된 시점이 1932년 봄이라고 한다면, 별신간의 사진이 양자의 지속적인 교류가 학문적 정보교환으로 이루어졌음을 증명한다고 말할 수 있다.

1932년 12월 8일 『여행과 전설(旅と傳說)』을 발행하는 출판사인 산겐샤(三元社)의 사장 하기와라 마사노리(萩原正德)[27]로부터 송석하에게 엽서가 왔다. "'약과(掠寡)'에 관한 것은 삭제하였습니다. 왜냐하면, 그것은 이미 손(孫)씨가 썼기 때문입니다."라는 편지였다. 손진태가 이미 작성하였다는 글은 「조선의 약과습속(掠寡習俗)에 대하여」란 제목으로 『여행과 전설』 6(1): 8-12(1933.1.1)에 게재된 것을 말한다. 「조선의 혼인습속」(宋錫夏, 1933.1.1)에 관한 송석하의 단문이 출판되는 과정을 이해할 수 있다. 조선의 민속에 관한 정보통으로서 동경 측의 파이프라인은 손진태와 송석하임이 분명하다. 어떤 측면에서 보면, 양자는 협력과 아울러서 경쟁 관계에 놓여 있었던 점도 간과할 수 없다. '일

---

27 하기와라 마사노리(1895-1950)는 카고시마현의 아마미오시마 출신이다. 동경에서 출판사를 경영하면서 주로 민속학자들과 가깝게 지냈다. 『旅と伝説』은 1928년 1월 창간되었으며, 아마미군도 출신 인사들이 필진으로 등장하는 기회가 되기도 하였다.

본 전문지에 발표하게 된 이면에는 손진태와 정인섭의 협력이 있었음은 자명한 일이다.'(崔鍾彩 2002.4.: 131)라는 평가가 있지만, 내 생각은 다르다. 송석하가 손진태와 정인섭의 협력을 받아서 일본의 전문 학술지에 논문을 기고하게 되었다고 판단할 수 있는 근거가 없다. 우편 연락이 자유롭게 성행되고 있었던 시절임을 감안하면, 구태여 중간에 사람을 끼어서 소개받아서 원고를 청탁하는 과정은 불필요할 수 있다.

송석하가 주력하였던 장르가 민속극이었음은 주지의 사실이다. 민속극과 관련되어 일본 측에서 생산되었던 구극(究極)의 작품이 하야카와 코우타로(早川孝太郞)의 『화제(花祭)』(1930년 4월 15일 출간)인데, 송석하의 어느 글에서도 이 작품을 언급하였거나 인용한 경우가 없다. 이는 송석하가 하야카와의 작품을 모르고 있었다는 가정을 설정하게 된다. 만약 이 가정이 맞는다면, 손진태와 송석하의 관계와 관련하여 다른 의문이 한 가지 발생한다. 손진태는 『화제(花祭)』와 하야카와를 잘 알고 있었다. 동경의 민속학담화회 7회(1929.11.9 오후 6시 반, 학사회관)에 28명이 참가하였고, 여기에는 손진태도 참석하였다. 그 모임은 하야카와의 '미카와구니키타시타라군의 화제(三河國北設樂郡の花祭)'에 대한 발표를 듣는 자리였다. 하야카와의 책이 최소한 1930년도 4월에는 출판되었음을 인지한다면, 제7회 민속학담화회는 『화제(花祭)』의 출판 직전에 홍보성으로 발표하는 성격도 담고 있다. 손진태가 그러한 사실을 몰랐을 리도 없는데, 왜 민속극의 전문가임을 자처하였던 송석하에게 그러한 정보가 전달되지 않았을까?

조선민속학회가 결성되는 준비 과정에서 손진태와 송석하는 서로 연락하였을 것이고, 손진태가 후일 조선으로 귀향한 뒤에 몇 차례 함께 답사하였던 사실도 있다. 손진태로부터 송석하는 『화제』와 하야카와에 대한 정보를 얻지 못하였을까? 민속극을 자신의 평생 작업으로 삼았던 송석하가 하야카와의 『화제』에 대해서 전혀 언급하고 있지 않다는 사실은 하나의 수수께끼로 남는다. 이러한 문제는 손진태와 송석하 사이의 관계가 어떠했는지를 생각하게 한다. 말하자면, 둘 사이의 관계는 최소한도 허심탄회하게 대화하거나 격의 없는 관계는 아니었다는 생각에 도달한다.

통영오광대 가면들을 모아서 찍은 두 장의 사진(宋錫夏, 1933.1.: 29)이 『조선민속』의 창간호에 실린 '오광대소고'에 포함되어 있으며, '오광대급야류(五廣大及野遊, 야류라고 稱)'(宋

사진 24 & 25. 모두 14엽(葉)의 통영오광대 가면 한 세트다(1932년 10월 7일 촬영). 송석하가 이것을 구입하고자 시도했다가 실패하고, 주문 제작한 것이 후일 송석하 소장의 통영오광대 가면임을 알 수 있다

錫夏, 1933.1.: 21) 및 'Yaryu'(宋錫夏, 1933.1.: 23)로 강조하여 표기하였다. 잘못 읽음(야유로 읽을 가능성을 말함)으로 인한 오해 소지를 사전에 방지하려는 의도인 것 같다. 통영의 이봉근(李琫根, 1933년 3월 16일의 엽서 발송자와 동일 인물일 것으로 생각되기 때문에, 이봉진이 맞을 것으로 생각된다-필자 주)이라는 이름이 이 글의 부언(附言)(宋錫夏, 1933.1.: 31)에 등장한다.

"거제도, 하청면유계리노무(河淸面柳溪里老巫) 노녀(盧女?) 말에 의하면, 유계(각구)에서 '별신(別神)'굿을 할 때에, 할무광대가 오좀누는 형상을 하는대, 이는 풍어풍농을 비는 것이라한다."(宋錫夏, 1933.1.: 31)라는 진술로부터 통영오광대에서 가면극과 샤머니즘이 분리되어 있지 않다는 증거가 등장하였다. 필자는 송석하가 거제도를 방문하였을 때 당대의 연극 전문가 유치진(고향이 거제도 둔덕면 학산리)이 송석하를 안내하였다고 생각한다. 『조선민속』 창간호가 발간된 직후, 조선민속학회의 이름으로 가면전람회를 개최할 때 유치진이 송석하와 정인섭과 함께 소장품을 제공하였다는 점에 주목한다. 덕물산 최영

장군 사당에 걸린 4엽의 가면은 결코 무속과 분리될 수 없는 문제임을 다시 생각하게 된다.

송석하 이후 연구자들이 이 문제를 소홀하게 다룬 결과, 현재 가면극과 무속은 별개의 무관한 존재인 것처럼 인식되고 있는 점을 지적하고 싶다. 만주와 시베리아의 샤먼들이 가면을 차용하고 의식을 진행하는 장면을 소홀하게 관찰할 일이 아니며, 가면과 가면극은 샤머니즘의 맥락 속에서 고찰될 필요가 있다는 점을 하나의 중요한 과제로 제안한다. 이 문제는 후일 이능화도 관심을 갖고 지적한 바 있다. 이능화는 『서경(書經)』으로부터 "敢有恒舞于宮, 酣歌于室, 時謂巫風, 疏曰以歌舞事神故歌舞爲巫覡之風俗也를(인용하여), 무풍(巫風)과 농속(農俗)이 서로 섞이어서 가무오락(歌舞娛樂)을 이룬 것"(李能和 1941.4.1: 213)이라고 하였다. 가무오락에 관한 논의는 차치하고, 무격과 관련된 문제는 경청해야 할 만한 제언이다.

당시 문화를 논하던 학계는 문화전파론의 영향을 강하게 받고 있었고, 송석하도 전파라는 문제의식을 그의 오광대소고 논문에서 하나의 도식(宋錫夏, 1933.1: 22)으로 보여주려고 시도했다. 이러한 도식적 전파론의 타당성에 관해서는 여러 가지 측면에서 의문이 있을 수밖에 없다. 구체성의 오류라고나 할까. 과연 그렇게 좁은 지역 내에서 문화전파의 문제를 거론하는 것이 어느 정도로 타당한지의 문제도 있고, 의례적이긴 하지만, 저항 담론을 본질로 하는 광대의 대사가 계급구조를 배경으로 하는 사회에서 수용가능성의 정도에 대해서도 많은 논의를 해보아야 하는 측면이 남아 있다.

이러한 문제는 사회경제적 조건들과 대비적으로 자료를 검토하지 않으면 설득력을 얻기가 어렵다. 비교적 조밀한 공간 내에서 지역 간 전파 도식을 시도했던 송석하의 의도에 대해서는 가타부타 말할 수가 없으나, 송석하의 제안이 어느 정도 설득력이 있는지는 의문이다. 타일러의 서적도 인용하고, 유럽에서 유행하였던 문화전파론의 영향도 보여줌으로써 학문적인 대열에서 작업이 이루어지고 있음을 간접적으로 알리려는 의도로서 만들어진 도식이 아니었나 짐작한다. 말하자면, 자신이 하는 작업의 학문성을 강조하려는 방편으로 전파론의 응용을 소개했을 가능성이 농후하다.

조선민속학회는 1933년 1월 26일에서 30일 사이 경성의 하세가와초(長谷川町)의 낙랑(樂浪)에서 '회지조선민속창간과 회원모집을 긔회로 정인섭.유치진.송석하 제씨의 소장하는 조선민속극에 쓰는 탈(假面) 전람회를 개최하였다. 4월에는 민속학자료종합 전람회를 준비중'(東亞日報 4353호, 1933.1.28)이었다. 정인섭은 진주오광대의 탈, 유치진은 통영오광대의 탈을 제공하였을 것이다. 『조선민속』 창간호 발간 기념의 성격을 띤 전람회의 주제가 탈이었다는 점은 송석하의 민속학 무대가 어떤 방향으로 조성되어 가고 있었는지 안목을 제공한다. 이어서 『조선민속』 창간호에 대한 서평이 신문에 실렸다. 함대훈이 쓴 "처용무를 전하든 유일의 노기(老妓) 죽은지 오래이고 아현(阿峴)의 본산대(本山臺) 없어진지가 또한 몇십년이다. 양주별산대와 율지(栗旨)광대도 이길을 밟았으며 안성 여사당(安城 女社堂)의 분(分)한 것이 예요 과천(果川) '육흘넝이'도 사적(史的) 인물로 도라갔다."(咸大勳, 1933.2.2)라는 글은 심금을 울리는 『조선민속』 창간사 일부를 그대로 인용하였다.

『조선민속』이 대중에게도 구제 민속지(salvage ethnography)의 역할을 할 것이라는 인상을 주기에 얼마나 충분한 메시지의 역할을 하였을까? 유가지(有價紙) 잡지라는 출판물의 보급 상황과 문맹률이라는 다른 문제들을 생각하게 되면, 그리 긍정적인 효과를 예상하기는 쉽지 않다. 개화라는 근대화의 물결은 그야말로 외세였고, 외세의 바람에 의해서 막무가내로 스러지는 조선의 관습들을 속수무책으로 바라보는 것이 일반적인 현상이었을 것이다. 일반적으로 통용되었던 속담의 표현을 빌리는 것이 허락된다면, 송석하의 활동이 당시의 일반인들에게는 '죽은 자식 좆 만지는' 꼴로 보였을 것이라 말하는 것이 더 정확할지도 모른다. 그렇기에, 오히려 조선 민속학에 대한 송석하의 진정한 리더십을 언급하는 것이 설득력을 얻을 수 있다.

1933년 3월 3일 동경의 변호사 출신 연극학자인 이이츠카 토모이치로(飯塚友一郎, 1894-1983)[28]로부터 송석하에게 편지가 당도하였다. 이미 송석하와 소통하고 있었던 코

---

28 이이츠카 토모이치로(飯塚友一郎, 1894-1983)는 1919년 동경제대 법학부를 졸업하였다. 이후 변호사를 하다가 카부키(歌舞伎) 연구로 몰입하였으며, 평생 연극학에 일익을 담당하였다. 1932년 이래 장기간 일본대학예술학부(日本大学芸術学部) 교수를 하였다. 퇴직 후 이송학사대학(二松学舎大学) 교수를 역임하였다. 그의 부인인 이이츠카 쿠니(飯塚くに)는 영문학자인 츠보우치 쇼요(坪内逍遥)의 양녀이다. 이이츠카의 저서에는 『歌舞伎概論』, 『演劇学序説』 등이 있다. 역서로는 칼 만치우스(Karl Mantzius, 1860-1921)의 『世界演劇史』6巻(第1巻 古代篇 第2巻 中世期 第3

데라로부터 연장되는 학문적인 관계망이 형성되는 과정 일부를 보여준다. 이이츠카는 와세다대학 연극박물관의 창립자이자 교수였던 츠보우치 쇼요(坪內逍遙, 1859-1935)의 사위이며 법률을 전공한 변호사였는데, 후일 종생 직업으로서 연극 관계에 투신하였다. 따라서 송석하와 이이츠카 사이에 코데라의 중간 역할이 있었음을 상정할 수 있다.

송석하의 관심인 민속극이 동경에서는 연극이란 장르로도 받아들여지고 있었음을 알 수 있다. 백과사전(百科事典)에 게재할 송석하의 조선극(朝鮮劇) 원고를 헤이본샤(平凡社) 직원에게 보였다는 내용이었고, 1933년 3월 7일에 이와모토 초사부로(岩本長三郎, 헤이본샤 직원-필자 주)가 이이츠카의 소개로 원고료에 관한 내용의 편지를 보냈다. 송석하는 백과사전에 투고한 「조선연극」의 원고료로 20엔을 받았다. 헤이본샤의 『대백과사전(大百科事典)』 제17권에 「조선연극」(宋錫夏, 1933.4.19)이란 제목의 논고가 게재된 과정을 보여준다. 조선의 민속극이 '조선연극'이라는 이름으로 일본의 '연극'이란 장르에 편입되는 과정이 여실히 드러나고 있다. 그 과정에 송석하의 역할이 있었음과 일본인 전문가의 협력이 개입되었음도 알 수 있다.

1933년 3월 16일 동아일보 통영지국 이봉진(李琫振)이 송석하에게 보낸 엽서는 통영오광대가면의 구입과 관련된 내용이다. "조선가면(朝鮮假面)에대하야말삼하신바기증(寄贈)을밧을나니부득(不得)이오며염가(廉價)로구득(購得)할내야소(少)하여도삼십엔내지사집엔(三十円乃至四十円)이라야팔라하며그양빌릴나니일일오십전이상(一日五十錢以上)을달나하오니십오원(十五円)이나요하게됨니다그리고최천(崔天)[29]씨는발서상경(上京)하고업슴니다그러나지금신조(只今新造)를하자면제(弟)와잘아는사람으로익숙하게만드는사

シエークスピヤ時代篇 第4巻 モリエール時代篇 第5巻 十八世紀の名優篇 第6巻 擬古主義と浪漫主義)이 있다. 1권이 1930년에 平凡社에서 출간되었다. 만치우스는 덴마크 출신의 무대 영화감독이었고, 연극학자였다. 그의 저서 『세계연극사』의 원제목은 *A history of theatrical art in ancient and modern times*(1903년)이다. 이 책은 London의 Duckworth 출판사에서 발행되었다. 일본 패전 후 발행된 이이츠카의 저서로는 『농촌과 연극農村と演劇)』(1948)이 있다. 오사카에서 발행되었던 잡지 『카미카타(上方)』에 게재된 그의 글들은 아래와 같다.
飯塚友一郎 1931.9. "上方研究の木安書", 上方 9: 2-16.
飯塚友一郎 1932.12. "演劇史より見た俄狂言", 上方 24: 2-8.
飯塚友一郎 1939.4. "上方文化研究の行者", 上方 100: 7-8.
飯塚友一郎 1943.1. "上方と藝能", 上方 144: 2-6.
29 최천(崔天, 1900-1967)은 제3대 국회의원(통영갑, 이때 통영을 국회의원은 김영삼), 제4-5대 국회의원(충무시)을 역임하였다. 그는 1938년에 동아일보사 통영지국장을 사퇴하였다.

사진 26 & 27. 송석하가 구입한 통영가면. 국립민속박물관 소장, 송석하 수집품.

람이잇습니다의향(意響)이게시거든하명(下命)하면한십원(限十円)이면만들수잇슴니다".

1933년 4월 27일 통영의 최천/이봉진(崔天/李琫振)이 송석하에게 동일한 건으로 재차 엽서를 보냈다. "말삼하신假面件에對하야旣存物을買收하고자하오니四十円以下는可能性이無하오며借入使用은不可能하옵고前樣그대로新造함에는當地專門家의게問議하온바限十五円假令이면充分히造成할수잇다하오니心諒하시와左右間通知하야주심을바랍니다". 이러한 전후 사정을 미루어 볼 때, 후일 송석하가 소장하였던 통영오광대의 가면이 주문 제작되었음을 알 수 있다.

1933년 5월 13일 동래의 유영준(兪永濬, '高麗製油社' 경영)이 송석하에게 엽서를 보냈다. '부산말'로 하면, 유씨는 '지름도가'를 경영하던 동래 지방의 토박이로서, 동래야류에 관한 정보를 전해주는 사람이다. 동래야류의 사례를 통하여 알 수 있는 민속과 관련된 사실 한 가지는 연희자와 연구자 사이의 관계다. 양자의 사이에는 지방 엘리트로서의 매개자가 존재하였음을 알 수 있다. 통영오광대도 마찬가지다. 후원자 역할을 하였을 것으로 생각되는 지방 엘리트와 연희자들 사이의 관계에 대해서도 생각할 점이 있고, 연희자와 지방 엘리트 그리고 연구자 사이의 삼각관계가 민속의 소멸과 구제 및 유통과 정책 과정이라는 생애주기(life cycle)에 어떻게 기여했는지 차후에 사회구조적인 측면의 고찰이 필요함을 알게 되었다.

1933년 5월 25일과 1933년 6월 18일 하기와라 마사노리는 송석하에게 다음과 같은

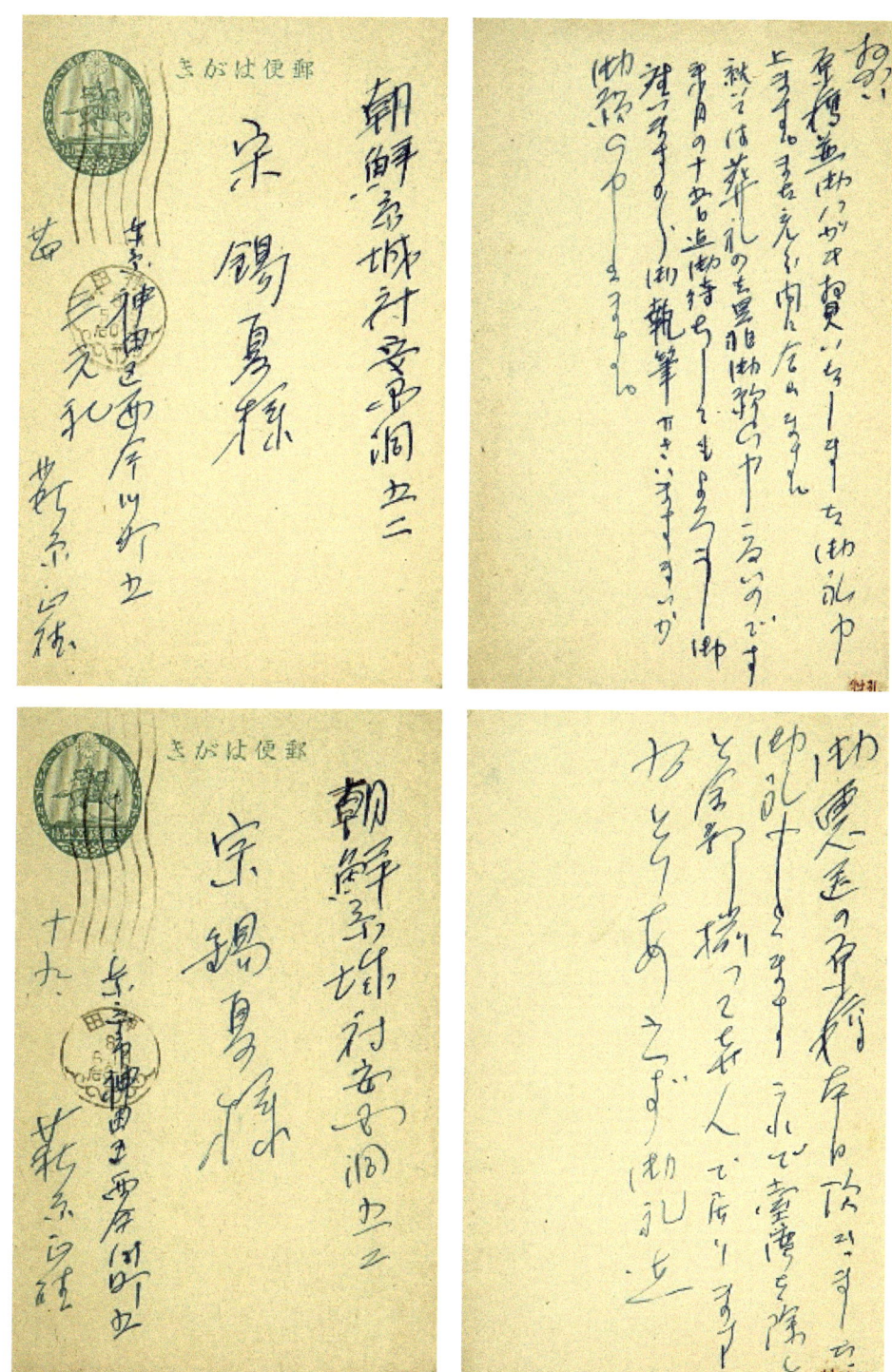

사진 28, 29, 30, 31. 〈여행과 전설〉 잡지를 출판하는 동경의 출판사인 삼원사(三元社) 사장 하기와라 마사노리가 보낸 엽서들 두 매(각각 전면과 후면).

내용으로 엽서를 보냈다. 마사노리는 '원고 잘 도착하였다. 대만을 제외하고는 다 수합되었다. 기획단계에서는 대만도 포함하려고 하였으나, 원고가 제대로 수합되지 않았음'이라고 보고하였다. 기획자는 식민지였던 조선과 대만의 사례를 공히 포함하려고 하였음을 알 수 있다. 조선만을 대상으로 하였던 것이 아니라 식민지를 대상으로 하고 있었다는 점을 확인할 필요가 있다. 기획 단계에서 제국과 식민지라는 구도가 작동하였던 것이다.

이렇듯이 당대에 기획되었던 연구와 연구 결과를 담아내는 지면을 구성하는 과정은 모두 '제국과 식민지'라는 구도의 배경을 감안해야 한다. 식민지의 시간이 더 길었던 대만에서는 필자를 적절하게 교섭하지 못하였다는 점이 시사하는 바가 있다. 1895년 식민지 시작 직후부터 추진되었던 인류학적 조사연구가 거의 고산의 선주민들에 집중하였던 결과, 대만 한족들의 민속에 관한 연구자가 양성되지 못하였던 상황을 전하였다고 할 수 있다.

이러한 현상은 당대 학문의 경향을 반영하는 것이라고 해석하는 것이 바람직하다. 인류학(민족학)은 무문자 사회, 민속학은 문자 사회를 대상으로 하는 학문이라는 구분을 말한다. 민속학이라는 차원에서 대만과 조선의 식민지적 상황의 차이점을 이해할 수 있다. 이러한 과정을 거쳐서 『여행과 전설』 67호(1933.7.1)에 송석하의 원고 「장례(葬禮, 朝鮮)」와 「출산고 관계(出産藁 關係, 朝鮮)」 두 편이 게재되었다. 송석하가 통과 의례의 핵심인 생(生)과 사(死)의 조선 민속에 집중하였다는 사실에 주목하게 된다. 조선민속학회가 발기되고 『조선민속』 창간호가 발간되던 즈음 송석하는 동경의 민속학 전문 잡지로부터 기고 요청도 받았고, 가면극과 관련된 자료들을 광범위하게 수집하기 시작하였음을 알 수 있다. 가면극을 중심으로 민속학이란 학문을 정립하기 시작하였던 정황이 드러나는 셈이다.

조선 문화의 연구를 대표하였던 학문 분야로서 어문학과 역사학이 두 축을 형성하고 있었던 상황에, 양자의 사이에 비집고 들어선 민속학이 조선 문화를 연구하는 하나의 조직을 구성하고 연구와 출판의 고고(呱呱)를 울린 배경에는 총독부와 경성제대의 민속학적 연구 결실과 과정도 어느 정도 역할이 있었다. 민속학이 '제3의 조선학'이란 지위를 접수할 기회가 있었고, 그 기회를 조선민속학회가 취득하려고 활동하였다고 평가하고 싶다.

조선인들은 경성에 살던 일본인 연구자들(이마무라 토모에, 아카마쓰 치조, 무라야마 지준, 아키바 타카시 등)의 활동에 적지 않게 자극을 받아 조선민속학회를 결성하였으며, 이 조직은 일본인 연구자들과 일련의 협력 관계를 유지함으로써 식민지적 혼종성이라는 개념을 어느 정도 충족시키고 있음을 알 수 있다. 그 조직의 핵심에 조선인 청년 송석하가 자리하였다는 점은 움직일 수 없는 사실이다. 그 자리에 제국 출신의 일본인이 있다는 것과 식민지 출신의 조선인이 있다는 것의 차이는 개인 차원을 넘어선 '제국과 식민지'라는 구도에서 고려될 필요가 있으며, 식민지혼종론의 성격을 규정하는 단계에서 그 차이의 의미에 대한 천착이 심화할 수 있다.

송석하는 조선민속학회를 대표하는 인물로서 내지(內地)의 동경과 대판에서도 위치가 연장되는 모습을 보였다. 내지의 민속학적인 입장에서 바라본다면, 와세다대학 사학과에서 인류학을 연마하였고, 동양문고(東洋文庫)에서 수년간 사서로 생활한 손진태가 동경에서 학계의 뿌리를 내리지 못한 상태에서 1934년 2월에 조선으로 귀향하며 발생한 빈자리를 송석하가 대신하였던 점도 간과할 수 없는 부분이다. 일본 민속학의 입장에서 바라본다면, 내지에서 조선 민속의 유통과 소비를 담당하였던 송석하의 입장과 역할에 대한 인식은 중심부의 학계 판도를 고려함에 있어서도 유의미한 변수로 계산될 필요가 있다. 식민지 민속학이란 구도에서 내지 학계의 상대로 유일하게 부상했던 인물이 송석하였음을 말한다.

5. 예술과 사상 사이의 조선 민속
: 향토무용민요대회

　동경의 코데라는 1933년 8월 1일 자로 송석하에게 4장에 걸친 장문의 편지를 보냈다. '내춘일본청년관주최에 조선의 가면극을 출장시키기 위해서 노력을 한 결과 총독부로부터 정식 통지가 오지 않고 있다'라는 내용이다. 대일본청년단(大日本靑年團)이 명치신궁(明治神宮)에서 주최하는 행사에 내지뿐만 아니라 식민지에서도 참여하는 구도를 형성하여 그야말로 '대일본'이란 이름에 명실상부한 대회를 마련한 것이다. 대일본청년단이라는 조직이 제국 판도의 규모로 거창한 행사를 기획한다는 현상이 군국주의 정책의 일환이라고 이해해야 한다.

　목적은 제국 차원의 동원 체제의 확립에 기여하는 것이었다. 무엇을 위한 동원인가? 군사 조직의 기본적인 자산인 청년들을 대일본이라는 국호 아래에 동원하기 위한 작업에 시동이 걸린 것이다. 명치신궁이란 곳은 천황을 상징하는 대표적인 건물로서, 그 장소의 상징성은 황도 사상을 바탕으로 하는 일본의 군국주의를 겨냥하는 것으로 해석하고 싶다. 일제 식민지 시기 조선의 가면극에도 마수를 뻗은 군국주의의 시동걸기라는 점에서 이 문제를 파악하는 것이 중요한 안목이다. 본인이 인지하였는지 아닌지는 알 수 없지만, 연극학자 코데라도 결과적으로는 군국주의의 하수인 역할을 하면서 송석하를 군국주의적 정책의 시행으로 연결한 거간 역할을 하였음에 대한 인식이 필요하다.

　편지의 내용을 일별하면, 코데라는 이미 송석하로부터 추천받은 가면극을 동경으로 초대하기 위해서 조선총독부와 교섭을 하였던 것 같고, 총독부가 그것에 대하여 긍정적인 반응을 외면하고 있다는 정황을 설명하고 있다. 그러한 문제가 경성일보의 사설에 게재된 것이 또한 문제가 되는 상황도 전하고 있다. 궁극적으로 최종결정은 관청에서 내리는 것이기 때문에, 조선으로부터 예술성과 역사성이 있는 가면극의 출연을 기대하는 코데라로서는 총독부와 송석하 사이에서 곤란한 입장에 처했음을 전하면서, 총독부와 재교섭을 해서라도 내년 봄에 동경에서 만날 수 있으면 좋겠다고 하는 호의적인 편지 내용이다. 이후 송석하로부터 재빠른 답장이 없었던 것 같다. 즉 송석하는 총독부의 처사에 대해서 불편한 심기에 놓였던 모양이었다.

코데라 유키치는 다시 송석하에게 1933년 8월 22일과 9월 12일 소인이 찍힌 엽서를 보냈다. 일본청년관에서 개최하는 제8회 향토무용민요대회에 참가할 조선 대표를 속히 결정해서 보내달라는 내용이었다.[30] 따라서 최초에 코데라가 송석하의 추천을 요청

---

30 두 가지를 읽는 데에 시라이 준(白井 順, 東洋大學) 교수의 도움이 있었다. 앞으로의 연구자들을 위하여 원문을 게재한다.
昭和8年8月22日消印(葉書), 差出人 ; 小寺融吉, 受取人 ; 宋錫夏
御手紙拝見 実は先日の小生の書面に対しなかなか御返事が頂けないので案じてゐました。御調べの結果もし困ったものといふ事になりますとその出演予定者の失望も大きいでせうからなるべく早く御調べできませんか 理に於いては尤もでも情に於いては忍び難いといふ事になっても、出演者当方共によくありませんので。
昭和8年9月12日消印(封書), 差出人 ; 小寺融吉, 受取人 ; 宋錫夏
前略九月二日付御手紙たしかに拝見しました。官庁指定の分が―官庁に適当な鑑賞者が居ないため必ずしも一流の優れたものでないものを指定するといふ例はいくらもありますから、驚きませんが出演者が有難迷惑といふのは驚きます。或は役人には有難いと云ったのかも知れませんが、役人対出演者の間に円満な、十分な打合わせがないのかもしれません。
幸い青年館の熊谷辰治郎氏が九月二十六日に京城に行く事になっています―尤もこの為めにではありませんが―序でに総督府に出頭して種々打わせする事になってゐますので是非熊谷氏に御面会下すって、いろいろ御話下さい。熊谷氏には昨夜逢ひまして、そのことをあらかじめおつたへしておきました。
さてそれにつき 次の事どもくり返して申上げます故十分お含みおき下さい。
一、青年会の催は 三日間昼夜六回、一回の所要時間は休憩共に三時間半、此の時間に凡そ七組の出演者です 休憩時間(実は舞台に移って設備を施す時間)が相当に長いので、七組のものは、短くて十分、長くて三十五分より取れないので 従って三十五分以内のもの 三十五分以内に縮め得られるものでなければ困る事
二、但し六回共同じ事をする必要なき故、一つのものを何回かに分けてやる事はいいのですが、どうしても一時間続けなければならぬといふものは上演不可能なる事
三、能ふべくんば名実共に朝鮮民俗舞踊の一流なるものを出したき事
四、必ずしも内地の者に分からずとも、在京朝鮮人諸君が狂喜するものを(之は小生個人の望み)とりたき事
五、大兄及び大兄の同志が官庁指定以外に、適当なるものを御存じならば、その由を、及びその土地の人に出演意志あるならばその事を、申出られて熊谷氏京城滞在中に御相談ありたき事 熊谷氏の滞在は一泊の予定だらうと思ひますが場合に依り同氏に現場視察を申出て下さい
六、大兄及び大兄同志の申出を官庁の役人が不快に思はぬやう充分御注意願ひたく、朝鮮民俗学会には勿論、京城で信任ある人々を網羅してゐると思ひますので、その人々の信任を以て役人の充分なる了解を得て頂きたいと思ひます。

하였던 편지는 늦어도 그해 봄에 있었을 것이고, 코데라의 추천 요청을 받은 송석하는 조선 가면극의 대표선수를 선정하기 위한 과정으로 동래야류와 봉산탈춤을 고려하였던 것으로 생각된다. 송석하로부터 빠른 회신이 오지 않은 데 대하여 코데라가 재촉하는 편지를 보냈던 것이다. 코데라의 연락을 받았던 송석하는 사방으로 수소문하는 과정을 겪었을 것이고, 가능한 출연 팀으로서 동래야류를 가장 먼저 생각하였던 것 같다. 코데라가 보낸 편지의 내용으로 추정이 가능한 부분과 편지 내용을 간추려서 정리해 보고자 한다.

코데라가 보낸 8월 22일 자 엽서는 송석하가 보낸 답신에 대한 재답신이다. 송석하로부터 봉산탈춤 팀의 출장 추천이 있었고, 그에 대한 코데라의 답신에 봉산 팀의 출장이 곤란한 내용(총독부가 동의하지 않는다는 내용일 것)이 있었는데, 거기에 대해서 송석하로부터 연락이 없었기 때문에 재차 출연자들의 실망에 대한 걱정과 뜻대로 되지 않음에 대해 위로하는 내용이다. 여기에 대해서 송석하가 코데라에게 보낸 답신이 9월 2일 자였다. 코데라가 송석하의 9월 2일 자 답신을 받고, 그에 대한 답신으로 4장으로 구성된 장문의 답신을 보낸 것이 9월 12일 자 편지다.

코데라는 역인(役人, 총독부 직원을 말함-필자 주)과 출연진 사이에 원만한 조정이 있기를 바란다고 강조하였다. 즉 봉산탈춤이 출장하되 총독부 측의 조건을 수용하는 것이 좋겠다는 의도였으며, 봉산탈춤의 대사 내용에 대해서 총독부 측이 수정이나 일부 삭제하는 방안을 요구했던 것 같다. 이러한 곤란한 상황을 조정하기 위해서 일본청년관의 행정책임자인 쿠마가이 타츠지로(熊谷辰治郎, 1892-1982)가 1박 2일로 경성을 방문하는 계획이 전달되었다. 앞으로의 진행 상황을 위해서 코데라는 7가지의 주문 내용을 편지에 담았다.

그 내용들을 순서대로 요약해서 아래에 정리해 보는 것은 총독정치의 식민지하에서 조선의 지식인들이 어떠한 경험을 하였는지 구체적인 사례를 보여준다. 아울러서 송석

七、民俗学会、官庁、熊谷氏、此の三者の会議を最も有効にやって下さる事を望みます。
九月十二日 小寺融吉 宋錫夏学兄

하에게 쿠마가이를 소개하는 명함을 동봉하였다(사진 32). 민속예술의 전문가인 코데라는 송석하와 친분이 있는 자신이 경성으로 오지 않고 왜 일본청년관의 행정업무 책임자인 쿠마가이를 보냈을까? 여기에도 '야쿠닌'(役人)을 대해야 하는 처지의 전략이 스며들었다고 생각된다. 총독부 공무원과 송석하 그리고 코데라 삼자가 회의하면 미묘한 문제가 발생할 수 있는 점을 예상하였을 것이고, 그러한 상황을 만들지 않기 위해서 행정가의 입장을 어느 정도 안고 있는 쿠마가이를 보냈다고 생각할 수 있다. 코데라는 민속예술 전문 학자로서 자신이 송석하와 조선총독부 공무원 사이에서 곤란한 입장에 처할 가능성을 염두에 두었던 것이다. 송석하의 입장을 대변하여 총독부 공무원을 설득하는 장면을 만들게 될 가능성을 사전

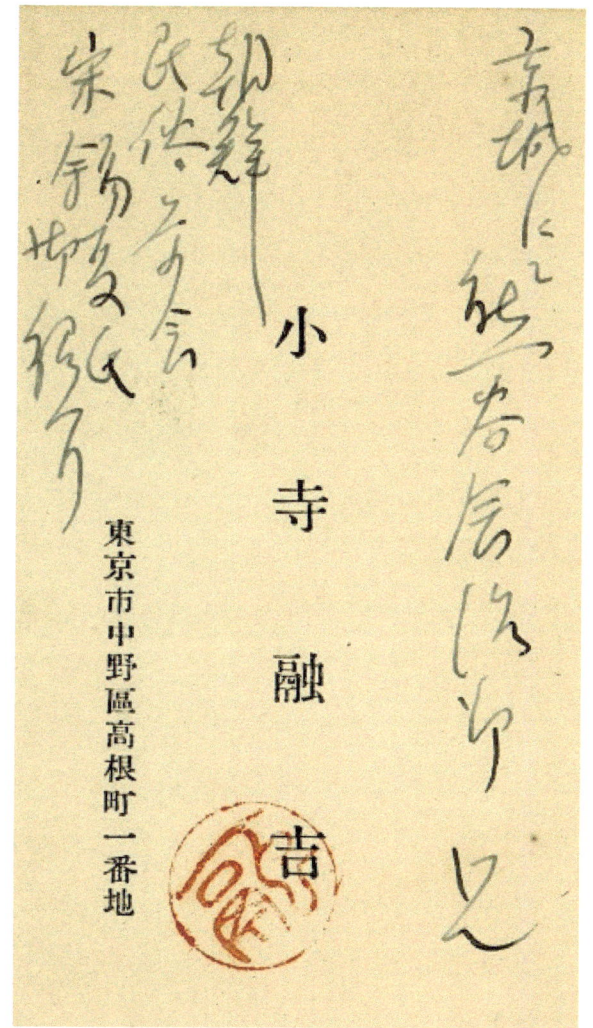

사진 32. 코데라가 경성을 방문하는 쿠마가이에게 '조선민속학회 송석하씨'를 소개하는 명함.

에 피하는 방책으로 쿠마가이를 보낸 것이라는 생각을 할 수밖에 없다. 코데라는 봉산탈춤의 저항적인 대사를 수정하거나 삭제하라는 총독부 공무원의 지시에 동조하여 자신이 송석하를 설득해야 하는 상황을 예상하여 그러한 자리를 사전에 기피했다고 생각된다.

일본청년관이 위치한 명치신궁이라는 장소의 상징성을 고려할 때, 그 안에서 저항적 대사가 흘러나온다는 장면을 공무원들로서는 감당하기 어려웠을 것이고, 그러한 돌발

상황이 발생할 가능성을 미리 차단하려는 계획이 있었을 것이다. 그뿐만 아니라 어떠한 상황에서도 상명하복의 군국적 질서를 확립해야 하는 청년 동원의 기획 속에서 저항 담론의 노출을 감당할 수 없는 상황의 전개를 피하고 싶었을 것이다.

따라서 쿠마가이가 경성을 방문하였던 목적은 송석하를 설득하여 봉산탈춤의 대사를 변경하거나 부분 삭제하는 방식의 연출을 시도하였을 가능성이 있었다. 결국 그러한 시도가 무산되었기 때문에, 총독부가 처신하기 편한 등촌리 풍년용(豊年踊) 팀을 선택하게 된 것이다. 왜 무산되었을까? 나는 봉산탈춤의 대사 중에서 저항적인 내용 때문이며, 송석하가 그 부분의 삭제를 거부하였기 때문에, 삼자 협상의 결과가 총독부의 복안대로 되었다는 생각을 한다. 결과적으로 송석하가 시도하였던 봉산탈춤의 동경 공연이 무산되었다. 이러한 과정들을 곱씹어 보면, 코데라가 기획하였던 경성 삼자 협상은 두 가지 측면에서 시도되었으며, 처음부터 총독부의 원안대로 시행될 것임이 예상되었다. 식민지에서 진행되는 총독부의 방침이라는 현실에 대한 코데라의 안이한 생각과 학자의 입장에서 추진하였던 송석하와의 선행 약속이 무산될 가능성에 대한 사후 체면 관리가 결합한 결과였을 것이다.

9월 12일 자 편지 내용을 요약하면, '첫째와 둘째, 청년회의 주최는 3일간 주야 6회에 걸쳐서 1회 소요시간은 휴게를 포함하여 3시간 반이 할애되어 있다. 모두 7조가 출연한다. 한팀에 배당되는 시간은 휴게를 포함하여 35분이다. 셋째, 명실공히 조선민속무용의 일류가 출연할 것이다. 넷째, 내지인들이 잘 모른다고 해도 재경조선인제군들이 광희(狂喜)할 내용일 것이다. 다섯째, 관청에서 지정한 것 이외에 출연할 경우, 쿠마가이씨가 경성체류하는 동안에 상담하기 바란다. 여섯째, 관청의 역인이 불쾌하지 않도록 각별히 주의하기 바란다. 일곱째, 민속학회, 관청, 쿠마가이 3자 회의가 유효하게 되길 바란다'라는 내용이다. 다섯째와 여섯째의 내용이 긴장감을 조성한다.

이상의 편지 내용으로부터 다음과 같은 것을 확실하게 알게 되었다. 일본청년관주최 제8회 향토무용민요대회에 출장하는 팀의 선정에는 총독부가 결정적인 역할을 하였다는 사실이다. 송석하는 일본청년관 코데라의 요청으로 봉산탈춤을 추천하였지만, 총독부는 송석하의 추천을 묵살하였다. 휴게 시간을 포함하여 35분간의 공연 스케줄로 봉산탈춤을 선보이라는 요구가 수용될 수 없었던 것이다. 코데라는 조선 최고의 민속무용 팀을 동경에 초청하려는 의지로 총독부와 송석하의 사이에서 노력하였지만, 결과적으로 송석하도 만족하지 못하고 코데라도 만족하지 못하는 조선의 팀이 출장하게 되었다. 총독부가 조선의 가면극을 선택하지 않고 풍년춤을 선택한 확실한 이유가 자못 궁금하다. 분명한 것은, 1934년에는 군국주의 맥락의 무용 공연이 봉산탈춤을 수용하지 않았으며, 동시에 봉산탈춤이 조선총독부의 요구에 부응하는 변형을 하지 않았다는 사실에 주목하고 싶다.

송석하와 총독부의 의견 대립이 있었던 접점이라고 생각되는 저항 담론의 성격을 어떻게 이해할 것인가 하는 문제가 남아 있다. 봉산탈춤이나 동래야류 등 조선민속극에 내재한 본질적인 성격이 저항 담론에 담겨 있다는 점을 총독부도 파악하였고, 송석하도 알고 있었다. 저항 담론의 수용 여부가 총독부와 송석하의 대립점이었다고 생각한다. 조선 가면극 속의 저항 담론이란 일종의 '반란 의례'(rites of rebellion) (Gluckman, 1966)의 표현이기 때문에, 송석하로서는 '의례'의 측면이 갖는 사회구조적 의미를 살리려는 생각을 기본적으로 갖고 있었고, 총독부는 '반란'이라는 측면이 갖는 사회구조적 의미에 집중하였다고 말할 수 있다. 계급 갈등의 문제를 반란 의례로 풀어내었던 조선 사회의 유산에 대한 이해라는 점에서 총독부와 송석하 사이의 의견이 갈렸던 것이다. 이 문제가 표면화된 현장이 총독부의 정책이었으며, 그 정책의 저변에는 제국 일본의 군국주의가 자리하고 있었음을 알 수 있다.

조선 사회의 민중 전통으로부터 유래되었던 가면극의 저항 담론을 담고 있는 사회적 연극(social drama)의 반란 의례를 수용할 수 없었던 일본의 군국주의의 일면이 수면 위로 드러났다고 할 수 있다. 식민지 상황에서 피지배자인 민중적 의례가 지배자의 통치 이데올로기와 충돌하는 장면을 본 셈이다. 민중의 연극을 연극으로 수용할 수 없었던 군국주의의 단말마적 현상이라는 점으로도 해석할 수 있고, 또 다른 한편에서는 일본과 조선(한국)의 문화적 차이의 문제로 해석하는 것도 가능하다. 예를 들면, 사회적 연극이 사회적 현실로 전환한다는 상호소통의 현상학적 해석을 수용하는 입장과 그렇지 않은 입장의 차이를 말한다. 입장 차이가 드러난 부분에서 핵심적인 이해관계를 통한 강자와 약자의 처지는 분명하게 드러나게 마련이다. 이 부분에 대한 착안과 분석이 연구자의 몫이다.

코데라와 송석하 사이에 이상과 같은 내용의 편지들이 교환되는 가운데, 잉크의 색을 두 가지로 사용함으로써 두 가지 서로 다른 내용을 한 면에 기록하는 독특한 형식의 글쓰기[31]로 『민속예술』을 간행하는 측의 난에 지로(南江二郎)[32]로부터 제2호에 게재할 원고 청탁 엽서(1933년 8월 9일 자)가 왔다. 원고의 마감 기한은 9월 15일까지라고 하였고, 동호인들에게도 (잡지를) 소개해달라는 부탁이 있었다. 위의 내용은 빨간색으로 적었고, 다음의 내용은 검은색으로 기록하였다. 검

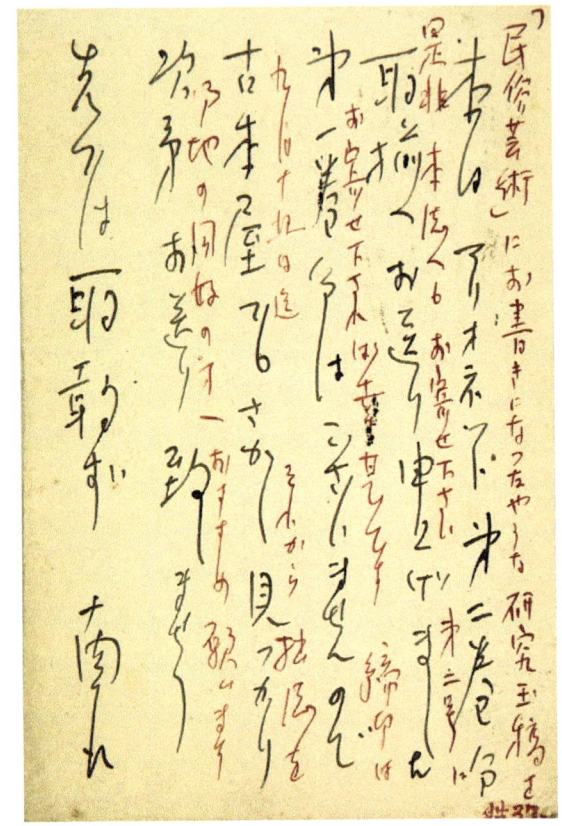

사진 33. 난에 지로(南江二郎)가 송석하에게 보낸 편지

---

31 독자들의 이해를 돕기 위해서 판독된 원문을 제시한다. "昭和8年8月9日消印 差出人；南(江), 受取人；宋錫夏【赤ペン】「民俗芸術」にお書きになったやうな研究玉稿を是非本誌へもお寄せ下さい 第二號にお寄せ下されば幸甚です。締切は九月十五日迄 それから拙誌を御地の同好の方へおすすめ願います。【黒ペン】本日マリオネット第二卷分取揃へ お送り申上げました 第一卷分は ございませんので古本屋でもさがし見つかり次第お送り致しませう。先づは取敢ず".

32 난에 지로(南江治郎, 1902-1982)는 필명으로 난에 지로(南江二郎)를 사용하였다. 1930년부터 1931년 사이에 인형극 전문 잡지 『MARIONNETTE』 발간의 편집을 맡았다. 난에는 1934년 NHK로 입국(入局)하였고, 전후(戰後) 유네스코에 파견되어 세계의 인형극에 관한 자료를 수집하였다. 동경에서 현대인형극이 부흥하게 되는 배경이 관동대지진으로부터 부흥이라는 사회적 운동과 관련됨은 "닌교자의 최초의 시연회에 대해 살펴보자. 이 시연회는 관동대 지진 직후인 1923년 10월 20일 이후 무대조명가 도야마 시즈오(遠山静雄, 1895-1986)의 자택에서 여러 날에 걸쳐 개최되어 부흥극 (復興劇) 의 하나로 연극 관계자를 중심으로 반향을 일으켰다"(다키자와 교지, 2007: 138)라는 코멘트로 알 수 있다. 다음과 같은 글도 있다.
南江二郎 1927.6. "人形芝居と詩人(クレエグ)", 劇と評論 4(6): 66~78.
南江二郎 1927.8. "人形芝居と詩人(クレエグ)", 劇と評論 4(8): 75~90.
南江二郎 1936.4. "丹波稗田野人形燈籠考", 上方 64: 2-8.
南江二郎 1936.5. "丹波稗田野人形燈籠考(二)", 上方 65: 22-27.
南江二郎 1936.6. "丹波稗田野人形燈籠考", 上方 66: 38-46.

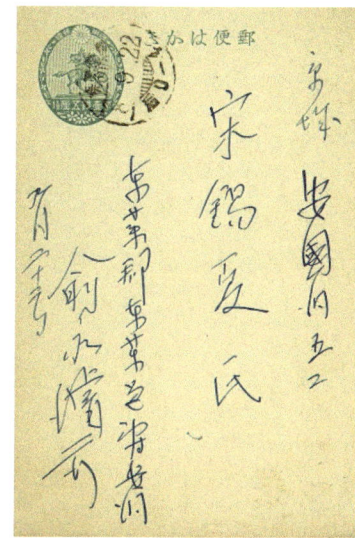 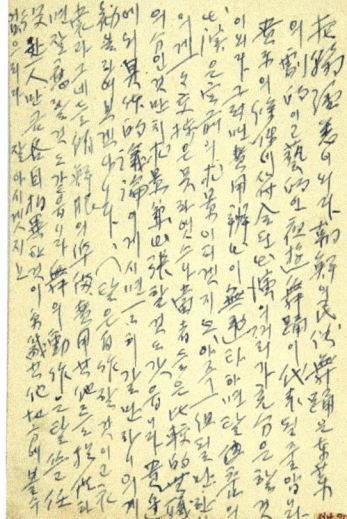 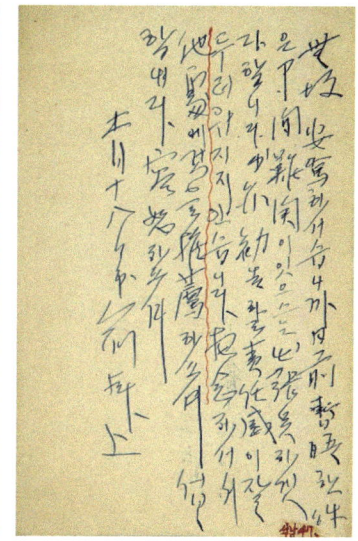

사진 34, 35, 36. 1933년 9월 22일 동래군 동래읍 수안동의 유영준(兪永濬)으로부터 송석하에게 온 엽서(전면과 후면). 세 번째의 한 장은 1933년 11월 18일 유영준으로부터 송석하에게 온 엽서다.

은색으로 기록된 부분을 보면, 난에가 편집하는 『마리오넷트(マリオネット)』 잡지를 구해달라는 송석하의 요청에 대한 답신이다. "오늘 『마리오넷트』 제2권 분을 보냈으며, 제1권 분은 고서점에서 구해지는 대로 보내겠다."라는 내용이었다.

송석하가 동경의 전문 연구자들과 긴밀한 소통을 하면서 필요한 참고서들을 구하기 위한 요청을 하는 정황을 읽을 수 있는 대목이다. 교환된 엽서의 내용으로 보아서 그 반대급부도 이행되었을 것은 예측하기가 어렵지 않다. 이처럼 학문적인 맥락에서 형성되었음을 보여주는 중심부와 주변부의 소통 상황이 송석하를 중심으로 전개되었다. 문화 중개인(cultural broker)으로서 역할이 드러나는 면모는 중심부와 주변부에서 쌍방으로 전개되고 있었음을 알 수 있고, 이러한 현상도 궁극적으로는 식민지혼종론을 설명하는 하나의 자양분으로 고려될 수 있다.

코데라와 송석하 사이에 여러 차례 서찰이 교환되던 가운데, 다른 한편에서 동래야류 팀과 송석하 사이에 출장 연행 교섭의 가능성을 타진하는 과정도 진행되고 있었다. 코데라가 와세다대학의 동창생인 손진태나 정인섭에게 접촉한 것이 아니라 송석하에게 동경 공연의 출장팀 선정을 의뢰하였다는 점에 대해서 생각해 볼 점이 있다. 코데라는 당시 동경에서 민속예술과 향토무용 분야의 전문가로 인정받았다. 그 코데라가 자신의 대조선(對朝鮮) 파트너로 송석하를 선택하였던 점에 대한 의미를 추적하는 시도는 당시 송석하의 전문가적 위상을 가늠하는 척도가 될 수 있다. 연고를 중시하는 일본인들의 대인관계 행태라는 측면을 고려할 때, 이 문제는 상당히 의미가 있다. 조선에서 이 분야는 송석하가 전문가라는 점이 동경의 중심부에서 인정되었다는 사실을 확인해야 한다. 그러한 과정과 분위기가 일제 식민지 시기 조선의 판도에 적지 않은 영향을 미쳤음에 대해서도 고려해야 한다. 코데라 유키치는 송석하에게 1934년도 일본청년관이 주최하는 향토무용민요의 회[33] 출장 팀의 추천을 의뢰했고, 봉산탈춤을 추천하였던 송석하는 동래야류도 동시에 출장 교섭을 하고 있었던 것 같다.

송석하는 내심 봉산탈춤과 동래야류를 꼽고 있었고, 둘 중 하나를 출장시키려고 계산하고 있었다. 그렇게 준비하지 않으면 안 되는 저간의 사정이 있었을 것이다. 당시 조선의 가면극을 공연하던 팀들은 소위 프로들이 아니었고, 하루하루를 살아가는 주

---

33 전국향토무용민요의회(全國鄕土舞踊民謠の會)는 고문에 야나기타 쿠니오(柳田國男)와 타카노 타츠유키(高野辰六, 1876-1947)를 두고, 코데라 유키치(小寺融吉)가 지도하였다. 이 회가 창립한 지 10년이 되는 해에 동경일일신문사(東京日日新聞社) 후원으로 제8회(1934년 4월 13일-15일)를 개최하였다. 제1부에 7팀(祭頭ばやし: 茨城縣鹿島郡高松村·中野村, 臼太鼓踊: 熊本縣球磨郡人吉町, 船唄: 北海道檜山郡江差町, 棒踊: 鹿兒島縣日置郡田布施町, 風流とハンヤ舞: 福岡縣八女郡星野村, 朝鮮の豐年踊: 京畿道金浦郡陽東面登村里, 豐年をどり: 群馬縣佐波郡玉村町)이 참가하였다(神田海之助 1934.4.5: 16-17). 조선의 것에 대한 구체적인 내용은 아래와 같다.
경기도김포군양동면등촌리(京畿道金浦郡陽東面登村里)
一 豐年のをどり: これは主として中鮮と南鮮の各農村に弘く行はれる豐年のおどりで, 傳說では明の時代に支那から移されたといひ, 朝鮮では舊正月, 農事の餘暇, 耕耘終了の傾, また八月十五日傾を中心に, なほめでたい事のある折に行ますので, 男女合同の歌舞であります. 而して今回は其の中の假面踊, 舞童踊, 農夫歌(田植唄)を主として, 出來得るなら他の曲目も御紹介します. 右の假面踊は本來の意味は不明ですが, 巫女が面白可笑しく舞ふのを見て, 村の老人が家族と共に誘はれて踊り出す樣を現はしたと申します. 舞童踊は武將, 及び僧侶の服裝を着た童子を肩車に乗せて踊るもので, 朝鮮各地で有名のものであります. 農夫唄は音樂に合せて唄ひつつ田植の振をするものです(풍년춤: 이것은 주로 중선(중부 조선)과 남선(남부 조선)의 각 농촌에서 널리 행해지는 풍년 춤으로, 전설로는 명나라 시대에 중국에서 전해져 온 것이라 하고, 조선에서는 음력 정월, 농사 여가 시, 경운이 종료되는 무렵이나 8월 15일경을 중심으로, 그리고 축하할 일이 있을 때에 행하는 남녀 합동의 가무입니다. 그런데 이번에는 그 가운데 가면춤, 무동춤, 농부가(모내기 노래)를 주로 하여, 할 수 있다면 다른 곡목도 소개하겠습니다. 오른쪽의(전술한) 가면춤은 본래의 의미는 불분명하지만, 무녀가 재미있고도 우습게 춤추는 것을 보고, 마을 노인이 가족과 함께 꾐을 당해 춤을 추는 모습을 나타냈다고 합니다. 무동춤은 무장 및 승려의 복장을 한 동자를 목말을 태워 춤을 추는 것으로서, 조선 각지에서 유명한 것입니다. 농부가는 음악에 맞추어 노래하면서 모내기하는 모습을 하는 것입니다).
二 役役と樂器: 舞踊の役役は, 令座, 舞童, 下舞童, 樂執等の名がわり, 樂器は, カンメギ, 胡笛, 長鼓, 小鼓, 法鼓, 大鑼, 上鑼, 提琴, 令旗, 大旗等です. なほ唄は元より朝鮮語であります.
四 出演者氏名: 令座(樂執ヲ兼) 劉再瑞, 舞童 鄭一鳳 李圭鳳 趙南烈 趙尙俊 宋範成 劉金山 劉乙山 李景福 趙成善, 李元山, 樂執 宋嚴順 趙元興 金永中 宋洛眞 劉興順

사진 37. 이 사진은 1934년 4월 12일에 촬영된 것이다(神田海之助, 1934.4.5: 16-17)[34]. 본 공연이 있기 하루 전에 기록촬영을 위하여 일종의 리허설을 하는 장면이다.

민들로 구성된 아마추어 집단이었다. 간헐적인 요청과 절기에 맞추어서 탈춤을 추었던 분위기를 감안하면, 일본 측의 '프로'들과 조선 측의 '아마추어' 사이에서 원만한 중간 역할을 해야 하는 입장에서는 항상 대안이 준비되어 있어야 했음을 알 수 있다. 따라서 송석하는 동래야류를 출장시킬 계획을 갖고 동래의 인사에게 교섭을 부탁하였고, 동래인 유영준은 동래야류(東萊夜遊)가 조선 대표가 될 수 있다는 자신감을 보이는 엽서(1933년 9월 22일 자)를 발송하였다.

---

34 이 대회는 1925년 10월 제1회 대회가 있은 후, 1928년의 '양암'(諒闇)과 1932년의 '내외시국다단'(內外時局多端)의 두 번을 제외하고, 1936년까지 제10회까지 개최되었다(黛 友明 2020.2.25a: 108-109). 대회와 관련된 문헌들이 희소한데, 칸다 우미노스케(神田海之助)가 편찬한 자료의 발행일자가 1930년 4월 5일로 되어 있다. 이 발행일자가 잘못되었음을 알게 되었다. 왜냐하면, 제8회 대회는 4월 13일부터 15일까지 개최되었고, 12일에 리허설이 있었다. 리허설 도중에 촬영이 있었고, 그 사진이 이 지면에 게재된 것이다. 이와 관련된 다른 기록으로는 마루야마 야스아키(丸山泰明)가 "鄕土舞踊と民謠" 八이 4월 13일에 개최"(丸山泰明 2020.2.25: 125)되었음을 알리고 있다. 칸다 우미노스케가 제작한 자료집의 발행일자가 잘못되었음을 알면서도, 기록이기 때문에, 그대로 기록을 옮기고 잘못된 부분을 필자의

이 시기 송석하는 동경의 일본청년관에서 경성에 회합차 방문하는 쿠마가이를 기다리고 있었다. 총독부 측과 교섭한 결과 봉산탈춤의 출장은 무산되는 상황으로 접어들었으며, 이어서 유영준으로부터 동래야류가 출장 불가라는 전언(11월 18일 자 엽서)이 왔다. 9월 26일 또는 9월 27일 총독부, 민속학회, 쿠마가이(熊谷) 삼자 회합이 있었을 것이고, 얼마간 시간이 지난 뒤에 총독부가 공식적인 결정을 통보하였을 것이다. 결과적으로 코데라는 총독부를 통하여 김포군 등촌리의 풍년춤 팀을 선정하였다. 언제 등촌리 팀의 출장이 결정되었는지에 대해서는 정확한 기록을 찾지 못하였다.

1934년이라는 시점에서 조선의 가면극이 어느 정도 프로화되어 있었는지 생각을 정리할 필요가 있다. 편지의 내용으로 보아서 송석하는 봉산탈춤보다는 동래야류를 출장팀으로 선호하고 있었다는 생각이 든다. 동래야류 팀과 송석하 사이에는 동래 지방의 유지가 중간 매개자로 개입되어 있었음을 알 수 있다. 당시 탈춤이 공연되는 현장은 지방 유지의 후원이 필수적이었음을 알 수 있고, 유영준이라는 사람이 그 역할을 하고 있었다는 생각이 든다. 반면, 봉산탈춤은 하나의 공연 팀으로서 이미 상당히 프로화가 진행되어 있었던 것 같다. 이동벽이라는 인물을 중심으로 구성된 탈춤의 공연 팀은 외부와의 출장 교섭이 상대적으로 매끄럽게 진행되는 분위기를 연출하고 있었음을 직감하게 된다. 예술의 내용이라는 측면에서 동래야류를 우선 고려하였던 송석하가 원거리 출장 공연이라는 현실을 감안한 결과로 낙착되었던 것이 봉산탈춤이었다. 동경 출장 공연이라는 과정에 개입될 수밖에 없는 여러 가지 현실적인 문제들을 생각하면, 탈춤을 추어야 하는 춤꾼들이 상대적으로 장기간 자신들의 일상생활로부터 단절될 수 있는 시간적 여유를 감안하지 않을 수 없다. 따라서 출장 공연이라는 측면에서 본다면, 봉산탈춤 팀이 어느 정도로 프로화의 수준에 달해 있었음을 알 수 있다.

문화 과정이라는 현상은 여러 가지 조건을 구성하는 맥락의 문제 속에서 상호 각축하는 요소 간의 대조를 통한 분석이 필요하다. 문화유산과 전승이라는 문제를 탐구하

조사기록으로 남긴다. 현재까지 일본연구자들은 이 내용을 인지하지 못하고 있다. 그 이유는 참고문헌들의 인용에 있어서 발행일자까지 확인하지 않기 때문일 것으로 생각된다.

는 현재의 연구자들은 이미 한 세기 전의 식민지 시대에 전개되었던 이상과 같은 저간의 사정이 현재까지 영향을 미치고 있음에 대해서도 논의해 보아야 한다.

출장 팀의 섭외와 선정 교섭에 쉽지 않은 노력을 하였던 송석하로서는 총독부의 최종결정에 대하여 섭섭함과 아울러 부동의 의사를 표하였다(宋錫夏, 1933.12.16). 그 후 동아일보에 봉산의 가면무용을 여러 차례에 나누어서 소개한 것이 일본청년관과 코데라 측의 결정에 대한 암묵적이고도 우회적인 반발의 표현이라고 생각된다. 송석하는 경성방송국(JODK) 취미 강좌에도 출연하여 '조선의 가면'에 대해 강연하기도 하였다(朝鮮新聞 11688호, 1933.12.4. 오후 2시). 이 내용도 봉산탈춤의 동경 출장 불발 사건과 관련된 것으로 생각된다. 그는 '봉산의 가면무는 그 연기로 보아서는 동래의 야류와 양주의 별산대에 비하겠고, 연출물의 내용이 풍부함은 전조선에서 제일이 되겠고, 가면의 제작기술은 동래의 그것에는 불급하나 통영과 비등하고 연자(演者)는 양주동래통영(노인)진주 등과 같은 하배(下輩)가 아니다.'(宋錫夏, 1933.12.20)라는 자신만만함을 드러내 보였다. 8월에 코데라와 교환하였던 편지의 내용과 대조하여 고려해 볼 때, 송석하는 내심 제8회 향토무용민요대회의 조선 대표로 가면극(봉산탈춤 또는 동래야류)을 염두에 두고 있었으며, 그러한 의지의 표현으로 일간지에 자신의 견해를 밝힌 것으로 이해할 수 있다. 여러모로 볼 때, 다른 것들과 비교하여 봉산탈춤이 조선의 으뜸이라는 견해를 분명하게 밝힌 셈이다. 동래야류와 봉산탈춤 사이에서 저울질하던 송석하도 이즈음에는 공연이라는 현실적인 문제를 심각하게 생각했을 것이다.

이후에도 송석하는 김포농민무용을 동경에 파견함에 대해서 불만을 표시하는 글을 작성하여 발표하였고, 그러한 잘못된 결정을 한 중심에는 총독부 사회과와 도(道) 지방과가 있다는 점을 지적하였다. 신뢰의 의미로 '코데라 유키치가 알아서 잘 할 것으로 생각한다'(宋錫夏, 1934.3.30-4.1)라는 말도 첨언하면서, 코데라의 편지 내용도 부분적으로 소개하고 있다. 결과적으로 최종적으로 등촌리 풍년춤이 선정된 것은 자신도 몰랐고, 뉴스를 보고 알았으니, 장래가 염려된다는 의견도 피력하였다.

"이번에 동경에서 김포군농민용의 '무동무(舞童舞)'는 사당배의 것이다. 이번 김포농민용의 프로그램 구성은 어떻게 된 것인지, 왜 사당배의 것과 일치하는 것은 아직도 알 수가 없다"(宋錫夏, 1934.9.1)라는 불만은 또 다른 지면에서도 이어지고 있다. 그것은 한 마디로 뒤죽박죽된 것으로서 출자도 불분명한 것이라고 비판하였다. 김포팀이 총독부에 의해서 선정 및 파견된 점에 대해서 지극히 비판적인 견해를 밝히고 있다. 그는 "금춘 경기도김포군의 농민용이 제8회향토무용민요대회에 참가하여 호평을 받았는지 아닌지는 잘 모르지만 그런 부끄러운 것이 표본으로 (선택되어) 보여주었다"(宋錫夏, 1934.9.1)라고 재차 불만을 토로하였다.

송석하는 코데라의 편지 내용을 일부 소개하면서, 결과적으로 총독부의 담당자가 "당신네 전문가들의 의견은 그런지 몰라도 우리는 예술(藝術)의 문제가 아니라 말하자면 사상(思想)만 좋다면…"(宋錫夏, 1934.9.1: 57)이라고 실토하였던 점도 공개하였다. '블랙박스'를 열었다고나 할까! 송석하가 끈질기게 불만을 토로하는 과정에서 총독부 측이 송석하가 추천한 봉산탈춤을 선택하지 않고 김포 풍년춤을 선택한 이유가 명백하게 드러났다. 총독부 측의 선정 기준은 예술이 아니라 사상에 있었던 것이다.

그 내용을 조선이 아니고 동경에서 출판되는 인류학 분야의 대중화를 겨냥한 전문학술지인 『도루멘(ドルメン)』에 기고된 「사리원민속무용에 대하여(沙里院民俗舞踊に就て)」라는 논문에서 토로한 것도 송석하의 치밀한 계산의 결과라고 생각한다. 발행지를 동경으로 선택한 것이 그러한 증거 중 하나일 수 있다. 또 다른 하나는 '봉산탈춤' 또는 '봉산가면극'이라고 하지 않고 '사리원민속무용'이라고 지명을 바꾸어서 사용했다는 것이다. '봉산' 대신에 새로운 기차역이 생기면서 등장하였던 '사리원'을 내세운 것이다. 사리원이라는 명칭은 조선에서도 생소한 지명이었고, 더군다나 탈춤 또는 가면극과의 연상이 쉽지 않은 이름이라는 점을 감안하였다고 추측할 수 있다. 총독부의 사상 감시망이 작동되는 검색 시스템에서 회피할 수 있는 안전처를 모색하려는 최소한의 의도였던 송석하의 작명이 '사리원민속무용'이었을 것이라 짐작한다.

총독부의 입장에서도 이러한 과정을 살펴볼 필요가 있다. 송석하의 지속적인 불만 토로는 이전 단계인 진공(眞空) 상태에서 출발하지 않았다. 간접적이었지만, 그리고 본인이 인식하고 있었는지 알 수 없지만, 궁극적으로 그 끝에 자리하고 있었던 심성은 군국주의에 대한 저항이었음을 지적하고자 한다. 송석하 본인이 의도적으로 총독부에 대한 저항적 불만의 표현을 토로하였음을 담아낼 수 있는 최소한의 단어가 은항책(隱抗策)이라고 말하고 싶다.

한편 이러한 과정에서 드러난 송석하의 구제 민속지와 관련된 또 다른 전략에 관심이 간다. 토착 지식인 집단과의 지속적인 신뢰 관계의 구축을 위하여 필사적으로 노력을 경주하였다고 말할 수 있다. 송석하는 막후에서 동래야류와도 지속적인 연락을 취하였고, 봉산탈춤의 관계자들과도 긴밀하게 대처 방안을 논의하였을 것이다. 사실상 그러한 과정이 부분적으로 드러난 정황도 확인할 수 있었다. 민속학이란 학문이 본질적으로 그러한 문제에 대하여 민감할 뿐만 아니라 독학으로 민속학을 연마하였던 송석하 자신이 터득한 방법의 하나일 것으로 생각하는 것은 전혀 무리가 아니다. 왜냐하면, 1930년대에 에반스 프리차드(Evans-Pritchard, 1902-1973)가 지적했던 것처럼, 인류학이란 학문을 함에 있어서 중요한 방법론이란 것은 궁극적으로 근접(近接 approximation)의 문제에 봉착하게 마련이다. 토착인들에게 얼마나 가까이 갈 수 있는가 하는 문제가 인류학자들에게는 최대의 과제였던 것이다.

주민들에게 가까이 다가가려는 방안으로 토착 지식인 집단과의 교류를 선택하였던 송석하의 의도와 전략에 대해서도 생각해 볼 점이 있다. 그러한 과정의 시도는 궁극적으로 민속학이란 학문의 저울추를 주민과 토착 세력에 근접하게 하려고 노력한 결과였다고 평가하게 된다. 제삼의 조선학이 실천해야 할 대상과 주체와 관련된 문제라는 점을 생각하면 이 문제를 조선학의 새로운 방법론으로 간주할 수 있으므로, '송민'은 '제3의 조선학'이라는 명제를 모자람이 없이 성립시킬 수 있다. 어문학과 역사학이 추구하였던 방법론과 '송민'이 추구하였던 방법론의 간극을 충분하게 느낄 수 있다.

봉산탈춤에서 드러나는 계급 갈등과 관련된 저항 담론이 총독부의 최대 관심인 사상적 걸림돌이었음을 알 수 있다. 저항 담론을 핵심으로 하는 조선의 향토무용에 관한 전문가로서 송석하라는 입지가 초래하는 파생적인 문제들도 있다. 이 문제를 깊이 있게 천착하지 않으면, 송석하의 대총독부 관계나 언설에서 표면적으로 드러난 언어 표현만을 추종한 가벼운 이해 결과가 자리 잡게 된다. 긴장감 속에서 총독부와 밀고 당기는 입씨름이 진행된 현장에 대해서 단 한 번만이라도 생각한다면, 중층적이고 복합적인 식민지 상황에서 민속예술의 저항 담론 내용을 지키려고 노력하였던 송석하에 대해서 쉽사리 '친일'이라는 딱지를 붙이지 못한다.

따라서 봉산탈춤을 비롯한 조선의 가면극이 공간과 시간이라는 이유를 전면에 내세우면서 대사와 소도구의 내용이 변형되는 과정에 관한 치밀한 분석이 필요하다는 점을 지적하고 싶다. 그러한 변화가 총독부의 통치정책과 연계된다는 점이 식민주의와 식민주의적 문화 정책을 논하는 구체적인 증거로 작용할 뿐 아니라 당시 조선에 상륙한 군국주의의 상황을 파악하는 단서로 작용할 수 있다.

"세계대공황의 여파가 조선에도 파급되면서 특히 농촌사회가 피폐해지고 청년단체에 대한 사회주의의 영향력이 확대되어 가자 총독부는 왕성한 활동력을 잠재한 청년층을 사회주의의 영향으로부터 격리시키고 나아가 총독부가 추진하기 시작했던 농촌진흥운동으로 적극 견인할 필요"(허수, 2000: 165-166) 때문에, 1932년 9월 9일 조선총독부에서는 '청년의 교화지도에 관한 건'이라는 제목의 짤막한 관(官) 통첩 제34호를 공포하였다. 1931년 만주 사변 발발과 농촌진흥운동이 시작되었던 시기에 조선총독부 초미의 관심사는 사상교화라는 배경과 부합된다. 사상교화의 정책에 반하는 저항 담론의 사전 차단이 총독부의 책략이었던 점을 이해할 수 있다. 이러한 책략이 군국주의의 준동을 의미하는 것이었으며, 통치시스템으로서의 군국주의는 내지와 식민지를 가리지 않고 선별적으로 적용되었음에 대한 안목이 필요하다.

결과적으로 일제 식민지 시기에 조선의 대표로 출장한 팀은 1934년 4월 13일에서 15일 사이에 '조선의 풍년용, 경기도김포군양동면등촌리(朝鮮の豊年踊, 京幾道金浦郡陽東面登村里)'란 이름으로 일본청년관에서 제8회 향토무용민요대회의 조선 대표로 출연하였다. 그들이 연출하였던 내용은 일본청년관에서 만든 자료집에 비교적 소상하게 소개되었으며, 등촌리 팀이 돌아온 후 총독부 건물 앞에서 귀성(歸城) 보고 공연을 하는 장면이 송석하의 카메라에 담기게 되었다. 자신이 추천하지 않았던 대표팀의 공연을 사진으로 담는 과정에서 송석하가 느꼈던 심정에 대해서 잠깐이나마 생각해 보는 시간을 갖고 싶다. 후일 식물학자로서 식물과 산악 민속에 대해서도 많은 글을 남겼던

사진 38 & 39. 등촌리풍년용 팀이 동경으로부터 귀성하여 총독부에서 공연한 사진. 1934년 4월 20일 송석하 촬영(국립민속박물관 소장).

타케다 히사요시(武田久吉, 1883-1972)[35]가 향토무용민요대회 당시 자신이 찍었던 김포군 풍년용 사진을 『사진문화(寫眞文化)』(제27권 3호, 1943년 9월호)라는 잡지에 게재하기도 하였다.

결과적으로 내지의 기록상으로는 등촌리풍년용(登村里豊年踊)이 조선 민속예술의 대표로 남음으로써 순치된 식민지 조선의 모습이 기록된 것이다. 그것은 조선총독부의 통치 성과의 선전(예를 들면, 저항에서 순치로)과도 일맥상통하는 면이 있다. 일제 식민지 시기 조선의 향토예술에는 저항 담론이 전혀 포함되어 있지 않다는 점을 간접적으로 반영하려는 의도도 포함된 것으로 해석해야 한다. 후일 송석하는 경성의 좌담회 석상에서 '풍년용(豊年踊)'이라는 용어는 조선에는 없는 말이기 때문에 '풍년가(豊年歌)'로 기록하는 것이 옳다는 의견을 피력하였음에도 불구하고, 그 좌담회를 주최하였던 잡지의 편집자는 송석하의 의견을 무시하고 '풍년용'이라고 기록하였다. 송석하는 사상적으로 총독부와 함께 갈 수 없는 인물로 분류될 수밖에 없는 장면들이 분명하게 드러났다는 점을 확인해야 한다. 이는 일제 식민지 시기 조선에서 사상적으로 상당히 민감한 문제에 이른다. 이러한 인식이 분명하게 자리 잡지 않으면 여러 가지 오해가 발생할 수 있다.

예술과 사상을 양극으로 갈라치기를 하면서, 예술에는 무관심이고 감시 대상으로서의 사상에만 관심이 있다는 직설적인 표현은 식민지 조선의 문화와 예술에 대한 총독부의 본심을 드러냈음을 단언하기에 모자람이 없다. 정책당국인 총독부가 무관심한 조선 예술이란, 한 마디로 팽개쳐진 헌신짝이나 마찬가지였다. 정책 당국에게 버려진

---

35 영국 외교관 어니스트 사토(Ernest Satow, 1843-1929)와 일본인 부인 타케다 카네(武田 兼, 1853-1932) 사이에서 태어난 차남이다. 동경외국어대학교를 졸업하였고, 1910년 영국의 대학으로 유학하여 식물학을 연구하였다. 시코탄(色丹島) 섬의 식물에 관한 내용으로 1916년에 버밍엄대학에서 박사학위를 취득하였다. 1916년 경도대학임해실험소 강사, 1920년 북해도제대강사, 1928년부터 1939년까지 경도대학강사를 역임하였다. 1905년 일본산악회 창립에 동참하였고, 제6대 회장을 역임하였다. 초대 일본산악협회장, 일본자연보호협회장을 역임하였다. 일본부인과의 사이에 두 딸이 있다. 그의 아버지가 다음 글들을 썼다.
Satow, E.M. 1878 "The Korean Potters in Satsuma", *Transactions of the Asiatic Society of Japan* 6(2): 193-202.
"伸, 李, 朴, 卞, 姜, 鄭, 陳, 林, 白, 崔, 沈, 盧, 金, 何, 丁, 車, 采 17 families"(Satow, 1878: 194). 조선도공 17명의 성을 나열하였다

예술을 옹호하고 진작하려 노력한 당사자로서 송석하의 심정은 어떠했겠는가? 그러한 상황에 엎친 데 덮친 격으로 총독부 당국자는 직설적으로 드러내어 놓고 사상을 거론했다. 조선 지식인의 면전에서 감시와 탄압 대상으로서의 사상을 거론한 것이다. 송석하에게 사상이란 문제를 노골적으로 드러낸 언설은 사상 감시의 미래를 대비하기 위한 일종의 겁박성 전략이었을 것이다. 식민 지배하에서 조선 전통문화의 현주소는 방치와 감시 사이였음을 확인할 수 있는 대목이다. 그 현주소를 대면한 자리에서 노골적 언어 표현으로 탄압을 직감하였던 송석하의 심정을 헤아리지 않고는 가시밭길을 헤매는 것 같았던 '송민'의 사상적 기반을 이해할 수 없다. 식민지의 사상 탄압 속에서 살아가야 했던 송석하도 이 자리에서 적지 않게 학습하였을 것임은 두말할 나위도 없다.

제8회 향토무용민요대회와 관련되었던 복잡한 사건을 통하여 송석하가 학습한 점에 대한 검토의 가능성을 논하고 싶다. 송석하는 총독부와 일본청년관을 상대하면서 무슨 생각을 하게 되었고, 무엇을 학습하였으며, 그에 대해서 장래에 어떠한 대책을 수립할 것인가 등에 대해서 적지 않은 생각을 하였을 것이다. 민속예술을 추구하였던 민속학자로서 송석하의 의지가 총독부에 의해서 봉쇄당하였던 경험으로부터 송석하가 장래의 출구전략에 대해서 어떠한 생각을 하였을까 하는 문제의식을 외면한다면, 우리는 봉쇄당한 식민지 민속학의 파놉티콘 속에 갇혀 타자화된 송석하의 모습만을 관찰하게 된다.

이 상태로 우리의 논의가 정지된다면, 총독부에 의해서 희생된 한 조선인 민속학자는 후속 세대에게 또 다른 희생을 강요당하는 것이다. 타자화의 질곡 속에 갇힌 '송석하 민속학'이 내재한 주체적 실천 과정에 대한 분석과 검토가 식민주의로부터의 해방을 약속할 수 있다. 그런 의미에서 1933년 9월 27일 삼자 회합(총독부 역인, 일본청년관의 쿠마가이, 송석하)은 주권이라는 문제를 송석하의 뇌리에 각인시키는 결정적인 계기였다는 문제의식이 분명하게 설정되어야 한다. 그렇지 않으면 총독부의 사상 탄압으로 도탄에 빠진 상태의 송석하를 내팽개치는 구도를 영속시키게 되고, 그 상태는 반(反)식민주의 민속학의 가능성마저 훼철하게 된다.

사상이라는 기준으로 예술을 재단하던 총독부라는 벽을 돌파하기는 정치적으로 불가능하다는 점을 학습한 송석하의 선택은 차선을 향할 수밖에 없었을 것이다. 총독정치 하에서 '두고 보자'라는 미래 예약적인 의지가 실천될 가능성이 없다는 점이 확인된 상태에서, 총독부가 고심하는 사상을 거스르지 않는 예술 활동의 출로는 포기와 타협 중 양자택일일 수밖에 없다. 정치적 주권이 없는 일제 식민지 시기 조선에서 예술을 한다는 것의 한계가 분명하게 학습된 이상, 송석하는 타협의 길을 선택할 수밖에 없었을 것이다.

차선에 내재한 민속학 실천의 과정에 대한 분석에 기대를 걸게 된다. '송민'의 핵심에 저항 담론이라는 개념이 자리하고 있음에 대해서 분명한 인식이 필요하다. 동시에 '송민'의 저항 담론은 총독부의 감시하에 위치하는 선에서 의미가 있음을 부정할 수 없다. 식민지 조선에서 지식인들이 구사할 수 있던 저항 담론의 실천과 한계는 동전의 양면으로 검토되어야 함을 숙고하게 된다. 또 하나의 관점은 일제 식민지 시기 조선의 향토예술이라는 장르를 배경으로 한 송석하의 위상에 관한 인식이다.

총독부가 대화의 상대로 선택된 인물이 송석하였다는 점이 증언하는 간접화법이 있다. 당시 송석하가 이 분야의 전문가라는 점이 확인된 셈이고, 이 점은 이후 송석하의 행보에도 여러 가지 측면에서 적지 않은 영향을 미쳤을 것이라는 생각에는 이견(異見)이 있을 수 없다. 총독부의 대화 상대가 되었다는 점에서 당대 조선의 지식인들에게 인식된 송석하의 입장과 처신이라는 문제도 고려의 대상이다. 식민지 상황에서 민속예술이라는 장르는 송석하가 대표성을 보장받았다는 간접적 시그널이 작동하였겠다고 생각하는 것은 전혀 무리가 아니다. 동시에 송석하가 총독부의 요구에 백기를 들지 않았다는 점도 세간의 관심 대상이었을 것이다. 해방 후 송석하가 조선학을 대표하였던 진단학회 위원장에 선임되는 이면에는 단편적인 과거의 행적들이 누적된 결과라고 이해할 수 있다. 아울러서 송석하의 역할 덕분에 민속학이 조선학의 중요한 구성원이라는 인식이 공인된 셈이다.

"경찰정보철(警察情報綴, 昭和 11年) 경고특비(京高特秘) 제1520호의 1 중「극예술연구회(劇藝術研究會)의 동정(動靜)에 관한 건(件) 1~2」. 발신일은 1936년 8월 11일이고, 발신인은 경기도경찰부장(京畿道警察部長)이며, 수신인은 경무국장(警務局長) 등"이라는 자료가 증언하듯이 "1930년대 이후 송석하의 사회적 활동이 확대되면서, 그는 경찰의 비밀 첩보의 대상이 되기도 했다"(오석민·박중훈·이용찬 2023.6.24: 139 & 각주 20)라는 해석은 순서가 뒤바뀐 이해의 결과다. 동경으로 파견하는 조선의 대표팀을 선발하는 과정에서 밝혀진 중요한 사실 한 가지와 위의 경찰 관계 문서는 연계해서 정리할 필요가 있다. 송석하가 총독부의 견해와 달리하는 주장을 하였던 점과 조선의 예술에 대한 총독부의 주된 관심이 사상에 있었다는 점이 명백하게 밝혀졌다. 이러한 상황에서 총독부의 감시가 송석하의 언행과 행보를 방관할 리가 없었을 것이다.

따라서 나는 최소한도 봉산탈춤과 관련된 총독부와의 견해차가 드러났던 시점부터 송석하는 경찰의 감시 대상이 되었을 것이라고 본다. 그 후 2년 이상 지난 '극예술연구회'와 관련지어서 송석하가 경찰의 비밀 첩보 대상이 되었다는 것은 시간상 수순이 뒤바뀐 설명이다. 물론 송석하가 극예술연구회의 멤버였음도 주지할 일이다. 환언하면, 송석하에 대한 경찰의 감시가 극예술연구회의 감시로 이어진 것이라는 설명이 시간상으로 매끄러운 설명이 될 수도 있다.

일제 식민지 시기 조선의 지식인들이 그러한 사상 감옥에 갇힌 생활을 하고 있었다는 점에 대해서 심각한 생각을 하지 않으면 여러 가지 오해들이 발생할 수 있다. 준엄한 시간의 당대를 살았던 선학들의 입장을 단 한 번만이라도 생각한다면, 위와 같은 어설픈 오해와 오해가 발생할 가능성을 지극히 경계할 수밖에 없다. 사람은 시공적 존재다. 식민지 시기의 사상 탄압 속에서 하루하루를 생활하였던 송석하의 입장이 되어 보려는 노력을 해보는 것이 연구자의 자세다.

6. 자료 발굴과 연구 심화: 교류와 계몽

1) 논문 작성 및 학회 창립

송석하는 서산의 간척사업을 위하여 경성과 서산의 해미 사이를 왕복하는 과정에서, 교통로로 대전과 공주를 경유할 수밖에 없었을 것이다. 그 과정에서 남긴 사진 자료들이 여러 종류 보관되어 있다. 이 사진들은 송석하가 찍거나 송석하가 촬영을 기획했다고 추정할 수 있다. 사진을 찍는다는 행위는 당시 사회적으로 지극히 특수한 현상이었음을 감안한다면, 송석하가 남긴 사진 자료에 대해서는 특별한 관심을 부여하고, 결코 소홀히 다룰 수 없음에 대해서도 심심한 배려를 해야 할 것이다.

1933년 가을, 송석하는 매우 분

사진 40. 1933년 6월 5일 해미. 안경을 쓴 사람이 송석하(왼쪽에서 두 번째)다. 바로 옆은 부친 송태관으로 짐작된다. 간척 공사 중 수로와 수문이 완성된 상태의 모습이다(국립민속박물관 소장).

주하였다. 1929년 『민속예술』에 발표하였던 '조선의 인형지거'를 심화시킨 논문으로 박첨지극에 대한 논문을 작성하였다(宋錫夏, 1933.11.). 기왕에 이 문제에 관한 논문을 작성하였던 미타무라 엔교(三田村鳶魚)[36]가 산대(山臺)를 무대(三田村鳶魚, 1932.12.1)라고 오해한 점을 지적한 송석하는 인형극 연구자로서 독보적인 입지를 다지려고 노력하였다. 송석하가 일본 측 연구자들과의 경쟁적인 논쟁의 입지를 확보하고, 그러한 논쟁을 동경에서 발간되는 전문 잡지에 수록하였다는 점은 비판적 논의를 축적해야 하는 학계로서는 바람직한 과정이었다.

조선 민속학의 남상 시기를 갓 벗어난 시점에서 그만한 토론을 제기한다는 것은 민속학자로서 주목받아야 할 송석하의 위상을 조명하기에 충분하다. 미타무라는 전언에 따라 논문을 작성하지 않고 스스로 만주와 조선을 답사하여 자료를 수집한 배경을 갖고 있는, 사계가 인정했던 전문적인 연구자였다. 미타무라가 이즈음 만주를 답사하였다는 점도 예사로 지나칠 일이 아니다. 만주 사변의 국제정치적 파탄 상황이 채 정리되지도 않은 상태에서 만주의 연극 관계에 대한 자료를 수집하기 위해서 파견된 미타무라의 족적에 대한 관심도 사실상 일본의 군국주의와 팽창이라는 맥락을 벗어날 수

---

[36] 三田村鳶魚(みたむら えんぎょ, 1870-1952)는 에도학(江戶學)으로 저명하며, 그의 발간물은 『三田村鳶魚全集』(全 27卷 + 別冊)으로 남아 있다. 그는 만주에서 조선인 이문권(李文權)이라는 사람을 만나서 조선에 우인희(偶人戲)가 있다는 소식을 듣고. 경성 최남선(崔南善)의 집에서 경성대학교수(京城大學教授) 타다(多田)를 만났다. 그를 경유하여 토속학연구실(土俗學研究室, 아키바의 연구실을 말함-필자 주)에 우인희 표본 수 점이 수집되어 있다는 소식을 듣고. 다시 아키바를 찾았다. 당시 아키바는 산대희라는 가면극을 연구 중이라는 말도 하였다고 기록하였다. 경성에 거주하던 의제(義弟)인 타카마쓰 류키치(高松龍吉, 八重夫人의 동생으로 皆川みさを의 형이며, 朝鮮殖産銀行에 근무하였다)로부터 김재철(金在喆, 그대로 씀, 喆이 옳다)의 『조선연극사(朝鮮演劇史)』를 구하기도 하였다. 1932년 7월 1일 미타무라는 '타카마쓰씨의 인도로 이나바 군잔(稻葉君山)씨를 방문하였고, 식도원(食道園)에서 회담하였다. 그 자리에 이마무라 토모에(今村 鞆)씨를 모셨고, 타카마쓰씨 주최로 기생4인과 강기화(康琦花)의 가야금을 들었다. 한 기생은 난죽(蘭竹)을 쳤고, 군잔박사는 그 위에 시를 적었다'라고 기록했다(미타무라의 일기에서). 또한 "이천종(李千鍾)이라는 흥행사(興行師)를 불러서 들었는데, 벽제관(碧蹄館) 근처 고양군신도면구파발 김창철(高陽郡神道面舊把撥 金昌喆)에게 이십여 개의 인형이 있다는 것을 알았다. (중략) 아유가이 후사노신(鮎貝房之進, 1864-1946)군의 미발표 희서 '목우희고(木偶戲考)를 빌려서 보았다. 방송국의 윤교중(尹敎重)군이 가세해서 노괴뢰(老傀儡) 한성준(韓成俊)으로부터 문취(聞取)하였다."라는 기록도 있다(三田村鳶魚, 1932.12.1.: 2-3). 이나바 군잔(稻葉岩吉, 1876~1940)은 총독부 조선사편수회의 간사 겸 수사관(修史官)으로서 『조선사(朝鮮史)』 편찬 사업을 하고 있었다. 윤백남(尹白南, 1888~1954)의 본명은 윤교중이다. 아유가이의 미발표 원고인 목우희고를 찾는 작업은 조선의 연극사 특히 꼭두각시춤이라는 측면에서 지극히 중요한 문제다. 앞으로 자료를 발굴하는 작업에 진전이 있기를 고대한다. 미타무라의 조선민속극에 관한 내용은 서연호의 논문에 비교적 자세하게 나온다(서연호, 1985.9.25., "민속극 전승과정 연구", 예술과 비평 7).
三田村鳶魚 1931.9. "竹田からくり", 上方 9: 16-24.

없다.

척박한 식민지인 조선의 학계라는 점을 감안하고 재야에서 활동했던 송석하의 입지를 고려한다면, 미타무라와 이만한 논쟁을 전개할 수 있는 학풍의 토대를 닦은 송석하의 독학에 대해서 경의를 표하지 않을 수 없다. 따라서 '송민'의 전개 과정은 조선뿐만 아니라 내지의 민속학계와도 연동된 바탕 위에서 평가되는 것이 바람직하다.

1933년 12월 13일 송석하에게 효고현 니시노미야(西宮)의 난에 지로(南江二郎)로부터 엽서가 당도하였다. 난에는 김재철(金在喆)의 저서 『조선연극사(朝鮮演劇史)』를 한 부 구하고 싶다는 부탁을 적었다. 난에는 인형극연구에 저명한 사람으로, 『인형

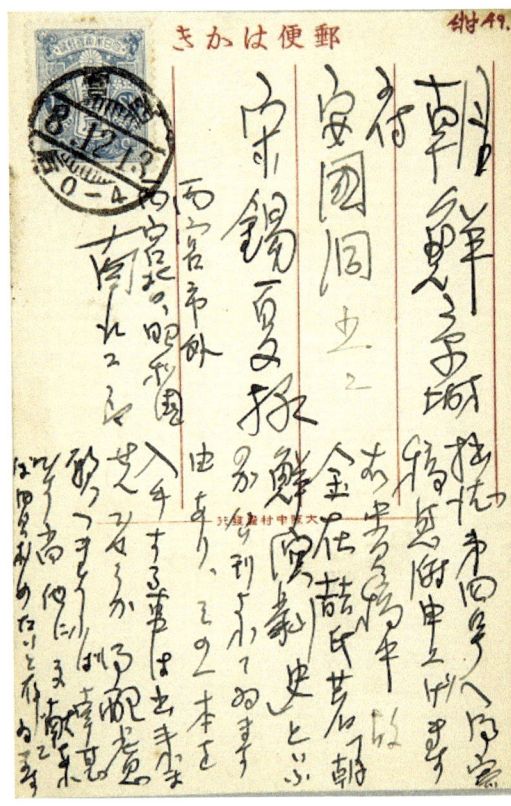

사진 41. 난에 지로가 송석하에게 보낸 엽서(1933년 12월 13일 소인, 국립민속박물관 소장)

극의 연구(人形劇の研究)』(1928)[37]와 『원시민속가면고(原始民俗假面考)』(1929)라는 대저(사진 34)들이 있고, 일본 최초로 간행되었던 현대적인 인형극잡지였던 『마리오넷(マリオネット)』(1931-1932)와 『인형지거(人形芝居)』(1932-1933, '마리오넷'를 개명함)를 편찬 및 발행하였다. "신흥 인형극에 관심이 쏠려 있는 가운데 닌교자의 경우에는 1920년대 후반부터 인형극을 연구하고 보급을 위해 노력했던 난코지로(南江二郎, 난에를 잘못 읽음-필자 주)에 의해 '근대인형극의 효시'로서 자리매김되어 있다"(다키자와 교지, 2007: 136)라는 설명은 전혀 과장이 아니다.

---

37 『人形劇の研究』의 목차는 다음과 같다. "人形芝居への理想 /人形と詩人(クレエグ) /リヒアルト·テシュナアの人形座 /傀儡圖解 /人形の型態的特性 /布教具としての人形 /人形劇隨筆 /人形劇研究參考書目 /後記".

송석하의 가면극 연구라는 차원에서 코데라 못지 않게 깊은 영향 관계가 교환된 중요한 작업을 한 사람이 난에였다. 특히 '민속예술총서 제4권'으로 출간된, 난에의 『원시가면극고』가 배경으로 한 이론과 자료는 전형적인 인류학적 저서들이다. 난에의 저서를 심층적으로 살펴보는 것은 송석하의 가면극 연구의 오리엔테이션을 점검해볼 수 있는 중요한 모멘텀(momentum)이 될 수 있으므로, 난에 저서의 목차와 참고문헌들에 대한 서지적 검토를 해보기로 한다.

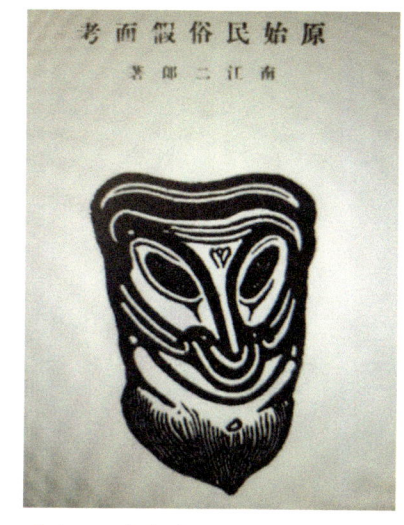

사진 42. 난에 지로의 저서 『원시민속가면고(原始民俗假面考)』 표지

원시민속가면개론(제1항 서설: 원시민속가면이란 무엇인가, 제2항 민간전승에 나타난 신앙, 제3항 가면의 시원 및 사용의 의의), 제2장 각종원시민속가면고(제1항 수렵가면, 제2항 토템가면, 제3항 요마(妖魔)가면, 제4항 의술가면, 제5항 추도가면, 제6항 두개가면, 제7항 영적(靈的)가면, 제8항 전쟁가면, 제9항 입회가면, 제10항 우걸(雨乞)가면, 제11항 사육제가면, 제12항 기타가면)

삽입 사진

목차(1 아이보리코스트의 수렵가면, 2 아이보리코스트의 고릴라토템가면, 3 세네카의 모의비밀결사 요마가면, 4 부루마의 나병용의술가면, 5 토템폴에 유사한 추도가면, 6 고대 멕시코의 두개가면, 7 뉴브리튼의 상징적영적가면, 8 콜럼비아의 군사적무용가면, 9 뉴기니아의 성년식용요마가면, 10 주니족의 우걸가면, 11 알프스산록의 사육제가면, 12 북태평양토인의 토템적 신령가면)

요철 삽화

목차(1 호주 토레스해협식민지의 거교용鋸鮫踊, 2 애급의 동물신가면무용, 3 아프리카의 악령퇴치용가면, 4 뉴멕시코의 대상袋狀 의술가면, 5 뉴기니아의 정령가면, 6 멕시코의 모자이크 두개가면, 7 멕시코의 정령가면 우상, 8 멜라네시아의 원시전쟁가면, 9 콜럼비아의 뢰조雷鳥가면, 10 주니족의 강우신, 11 중세기 카니발 주연酒

宴가면, 12 알라스카의 독수리가면)

민간전승이란 글자 위에 일본어 카타가나로 포크로아라고 표기하였으며, "마렛트 박사의 소위 유생관(有生觀, Animatism)이 일보 진전된 타일러경의 유령관(幽靈觀, Animism)이 되었음을 타일러 교수가『원시문화』에 상술한 바 있다"(南江二郎, 1929.8.20: 5)라는 코멘트도 첨부하였다. 여기에서도 문제는 드러난다. 타일러의 애니미즘(animism) 이론이 먼저 출현하였고, 마렛트의 애니메티즘(animatism)이 타일러의 선행 이론을 보완하면서 등장한 것이 학사적 순서다. 즉 생물에 한정하였던 타일러의 애니미즘에 물·돌·달 또는 인공물 등 무생물까지 대상을 확장하면 마렛트의 애니메티즘이다. 따라서 난에의 서술이 체계적인 학습에 기반한 연구가 아닌 선별적 독학의 흔적을 보인다고 판단할 수 있다.

지식이 중심부에서 주변부로 이전되는 유통과정에서 벌어질 수 있는 문제들은 결코 간과될 수 없다. 그 결과로 주변부에서는 결코 재검토될 가능성 없이 잘못된 정보가 안착하기 때문이다. 이러한 경우는 후발 연구자가 선행 연구들을 서지적으로 검토해야 확인할 수 있게 된다. 위의 경우처럼, 지난 한 세기 동안 이 문제를 지적했던 경우는 중심부인 동경에서도 없었다는 점이 확인해 주는 아찔한 장면이기도 하다.

그럼에도 이 책은 가면극을 소화하기 위한 난에의 인류학적 학습 노력이 여실하게 드러난다. 송석하가 이러한 문제의식을 피하고 조선 가면극을 논의할 수 있었을까? 송석하의 글에서 인용되고 있지 않은 난에의 저서에 적지 않게 신경이 쓰임을 어떻게 설명할 수 있을까? 일반적으로 타인의 글을 잘 인용하지 않았던 당시의 관행으로 보기에는 너무나 중대한 문제가 송석하의 가면극 연구의 과제로 남아 있다. 일본인들의 저작물과 문서를 의도적으로 인용하지 않았던 정황은 없었을까? 이 정황 속에 식민지 지식인의 고뇌가 작동하고 있었던 것일까? 서지와 관련된 긍정적이고 부정적인 양 측면의 자료들에 대한 깊이 있는 검토가 앞으로의 과제이다. 긍정적인 자료들이란 직접 인용된 문서들을 말하고, 부정적인 자료들이란 틀림없이 관련된 문헌들임에도 무시된 문서들을 말한다.

난에의 저서에 동원된 참고문헌들을 꼼꼼히 살펴보는 작업은 가면극이란 장르를 대하는 기본적인 입장으로부터 출발해야 함을 전제로 한다. 난에는 자신이 인용한 서적과 참고한 서적들을 구분하여 소개하고 있다. 먼저 난에가 본문에서 인용하였다고 기록한 서적들의 소개 내용이 불충분하고, '후기-참고서에 대하여'(南江二郞, 1929.8.20: 119-121)에 수록된 서적들에 관한 정보들이 부실하기에, 필자가 보충적으로 재정리하여 본서의 각주에 첨부하여 보았다.[38] 그 결과 가면극을 연구하기 위한 학문적 배경으로서 서구에서 발행되었던 인류학 분야의 전문 서적들이 상당한 양으로 동원되었음을 알 수 있게 되었다.

1933년 12월 25일에 송석하에게 난에 지로로부터 장문의 편지가 당도하였고, 1934년 1월 27일 난에로부터 다시 답신 엽서가 왔다. 송석하가 『조선연극사』를 구해주겠다고 해서 그에 대한 감사의 답신인 모양이다. 양자의 학문적인 교류가 심화하고 있음을

---

[38] 필자가 부분적으로 보충하여서 일목요연한 목록을 만들었다. 저자의 이름 옆에는 참고로 저자의 생몰연대를 첨가하여 출판연도순으로 정리하였다.
Edward Burnett Tylor(1832-1917): *Primitive Culture*(초판 1871년), *Researches Into the Early History of Mankind and the Development of Civilization*(초판 1865년).
James G. Frazer(1854-1941): *Lectures on the Early History of the Kingship*(초판 1905년), *The Golden Bough: A Study of Magic & Religion*(초판 1890년).
Alfred Ernest Crawley(1869-1924): *The Tree of Life: The Study of Religion*(초판 1905년).
Robert Ranulph Marett(1866-1943): *The Threshold of Religion*(초판 1914년).
Edwin Sidney Hartland (1848-1927): *Ritual and Belief*(초판 1914년)의 제1장이 "The Relations of Religion and Magic"인데, 이것이 나카이 류즈이(中井龍瑞) 譯 『原始民族の宗教と呪術』(1927년 4월)로 간행된 것.
William Ridgeway(1853-1926): *The Dramas and Dramatic Dances of Non-European Races*(초판 1915년).

이하는 그 책의 '後記'에 제시된 참고문헌들을 출판연도순으로 보완 및 정리하였다.
British Museum(Dept. of British Medieval and Ethnography): *Handbook of the Ethnographical Collections*(초판 1910년)
Walter Hutchinson(1887-1950): *Customs of the World: A Popular Account of the Manners, Rites and Ceremonies of Men and Women in All Countries*(2 vols., 초판 1913년)
Kenneth MacGowan(1888-1963) & Herman Rosse(1887-1965): *Masks and Demons*(초판 1923년)
Charlotte Sophia Burne(1850-1923): *The Handbook of Folk-Lore*(초판 1914년, 오카 마사오-岡 正雄 譯 『民俗學槪論』, 1927년)
Alfred C. Haddon(1855-1940): *Magic and Fetishism*(초판 1910년, 우에키 켄에이-植木謙英 譯 『呪法と呪物崇拜』, 1927년). 일본대학강사 동대종교학종교사연구실 조수(1920년).
Sigmund Freud(1856-1939): *Totem und Tabu*(초판 1913년, 요시오카 나가요시-吉岡永美 譯 『トーテムとタブー』, 1928년). 번역자인 요시오카 나가요시(1894~1971)는 近畿大学学生部長을 역임했다. 또 다른 번역서로 『人間結婚史 I』(ドワード·ウェスターマーク 著, 吉岡永美 訳)가 있다.
니시무라 신지(西村眞次, 1879-1943): 『人類學汎論』(1929.4.)

알게 되었다. 난에와 송석하 사이의 학문적 교류의 엽서 대화는 참으로 진지한 연구자들의 모범이 될 만한 행보였음을 헤아릴 수 있다.

한 가지 아쉬운 점으로, 송석하는 난에가 자신의 연구를 위하여 레퍼런스로 삼았던 인류학 서적들에 대해 간과했다는 점을 지적하고 싶다. 연구 심화의 층화가 생겨나는 원인과 과정을 이해하게 되는 대목이 드러난 셈이며, '송민'의 수준이 어느 정도에서 머물렀는지에 대한 판정도 가능하게 된다. 연구 심층화의 단계적 주변성이라는 문제를 생각하면, 난에가 어느 정도까지 심층적으로 원전들을 대하였는지 의문점도 유보할 수밖에 없다.

송석하가 제8회 향토무용민요대회 조선대표팀이 결정된 이후, 줄곧 봉산의 무용가면에 대해서 동아일보 지면에 4회에 걸쳐서 연재한 것은 다분히 의도가 있다고 해석하고 싶다. 그가 민속예술을 논하면서 고용한 단어는 탈춤(假面舞)이었음에 주목하게 된다. 봉산과 황주의 가면무용을 민속학적 분야로 이해해야 하며, 그는 이를 '해서(海西)의 민속예술'이라고 칭하였다(宋錫夏 1933.12.16). 또한 그는 조선가면의 연혁과 계통을 정리하면서 개성덕물산장군당과 부인당에 걸어둔 가면은 그 자체가 신위에 준할 만한 신성한 존재라고 강조하였으며, '가면민속극'(宋錫夏, 1933.12.17)이란 용어도 적용하였다. 가면에 내재한 신성성을 거론하는 학자로서의 송석하의 입장이 여기에서 그친다는 점이 아쉽다. 신앙과 종교라는 문제로 관점이 확장될 수 있는 일보 직전에서 정지했다는 생각을 떨칠 수 없다. 가면과 샤머니즘과의 관련성에 대해 송석하는 핵심으로 뛰어들지 않는 태도를 보인다. 마치 이리떼가 사냥한 들소를 가운데에 놓고 '주변만을 맴돌고 있는' 형국이나 마찬가지다. 그것이 송석하가 할 수 있었던 최대의 상한이었다고 생각할 수밖에 없다.

송석하는 종교학이나 민간 신앙과 관련된 문제들을 연구할 수 있을 만한 학문적 배경과 능력을 갖추지 못했던 것이다. 샤머니즘에 관한 한 송석하의 인식은 아키바의 수준을 넘어가지 못한다. 예를 들면, 다음과 같은 진술이 송석하의 입장과 수준을 반영한다. "샤머니즘의 민중에 뿌리박힌 자최"를 이중조직(二重組織)으로 인식하고 "선악 양신(兩神)이 공재(共在)하는데서 악신을 쫓고 선신에 연극을 하야 그를 즐겁게 한 후에 가

호를 받을라는 명백한 조직을 간파할 수 있다. 샤머니즘 신앙에 관한 민중의 지지 문제인데 제3과장의 홍행고사라든지 최후과장의 할무광대 기절의 장면에서 침술 등 준의학적(準醫學的) 방법이 무효할 때에 신과 인의 통령(通靈)할 수 있는 방법이라 보아서 그 신앙을 민중이 지지불의(支持不疑)하엿음을 알겟다"(宋錫夏, 1934.4.26.). 샤머니즘을 이해하기 위하여 이중조직이란 용어를 반영하는 인식은 아키바의 착안이었음을 감안하면, 송석하가 아키바와 교류 과정에서 학습한 바가 있다.

한편으로 송석하는 "'서선(西鮮)의 가면극(황주봉산지방)'과 '산대도감노름은 극(劇)을 주로 하고 무용을 종(從)으로 한 경향이 많은데 봉산탈춤은 명칭 그대로 무용을 주로 하고 재담(才談)을 종으로 한 것이다. 여기서 무용과 연극의 관계에 대한 암시를 주며 연극발달의 실례를 보이는 것이 그 공덕의 둘째"(宋錫夏, 1933.12.19)라고 서선가면극의 중요성을 강조하였다. 가면 제작 기술에 관해서도 언급하면서, "봉산가면은 23개가 정식이며, 연출물 내용이 풍부함은 전조선에서 제일"(宋錫夏 1933.12.20)이라고 단언하였다. 전자의 총독부 및 일본청년관과 관련된 쓰라린 경험의 결과가 반영된 것으로 볼 수 있다. 제보자 명단에는 정시영(鄭時永), 이동벽(李東碧), 김경석(金景錫), 이근호(李根浩), 전빈(全 斌) 제씨가 기록되었다(宋錫夏, 1933.12.20).

제보자를 분명하게 밝히는 점에서 자료의 신빙성을 높이는 글쓰기의 전략일 뿐만 아니라 서선가면극의 전승 문제를 생각하고 있다는 심증을 읽을 수 있다. 전승과 관련된 문제의식의 정도가 강렬하지 못했기 때문에, 전승자들에 대하여 자세한 내력과 구전을 채록하지 못했던 것 같다. 문화 전승의 주체와 메커니즘에 대한 분석적인 문제의식이 정립되지 못했던 당시의 상황을 읽을 수 있다. 시작에서부터 종료에 이르기까지 독학에서 독학으로 이어졌던 '송민'의 한계가 느껴진다.

다사다난했던 1933년이 저물어 가는 연말에 토속적 인형극을 연구하기 위해서 조선인형극회(朝鮮人形劇會)가 창립되었으며, 연구부(송석하, 정인섭, 유치진)와 실연부(유형목, 구본웅-具本雄, 박응진-朴應鎭, 이종권-李鐘券, 김복진-金福鎭, 김영애-金永愛)를 두었다(朝鮮中央日報 2074호. 1933.12.24). 박응진, 이종권, 김영애에 대해서는 정보를 찾기가 어렵다. 조선민속학회의 발기인이며 화가 유형목이 여기에서도 송석하와 함께 활동하고 있음을 알 수 있

사진 43 & 44. 안양역전의 미륵당과 미륵불 방문. 1934년 2월 20일(국립민속박물관 소장).

다. 동경에서 발행되었던 『마리오넷트』와 발행자인 난에 지로의 영향이 없었다고 말할 수 없다. 화가인 구본웅은 소설가 이 상(李箱, 1910-1937)과 절친이었고, 김복진은 소설가 김기진의 형으로 조선 최초로 서양 조각을 한국화단에 도입한 근대 조각가이다. 이어서 아동 문예 연구가의 망년 간담회가 개최되었으며, 발기인 명단에 송석하가 포함되었다(朝鮮中央日報 2079호. 1933.12.29).

손진태가 1934년 2월 초에 경성으로 이주하였다. 손진태의 주소는 쇼와 8년 東京市 瀧野川西一原町, 쇼와 9년 2월 이후 京城市外安岩里 普成專門學校(시라이 준, 2011.12.31: 413)로 변동되었다는 기록이 있는데, 이 기록은 약간의 수정을 요한다. 그는 1934년 2월 연희전문으로 이직하였으며, 그해 가을 보성전문학교로 자리를 옮겼다. 송석하는 손진태와 함께 1934년 2월 20일 안양역전의 미륵당을 방문하였고, 여기서 찍은 사진

을 남겼다. 당시의 역명은 안양역이 아니고 미륵당첨(彌勒堂站)이었다.[39]

송석하의 주변에는 적지 않은 조선의 지식인들이 포진하고 있었음에도 그들 사이의 진솔하고도 심층적인 학문적 대화에는 한계가 있었던 모양이다. 학문적인 모임의 결성에는 이르렀던 열성이 그 이상으로 발전하지 못했던 정황이 분명하다. 모임의 결과를 알리는 소식지 하나 제대로 발간하지 못했던 모임들이 부지기수였다. 실천력이 약했던 당대의 학술적인 모임들이 단지 조선인들의 미력에만 기인하지는 않았을 것이다. 원천적으로 탄압 대상이었던 지식인들의 모임에 쏟는 감시의 눈초리가 긴장의 끈을 항시적으로 당기고 있었다는 점도 분명하게 고려해야 한다.

2) 민속학의 공론화 및 체계화

잡지『학등(學燈)』에 5회로 연재한 '민속학은 무엇인가'라는 제목의 글은 학문적인 계통의 체계화가 필요하다는 판단에서 집필된 것으로 보인다. 정의, 자의, 학사, 영역, 용어로 정리하면서 와세다대학 인류학자 니시무라 신지(西村眞次, 1879-1943)의 학문분류 도식을 참고 차원에서 인용하였다(宋錫夏 1934.4.). 송석하의 진술은 방법이라는 문제를 직접 거론하면서 방법은 아주 중요한 문제이기 때문에 다음에 상술할 예정이라고도 첨언하였고, 오카 마사오(岡 正雄, 1898-1982)와 후루노 키요토(古野淸人, 1899-1979) 등의 번역서들을 참조하였다고 밝혔다. 오카와 후루노는 당대 일본의 대표적인 민족학자들이었다. 송석하가 게넵(Gennep)의 것을 보았다고 하였는데, 이것도 번역서이다.

또한 토속학(土俗學, ethnography)을 언급하였고, 민족학(民族學, ethnology)은 인종학(人種學)으로도 번역하며, 체질인류학(體質人類學)에 속한다고 설명하기도 하였다. 토속학은 인종지(人種誌)라고 하며 문화인류학(文化人類學)에 속한다는 소개도 있었다(宋錫夏, 1934.4.1: 21). 용어 항목에서는 주로 사회인류학 분야의 키워드들을 모았다는 점도 간과

---

[39] 높이 4.3m인 이 미륵불은 1943년 금강산으로부터 화옹 큰 스님이 안양으로 가지고 와서 미륵당지 옆에 용화사(현재 백화점 자리)를 개사하면서 용화사 경내에 안치되었다. 1983년에 이 지역이 개발되어 용화사를 옮기면서 미륵불도 함께 새로운 용화사 경내로 이전하였다.

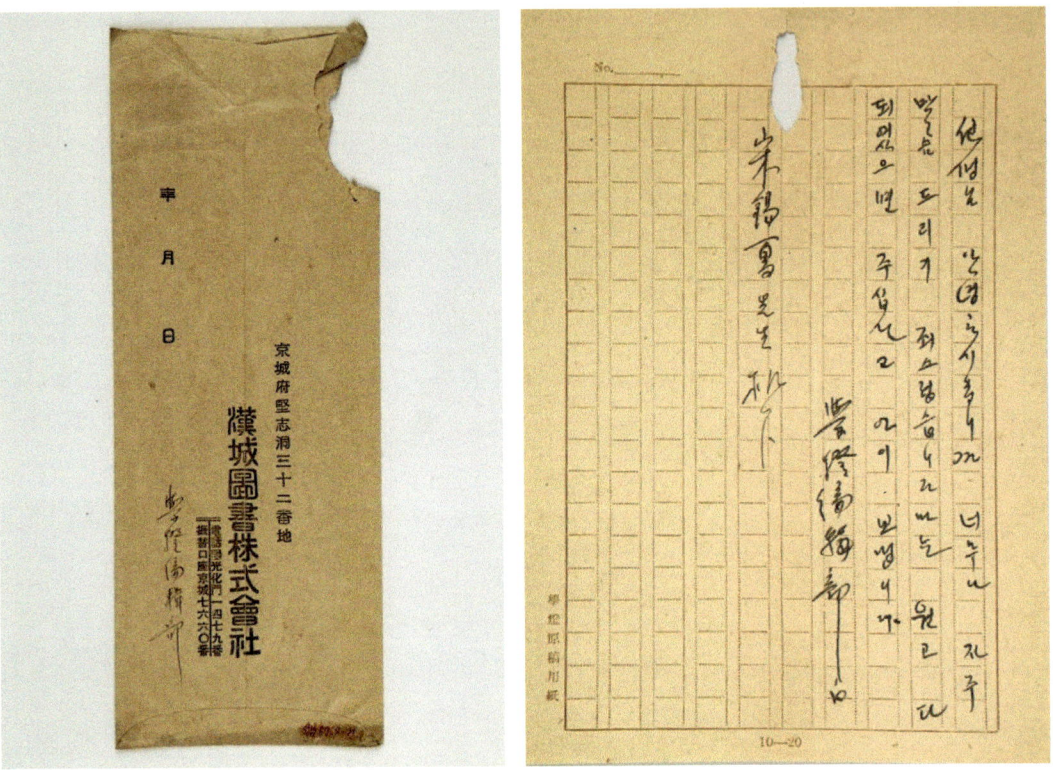

사진 45 & 46. 한성도서주식회사 〈學燈〉 편집부에서 보낸 원고료 건

할 수 없다.

"민속학은 우리의 문화를 원시시대의 생활상에 재출발하야 재음미한 후에 장래할 문화건설에 참고하자는 것"(宋錫夏, 1934.9.)으로 요약한 점을 보아서, 송석하에게 민속학이란 단어의 의미는 당대 일본에서 사용하던 민족학의 내용과 거의 차이가 없음을 알 수 있다. 이 대목에서 그가 '우리의 문화'를 드러낸 부분이 조선학을 의미하는 것으로 직결되며, 송석하는 명시적으로 민속학을 조선학의 하나라고 인식하였음을 지적할 수 있다. 한 걸음 더 나아가서 송석하는 조선학으로서의 민속학이 미래 문화를 건설하기 위한 실천적인 소명까지 거론하였음에 주목하고자 한다.

조선민속학회를 창립할 때 동경의 민속학회를 벤치마킹했음을 상기할 필요가 있다. 민속학회를 구성했던 학문적인 내용은 당대의 민족학이었음도 주지해야 한다. 환언하면, 송석하가 지향하였던 민속학은 좁은 의미의 포크로어(folklore, 독일어로 Volkssage

가 된다-필자 주)가 아닌 넓은 의미였으며, 일본에서 통용되었던 독일식의 포크스쿤데(volkskunde)에 근접하는 것을 조선이라는 한정된 지역에 적용하였다고 말할 수 있다. 민속학의 체계화에 관심을 쏟았다는 사실은 예사로 넘길 일이 아니다. 일제 식민지 시기의 조선에서도 체계적인 민속학을 입론하고 확장하려는 의도의 발설이라는 점에서 학사적으로 기록될 만한 내용이다.

3년간 소통을 통하여 동래야류에 접하게 된 사정을 기록한 것으로 보아서 송석하는 1931년경부터 동래야류에 대해서 자료를 수집하기 시작한 것 같다. 주된 제보자들의 명단에는 동래 출신 인사들인 유영준, 곽상훈, 허영호 등의 이름이 등장한다(宋錫夏, 1934.3.13). 곽상훈은 후일 국회의장을 역임하였고, 허영호는 동경의 대정대학(大正大學)에서 불교학을 전공하였으며 범어사에서 대장경 관계의 작업과 함께 중앙불교전문학교의 교수를 역임하였던 스님이다. 송석하는 동래야류의 대사를 『조선민속』 2호(1934년 5월)에 게재함으로써 자신이 발굴한 민속극의 사례를 정리하고 있다. 이 글에 '말둑이才談의場'이라는 부제가 붙어 있는 점과 송석하 자신이 글머리에 '일후(日後)…집취상재(集聚上梓)할 때'(宋錫夏, 1934.5.: 첫 페이지)라는 설명을 부가한 것으로 보아서 『조선민속』 2호에 게재된 동래야류대사는 그 내용이 전부가 아님에 분명하다.

「기풍, 점풍과 민속(祈豊, 占豊과民俗)」이라는 글은 James Frazer의 *Golden Bough*를 언급하면서, 특히 타부에 관한 설명으로 논고를 전개한다(宋錫夏, 1934.4.1-6). 승부로 점풍(占風)하는 유형인 색전(索戰)과 석전(石戰)이 W.R.Carlow 1887 *Life in Korea*[40]와 H.S.Saunderson 1895 "Notes on Corea", *Journal of the Anthropological Institute of Great Britain and Ireland* (24: 299-316) 등에 인용되었음을 소개하였다(괄호 속의 정

---

[40] 이 정보는 저자와 발행 연도가 잘못 기록되었다. William Richard Carles 1888 *Life in Korea*. London & New York: Macmillan and Co.이다. 저자 윌리엄 칼스(1848-1929)는 영국 외교관으로서 상해의 부영사로 근무 중 조선을 여행하였다. 1883년부터 조선을 방문하였으며, 이 책의 내용은 주로 1884년 9월 27일부터 11월 8일까지의 집중적인 조선 여행기. 모두 30장의 삽화가 포함되어 있는데 원산-Gensan의 화가로부터 구입한 묵화-sepia라는 설명이 있다-vi페이지 참조. 그림의 스타일을 보더라도 이 그림들은 김준근이 그린 것임이 틀림없다. 기왕에 여러 곳에서 소개된 김준근의 그림과 다른 점은 묵화이며 설명문과 낙관이 포함되지 않았다. 초창기의 작품일 것이다. 윌리엄 칼스가 원산에 체류한 날짜가 1884년 11월 1일부터 3일까지이며, 이때 김준근으로부터 구입한 묵화들이다(Carles 1888: 276-278).

보는 필자가 추가하였다). 손더슨(Saunderson)[41]이 쓴 글의 원제목은 'Notes on Corea and its People'이며, 그 내용은 "race, physique, character, dress, social customs, food, disease, religion, arts and manufactures, amusements, miscellenous. Amusements" 속에서 "stone-fighting"(Saunderson, 1895: 314)을 언급하였다. 『민속학(民俗學)』에 실린 히고 카즈오(肥後和男, 1899-1981)의 글과 『향토연구(鄕土硏究)』에 게재된 야마구치 아사타로(山口麻太郞, 1891-1987 別名=丘 草平)의 글도 참조하였다.

신앙 민속에 대해서는 종교적 유형(서산지방-瑞山地方의 용알뜨기, 황주-黃州의 소맥이노리, 입간민속-立竿民俗), 자연 현상유형(용천결빙점풍-龍川結氷占豊, 당진합덕지룡-唐津合德地龍가리, 점풍-占豊, 망월점풍-望月占豊), 동식물적유형(양주이태점풍-楊州以太占豊, 장호원거북노리, 정주축복-定州祝福노리, 김제-金堤의 술맥이) 등을 유형별로 나누어서 정리하고 있다(宋錫夏, 1934.4.23.-4.27). 상당한 노력으로 정리한 결과를 제시하고 있지만, 분류체계에 적용한 기준이 모호한 점이 있다. 이어서 『조선중앙일보(朝鮮中央日報)』에 연재한 내용을 일본어판인 『일간조선통신(日刊朝鮮通信)』에 7회로 나누어서 재수록되었다(宋錫夏, 1934.4.28-5.5). 농업과 관련된 신앙 민속의 내용이 비교적 상세하게 정리된 글이다. 『일간조선통신』이라는 잡지는 조선에서 발행되는 조선어 잡지의 글들을 일본인들을 위하여 일본어로 재록하는 내용이며, 이 과정과 결과는 검열이라는 문제와 직결됨으로써 사상을 감시하는 데에 이용되었다는 점도 소홀하게 생각할 일이 아니다.

송석하는 조선 연극의 모태는 가면극이라 생각하여 '민속예술'이라는 장르에서 논의를 시작한다. 경기 지역을 중심으로 한 산대도감노리, 봉산을 중심으로 한 해서의 탈춤, 경남 해안지방을 중심으로 한 오광대와 더불어서 새롭게 발굴한 진주가면극을 제시하고 있다. 여기서 명심할 대목은 송석하가 제시하였던 가면극의 3대 계통 구분법이 하나의 정설로 되고 있음에 대한 이해이다. 『경성제국대학학보』 제92호(1934.11.5 발

---

[41] 손더슨의 글에 이어서 고울란드(W. Gowland)의 「Notes on the Dolmens and other Antiquities of Korea」가 게재되었다. 말하자면 당시 대영제국 인류학 연구소의 이 잡지는 일종의 코리아 특집을 기획한 것으로 보인다. 윌리엄 고울란드(William Gowland 1842-1922)는 영국의 광산전문가이면서 동시에 영국의 스톤헨지뿐만 아니라 일본의 고고학적인 유적과 유물에 관한 업적을 남겼다.

행)에 소개되었던 문학회의 강연회 및 조선가면전람회(1934년 10월 27일)에서도 참고품실 수집의 가면 십수 점이 중선·남선·서선 지방으로 분류되었으며, 이 강연회에서 아키바가 '조선의 사회와 민속'이라는 제목으로 강연하였다. 송석하의 가면극 계통 구분이 당대에 하나의 정설로 받아들여지고 있었다. 육이오전쟁 이후 분단으로 인하여 남과 북의 민속예술이 각자의 길을 가고 있었음에도, 1950년대 후반 북반부에서 송석하의 인식이 다음과 같이 "한 효[42]: 우리나라 가면극은 3대 계통으로, 경기도, 강원도 일대를 중심으로 발전해 온 것이 〈산대주〉(山台州)이고, 경상도 일대를 중심으로 전승되어 온 것이 〈오광대극〉(五廣大劇)이고, 황해도 일대를 중심으로 발전해온 것이 〈봉산탈놀이〉"(좌담회 1957.6.: 53)라고 계승되고 있다는 점에 주목하게 된다. 송석하는 진주가면극의 내용을 다음과 같이 정리하였다.

"북방흑제장군, 서방백제장군, 남방적제장군, 동방청제장군, 중앙황제장군의 가면들이 등장한다. 나의(儺儀)에서 오행사상이 가미되어서 오광대로 진행한 것으로 해석하였다. 구정 초에 '집돌림구질'(지신밟기)를 하여 모금을 하며, 정월보름날 저녁에 수정산두(水晶山頭)에 만월이 걸리고 달집에 불이 붙는다. 징과 꽹미기 소리로 가면극이 시작된다."

송석하는 진주가면극을 4과장으로 구분하였다. 정월대보름(1934년 2월 28일)에 촬영한 달집 광경의 사진이 진주오광대와 관련된 것이다.

이 연극의 특성은 "사상상으로는 1) 특수계급에 대한 반감, 2) 파계 승려의 모욕, 3) 다각 연애의 갈등, 4) 여자 심리의 해부 등이다. 민속학상으로 보면, 1) 연극에서 의식으로 변천한 자취 환언하면 의식의 일형태, 2) 샤머니즘의 민중에 뿌리박힌 자취, 3)

---

[42] 한 효(韓 曉, 1912-?)의 본명은 한재휘(韓在暉)다. 함경남도 함주 출생으로서 카프(KAPF: 조선프롤레타리아예술동맹) 제1차 검거 사건 이후 계급 문예 운동에 가담하여 카프 중앙위원을 역임했으며 프로 문예 비평에 주력하였다. 1946년 초 월북하였다. 1960년대 초 숙청될 때까지 북한의 문학 이론계를 대표하는 논객으로 활동하면서 '고상한 리얼리즘' 등 대표적인 창작방법론을 남겼다.

사진 47. 1934년 2월 28일 진주군 수정산상 "달집"(近景, 국립민속박물관 소장). 이 사진은 新東亞의 잡지에 "달문"(宋錫夏, 1935.12.: 141)이라고 소개되었다.

음양이원론의 취급 방법 등이다. 예술적으로는 1) 무용에서 연극으로 발달한 상태, 2) 조선문예의 외래문예영향보다 가면극의 외래문예영향이 그 폐해에 있어서 적은 것 등이다. 샤마니즘 신앙에 관한 민중의 지지 문제인데, 제1과장의 흥행고사라든지 최후과장의 할무광대 기절 장면에서 침술(鍼術)등 준의학적(準醫學的) 방법이 무효할 때에 신과 인이 통령(通靈)할 수 있는 방법이라 보아서 그 신앙을 민중이 지지불의(支持不疑)하였음을 알겠다."(宋錫夏, 1934.4.21,22,24-27,29,30)라고 결론을 내린 점이 주목된다. 8회에 걸쳐서 일간지에 진주오광대론을 펼친 셈이다.

'어둥이', '宋錫夏 藏', '晋州 十九之十四' 등의 글씨가 적힌 어딩이 탈의 존재(김수업, 1998.12.: 309, 각주 40)는 1934년 정월보름날 송석하의 진주 방문이 오광대 탈의 수집에 우선적인 목적이 있었음을 알게 하는 정보다. 19개의 탈 중에서 말뚝이탈과 문둥이탈 5개, 즉 6개만 바가지탈이고 나머지는 마분지탈이다(김수업, 1998.12.: 312).

진주오광대의 대사 내용 중 마지막 부분에 군사혁명의 내용이 등장하는 사회적 변화 양상의 즉각적인 반영(김수업, 1997.12.: 216)은 과거 1934년 2월 송석하의 채록본에 등장하는 노름 장면의 체포(이 내용은 정인섭, 최상수, 리명길본에는 등장하지 않는다) 내용을 연상케 한다. 즉 당시 총독부의 최우선 정책이었던 심전개발(心田開發)이 극의 대본에 반영되었던 것으로 해석할 수 있다. 놀이라는 장르가 본질적으로 포함하고 있는 사회구조적인 측면으로서의 프로파간다의 역할을 상기할 필요가 있다. 사람이 모이는 곳이 가장 선전효과가 좋다는 인식은 예나 지금이나 마찬가지다. 그러한 면에서 놀이라는 현상에 내재한 사회 체계적인 인식론으로 눈을 돌리지 않을 수 없다. 놀이를 분석하는 연구자들의 안목이 어떠한 역할을 할 수 있을까의 논의가 필요한 것이다.

정상박이 시도하였던 토배기 오광대와 떠돌이 오광대의 구분은 가면극을 연구하는 입장(정상박, 1986 & 1993)에서 본다면 이론적인 도약이다. 종래 송석하 이후 가면극을 바라보는 기본적인 관점은 1920-30년대 서구에서 유행하였고 일본으로 수입되었던 문화전파론이 바탕이었다. 그 후 가면극을 집대성하여 연구의 영역을 확장했던 이두현과 조동일 등의 관점은 문예적인 시각이 반영되었다면, 정상박의 관점은 사회과학적 시각이 반영되었다고 말할 수 있다. 후자는 기본적으로 "왜?"라는 질문을 바탕으로 오광대와 탈놀음의 구분에 접근하고 있다. 그 바탕에는 정치·사회·경제적인 근거에 입각한 차이점을 밝히려는 시도였다. 나는 정상박의 입장을 문화체계론이라고 말하고 싶다. 그 질문의 근거는 가면극을 바라보는 귀납적 시각으로부터 연역적 시각으로 이동하였고, 연구자의 시각은 인구집단과 계급 그리고 시장과 교역을 비롯한 구체적인 사회적 현실에서 비롯되고 있음을 알 수 있다. 그러나 정상박을 비롯한 가면극의 연구자들이 문화체계론의 입장을 명시적으로 밝히고 있지 않는 점이 아쉽다. 이 문제는 앞으로 더 많은 논의가 이루어지면서 가면극 연구의 새로운 장을 형성해 나갈 수 있을 것으로 사료된다.

연극에 관해서는 난에 지로(南江二郞)의 자료에 의존하였다고 밝히면서, 송석하는 "(이것은) 결코 오락적으로 퇴보되지 말 것이다. 민속예술은 언제든지 민간 자체의 예술이라야 하는 것으로 그 연기표현에 불충분한 점이 있고 각본이 소박하더래도 … 헛된 신파적 색체를 수입한 기교적 말초나 00한 표현식은 절대로 피하여야할 것이며, 연기자 자체가 사심이 없는 인격을 가져야할 것"(宋錫夏, 1934.4.21, 22, 24-27, 29, 30)이라고 설파하였다. 이 대목에서 눈여겨보아야 할 점은 오락에 관한 송석하의 인식이다.

당시 새롭게 등장하였던 일본어로서의 오락이라는 사회적 현상에 대한 경계심이 있다는 점에서 향토 오락이라는 단어가 중일 전쟁 이후 정책적으로 동원되면서 엄습하는 문제를 예상할 수 있다. 오락화되어 갈 조선 민속예술의 순치적 운명을 예견하는 것 같기도 하다. 송석하가 연극과 오락이라는 외형적인 문제에 관심을 두고 집중하느라 조선 가면극의 본질, 즉 사회적 연극의 사회구조적인 측면을 생각하는 반란 의례적인 성격을 꿰뚫는 성찰을 표면화할 수 없었던 식민지적 상황을 이해할 수밖에 없다.

예술과 오락의 관계와 대립성에 관한 문제의식은 산업혁명 후 영국의 사회적 현상으로 대두된 것이 발단이었다. "1851년 여름 프랑스 연극을 본 영국의 철학자이자 사상가였던 조지 헨리 루이스(George Henry Lewes, 1817-1878)[43]의 연극평에서 제기되었던 '예술인가 오락인가'의 문제는 1892년(오사나이가 1895년도를 잘 못 기록했을 가능성이 높음-필자 주) 여름 헨리 아서 존스(Henry Arthur Jones, 1851-1929)[44]의 저술 〈英國劇の復興(The Renaissance of the English Drama)-필자 첨가〉에서 동일하게 반복되었다"(小山內薰, 1908.8.1: 1). 산업혁명 이후 영국을 중심으로 서유럽에서 필연적으로 오락이 등장할 수밖에 없던 정치·사회적 배경에 대해서 고려하지 않고, '예술과 오락'의 이분법을 본질론의 문제의식으로 설정한 오사나이 카오루(小山內薰, 1881-1928)의 연극론에 대한 반성이 필요하다.

내가 정치·사회적 맥락이 다른 영국의 상황 속에서 전개되었던 연극론이 일본으로 수입되는 과정에 대해서 왈가왈부할 입장은 아니다. 그러나 오사나이의 연극론이 궁극적으로 식민지 조선에 미친 영향을 고려할 때, 루이스의 연극론이 유통되는 과정에 대한 문제의식은 송석하의 입장을 정리하며 검토되어야 한다. 예술과 오락이라는 문

---

43 조지 헨리 루이스(George Henry Lewes, 1817-1878)는 영국의 사상가이자 철학자였다. 그의 저작물로는 *Comte's Philosophy of the Sciences*(1853), *Life of Goethe*(1855), *The Problems of Life and Mind*(five volumes 1875-1879) 등이 있다.

44 아서 존스(1851-1929)는 영국의 드라마 작가였다. 그의 드라마 작품으로 The Silver King (1882)이 있다.

제를 선악(善惡)이라는 원죄적 기독교 세계관으로부터 출발하여 성숙한 성속(聖俗)이라는 이분법적 관념이 적용된 결과, 예술과 오락 사이의 대결 구도를 설정한 선입견을 전제하는 연극 관련 사상을 거르는 장치 없이 그대로 받아들인 오사나이 카오루의 입장이 일본 사회에 여과 없이 전달되는 과정을 보게 된다. "괴테의 쾌락을 모델로 하는 예술적 쾌락과 '빌리콕 모자(Billy Coke Hat)'[45]의 쾌락을 모델로 하는 오락적 쾌락으로 양분된 쾌락을 인간의 심성으로 전제하고, 전자가 위대하다"(小山內薰, 1908.8.1: 4)라고 규정하는 오사나이 카오루의 연극론은 철저하게 탈아입구한 근대화의 결과로 안착한 유럽식의 복사판이다. 이것이 제국 일본이 습득하고 체화하였던 하청제국주의의 한 모습이며, 그것이 식민지 조선에서 군국주의적 정책을 시행하는 과정에서 어떻게 드러나는지 관찰할 수 있다. 말하자면, '송민'은 그 실험무대의 한 장면이 되었다.

예술과 오락의 이분법적인 구도의 설정이 옳았느냐 잘못된 것이냐는 문제를 논하고자 하는 것이 아니다. 산업혁명과 도시화에 의한 공장 노동자 대중의 욕구를 충족시키기 위한 오락의 대두가 예술과 어떠한 관계를 설정하는가의 문제의식이 루이스를 비롯한 서구의 연극론이었던 과정에 대한 문제의식이 요구된다. 자본주의 대두라는 거대한 사회체계의 변화 속에서 예술이란 장르의 역할 변화라는 문제의식이 요구되었던 것이다. 예술의 역할 다양화라는 인식에는 계급적이면서도 사회공학적인 문제의식의 과정이 분명하게 존재하였음을 알 수 있다. 즉 예술이란 장르의 외연으로부터 발생한 거대한 변화의 영향으로 예술의 역할 다양화 과정에서 오락이라는 문제를 논의하였던 것이 영국 사회의 연극론이었다.

그것이 일본으로 수입되면서 등장한 아이디어가 "예능(예술)으로부터 제의를 제외하면 오락이 된다"(本田安次 1958)라는 인식을 발생시킨 것이다. 즉 예술에 대한 외압의 문제로 인한 오락의 발생을 논하였던 영국의 예술론이 일본에서는 예술 내부의 분리에 의한 오락이란 현상으로 오해되었음을 지적하고 싶다. 혼다 야스지가 외연과 내포의 논리적 치환이란 문제점을 외면한 인식의 목적이 무엇이었는지에 대해서도 문제를 제

---

45 상류계급이 썼던 비단 모자와 노동자계급이 썼던 펠트로 만든 빌리콕 모자(Billycoke Hat)의 구분을 말한다.

기하고 싶다. 전체 사회의 변화 속에서 예술의 역할과 기능에 대한 논의 과정에서 오락이 발생했던 영국의 사정이 일본에서는 예술 내부의 문제로 인식됨으로 인한 분절적 사고의 탄생을 조장하였음을 알 수 있다.

예술로부터 제의를 생략하면서 오락이 등장한다는 분절적 사고를 보게 된다. 문화를 바라보는 기계적이고 분절적인 사고의 전개 과정에 대한 이해를 분명하게 정리할 필요가 있다. 문화란 본질적으로 체계적인 실재이기 때문에, 일단 하나의 실존적인 문화 체계 안에 분절이 심어지게 되면 이어서 또 다른 분절을 생산해 낼 수밖에 없다. 왜냐하면, 분절이 이미 체계의 속성으로 자리를 잡았기 때문이다. 문화를 수입하는 측은 현실적으로 전체를 수입한다는 것은 불가능할 수밖에 없고, 부분만 수입될 뿐이다, 원청과 하청의 관계 속에서 필연적으로 전개될 수밖에 없는 구도이다.

예술을 바라보는 제국의 분절적 사고가 식민지 조선의 송석하를 만나면서 어떠한 경험을 하게 되는지 논의하고 싶다. 식민지 당국자의 요청에 대하여 봉산탈춤의 무대화 불가를 전제하였던 송석하의 생각은 미분화된 것이었지만, 문화 또는 살림살이를 생각하는 '전체'라는 문제의식으로부터 솟구치는 아이디어의 본질론을 외면할 수 없다. 사회공학적인 요구로 예술과 오락을 분리하는 연극론이, 식민지 조선에서 식민지 정책을 실천하는 과정에서 의도적으로 분절을 시도하여 미분화라는 현상을 만나는 것은 오히려 당연한 결과라고 생각된다. 식민정책의 침투 이후에 전개되는 예술과 오락의 분절 현상이 살림살이 전체를 왜곡시키는 방향으로 진행되었음에 대한 성찰이 필요하다.

삶과 삶의 세계는 본질적으로 비가역적이기 때문에, 한 번 침투된 식민정책의 영향이 오늘날의 살림살이까지 영향력을 행사하고 있음에 대한 심사숙고는 전체라는 본질론의 문제의식으로 회귀할 수밖에 없다. 과정에서 반추 작동으로 추동되어 본질에 근접하는 것이 연구의 성과로 드러나지 않는다면, 우리의 연구는 시간과 종이와 물자만 낭비하는 헛수고에 지나지 않게 된다. 본질론은 문제의식으로 존재하는 것일 뿐, 분절 전의 전체로 회귀하는 물리적 현상을 재구성해 주지는 않는다. 따라서 부수적인 효과로서 나타난 소위 '문화원형'이라는 아이디어는 제국 일본의 하청제국주의의 영향이 원리주의적(fundamentalistic)으로 변형된 특이한 한국적 현상이기도 하다.

사진 48 & 49. 1934년 2월 28일 마산부 합포면 어시장 '星神之位'(왼쪽). 남원관제묘 홍살문(오른쪽).

　진주에서 정월대보름에 오광대를 본 송석하는 마산으로 이동하였다. 위의 사진이 마산 합포의 어시장에서 촬영한 사진이다.

　일본식 민속이 정착하는 어시장의 문화변동 상황을 포착한 사진(사진 48)이다. 금줄의 형태도 일본식을 닮은 듯하다. 금줄 상단 현관문 위에 올려져 있는 삼지창과도 닮은 물건은 부적의 일종이라고 생각되는데, 일본의 신사와 사원 또는 민가의 현관에 삼지창을 걸어두는 습관은 없다. 따라서 삼지창 문양의 부적 형태라고 생각된다. 말하자면 이전부터 마산에 존재하였던 민간 신앙으로서의 비사문천왕의 상징을 모태로 한 것이라고 짐작된다. 남원관제묘 홍살문의 정중앙 상단에 있는 삼지창 모양이 마산의 것과 흡사하다. 남원의 사진은 경성제대 종교학 교수 아카마쓰 치조(赤松智城)가 찍은 사진으로, 현재 국립민속박물관 송석하 수집품에 소장되어 있다. 어업 분야에서 민속 습합의 현상이 사진에 담겼다고 이해하는 것이 가능할까? 그러한 안목이 정합으로 인정된다면, 식민지 혼종론의 또 다른 모습으로 보이는 것으로 해석할 수 있다.

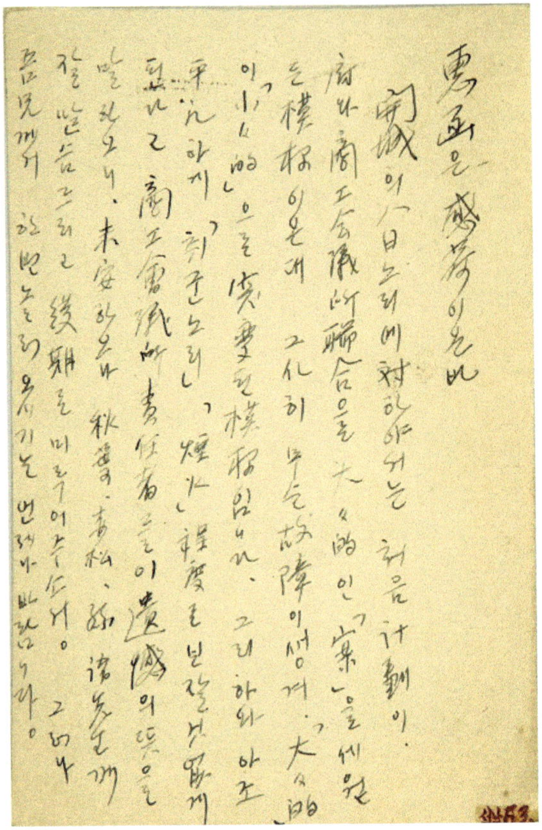

조선민속학회 발기인이며 송도고보의 교사였던 이선근(1905-1983)이 개성에서 행제될 '파일노리'와 관련된 사정을 설명하는 엽서(1934.5.17.)를 보냈다. 안부와 함께 시간을 내어서 개성으로 왕림해 주실 것을 간곡하게 권하는 편지다. 『조선민속』제2호의 판매처 소개에 '한성도서'라는 이름이 나오는 연유가 이선근과 관련이 있다. 와세다대학 사학과를 졸업하였던 이선근은 단기간 신문기자 직업을 경유하여 송도고보로 전직하였다가, 1934년 한성도서주식회사의 상무로 이직하여 근무하였다. 와세다대학 사학과에 인류학자인 니시무라 신지(西村眞次)

사진 50. 이선근이 송석하에게 보낸 엽서(1934년 5월 17일, 국립민속박물관 소장)

교수가 재직하였음을 상기하게 된다.

후일 1972년 영남대학교에 문화인류학과가 설립될 당시, 그 대학의 총장이 이선근이었다는 사실과 이선근의 지휘로 1978년 설립되었던 한국정신문화연구원의 조직에 대해서 생각할 점이 있다. 그는 초대 원장으로서 역할을 하였으며, 당시 영남대학교의 인류학자 강신표(1936-2021) 교수가 1981년 3월에 '정문연'으로 이직한 내막이 이선근의 선행작업과 관련이 있다고 생각된다. 현재 한국학중앙연구원이 산하에 민속학전공과 인류학전공의 대학원생들과 후속 연구자들을 육성하고 있다는 제도적 혈맥의 레거시(legacy)를 언급할 수 있는 대목이다.

3) 민속무용 연구

산신각에 초점을 맞춘 「산과 민속」이라는 글은 일종의 민속학적 에세이다. 함경북도 경성의 10월 향산제(香山祭)를 소개하였고, 서울의 남산은 여자의 청(靑)치마를 펴둔 형국이기 때문에, 서울에는 놀아나는 사람들이 많다고 적었다. 남방이앙가(南方移秧歌)의 가사를 인용하여 '저산너머저구름에 어떤神仙타고가노 慶尙道라太白山에 놀든神仙타고가네'라고 산악신앙에 관한 사설을 풀어낸다. 관악산 삼막사의 산신상 사진을 함께 게재하였다(宋錫夏, 1934.7.9). 당시 내지에서 발간되었던 민속 관계 잡지들에서도 '산과 민속'이라는 주제는 광범위하게 선호되기도 하였다. 송석하는 일본의 미디어와 잡지에도 조선의 민요와 무용을 소개하면서, 일본청년관의 향토무용민요대회 참가했던 김포 풍년용 사진을 게재하였다.

송석하는 글 세 편에 각각 '한량한 애조 민요(閑朗な哀調 民謠)!', '전선각지(全鮮各地)의 농기용(農旗踊)', '조선인(朝鮮人)은 가무애호자(歌舞愛好者)'라는 소제목들을 달았다(宋錫夏, 1934.7.14,15,17). 조선인이 가무애호자라는 코멘트는 특별한 의미를 지닌다. 여기에 미디어의 편집 측에서 '송석하씨소전(宋錫夏氏小傳)'이라는 칼럼으로 송석하를 소개하였다. "조선민속학의 권위인데, 동경상대 재학시대부터 조선민속연구에 몰두, 특히 조선의 가면과 가면극, 인형극 연구는 씨의 독자무대이며, 향토미를 세계적으로 소개(匿名, 1934.7.14)한다"라는 내용이었다.

송석하는 『대판매일신문』 조선판 1934년 7월 17일 자에 봉산탈춤을 소개하면서 진주오광대도 제시하였다. 여기에 경주의 황창랑 전설을 극화하여 재연한 것을 연계하여 1934년은 조선 가면극에 있어서 최대의 해였다고 회고한다. 황창랑 전설은 『동경잡기(東京雜記)』와 김종직(金宗直)의 칠영시(七詠詩)를 바탕으로 관민이 합심하여 5경(景)으로 극을 재구성하여 신라전(新羅殿)과 백제전(百濟殿)도 등장시켰으며, 농부풍양가(農夫豊穰歌)도 포함하였다(宋錫夏 1934.10.23-25). 『여행과 전설(旅と伝説)』에 실은 글은 일종의 조선무용 개설이다. 송석하는 조선의 무용을 궁중무용(祭舞, 宴舞), 예인무용(기생무용, 기타민간예인무용), 민속무용(농민어민용, 가면무용), 종교무용(불교무용, 무격무용)으로 분류하였다.

그는 "기생이외의 예인의 대표가 사당패[社堂輩]이며, 사당배는 통례 반농반예인으로 수 십인으로 일단을 구성한다. 무격의 무용들도 덕물산을 비롯하여 전선(全鮮)에서 보인다. 특히 대감놀이에서는 격한 춤이 등장한다. 아키바 타카시와 아카마쓰 치조의 논문들이 그러한 것들을 잘 보여준다"(宋錫夏, 1934.9.1: 마지막 페이지)라고 소개하였다. 이렇게 언급하면서도 가면과 무속의 연계에 관한 분석적 발상과 관점에 관한 논의는 회피하고 있다.

송석하가 가면극과 관련된 논의를 전개하는 과정에 누차 반복되는 얘기지만, 가면극과 무속의 관련성 문제는 앞으로 심각하게 논의되는 장이 마련될 필요가 있다. 또 한 가지 중요한 송석하의 관찰은 사당패에 관한 언급이다. 민속무용의 연희자 중에서 사당패를 언급한 것은 오광대의 지역적 전파와 관련하여 앞으로 심각하게 논의해 보아야 할 문제다. 정상박 선생의 교시에 의하면, 떠돌이 사당패의 연희와 토착 집단의 연희 관계가 사회경제적으로 어떠한 관련성을 가지는지에 대한 검토가 미루어진 채로 한 세기를 보내고 있다. 『도루멘(ドルメン)』의 잡지에서는 봉산탈춤을 과장별로 8과장까지 소개하면서, 봉산탈춤이 일본청년관의 조선 대표로 선택되지 못하였던 점을 비판하는 내용을 담고 있다.

1934년 단오에는 성대(城大)와 학회(學會)만 참가했다(성대는 아키바 한 사람을 가리키고, 학회는 송석하 한 사람을 가리킨다-필자 주). 사리원 가면무용은 원래 봉산탈춤이다. 구 봉산(舊鳳山) 읍내였는데, 경기선 철도개통으로 봉산의 읍내가 조용해지면서, 정차장이 있는 사리원으로 옮기게 되었다. 낮에는 추천희와 각저를 하였고, 밤에는 우인극, 가면극, 가면무용 등이 출장하였다. 황해도에서 민속극은 해안지방에서는 인형극, 오지에는 가면무용이나 가면극이 성했다(宋錫夏, 1934.9.1: 52). 사리원에서는 역전의 경악산(景岳山)에서 음력 4월 말부터 명절판이 시작되었고, 관중은 약 2만 정도 모였다. 야구장 정도 타원형(길이130-140m, 폭 70-80m)의 지면에 무대를 만들었다. 주위에는 2층 건물로 가설잔부(假設棧敷)를 설치하여 계단으로 오르락내리락하였으며, 손님들은 잔부료와 입장료를 낸다. 가면의 형은 산대와 오광대가 근사하다(宋錫夏, 1934.9.1: 56).

1933년 6월 24일, 이이츠카 토모이치로(飯塚友一郎, 1894-1983)는 송석하에게 『연극학

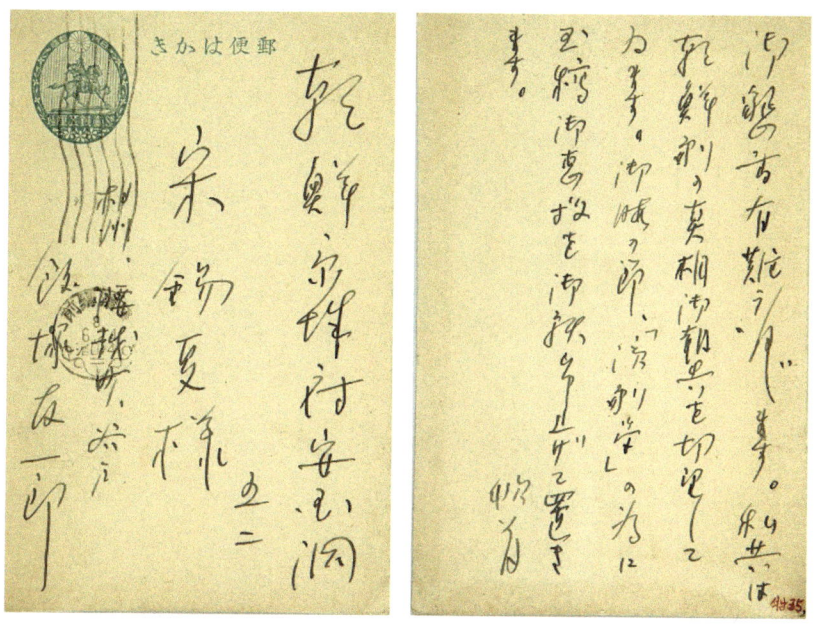

사진 51 & 52. 이이츠카 토모이치로가 송석하에게『演劇學』이라는 잡지에 게재할 원고를 청탁하는 내용의 엽서(1933.6.24., 국립민속박물관 소장)

(演劇學)』이라는 잡지에 연극과 관련한 원고를 게재해달라고 청탁했다(사진 51·52).[46] 그로부터 1년 이상 공을 들여서 작심하고 쓴 논문이 「처용무, 나례, 산대극의 관계에 대하여(處容舞, 儺禮, 山臺劇の関係に就て)」(宋錫夏, 1934.11.5)이다. "석남은 안확의 '산대무극과 처용과 나례'(1932)를 정정하기 위하여 '처용무, 나례, 산대극의 관계를 논함'(1935)을 썼다."(이혜구, 2007.7.23: 83)라는 증언이 확보되어 있기도 하다. 이 논문은 이듬해『진단학보』에 국한문으로 재게재되었다(宋錫夏 1935.4.20). 송석하의 이름으로 발표되었던 논문 중에서도 백미인 작품이다. 처용무와 산대극의 관계를 역사적으로 밝힌 논문으로서 문자 사회에서 이루어질 수 있는 민속학적 연구의 모델이라고 말할 수 있다. 이 부분이 앞으로 펼쳐질 연구과제들이 산적한 상태라는 점을 상기시키고 싶다.『삼국유사』의 처용랑조와『악학궤범』처용무조를 기초로 하여 당시 연행되고 있었던 산대극과 대조

---

46 昭和8年6月24日消印, 差出人 ; 飯塚友一郎, 受取人 ; 宋錫夏. 御懇書有難う存じます。私共は朝鮮劇の真相御報告を切望してゐます。御暇の節、「演劇学」の為に玉稿御恵投を御願ひ申上げて置きます。頓首

적으로 연계한 논문이다. 이 논문은 전형적인 역사인류학적 관점을 보인다 해도 과언이 아니다.

'동경밝은달에 밤들어노더다가 들어사자리에보곤 가랄이네히어라 둘은나이엇고 둘은누이언고 믿이내이다마문 빼앗어늘엇디하리잇고'라는 처용가의 소개로 논문이 시작된다. 안확의 논문에서 처용무는 구나희로부터 발달하여 산대도감극이라는 별명이 붙었다고 인용하였고, 처용무가 나희와 동일한 관념이라는 점에는 안확의 의견에 동의한다고 전제하였다. 그러나 처용무가 산대도감극과 동종이명이라는 안확의 주장에는 동의할 수가 없음을 분명히 하였다. 송석하는 양자를 비교하여 5가지의 축약된 결론을 도출하였다. 송석하는 그중 3번째인 무용적 측면을 고찰할 때 장기를 발휘하였다. 역사학자가 현장을 확인하지 않은 점을 파고든 것이다. 예를 들면 송석하는 무용적 측면으로 관찰하여 처용무는 수양수무릎지피무·발바딧무·홍정도돔무·인무·수양수오방무, 이에 비해 산대극은 돌단무·곱사위무·화장무·여다지무·멍석마리무로 구분하였다. 송석하는 "양자가 무용이라는 측면에서 완전히 다른 모습을 보여주는 것"(宋錫夏, 1934.11.5: 16)이라는 결론을 도출하였다.

3회에 걸친 조선에서 행해지는 연중행사의 내용과 의미가 조선 민중의 정서를 어떻게 반영하고 있는지 간략하게 소개(宋錫夏, 1934.7.14, 15, 17)하는 송석하의 글이 연재되

사진 53. 『악학궤범』의 처용가면

었다. 조선의 연중행사에 대해서는 이미 이마무라 토모에(今村 鞆)의 논문 5편(今村 鞆, 1932.2.1-12.1)이 상세한 내용을 전달한 바 있고, 송석하가 글을 쓴 같은 해에 송석하의 글보다 조금 빨리 상재되었던 '민속(民俗)과 전설(傳說)로 본 조선(朝鮮)의 세중행사(歲中行事)'(黃 準, 1934.2.1-10.1)라는 제목의 연재물 7편에 대해서도 송석하는 전혀 관심을 보이지 않았다. 후자는 조선중앙일보사에서 간행하였던 월간지 『중앙』에 연재되었으며, 세중행사

(歲中行事)라는 용어로 세시기를 담아내고 있다. 저자가 간혹 연중행사(年中行事)라는 용어도 사용하지만, 주된 용어는 세중행사다. 이 글의 저자 황 준(黃 準)에 대한 인적 사항은 알려진 내용이 없다. 물론, 이후에 등장하는 송석하의 정월 조선 민속에 관한 글에서도 이마무라의 논고를 언급하는 데에 인색하다. 연중행사라는 분석적 개념은 이미 일본의 선행 문헌들로부터 전수되었음이 분명한데, 이마무라의 작업을 선학의 업적으로 인용하지 않는 이유는 무엇일까? 기본 개념만 받아들이고, 그것을 기반으로 한 구체적인 작업 내용은 무시하는 행동은 학문을 연구하는 정당한 태도와 거리가 멀어 보인다. 용어의 선택과 타인의 글을 인용하는 것은 논문을 정리하는 중요한 기본임에도, 송석하가 이러한 방식에 있어서 일관되게 관심을 두지 않는 부분에 대해서는 동의하기 어렵다.

이 기회에 민속을 지칭하는 중요한 용어인 '연중행사'에 대해서 논의해 보기로 한다. 송석하는 당시 연중행사(年中行事)라는 용어에 이미 익숙해 있는 것으로 보인다. 이 단어는 이미 동경제국대학 교수 하기노 요시유키(萩野由之, 1860-1924)가 집대성한 서적(萩野由之, 1892.2.20)에서 전문용어로 정착되었음을 알 수 있다. 이 단어에 해당하는 고래의 조선어로 세시(歲時)라는 용어가 있었고, 그것에 대해서 세시기(歲時記)라는 용어를 적용해 왔다. 그런데, 송석하는 세시기라는 용어의 사용에 대해서 별로 관심을 갖지 않았다.

최남선이 일찍이 기록하였던 글에도 세시기라는 단어가 적용된 용례들이 있었다. 1890년생인 최남선과 1904년생인 송석하가 15년 정도 나이 차이를 보인다는 점에 주목하고자 한다. 어린 시절부터 식민지교육을 받은 세대와 그렇지 않은 세대의 차이가 용어를 선택하는 경향으로 드러난 것은 아닐까? 최남선은 고래 조선의 용어인 '세시기'를 사용하였고, 어린 시절부터 식민지교육을 받았던 송석하는 일본에서 전래한 용어인 '연중행사'를 거의 자연스럽게 사용하는 점에 주목하고자 한다. 송석하가 조선 민속을 논의함에 분석적 개념으로서 '연중행사'라는 일본어를 사용함에 거부감을 느끼지 않는 점이다. 이러한 문제들이 체계적으로 정리 분석되어야 하는 것도 '송민'에 대한 심도 있는 연구과제일 뿐 아니라 '식민주의 인류학'의 과제다.

4월에 열린 제8회향토무용민요대회에 조선의 농민용이 참가하였기 때문에 하기와라 주간(萩原主幹)의 종용으로 글을 쓰게 되었다는 송석하의 사족이 붙어 있고, 하나의 도표를 제시하여 조선의 무용을 분류하고 있다.

1. 궁중무용(宮中舞踊: 祭舞, 宴舞): 52종, 2. 예인무용(藝人舞踊: 劍舞/僧舞/閑良舞, 기타민간예인무용(其他民間藝人舞踊): 사당패가 하는 속요(俗謠)/가면극(假面劇)/인형극(人形劇)/무용(舞踊)/경업(輕業) 등, 3. 민속무용(民俗舞踊-農民,漁民踊: 농기용(農旗踊)/돌배기-지신밟기, 가면무용(假面舞踊): 남선잉면할무용(南鮮剩面割舞踊)/산대극용무용(山臺劇用舞踊)/서선가면무용(西鮮假面舞踊)/사자무(獅子舞)/기타원무(其他圓舞)-강강수월래, 4. 종교무용(宗敎舞踊, 佛敎舞踊/巫覡舞踊)(宋錫夏 1934.9.1.).

거의 유사하지만 조금 이른 시기에 발표된 무용가 최승희의 논고가 송석하의 분류와는 대조적이다. 최승희는 조선무용을 궁정무용, 고전무용, 향토무용 세 가지로 구분하였다. 궁정무용은 아악과 같은 것으로 이왕직아악부가 담당한다. 고전무용은 주로 기생들이 추는 춤으로써 술자리의 여흥용이다. 이밖에도 승무(僧舞), 검무(劍舞), 춘앵무(春鶯舞) 등 도합 5가지 정도 있다(崔承喜, 1934.8.15). 최승희는 "춘앵무는 코데라 유키치(小寺融吉)선생이 그의 저서 『무용의 미학적연구(舞踊の美學的硏究)』에서 대단한 찬사를 보낸 바 있다. 9월 20일 일본청년관에서 나의 발표회가 있는데, 승무, 검무, 영산무(靈山舞) 등 5가지의 조선무용을 보일 것이다. 향토무용에는 풍년무(豊年舞)와 가면무(假面舞)가 있는데, (이 두 가지는) 농민들이 하는 것이고 농민의 성격과 심리가 잘 나타나며, 유모아가 일품"(崔承喜, 1934.8.22)이라고 하였다. 무용가 최승희와 민속학자 송석하의 분류에서 보이는 차이에 대해서는 이 분야의 전문가들에 의한 후속적인 고찰이 필요하다. 최승희는 1933년 5월 20일 토쿄이치니치신문(東京日日新聞)이 주최한 근대여류무용대회(일본청년관), 1934년 10월 7일 재단법인 일본청년관이 주최한 가을 무용제(일본청년관)에도 등장하였다. 또한 '류큐(琉球)의 쿠미오도리(組踊)[47]를 감상한 최승희는 유구, 샴, 조선의 무용들에 대한 비교적 안목을 통하여 동양무용의 유사성을 논의(崔承喜 1936.8.1)할 수 있는 견해까지 전개한 바 있다.

---

47 유구 왕조 시대, 중국에서 방문한 책봉사를 위하여 마련하였던 춤이었다.

1933년 5월 20일 토쿄이치니치신문 주최 근대여류무용대회(일본청년관), 1934년 10월 7일 재단법인 일본청년관 주최 가을 무용제(일본청년관) 등 최승희가 등장하였던 행사들을 무시할 수 없다. 왜냐하면 최승희가 발표하였던 춤은 주로 조선의 전통적인 춤을 기본으로 하고 있었기 때문이다. 최승희는 1930년대에 일본에서 제작한 두 편의 극영화에 주연으로도 출연하였다. 하나는 일본 신코키네마주식회사(新興キネマ株式會社)에서 제작하여 1936년 4월 개봉한『반도의 무희(半島の舞姬)』였고, 다른 하나는 1938년 1월 개봉한『대금강산의 노래(大金剛山の譜)』였다(東亞日報 1938.1.29). 안타깝게도 두 영화 모두 실제 필름이 현존하지 않기 때문에 그 자세한 내용을 확인할 수 없다는 한계가 있으나, 당시의 언론 보도를 보면 두 영화 모두 최승희의 무용 작품들을 대거 수록했던 것으로 기록되어 있다. 예컨대『대금강산의 노래』에는「무당춤」,「아리랑」,「보살춤」,「검무」,「봉산탈」,「무녀(舞女)」,「승무」,「금강산의 노래」등 최승희가 직접 안무한 작품 8편이 수록되어 있었는데, 그 중「무당춤」,「보살춤」,「검무」,「승무」의 네 작품은 최승희의 무용 발표회 공연들이나 1938년에서 1940년에 걸쳐 이루어진 최승희 세계 일주 공연의 주요 레퍼토리로도 자주 소개되었다.

소위 문화민족주의를 논하고자 하는 연구자들은 최승희의 활동에 대해서 논의해야 할 의무감을 느끼게 된다. 그 이유는 가람일기에서 증명된다. "(1941.4.5) 오전에 석남과 함께 한성기생양성소(漢城妓生養成所)를 가서 기생의 정재무(呈才舞)와 이근식 노인(68)의 산대도감무(山臺都監舞) - 애사당춤, 연엽가변무(蓮葉假面舞), 노장무(老丈舞)등을 보다. 최승희를 만나 보다. 그가 이걸 지킨 것이다"(李秉岐 1976.4.15: 521). 최승희는 단순한 무용수의 역할만을 한 것이 아니었다.

1934년에서 1935년, 송석하는 부친의 치병으로 시간을 할애해야 했던 가정 사정이 있었다(송태관은 중풍으로 1940년 4월 25일 사망하였다). 조선민속학회는『조선민속』2호를 발간한 후에 상임간사가 교체된다는 소식을 다음과 같이 전했다. "조선민속학회 간사이동(朝鮮民俗學會 幹事移動): 상임간사 송석하(常任幹事 宋錫夏)가 1934년 12월 이래 경성에서 충남서산해미언암리(忠南瑞山海美面堰岩里)로 이전하였다. 후임 간사에 손진태(孫晉泰, 편집), 이종태(李鍾泰, 庶務)를 선정하였다"(ドルメン 5(1): 79). 보성전문의 교수

였던 손진태가 『조선민속』 기관지 발행 업무를, 음악을 전공한 이종태가 학회 사무를 맡기로 한 것이다. 학회 사무가 어떻게 진행되었는지 왈가왈부할 만한 자료가 없는 상태이지만, 『조선민속』이 제대로 발행되지 않았던 정황에 대해서는 아쉬움이 남는다. 조선민속학회 내에서 손진태의 역할에 대해 긍정적으로 평가할 근거가 없다고 말할 수도 있으며, 결과적으로 학회를 운영할 책임을 맡았던 진용이 제대로 역할을 하지 못하였다는 사실은 분명해진다. 1935년 1월 서산군 서산면 예천리 입석 사진이 송석하 사진 자료에 소장되어 있는데, 이러한 이동 과정의 산물인 셈이다.

그러한 과정에서도 송석하는 꾸준하게 새로운 민속자료를 발굴하고 소개하면서 민속학적인 논문들을 생산하였다. '송민'이 꾸준히 성장하면서 민속학은 송석하의 직업으로 고정되어 가고 있었다. 진단학보 창간호에 게재된 「풍신고(風神考)」(宋錫夏 1934.11.28)는 또 하나의 역작이었으며, '송석하 민속학'의 범위가 다양하게 전개되는 모습을 보여준다. '영등 풍신(風神)'의 의식에 관한 기록은 에스노그래퍼로서의 송석하를 입론하기에 모자람이 없다. 그는 다음과 같이 정리하였다. "남조선의 동부지방에서는 정월회일(正月晦日)에 황토를 문전에 깔고 좌도승(左縚繩)을 대문 또는 삽작에 걸고 그 금줄에는 청엽(青葉)이 붙은 죽지(竹枝)를 수삼매 꽂아두어 부정을 피한다. 그리고 계명후(鷄鳴後)에 우물에서 정화수를 급취(汲取)하야 장독간이나 주간(廚間)에 두었다가 익조에 섬밥[淨飯]을 한 후에 그것을 '볏가리'에 갖다두고 주부가 기도(손비비이라고 함)를 드린 다음, 청죽 3개를 교차하야 상부에서 일척허(一尺許)쯤 되는 곳을 결박(結縛)하고, 색사(色絲)·오색포편(五色布片)·백지(白紙)를 달고 신표(新瓢)에 담은 정화수를 그 우에 둔다"(宋錫夏, 1934.11.: 157)

이상의 기록은 울산군 하상면 반구리 김정복 씨와 인터뷰한 결과의 기록이며, 통영에서 유사한 의식이 채집된 기록과 구술 내용도 포함하고 있다. 통영의 사례에 대한 제보자인 최천과 이봉진은 오광대와 관련된 내용에서도 등장하였다. 이 두 사람은 통영오광대의 조직과 송석하 사이의 매개자 역할을 하였던 사람들이다. 위의 그림을 그린 사람의 이름이 그림의 왼쪽 아래에 '청전(青田)'이라고 기록되어 있다. 1927년 조선일보를 거쳐 그해 10월 동아일보에 입사하여 1936년 8월 일장기 말살 사건에 연루되어 퇴직(정현수, 2005: 10)했다는 청전 이상범(1897-1972)일 가능성이 있다. 동 기간에 송석하는 동아일보에 여러 차례 기고하였고, 그러한 과정에서 청전과 교유를 하였을 것이며, 청전에게 물대를 설명한 후 삽화를 받았다는 생각이 가능하다.

송석하는 색전 연희 사자무 무용 가면극 등이 정월 민속의 중심이라고 말해도 지나치지 않을 정도로 정월의 민속과 농업의 관계에 관한 논의를 전개하면서 봉산사자탈을 등장시켰다(宋錫夏, 1935.1.12). 봉산의 사자탈이 정월과 단오에 다 등장한다는 점에 대한 논의가 필요할 것 같다. 조선의 정월에 대해서는 일

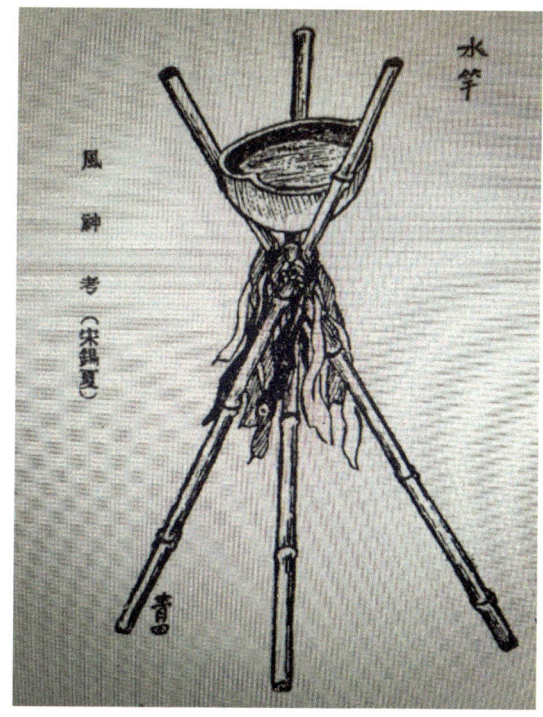

사진 54. 통영의 물대(水竿): 청전의 그림(宋錫夏, 1934.11.: 157).

찍부터 일본인들이 여러 차례 거론한 적이 있으며(加藤增雄 1911.1.[48]; 長白翁 1912.1.; 市川 彩 1917.1.), 신현정(申鉉鼎)[49]의 글도 있다(申鉉鼎, 1922.2.).

정월이 갖는 특별한 민속적인 의미를 전개할 수 있다. 그러나 제국의 시각에서 정월이라는 현상을 전체적으로 조망하는 이치카와 사이(市川 彩, 1896-1946)[50]의 관점과 비교

---

48 카토 마스오(加藤增雄, 1853-1922)는 1877년 외무성에 들어가서 네덜란드, 이탈리아, 러시아 공사관에서 근무하였다. 주한 일본공사를 지냈으며, 대한제국 농상공부 고문관 역할도 하였다.
49 심죽(心竹) 신현정(申鉉鼎, 1882~1972)은 관립 한성사범학교에 입학하여 1903년 1월 13일에 동기생 33명과 함께 졸업하였다. 1907년 학부편수관이 되었고, 1910년에는 경성교육연구회장에 취임하였다. 1920년에는 일본을 시찰하였는데, 일본의 농촌을 살펴보고 조선 농촌의 후진성을 개탄하였다고 하며, 이후 일신의 영달도 마다하고 고향으로 돌아오기에 이른다. 1924년 송전초등학교 교장을 지냈고, 이듬해인 1925년에는 현 용천초등학교의 전신인 적동(笛洞)학원을 설립하여 농촌계몽에 앞장섰다. 적동은 선생의 고향이기도 하다. 이후 1938년 이동면장이 되었고, 1941년에는 용인면장을 역임했다. 1946년 7월 10일 태성중학교의 설립 인가를 받고 9월 7일에 초대 교장으로 취임하였다.
50 이치카와 사이(市川 彩, 1896-1946)는 1921년에 국제영화통신사(國際映畵通信社)를 설립하였다. 영화와 관련된 법규와 제도, 역사에 관한 저술들이 있다. 대동아 전쟁 중에는 대동아협회(大亞細亞協會) 및 대정익찬회(大政翼贊會)와도 긴밀한 관계를 맺었다. 다음과 같은 저서들이 있다.
市川 彩 1928 日本映畵事業總覽(昭和3·4年版). 東京: 國際映畵通信社.

해 보면, 송석하의 경우는 조선에 갇혀서 조선만을 바라보는 관점의 차이를 읽을 수 있다. 이러한 현상이 조선에서 전개되었던 식민지 민속학의 한계라고 말하고 싶다. 그러나 동래야유가면1과 통영오광대가면2의 사진을 게재하였고, 사자가 벽사의 의미를 지니는 것으로 해석하면서 『중국민속지(中國民俗誌)』의 자료 속에서 산동성과 안휘성의 자료를 비교 대상으로 제시한다. 조선의 사자무의 기원은 최치원의 향악잡영(鄕樂雜詠) 5수 중에 산예(狻猊)에서 유래한다는 점을 지적하고, 동래수영·봉산·북청이 같은 계통이라고 설명하였다. 일본의 사자무에 대해서도 자세하게 자료를 제시하고 설명하였다(宋錫夏, 1935.1.16).

이즈음 송석하가 비교연구에 관심이 있음을 시사하는 것은 식민지 민속학의 지평을 벗어나려는 시도와 어떠한 관련이 지어질지 검토가 필요하다. 일본인 연구자들이 조선 민속에 집중하는 것은 연구라는 틀 자체가 이미 비교라는 관점(최소한도 암묵적 비교)을 배태하고 있다는 점을 감안하면, 조선인 연구자가 조선 민속에만 몰두하는 연구들이 안고 있는 문화이해의 다양성과 보편성 추구의 한계라는 문제를 지적하지 않을 수 없다. 비교라는 관점이 식민주의적 민속학의 한계를 타개할 가능성을 열어준다는 점에서 '송민'의 변신 가능성을 생각하게 된다. 문제는 그러한 관점의 발양이 체계적으로 진행되었는가 하는 것이다. 송석하의 경우뿐만 아니라 조선 민속학계에서는 체계적인 비교민속의 문제를 중요한 연구과제로 설정하였다는 증거가 없다. 손진태가 중국과 몽골의 민속을 거론하였던 것도 결코 체계적인 비교 민속의 관점을 적용한 결과는 아니라고 생각된다.

연중행사 또는 세시기의 아이디어 속에서 송석하는 조선의 정월과 농업에 관한 글을 쓰면서 야나기타 쿠니오의 『향토연구(鄕土硏究)』와 나카야마 타로(中山太郎 1928 '祭禮와 風俗', 日本風俗史講座 第11号. 東京: 雄山閣)를 인용하는데, 필자는 인용에 잘못이 있다는 점을 확인하였다. 나카야마 타로의 것은 "1929 '정월의 행사와 북방민족계의 토속(正月

市川 彩 1928 日本映畫法規類聚. 東京: 銀座書房.
市川 彩 1941.11. アジア映畫の創造及建設. 東京: 國際映畫通信社出版部.
市川 彩 2003.8. 日本映畫論言說大系 第1期戰時下の映畫統制期 10(全集叢書). 東京: ゆまに書房.

の行事と北方民族系の土俗', 旅と伝説 2(1): 2~6"이다. 송석하는 히고 카즈오(肥後和男, 1899-1981)의 『민속학(民俗學)』 3(3/4)에 실린 논문도 인용하였고, 특히 이키섬을 중심으로 기록한 야마구치 아사타로(山口麻太郎)[51]의 3가지 신앙 관념, 즉 占豊, 농작물의 풍요를 비는 신앙 관념, 초복 제재(山口麻太郎, 1930.11.1)에 관심을 갖고 조선의 정월 민속과 대비하는 논리를 전개하는 점이 주목된다. 야마구치에 의하면, 이키섬에서는 "오봉(盆) 3일 동안 '오봉츠나히키'(盆綱曳)로 봉납하였다.

이키섬에서는 줄다리기 도중에 소주를 뿌리는 관습이 있고, 줄다리기의 승부에 의해서 농사와 어업의 길흉을 점치는 풍속이 있다. 경쟁을 위하여 줄(綱)을 연결하는 것은 암수의 뱀이 결합한다는 의미이며, 줄의 중심점을 '미토'(ミト)라고 부른다"(山口麻太郎 1930.11.1: 31)고 한다. 야마구치는 자신이 쓴 논문에서 '미토'의 의미가 남녀의 음부를 상징하는 것으로 이해하고, 그 현상이 줄다리기에서 암줄과 수줄이 결합하는 상태를 조선[釜山目良龜久氏所報]과 유구[民族第2卷所載]의 줄다리기에서 찾고, 고어사전에서도 동일한 항목을 찾아서 비교하고 있다. 유구에서는 정확한 사례를 찾지 못하였지만, 조선으로부터는 용두(龍頭) 또는 대원(大元)(山口麻太郎, 1930.1.: 94)이라는 단어를 제시하였다.

송석하는 조선과 이키섬의 신앙 민속에 대해 정확한 비교는 아니지만 비교의 관점을 시도하는 모습을 보인다. 야마구치의 설에 반론(川野正雄, 1931.4.1)을 제시한 카와노 마사오(川野正雄, 1906-?)[52]도 인용한 것으로 기록하였다. 송석하는 야마구치의 재반론(1934년 6월의 기록-필자 주)이 제기되지 않았음(山口麻太郎, 1935.1.1)에 대해서도 인지하고 있는 것처럼 적었다. 송석하가 인용하고 있는 부분에서 잘 이해가 가지 않는 대목이 있다. 무엇 때문에 야마구치 아사타로를 인용하였는지 이유가 불분명하다.

송석하가 당대에 동경에서 출판되었던 대표적인 『여행과 전설(旅と伝説)』을 정기적으로 구독하여 숙독하였던 것은 틀림없으며, 야마구치의 글을 인용한 것까지는 좋은데, 카와노의 글을 인용했다고 표기한 것은 잘못되었다. 필자가 양자의 글들을 대조한 결

---

51 야마구치 아사타로는 나가사키현 이키섬 출신으로, 이키의 민속과 방언에 관한 자료를 많이 남겼다.
52 카와사토 마사오는 쇼도시마(小豆島)의 민속에 밝았다.

과, 카와노는 야마구치의 글을 전혀 언급하지 않았다. 양자는 전혀 직접 상대의 글을 인용하거나 언급한 적이 없음이 확인되었다. 왜 이러한 오류가 발생할까에 대해서 생각해 보지 않을 수 없다. 이러한 문제들을 구체적인 자료를 통하여 확인하지 않으면 특정 주제에 대한 학계 내부의 토론에 대해서 주의 깊게 관찰하는 송석하의 학문적 깊이와 치밀성을 언급할 수 있다고 오해할 수 있는 대목이다. 선행 논문들에 대한 송석하의 인용과 관련된 태도라는 관점에서 이 문제는 한꺼번에 고려되는 것이 바람직하다.

연중행사와 정월 민속에 관한 선행의 글들을 거의 인용하지 않는 송석하의 학문 방식에는 동의할 수 없다. 조선 민속 분야에서도 세시풍속과 연중행사에 관련된 문헌들이 가장 많이 발표되었으며, 송석하가 세시기와 관련된 글을 작성하기 이전까지 간행되었던 세시기와 관련된 글의 분량은 112편에 달한다(김유진, 2022.11.30: 99-104). 특히 이마무라 토모에가 정월 민속에 관해서 적지 않은 글들을 일찍부터 발표한 사례들에 대해서 송석하가 무관심으로 일관하는 것은 이해가 가지 않는 부분이다. 조선민속학회의 회원으로서 적극적인 활동을 보였던 이마무라가 송석하의 글쓰기 방식에 대해서 어떠한 반응을 하였는지 궁금하다.

송석하가 특히 관심을 보였던 석전(石戰)도 마찬가지다. 총독부 관료 코마츠 미도리(1865-1942)[53]는 "조선에는 도박, 싸움, 석전(石戰) 기타 많은 악습오속(惡習汚俗)(小松 綠 1915.3.1: 12)이 있다."라고 조선 민속을 도덕적 가치 판단 기준으로 폄하하였다. 일제의 통감부가 설치된 직후 이토 히로부미(伊藤博文) 통감이 특별히 경계하여 금지를 명하였던 석전 풍습이었다. 서울 인근에서 벌어졌던 "석합전"(石合戰)에 관한 신문기사를 인용한다. 1924년 정월대보름날은 2월 19일이었다. 23일 오후 3시경부터 일몰까지 동막창리(東幕倉里) 및 서빙고(西氷庫) 방면으로 사람들이 모여들기 시작하여 쌍방 150~60 명이 오후에 석합전이 벌어질 조짐이 있었다. 동막주재소 주임이하 5명이 필사적으로 해산을 시켰는데, 24일 다시 석합전 조짐이 있어서 용산서로부터 3명의 당번 순사가 파견

---

53 코마츠 미도리의 별명은 오운카쿠슈진(櫻雲閣主人, 1865-1942)과 시카메 우시히코(鹿目丑彦)이다. 저서로는 『明治外交祕話』(1927)와 『春畝公と含雪公』(1934)이 있다. 미국으로 유학하여 법학박사학위를 취득하였고, 통감부의 서기관 겸 참여관으로서 외무부장을 역임하였으며, 조선총독부 설치와 함께 총독부 외사국장으로 일했다.

되어 경계에 임했다(朝鮮新報 8082호, 1924.2.25.). 경계에도 불구하고 동막리의 석합전은 25일 창전리(倉前里) 염리(塩里) 방면에서 1천명 군중이 운집하였고, 26일에도 운집하였다. 용산서 응원대가 출몰하여 특별 경계에 들어갔다(朝鮮新報 8084호, 1924.2.27). 서울에서는 서빙고를 경계로 동과 서의 주민들이 정월대보름을 즈음하여 석전을 하였음이 드러난다.

그러나『동국여지승람』에 등장하는 김해의 석전 풍습(八木奘三郎, 1917.1.25: 3)과『삼국사기』권지일 남해왕 11년의 기록을 통하여 석전을 조선의 유풍으로 이해하려는 시도(八木奘三郎, 1917.1.25: 5)가 있었으며, 대만에서 19세기 말부터 인류학적으로 장기간 연구했던 이노 카노리(伊能嘉矩)가 석전에 관해 보고했음을 상기하고 싶다.

이노는 대만 민오인(閩粤人)으로 9세기 중당 시대의 이조(李肇)가 펴낸『당국사보(唐國史補)』에서 "속유투석지양두, 치표호왈배공, 이중부중, 지승부야 운운(俗有投石之兩頭, 置標號曰排公, 以中不中, 知勝負也 云云)'을 인용하면서, 단오 유희의 일종으로 정착되었던 것이 고려로 전파되었을 것"(伊能嘉矩, 1917.3.25: 78-79)이라는 견해를 피력하였다[54] 야기(八木)와 이노(伊能)의 석전에 관한 인류학적 관점을 승계한 것으로 생각할 수 있는 이마무라는 석전의 희(戲)는 원시시대 전투의 이름이 잔류된 것(今村 鞆, 1928.8.20: 53)이라고 해석하여 인류학자 타일러의 유제(survival) 개념을 차용한 학문적 안목을 제시하였다. 또한 이마무라는 대만남생번(臺灣南生蕃) 아미족(アミ族)은 돌이라는 단어와 전쟁이라는 단어가 유사함(今村 鞆, 1928.8.20: 54)을 제시하면서 "조선의 상원(上元)은 농사색채를 띤 행사가 많고, 석전과 원시농신제사(原始農神祭祀)의 관계나 고대 어떤 나라에서도 젊은이들은 '멘즈하우스'가 있고, 그 성년식은 엄숙한 의식으로 치러지고, … 그 의식을 행할 때 종종 답무(踏舞)나 전쟁과 유사한 행사를 하는 것은 현재 남양제도에 남아 있다."(今村 鞆, 1928.8.20: 57)라는 인류학적(민족학적) 설명을 시도하였다.

석전이 악습오속이라고 지적한 식민지 관료와 인류학적 설명을 시도했던 이노와 야

---

54 당나라 덕종 시대의 고사로서, 시에 능하였던 덕종이 신하들과 시 짓기를 경쟁하면서 나온 이야기다. 신하들이 덕종의 솜씨를 따라가지 못하자, 덕종을 비유하여 배공이라고 일컬었던 것. 배공은 승자의 의미로 쓰였다.

기 및 이마무라의 비교와 송석하의 관점을 대조하여 얻는 소득이 있다. 이노와 야기 및 이마무라의 관점이 없다면, 일제 식민지 시기 조선에 한정된 송석하의 입장은 식민주의적 민속학에 갇힐 가능성을 배격하기 어려울 수 있다. 관습의 지역적 비교를 통한 연구가 식민주의적 민속학의 단견을 지적할 수 있다는 점을 생각하면, 송석하의 관점이 일종의 식민주의적 민속학 수준에 머물러 있음에 대해서 아쉬움을 금할 수 없다. 그렇다고 하여, 필자가 이마무라의 입장을 두둔하는 것으로 확대하여 해석되는 점은 단호히 거절한다. 석전을 언급한 부분에 대한 이마무라의 견해를 인용하였을 뿐이다. 이마무라의 입장은 또 다른 지면을 통하여 전체적으로 조명하는 작업이 필요하다. 야기와 이노는 토리이 류조(鳥居龍藏)와 함께 동경제국대학 인류학교실(츠보이 쇼고로 교수)에서 배출한 전문적인 인류학자들이라는 점도 명심할 필요가 있다.

민속학자로서 송석하의 명성은 도쿄에서 오사카(大阪)로 확산하였다. 도쿄를 중심으로 간행되었던 『민속학』, 『도루멘』, 『여행과 전설』에 송석하의 논고들이 간행된 것과 오사카에서 간행된 민속학 전문 잡지에도 송석하의 이름이 등장하는 것은 의미가 다르다. 도쿄와 오사카라는 양극체제의 민속학계 동향이란 점에서, 송석하가 어느 정도 일본 제국의 민속학계에 발판을 구축하는 모습을 보여주고 있다.

식민지 조선 출신으로 광역의 학문 활동을 보인 경우는 송석하가 유일하다. 오사카에서 스미요시 토속연구회(住吉土俗研究會)라는 이름으로 민속학 잡지 『이나카(田舍)』[55]를 월간으로 발간하였던 요코이 테루히데(橫井照秀)[56]가 특집으로 구성한 『안산자고(案山

---

55 『이나카(田舍)』는 1934년 1월 10일 창간되었다. 발행소의 주소는 大阪市住吉區山王町四丁目三五 橫井照秀方 住吉土俗研究會이었다. 창간호의 편집후기에는 '본지는 소생의 취미[道樂]로 만드는 책이기 때문에, 회원조직도 없이 동호(同好) 여러분들이 거느리는 목적으로 만들어진 것이다.'라고 하였다. 즉 스미요시 토속연구회는 1인 연구회인 셈이다. '본지는 연 수회발행의 예정으로 백부 한도로 한다.'(제12호의 간기에는 70부 한정판이라고 기록)라는 기록이 있다. 『이나카』는 1934년과 1935년 2년 동안에 12호를 발간하고 정지되었다. 당시 사용되었던 '토속'이라는 용어의 의미에 대해서 재검토를 요구하는 부분이다. 이 단어의 의미는 동경과 여러 지방에서 달리 사용되었음에 주의를 요한다.

56 기록에 따르면, "요코이 테루히데(橫井照秀)씨는 오사카 수미요시(住吉)의 '쿄우샤'(狹斜-유곽) 동네에서 '카시자시키업'(貸座敷業, 남녀의 밀회 장소-필자 주)을 경영하면서, 토속 연구에 깊은 취미를 갖고 잡지 〈이나카(田舍)〉를 발행하였고, 오사카방언(大阪方言)에 관한 저술도 남겼다."라고 되어 있다.(礫川全次, 〈コイシカワ·ゼンジ〉의 コラム과 名言, https://blog.goo.ne.jp/514303/e/3d71239666146c845beb206d2f0c8004) 또한 〈민속학관련잡지문헌총람(民俗学関連雑誌文献総覧)〉 타케다 아키라(竹田 旦) 편(国書刊行會, 1978년 발행)에 의하면, 〈이나카(田舍)〉는 제12호(1935년)까지 발행되었다. … 간기(판권지)에 요코이 세키죠(橫井赤城)가 편집자로 되어 있음을 알 수 있는데, 요코

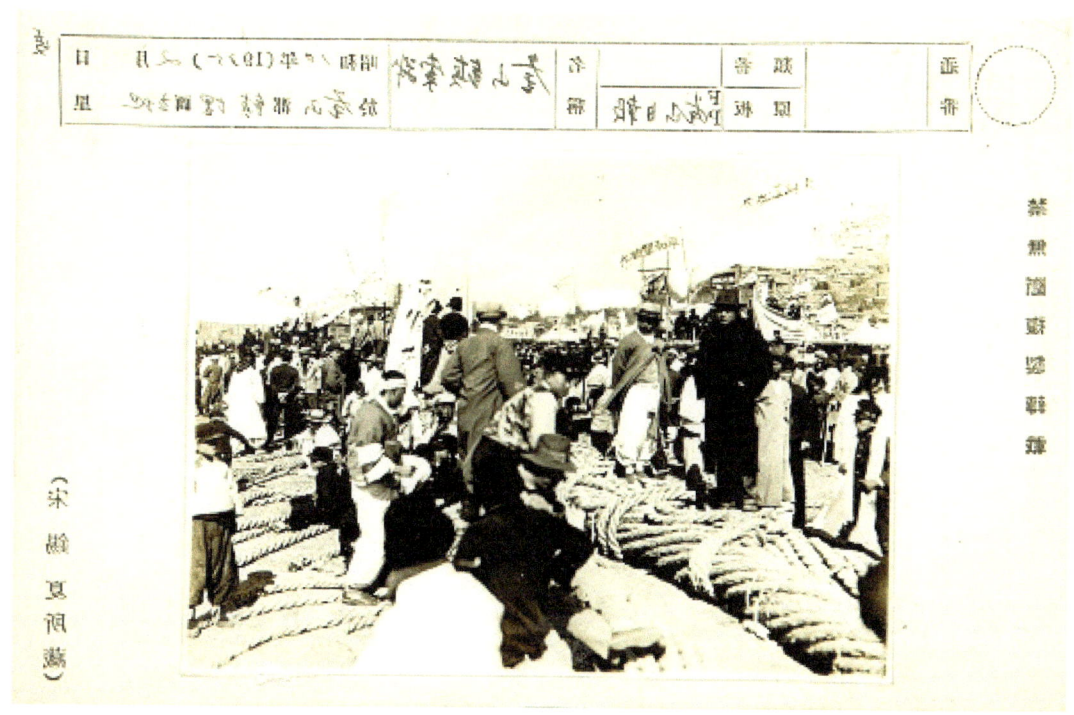

사진 55. 부산진색전(釜山鎭索戰)(1935년 2월, 부산진매립지에서). 송석하가 수집한 부산일보의 사진이다.

子考)』에 '허수아비(案山子)'(宋錫夏, 1935.3.10)를, 『이나카』 제11호에 '줄다리기(索戰)'(宋錫夏, 1935.3.)가 게재되어 일본의 관서 지방에서도 조선 민속학의 현황과 수준을 알릴 기회를 마련하였다. 특히 후자의 과제는 일본에서도 소위 '남도문화(南島文化)'를 논의할 때마다 줄기차게 주목받았던 주제였고, 송석하는 이 논문에서 줄다리기와 관련된 기왕의 논고들을 상당한 수준으로 인용하고 있다. 허수아비와 줄다리기에 대한 송석하의 논고는 앞으로 도작 문화와 관련된 인류학적 논의를 전개하는 데에 중요한 이정표 역할을 할 수 있을 것으로 기대된다.

송석하가 식민지 조선을 민속학적으로 연구한 결과가 일본 민속학의 영역 내에서 유통되고 있음을 주목한다면, 제국과 식민지의 정치적 구도의 일면을 학문이라는 축 속에서 모색하는 길을 열어줄 수 있다. 부산일보에서 사용하기 위해서 찍은 줄다리기

이 두 사람은 동일 인물이라고 생각된다.'(Theopotamos(Kamikawa), 2022年1月29日 19:23)라는 기록도 있다.

의 사진이 수집된 시기와 위의 줄다리기 관련 논문이 거의 유사한 시기라는 점은 '송민'의 전방위적인 움직임의 일단을 보여주고 있다. 그럼에도 욕심을 낸다면, 줄다리기와 관련된 문화적 맥락의 서술이 아쉽다. 다음과 같은 내용이 포함된 색전민속지(索戰民俗誌)가 필요한 것이다. 줄다리기와 관련된 민속학적 관심은 6·25전쟁 이후 북조선에서도 다음과 같은 관심을 보였다.

윤세평[57]: "남에서는 해마다 논 물 싸움을 할 때, 줄 싸움으로 결판을 짓군 합니다. 줄 싸움에 패배한 마을에서는 논에 물을 못대게 될 뿐만 아니라 바'줄에 소요된 짚까지도 승리한 마을에 바쳐야 하지요. 그렇기 때문에 줄 싸움을 할 때에는 서로 지지 않을려고 온 마을이 군중적으로 동원되는 것이 상례로 되고 있습니다"(좌담회 1957.6.: 61).

『이나카(田舍)』 제4호(1934년 4월 발행) 권말에는 '허수아비(案山子)에 관한 원고모집'이 공고되었고, 제5호의 편집후기에는 상당량의 기고가 있었으며, '예정을 변경하여 단행본으로 만들게 되었다. 이것도 비매품으로 150부를 출판한다.'라고 적었다. 제10호 후기에는 "'허수아비'호는 여러가지 장애로 인하여 명년(1935년을 말함-필자 주) 2월에 출간한다. 원고는 인쇄소에서 돌아가고 있는데, 지난 풍수재로 인하여 예정대로 진행되지 못하였으며, … 곧 나올 예정"이라고 하였으며, 1935년 3월에 공판 150부로 출간되었다. 즉 송석하는 일본의 민속학계가 진행하던 제반 상황에 대한 정보에 민감하게 반응하였음을 알 수 있고, '송민'의 기반은 어느 정도 수준으로 일본 민속학의 범주 속에서 생산 및 유통되었던 통로에 닿아 있었다고 말할 수 있다.

당시 민속학 분야에서 그러한 차원의 활동과 작업을 하였던 조선인으로서는 송석하가 유일하였다. 사실상 송석하는 『이나카(田舍)』 제4호가 발행되기 이전에 이미 허수아비에 대해서 주목하고 있었음을 알리는 사진이 한 장 남아 있다. 공주군 반포면 학봉

---

57 윤세평의 본명은 윤규섭(1909-?)이다. 전북 남원 출생. 전주고보를 졸업하였으며, 고보 졸업과 함께 사회운동에 뛰어들었다가 약 3년 동안 감옥 생활을 한 것으로 알려져 있다. 1936년 동아일보에 「문학인의 생활의식」이라는 평론을 발표함으로써 문단에 데뷔했다. 1938년 「지성문제와 휴우머니즘」 등의 평문을 통해 1930년대 후반기 문학의 커다란 비평적 쟁점이었던 휴머니즘 논쟁에 참여하면서 비평가로서의 위치를 확립했다(권영민, 한국현대문학대사전, 2004.2.25). 해방 직후 이기영 등과 함께 월북 후 윤세평이란 필명을 사용하였다. 1946년 10월에 '북조선문학예술총동맹'의 중앙집행위원이 되었다.

리에서 1933년 9월 22일에 촬영한 '돌허수아비'이다. 조선 민속학의 연구 주제로서 허수아비에 주목하였던 송석하의 안목을 읽을 수 있다. 송석하의 글이『이나카』의 원고모집에 준비되어 있었던 점을 지적한다면, '송민'의 범위는 가면극에만 국한되어 있지 않았음을 의미한다.

『이나카』의 특집 「허수아비고(案山子考)」에는 중학생이 쓴 채방 기록도 실렸다. 편집자인 요코이의 자서(自序)에는 '야나기타 쿠니오(柳田國男) 선생, 송석하씨(宋錫夏氏), 쿠치에(口繪)의 원도를 기증해주신 카와사키(川崎) 화백을 비롯하여 여러분들께 무리한 부탁을 드렸는데도 쾌히…'라는 문구가 있다. 가리방(孔版)이라는 인쇄형식으로 인하여

사진 56. 돌허수아비(1933년 9월 22일 촬영, 공주군 반포면 학봉리에서)

사진을 게재할 수 없었기에 사진을 보고 삽도를 그려서 붙인 점을 알 수 있다. 삽도의 그림이 한 사람의 솜씨인 것 같고, 가리방에 그린 것이라는 점을 고려하면, 삽도들은 모두 편집자의 책임하에 그려진 것으로 생각된다. 송석하의 글 속에 여러 점의 삽도가 들어 있으며, 위의 사진이 송석하의 논문이 게재된 페이지 42에 있는 제2도의 모본(母本)임을 알 수 있다. 이러한 점을 감안하여 편집자가 서문에서 특별하게 송석하의 이름을 거론한 것으로 보인다. 요코이 테루히데의 민속학적 작업이 오사카에서 진행되고 있었기 때문에, 송석하의 논문이 더욱 넓은 지역으로 소개될 수 있었다는 점에 대해서 한 번 더 생각하게 된다.

민간전승의회 대판지부 예회(1936년 6월 4일)는 염료회관에서 개최되었는데, 발표자가

요코이 테루히데였으며, 주제는 나라현 요시노군의 청년(요코이 - 필자주)이었다(佐藤健二 2011.3.34). 고토비타신치 유곽의 일우에서 민속학에 정진하였던 요코이 테루히데! 구정물 진흙탕에서 피어난 한 송이 연꽃일까! 경위야 어떻든 송석하는 야나기타 쿠니오와 이름자를 나란히 올리는 정도로 일본 민속학계에 알려지게 되었다. 도쿄뿐만이 아니라 오사카에서 출간된 민속학 전문 잡지에 논문을 게재하였다는 것은 일본 민속학계의 판도로 확장된 민속학자 송석하의 위상을 이해함에 도움이 된다. 참고로 특집에 실린 글들의 저자와 제목을 보면[58] 당시 학계 상황의 일부가 드러난다. 필자가 현재 진행하고 있는 작업은 본질적으로 하나의 과정이기 때문에, 요코이 테루히데와 관련된 자료들이 앞으로 충실하게 발견된다면 송석하와 관련된 또 다른 논의가 이루어질 것이라 기대된다.

흔히 채방기라는 이름으로 작성된 글들이 민속학자들로부터 생산된다. 채방기를 발표하는 의미는 두 가지라고 생각된다. 하나는 자신의 현장 중심적 자료수집 과정의 알리바이를 제시하는 것이고, 다른 하나는 계몽적 성격을 알리기 위한 구제 민속지를 작성하는 것이다. 일상사에서 전개되는 사물과 사건들에 관심을 갖고 자료를 수집하는 민속학자에게 어떤 사람의 일상은 그냥 지나가는 일상이 아니라 민속학적인 맥락을 구성하는 재료가 되기 때문이다. 채방기는 이미 일본의 민속학계에서는 민속학자들의 익숙한 습관 중 하나였다. 신변잡기와 현장의 이야기들을 가미한 평이한 이야기를 채방기로 소화하였던 송석하의 일면을 보게 된다. 조선중앙일보에 3일간 연재한 글에서 그는 1934년 섣달에 충남 해미로 거처를 옮기면서 '한운야학(閑雲野鶴)'(宋錫夏 1935.5.6)이라고 자족하였다. 송석하는 다음과 같은 기록을 남기기도 했다.

---

58 柳田國男(案山子祭のこと), 田中喜多見(案山子を持ち乍ら), 髙畑案山子(本に現れた案山子に就て), 片倉信光(案山子採集錄), 宋錫夏(ホスアヒ考(案山子考)), 宮良當壯(南島の案山子), 三田尻浩(俳句に見えた案山子), 萍友生(陀羅谷の案山子を訪ねて), 本山桂川(案山子の呪力), 河野德太郞(隨筆に現れた案山子), 能田太郞(案山子考), 橘 正一(バッタリの話), 中道 等(案山子思案), 白木 嵩(案山子それからそれ), 美根 元(福岡縣八女郡地方の案山子), 市川忠男(文献に現れた案山子掌記), 吉田宇太郞(奈良縣髙市郡地方の案山子), 高田竹治(下野案山子雜話), 鈴木重光(案山子の俳諧), 鈴木重光(俳人の見たる案山子), 太田榮太郞(案山子とオドシ), 千代延尚壽(島根縣の案山子), 小玉曉村(秋田の案山子), T·Y生(案山子雜感), 中山太郞(カゝシ神), 川崎巨泉(案山子の口繪について). "T·Y生"은 요코이(Y) 테루히데(T)의 영문 약자일 것이다.

"동경상대 재학시 치바(千葉)로 홀로 산책. 비가 와서 피할 겸 어느 집이 창고[土藏] 옆에 기대었는데, 자장가[子守唄] 소리가 들려서 메모를 하였다. 그후 관동대지진 (직후 동경상대의) 후쿠다 토쿠조(福田篤三) 교수 밑에서 이재민생활실태조사(罹災民生活狀態調査)를 하다가 12월에 귀향하니 장가가라고 해서 세토나이카이(瀨戶內海)의 작은 섬(小豆島일 가능성이 높다-필자주)으로 피신하였다. 우연히 산에 올랐다가 우거진 밀감나무 사이에 고사(古祠)가 하나 있어서 보니 링가숭배였다. 고사의 문을 열어보니, 낙화낭자(落花浪藉)! 남녀가. 을축년(1925년) 홍수 때, 경주의 백율사(栢栗寺)에 묵은 적이 있는데, 근처에 하루는 장고소리가 들렸다. 색씨들이 〈화전(花箭)노리〉를 하였다. 숨어서 보다가 들켜서 도망갔다"(宋錫夏, 1935.5.7.).

채방기로부터 우리는 송석하의 민속학적 남상 시기를 가늠할 수 있는 정보를 얻게 된다. 동경상대에 재학한 시점은 1923년경일 것으로 예상할 수 있고, 1925년 경주에서는 이미 민속학적 관찰이 시작되었음도 알리고 있다. 송석하는 강원도 철원군 철원읍 홍원리와 관련하여 다음과 같은 기록을 남겼다. "풍천원(楓川原) 궁예의 고도를 방문하였고, 오중석탑에 돌을 끼었더니, 밑에 동네사람이 동네 망하게할려고 그러느냐고 핀잔을 들었단다. 왜그러느냐 물으니. 그 사이에 돌 끼우면, 동네 여자들이 바람난다고 주의를 들었다.『민속학개론』(을 쓴) 빤 여사의 책에 그런 주의사항들도 인용하였다. 김화(金化)의 뒷산에 영험한 성황당이 있었다. '성황님 가택수색' 사진찍고. 동네사람들 왈. 저놈들 벼락맞을 터이니 가까이 가지도 말아야겠다고. 1934년 3월 손진태군이 동경에서 왔다(손진태가 동경으로부터 경성으로 이주한 날은 1934년 2월 20일 이전이다-필자 주)고 함께 관악산(冠岳山)에 가기 위해서 안양정차장 앞의 미륵당에 갔다. 손군이 십전을 놓고 배례하니, 무당이 안도하였다. 단상에 신물이 있는데, 무당이 그것들을 치우기 전에 손군이 먼저 낚아챘다. 손군이 나의 대선배 자격충분하였다. 1933년 가을 마산에 있을 때, 거제도에 갔다. 원시종교와 연극의 관계를 알아보려는 심산으로 무당을 찾았다. 별신굿을 보려고 했다. 무당의 화류계 출신 딸이 와서 함께 마시고 놀았던 이야기. 해미정해남장(海美貞海南莊)에서 쓴 글"(宋錫夏, 1935.5.8.)이라고 했다. 해미에 있었던 송석하의 옥호가 정해남장이었음을 알 수 있다. 민속학자들이 무당 일행과 놀았던 얘기는 예나 지금이나 심심치 않게 들리는 이야기 중 하나다. 그래서 메타 민속학(meta-folklore)이 필요하다는 생각도 든다.

1935년 발표한 「민속학 사상(民俗學 僿想)」 말미에 '을해년 해미병상(海美病床)에서 탈고'했다는 주석을 달았는데, 이는 아버지의 병상에서 탈고를 마쳤다는 이야기(오석민·박중훈·이용찬, 2023.6.24: 57)라는 견해가 제기되었다. 가정 사정의 깊은 부분에 대한 이해가 모자랐던 탓으로 인하여 '해미병상'이란 용어(전경수, 1997: 30)에 대한 필자의 오해를 지적받았다. 그 단어가 부친의 병환을 간호하는 상황을 드러낸다는 점을 깨우치게 되었다. 송석하의 지병이 1935년부터 있었던 것은 아니라는 점이 확인되었다. 송석하가 병상에 있었다면, 1935년과 1936년에 걸쳐서 발표되었던 상당한 양의 글들에 대한 존재를 설명하기가 쉽지 않았음도 이해하게 되었다. 그럼에도 불구하고 나는 "해미병상"이라는 문제에 대해서 앞으로 더 숙고해야 할 문제가 남아 있을 수 있다는 유보의 입장도 간직하고 있다. 송석하가 1937년에 입원하였다는 기록이 있기 때문이다.

일간지에 게재된 송석하의 글 중에서 가장 장문일 뿐만 아니라 기존에 송석하가 민속에 대해서 갖고 있었던 입장과는 판이한 모습을 보여주는 글이 동아일보에 20회나 연재되었다(宋錫夏, 1935.6.22./23/25-30/7./2-7/9.-13/15). 이러한 글을 사실상 일간지인 신문에 게재하는 것이 타당할까? 송석하가 일간지 신문에 조선 민속에 대한 장문의 글을 게재한다는 것과 조선민속학회의 기관지인 『조선민속』의 존재를 대조해서 생각해야 한다. 왜 송석하는 『조선민속』에 자신의 논문을 게재하려는 노력을 하지 않고 일간지에 의존하였을까? 이미 언급한 바이지만, 1934년 말 『조선민속』의 편집은 손진태의 책임이라고 소재가 공개적으로 분명하게 밝혀져 있었다. 논문집으로서 『조선민속』이 송석하의 조선 민속에 관련된 장문의 논문을 받아들일 준비가 되어 있지 않았다고 설명할 수밖에 없다. 바꾸어 말하자면, 손진태는 조선민속학회의 기관지인 『조선민속』을 간행할 준비를 하고 있지 않았다고 말할 수 있다. 그런 문제로 인하여 손진태와 송석하 사이에 왈가왈부할 일은 아니었던 모양이다.

이러한 과정들이 쌓이면서 『조선민속』은 2호를 발행한 이후 사실상 역할을 상실하는 상황을 맞이하였을 것이다. 말하자면, 손진태는 조선민속학회에 대해서 송석하만 큰 적극적이지 않았다고 생각할 수 있다. 신문이라는 일간지의 지면과 『조선민속』이라는 조선민속학회 기관지는 성격상 상당한 차이를 보인다. 세월이 지난 뒤, 후학들이 송석하의 논문을 찾을 때 일간지 신문과 『조선민속』이란 잡지의 양자를 찾는 과정을 생각해 보면, 이 문제는 상당히 심각하다. 송석하의 논고들이 그동안 잘 알려지지 않았던 이유에는 적지 않은 논고들이 일간지 신문에 게재되어 있었다는 지면의 문제가 개입되어 있다. 송석하에 대한 이해도가 상대적으로 폄하되어 있었던 점이 논문 발표의 지면에 의한 결과일 수도 있다. 바꾸어 말하면, 앞으로의 연구자들은 일간지 신문의 학문적 기여에 대해서도 적극적으로 평가해야 한다.

4) 농촌 오락 분류 및 분석

1935년 6월 22일부터 7월 15일까지 동아일보의 지면에는 농촌 오락에 관한 논고가 게재되었다. 송석하는 조선의 민속을 논하고 세계적인 지평의 자료들을 동원하려 노력하면서, 농촌 오락의 분류와 분석 그리고 장래 문제에 대한 견해를 제시하였다. 특히 민속예술 분야에 집중된 논고이다. 제2편에서는 전승 오락을 기구(機構), 계절(季節), 관념(觀念), 존재(存在) 네 가지로 분류하고, 아울러서 신식 오락 종목들을 제시하였다. 이러한 분류는 송석하의 독창적 방식이며 전체적으로 전승 오락을 체계화하였다는 점에서 의미를 갖기 때문에, 앞으로 치밀한 검토가 필요하다. 이어서 시대(時代)와 종별(種別)이란 기준으로 분류하는 방식도 제시하였다. 시대의 기준을 제시하면서 고문헌 자료에서 발췌한 신라, 고구려, 백제의 오락을 소개하였다. 악기에 맞추어서 노래하는 신라 토우까지 동원하여 전승 오락의 역사적 근원에 관한 고찰을 시도하고 있다.

고고학적 자료와 민속학적 자료, 고문헌 자료를 결합하여 문화를 해석하려는 시도는 당시 쉽지 않은 안목의 전개였다. 종별기준으로는 색전, 석전, 각희, 추천 등이다. 송석하는 예술 오락이라는 항목을 별도로 설정하여 산대극, 탈춤, 오광대, 오광대 및 야류극, 유희 오락의 항목에서는 놋다리밟기와 강강술래, 노작적 오락의 항목에서는 두래길쌈, 나다리 및 두래장원을 제시하였다. 이어서 15편과 16편에서는 각국의 국민 오락을 개관한다. 17편과 18편에서 조선 민중에 미친 수입 오락의 영향을 논한다. 19편과 20편의 결론에서는 난장식보다는 대동노름식을 선호하고 있다.

"대동노름이라는 것은 일정한 지리적 구역을 정하야 그 구역에 거주하는 사람이 빈부의 정도에 따라 부담비용을 미리 예산하야 그것으로 집단적 오락을 하는 제도…이다. … 장래를 생각하면 … 예술적오락과 체육적오락의 두가지로 기초를 삼는 것이 바람직하며, 사행적오락은 절대로 회피하는 것이 좋다"(19회). "집단오락의 시기에 대해서는 …그 자방의 경제생활상으로 시간적여유가 있고 실질적으로 …연중행사적으로 거행하는 것이 조흘듯하다"(20회). 고문헌 18가지와 아울러서 전문 서적들로는 일본 서적과 영문 서적들을 참고문헌으로 거명하였다. 참고문헌의 소개가 부실하므로, 장래의 연구자들을 위하여 소개된 문헌들의 서지사항을 정확하게 표기하였다.[59]

---

59 Hammerton, J. A. (ed.) 1922 *Peoples of All Nations: Their Life Today and Story of Their Past* (Photojournalist Account and Commentary Early Twentieth Century Anthropology). London: Amalgamated Press(AP).
National Geographic Magazine,
Havemeyer, Loomis 1916 *The Drama of Savage Peoples*. New Haven: Yale University Press.
Hambly, Wilfrid Dyson 1926 *Tribal Dancing and Social Development*. London: H. F. and G. Witherby.
Cunningham, William 1907 *The Growth of English Industry and Commerce in Modern Times*. Cambridge: At the University Press.
バーン 著/岡 正雄 譯 1930 民俗學槪論. 東京: 岡書院.
南江二郎 1929.8.20 原始民俗假面考. 東京: 地平社書房.
小中村淸矩 1888 歌舞音樂略史(全). 東京: 金玉堂印刷.
新光社 1931 世界地理風俗大界. 東京: 新光社.
新光社 1933 世界風俗寫眞大觀. 東京: 新光社.
アレクサンダー・ディーン 著/飯塚友一郎 訳 1929 公共小劇場其の方法: 主として農村劇・学校劇其の他の素人演劇の為に. 東京: 博文館.
Dean, Alexander 1926 *Little theatre organisation and management: for community university and school, including 'A history of the amateur in history'*. New York: D. Appleton.
Dean, Alexander & Lawrence Carra 1941 *Fundamentals of Play Directing*. New York: Holt, Rinehart and Winston.

5) 해외 학자들과의 교류

1935년과 1936년 2년간 일본학계는 대단히 분주하였다. 국제적인 모임에 참석하는 일본학자들도 증가하였고, 외국 학자들이 일본을 방문하는 사례도 최고조에 달했다. 때마침 국제인류학민족학협회(IUAES)가 1934년에 유럽에서 조직되었고, 제1회 모임이 런던에서 개최되었다. 그러한 영향으로 인하여 중국에서는 중국민족학회가 남경에서 1934년 연말에 결성되었으며, 일본에서는 동경에서 1935년에 일본민족학회가 발족하였다. 이러한 분위기를 타고 전파론의 발상지인 비엔나학파의 거장 빌헬름 슈미트(Wilhelm Schmidt, 1868-1954)가

사진 57. 1930경의 빌헬름 슈미트 신부(위키피디아로 부터)

동경을 방문하는 계획이 추진되고 있었다. 동경의 국제문화진흥회가 슈미트 신부를 초청하는 형식이었다. 슈미트 신부의 지도하에, 비엔나대학에서 민족학 박사학위를 취득한 오카 마사오(岡 正雄)가 '귀국하기 전에 1년간 보아스(Franz Boas를 말하는 것- 필자 주) 교수에게 가서 공부를 좀 하려고 했는데, 갑자기 슈미트가 동경을 방문한다고 해서 돌아오게 된 것'이다. 또한 '1935년 4월 10일에 나(오카-필자 주)는 (동경에) 도착하였다.'(渋沢敬三伝 記編纂刊行会 1979.9.: 668-671)라는 기록도 있다.

슈미트 신부는 아메리카를 경유하여 5월 2일 동경에 도착하였고, 화족회관(華族會館)에서 5월 8일 오후 4시부터 초대다화회(招待茶話會)가 개최되었다. 국제문화진흥회 부총재(國際文化振興會副總裁) 토쿠가와 요리사다(德川賴貞, 1892-1954) 후작이 환영사를 하였고, 일본민족학회를 대표하여 시라토리 쿠라키치(白鳥庫吉, 1865-1942) 교수가 인사말을 하였다. 슈미트의 답사(答辭)를 위한 통역은 오카 마사오가 맡았다. 5월 10일에는 동경제국대학 문학부종교학연구실 주최로 3시부터 법문경 1호관 24번 강의실에서 슈미트 신부는 '북아시아와 북아메리카 최고종교(最古宗敎)의 교섭'이라는 제목으로 강연하였다. 5월 18일에는 동경인류학회 예회가 개최되어서 동대인류학교실에서 '구주민족학계 견문담(歐洲民族學界見聞談)'이라는 슈미트 신부의 강연이 있었다. 이날 밤 슈미트는

북경의 카톨릭대학(輔仁大學을 말함-필자 주)에서 강의하기 위해 중국으로 출발하였다. 이때 시부사와가 오카에게 슈미트 신부의 여행에 동행하라고 비용을 제공하였다.

슈미트는 신언회(神言會)가 소유한 북경의 보인대학에서 만드는 잡지 『Monumenta Serica』를 창간하기 위한 기념회에서 '아시아 최고문화권(The oldest culture circles in Asia)'이라는 제목으로 강연하였다는 기록이 있다(Steger, 2019.12.: 73). 말하자면, 슈미트 신부는 비엔나학파의 문화권설을 동아시아의 학계에 펼쳐 보겠다는 의욕이 있었던 것이다. 6월 상순 북경에서 동경으로 돌아갈 때는 조선을 거쳤는데, 6월 중순 '귀일(歸日)'이라는 정보를 좀 더 정확하게 추적하면 다음과 같은 사실이 밝혀진다.

'1935년 6월 13일 (경성제국대학) 법문학부 촉탁 오카 마사오(岡 正雄), 용무가 끝나서 촉탁을 해촉함'(京城帝國大學學報 100号, 1935.7.5)이라는 경성제국대학의 사령 내용이 있다. 슈미트가 북경에서 강연을 마치고 오카와 함께 동경으로 귀환하는 도중 6월 13일에는 경성제국대학을 방문하였으며, 슈미트는 아키바를 만나서 최소한 두 가지 일을 하였던 것 같다. 하나는 오카의 경성제국대학 촉탁직 해촉을 위한 만남이었고, 다른 하나는 아키바로부터 송석하를 소개받고 송석하의 논문들을 자신이 발행하였던 잡지 『Anthropos』에 번역 및 게재하는 문제를 논의하였다. 그들이 경성에서 정확하게 며칠간 체류하였는지는 알 수가 없다.

오카의 촉탁직 해촉은 이미 6년 전에 있었던 '1929년 4월 26일 오카 마사오 제외국에서 민족조사에 관한 사항을 촉탁함(대학)(昭和四年四月二十六日 岡 正雄 諸外國ニ於ケル民族調査ニ関スル事項ヲ嘱託ス, 大學)'(京城帝國大學學報 26号, 1929.5.5)과 관련된 것이다. 오카가 경성제국대학의 촉탁 신분을 갖고 있었음에 대해서 생각해야 할 점이 있다. 1929년 봄, 오카는 비엔나대학으로 유학을 가면서 경성을 경유하여 시베리아 횡단 열차를 타고 베를린으로 향하였다. 오카는 경성에서 동경제대 사회학과 선배인 아키바를 만났고, 아키바는 제외국에서 민족 조사를 위해 오카에게 도움을 청하기 위하여 오카의 작업을 대학의 제도상 공식적인 사업으로 추진하였던 것 같다. 아키바는 경성제국대학 내에 유럽식의 민족학을 심는 작업을 도모하였으며, 구체적으로 오카에게 코펜하겐에 있는 덴마크 국립박물관과의 유물교환을 위한 중개자 역할을 부탁하였다. 코펜하겐의

국립박물관은 이미 동경제국대학 박물관과 유물을 교환하는 사업을 시행한 적이 있었기 때문에, 아키바가 이 부분을 벤치마킹했다고 생각된다. 대학 체제의 학문 구성이라는 스펙트럼에서 생각하면, 이 사실은 조선(한국)에서 유럽식의 민족학이란 학문의 종자가 심어지는 최초의 공식적 사건으로 기록될 수 있다.

6월 15일 전후로 아키바가 합석하였는지는 알 수 없지만, 최소한 송석하와 슈미트, 오카 삼자가 대면한 자리에서 조선 민속에 관한 송석하의 논문들이 유럽으로 소개되는 논의를 하였다는 사실을 추론하고 싶다. 송석하는 자신의 논문들이 게재된 잡지들을 슈미트에게 전달하였을 것이고, 슈미트는 그 논문들을 독일어로 번역하는 과정에 대해서 오카와 함께 협의하였을 것이다. 결과적으로 계획은 불발되었지만, 슈미트가 송석하로부터 받았던 논문들은 현재 슈미트의 아카이브나 슈미트가 관련하였던 비엔나대학의 연구소나 박물관에 소장되어 있지 않을까? 송석하의 친필 사인이 적힌 송석하의 논문들이 누군가가 찾아오기를 기다리고 있을 것이다.

슈미트는 6월 19일 동경의 '아칙쿠뮤제아무'에서 시부사와 케이조(澁澤敬三, 1896-1963)와 회동하였다는 사실이 있다.[60] 빌헬름 슈미트는 문화전파론의 대가로, 당시 유럽의 민족학계에서 인정받는 학자였을 뿐만 아니라 오카 마사오의 은사였다. 따라서 오카의 비엔나 대학 유학경비를 지원하였던 시부사와로서는 빌헬름 슈미트를 자신이 운영하고 있었던 아칙쿠뮤제아무에 초청하는 것은 일본의 학계를 향한 또 다른 시위의 의미를 담고 있기도 하다. 1935년 당시 일본의 민속학과 민족학계는 사실상 야나기타 쿠니오가 메이저 격으로 주도하고 있었으며, 시부사와의 아칙쿠뮤제아무는 '마이너'로서 '메이저'에 대한 '다크호스' 정도로 인식되었던 점을 감안할 필요가 있다. 국내의 인지도를 장악하고 있었던 야나기타에 대하여 슈미트라는 해외석학과의 교류라는 명목을 세웠다고 평가할 수 있다. 민속학을 지향하였던 야나기타와 민족학을 지향하였던 시부사와의 차이점도 드러나고 있음을 지적할 수 있다.

슈미트 신부는 6월 22일 명치생명관 강당에서 국제문화진흥회와 일본민족학회가

---

60 1935년 6월 19일 동경의 아칙쿠뮤제아무에서 슈미트 박사 환영회가 개최되었다.

공동으로 주최한 '일본의 민족학적 지위의 인식에 새로운 길'이라는 제목의 강연을 열었고, 7월 31일에서 8월 6일 사이 동경에서 개최된 일본민속학강습회(日本民俗學講習會)에서 '독오양국에서 민속학적 연구(獨墺兩國に於ける民俗學的硏究)'라는 제목의 강의도 하였다. 그는 9월 1일 다시 북경(北京)의 카톨릭대학에서 강의를 위하여 출국하였다가 재차 일본으로 돌아왔다. 오사카에서 토속잡지 『이나카』를 발행하였던 요코이 테루히데(橫井照秀)가 통계 전문가이며 도시 민속학을 시도하였던 코지마 카츠지(小島勝治)에게 보낸 1935년 11월 6일 자의 엽서에는 다음과 같은 내용이 기록되어 있다.

"1935년 10월 28일 오사카(大阪) 아사히신문사(朝日新聞社) 3층 강당에서 '야나기타선생환력기념강연회(柳田先生還曆記念講演會)'가 개최되었다". 대판민속담화회보(大阪民俗談話会報)[61]에 의하면, 강연회는 '개회의 말씀(開会の辞)'(사와타 시로사쿠-沢田四郎作), 오마치 토쿠조(大間知篤三)의 '민속학의 산옥에서'(民俗学の産屋より), 오리구치 시노부(折口信夫)의 '연중행사와 오사카'(年中行事と大阪), 원대학 슈미트(ウィーン大学シュミット)의 '소감(所感)', 니시다 나오지로(西田直二郎)의 '단바에 남은 텐가쿠'(丹波に残る田楽), '인사'(挨拶)(야나기타 쿠니오-柳田国男), '폐회의 말씀'(閉会の辞)(미야모토 츠네이치-宮本常一)으로 구성되었다. 청중은 시가(滋賀)・교토(京都)・나라(奈良)・와카야마(和歌山)・오사카(大阪)・효고(兵庫) 등 2부 4현에 걸쳐서 300인이 참석하였다(ドルメン 4(6): 260, 1935.6.1 & 人類學雜誌 50(5): 213, 人類學雜誌 50(7): 303 & 渋沢敬三伝記編纂刊行会 1979.9.: 668 & 671, アチツクマンスリー1: 2, 1935.7.30, https://sites.google.com/view/kinkiminzoku/ホーム/小島勝治の部屋).

---

61 대판민속담화회는 현재도 활동하고 있는 킨키민속학회(近畿民俗学会)의 전신이다. 이 담화회의 최초 모임은 코타니 미치아키라(小谷方明, 1909-1991)에 의해서 1934년 11월 11일 오사카부 사카이시의 하마테라 공원(浜寺公園)에 있는 우미노이에(海の家)에서 개최되었다. 『여행과 전설(旅と伝説)』 제85호(1935년 1월)에 게재된 「대판민속담화회의 기록(大阪民俗談話会の記録)」(宮本常一 記)에 따르면, 당시 출석자는 사와타 시로사쿠(沢田四郎作, 大和), 미나미 카나에(南 要, 阿波), 사쿠라다 카츠노리(桜田勝徳, 陸前), 미야모토 츠네이치(宮本常一, 周防), 이와쿠라 이치로(岩倉市郎, 喜界島), 스즈키 토이치(鈴木東一, 和泉), 스기우라 후쿠베(杉浦 瓠, 河内), 코타니 미치아키라(小谷方明, 和泉) 등 8명이었다(괄호 안의 지명은 출신지를 말함). 1936년 1월에 『킨키민속(近畿民俗)』 창간호가 발간되었다. 동인들의 글 몇 편을 기록해 둔다.
鈴木東一 1938.11. "紀伊伊都郡下津川婚姻習俗", 上方 95: 40-42.
杉浦 瓠 1938.11. "男木島の嫁とりのこと", 上方 95: 44-44.
杉浦 瓠 1940.7. "ガタロ, ヌシ: 第五十九回例会の記", 大阪民俗談話会々報 7: 1-2. 괴이와 요괴에 관한 것. 堺市史 続編 第六巻 색인. 杉浦 瓠 3-86(3권 86페이지에 나온다).

즉, 슈미트 신부는 1935년 10월 28일 오사카에서 개최된 야나기타 쿠니오의 환력 기념행사에도 참석함으로써 1935년 5월부터 10월까지 6개월 이상을 동아시아에서 체류하였음을 알 수 있다. 그의 동아시아 족적이 어떠한 학문적 공헌으로 이어졌는지 추적하는 것도 학사적 관심사 중 하나가 될 수 있다. 슈미트 신부가 동경에 체류하고 있는 동안 경성에서는 송석하의 가면극 관련 논문을 『Anthropos』에 게재하기로 약속("宋錫夏氏의 論文이 獨譯되어 墺國誌에", 東亞日報 5256호, 1935.7.20)하였다는 신문 기사가 나왔다. "민속학의 권위 송석하씨, 민속학잡지 '안토로포스'에 게재되게 되었다한다. …박사는 월전에 조선을 통과하는 때에 경성제대의 아키바(秋葉) 교수를 통하야 송씨의 논문을 우지(右誌)에 역재할 것을 송씨에게 교섭하였으며, 송씨는 이 논문으로서 그 중에 조선가면과 타국의 그것들과를 비교연구하는 부분이 인류학상의 조흔 참고가 될 것임에 박사가 착목한 것이라 한다".

가면극과 관련된 송석하의 논문들이 국제적인 맥락에서 인류학이란 틀 속에서 인식되고 있었다는 점에 대해서는 전혀 놀랄 일이 아니다. 『Anthropos』는 1906년 2월 비엔나에서 창간되었다. 유럽의 대표적인 인류학 관계 잡지였고, 발행되자마자 반 게넵(van Gennep)이 찬사를 보냈던 종교와 민족학 전문 잡지였다. 1935년 당시의 편집장은 슈미트의 후계자였으며 프리부륵대학(University of Fribourg) 민족학과장인 게오르그 횔트커(Georg Höltker, 1895 -1976)가 담당하고 있었다(Quack, 2006: 5). 슈미트와 송석하가 회동하였던 소식은 약 한 달 뒤에 그 내용이 기사화했다. 기자의 취재에 의한 기사가 아니고, 후일 송석하가 자신의 포부를 담은 기사 내용을 만들어서 신문사에 전달했을 가능성이 크다.

조선 가면극과 관련된 송석하의 글들이 『Anthropos』에 게재되기 위해서는 선별된 논문들이 독일어로 번역이 되는 절차가 필요했다. 슈미트 신부는 이 문제를 해결하기 위하여 어떠한 복안을 갖고 있었을까? 당시 비엔나에는 슈미트가 관계했던 비엔나대학 선사학연구소가 있었다. 비엔나대학에서 경제사 분야로 박사학위를 하였던 도유호(都宥浩, 1905-1982)가 그 연구소에 연구원으로 출입하면서 민족학과 선사학을 연마하고 있었다. 한흥수(韓興洙, 1909-?)는 1936년에 유럽으로 유학하였기 때문에 아직 비엔나에 도착하기 전이었다. 따라서 슈미트 신부가 송석하의 논문들을 도유호의 도움으로 번역할 수 있다는 복안을 갖고 있었다고 생각하는 것은 무리가 아니다. 슈미트 신부는 논문을 번역할 사람이 도유호라는 점도 송석하에게 언급하였을 것이고, 송석하도 그러한 사정을 알게 되었을 것이다.

그런데, 송석하의 논문은 『Anthropos』에 게재되지 않았다. 즉 번역 과정이 제대로 추진되지 않았음을 말한다. 도유호가 송석하의 논문들을 번역하는 작업에 적극적인 태도를 취하지 않았다고 말할 수밖에 없다. 송석하의 민속학과 조선의 가면극이 인류학이라는 학계의 세상에 알려지는 절호의 기회가 도유호의 간접적 사보타주로 봉쇄되는 일이 벌어졌다고 생각할 수밖에 없다. 송석하의 논문이 『Anthropos』에 게재되었더라면, 그리고 그 뒤에 전개되었을 사건들의 가능성을 생각해 보면, 학사라는 관점에서 참으로 아쉬운 순간이 매몰된 것이다.

동아일보에 송석하의 논문과 관련된 기사가 나간 뒤 정확하게 1년 뒤에 도유호는 진단학보에 「도유호씨의 서신(유아납으로부터)(都宥浩氏의 書信(維也納로부터))」(都宥浩, 1936.7.15)라는 제목의 글을 기고하였다. 그 기고문에서 도유호는 민속학 및 원시사학(民俗學及原始史學)을 전공하는 사람이라고 자신을 소개하였다. '민속학 및 원시사학'이라는 전공은 소위 민족학이라는 분야를 대신하는 명칭이었다. 민속학은 독일어의 Volkskunde이고, 민족학은 Völkerkunde를 말한다. 양자의 차이는 연구 대상의 집단이 단수인가 복수인가일 뿐이다. 말하자면, 당시의 도유호는 비엔나학파를 배경으로 민족학 분야를 연구한 최초의 조선인이었다. 그러한 기사를 본 송석하는 도유호를 어떻게 생각하게 되었을까? 양자는 최소한도 『진단학보』의 문통으로 상호 인지 정도는 유지하고 있었음은 틀림없다. 유럽의 전란을 피하여 1940년 초에 귀국하였던 도유호는 오카 마사오의 부름을 받고 1942년부터 1945년 초까지 만 3년간 동경과 요코하마에서 민족학 관련 서적(오스발트 멩긴의 저서)을 번역하면서 생활하였다. 도유호의 비엔나 생활과 동경 생활에 대해서는 필자의 별고를 참조하기를 바란다(전경수, 2018.6.30).

후일 해방 직후, 국립민족박물관장을 맡았던 송석하가 당시 서울에서 좌익을 위한 정치활동을 하던 도유호와 문통을 주고받거나 교류하였던 흔적은 전혀 찾아볼 수 없다. 미군정 하에서 도유호가 정치활동을 하지 않았더라면, 그가 국립민족박물관장의 후보나 서울대학교 인류학과 교수의 후보로 지목되었을지도 모를 일이다. 당시 미군정으로부터 국립박물관 관장으로 임명된 김재원이 도유호와 함흥고보 선후배의 동향으로서 절친이었을 뿐만 아니라 김재원의 혼례식에 유창한 독일어 축사를 했던 관계였기 때문에, 김재원이 도유호를 미군정의 요로에 추천할 수도 있었을 것이다.

6) 민속학의 공론화 및 체계화

송석하는 민속학이란 학문의 기본과 명칭에 대해서 공론화하는 작업도 하였다. "민속학이란 명칭을 누가 한자로 만들엇는지는 몰으나 군색하기 짝이 없는 문자(文字)다. 이 한자 까닭으로 세상에 오해받는 것이다. 애초에 민속학의 애조와 범위는 퍽 적었다. 가령 꾀꼬리(鶯)를 양주에서는 실연한 궁중 나인 죽은 넋이라 한다. 그러므로 그 우는 소리다. '머리 고-이 고이 빗고 백별감(白別監, 人名) 보고지고 더고게(峴名)로 고초장 사려'라고 한다고 한다. 바로 이것이 민속학의 순수한 대상이며 결코 앵속학(鶯俗學)이 아니다. …이월에부는 바람에는 신녀가 탔다하야 그것을 믿고 치성도 하는 것이다. 이것도 민속학의 대상이며 風(바람)俗學 영역은 아니다. 그럼으로 民俗學(Folk-lore)은 어로민이 포어할랴고 그물을 만드는 행동과 그물의 형태를 말하는 것이 아니고 그 그물로서 장차 고기를잡으랴할 때 하는 의식(儀式)뿐만을 말하는 것이다. …민속학 토속학 민족학 토속지(民俗學 土俗學 民族學 土俗誌) 이 네가지를 볼때마다 경계가 모호하다고 언제든지 느끼게 된다"(宋錫夏, 1935.8.).

영국식의 folklore에 한정된 의미의 민속학이란 용어에 대해서 동의하지 못하면서, 그 대안으로 '속전학(俗傳學)'(宋錫夏, 1936.3.1: 19)이란 용어를 제시하기도 하였다. folklore의 범위를 의식에 한정하는 민속학이란 용어에 불만을 품고 보다 넓은 범위를 지향하는 속전학이란 용어를 제시하고 있다. 민속학이란 학문의 용어 자체에 대해서 당시에 이렇게 깊이 있게 고민하고 천착하였던 인물은 송석하가 유일하였음도 확인해야 한다.

송석하는 당시 일본에서 시차를 두고 또는 개인에 따라서 혼용되었던 학문의 명칭에 대한 혼란스러움에 대해서도 불만이 있었다. 그가 구독하였다고 추정되는 민속학 계통의 잡지들인 『여행과 전설』과 『도루멘』 등에서도 민속학의 범위를 그렇게 제한적으로 정하지 않았다. 학문의 초창기에 있을 수 있는 일이라고도 생각할 수 있지만, 지극히 제한적인 민속학의 범위로 인하여 주변과의 소통에 문제를 일으킬 수도 있었을 것이다. 예를 들면, 손진태와 관계에 있어서 어떠한 조정과 타협이 이루어질 수 있었을까 의문이 든다. 이즈음 미국 인류학계에서는 문화인류학의 범주로 위에서 언급했던 네 가지 용어들이 모두 소화되고 있었던 점과 대조적이다(프란츠 보아스, 알프레드 크로버, 루스 베네딕트 등을 참조).

사진 58. 나의지농장(羅衣地農場) 두래(小遠景, 1935년 8월)

일본의 학문이 당시 독일을 중심으로 일방적인 소통을 했던 정황이 드러난다.

송석하는 "사물의 기원이란 단순한 한 가지 이유로만 되지 않는다고 보는 것이 타당하지 않을까한다"(宋錫夏, 1935.8.)라고 하거나 "민속학은 학계의 부분품 제작공장이다"(宋錫夏, 1935.8.)라는 견해를 피력하였다. 한편에서는 통합적인 시각에 대한 고려도 생각하고, 다른 한편에서는 부분품이라는 자료 발굴의 사명감에 대한 민속학의 역할을 다짐하고 있었다. 전체와 부분에 대해 생각이 잘 정리되지 않았던 상황을 읽을 수 있다.

1934년 연말에 해미로 이사했던 송석하는 서산군 일대에 대한 사진들을 답사 기록으로 남기고 있다. "서산 해미면 언암리 나의지농장(瑞山 海美面 堰岩里 羅衣地農場) '두래'(小遠景)"(1935년 8월), "충남서산군 부석면 유바위. 부석사 경내의 '부암'"(1935년 9월 17일), "충남서산군 인지면 Bochibawi"(1935년 9월 19일) 등의 사진들이 국립민속박물관 송석하 수집품에 소장되어 있다.

석남이 마에마 쿄사쿠(前間恭作, 1868-1941)에게 보낸 편지 한 통(1935년 9월 30일 소인)이 구주대학 자이산루문고(在山樓文庫, 후주55)[62]에 보관되어 있다. 참으로 정중한 문투의 편지다. 필자는 시라이 준(白井 順) 박사의 도움으로 이 편지를 입수하였고, 시라이 박사의 도움으로 해독하게 되었다. 아래에 전문을 해독하여 적었다.

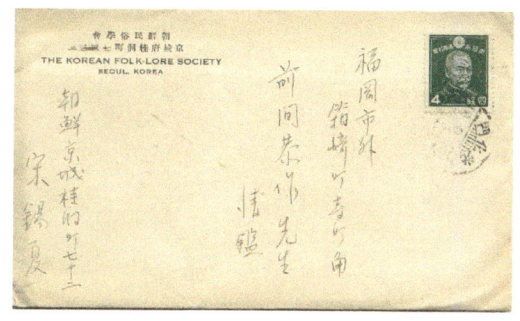

拝啓酣秋の折尊臺益々御清穆の段 奉大賀候

　小生秋葉隆 孫晋泰両氏の話より或は御著書等により 業已に十余年來敬慕仕り一度拝眉の栄を賜はり度と思居り候も未だその機会を得ず恟に残念に思居候處 曩日

　計らずも孫君より御労作「半島上代の人文」の御寄贈を辱し玩味再読に及び啓蒙する處多く就中新羅王世次と鉄原孤石亭真興王碑の事は御卓説と感銘殊に深きものに御座候 尚ほ先日方鍾鉉君 (城大朝鮮語科

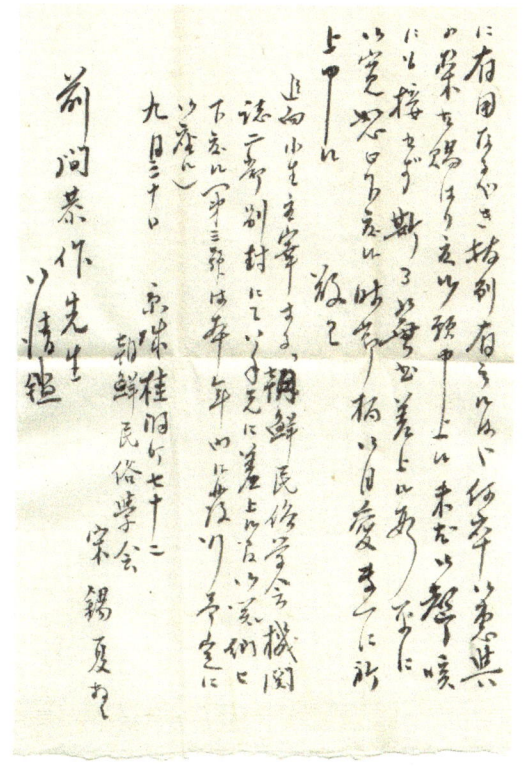

사진 59 & 60. 송석하가 마에마에게 보낸 편지(큐슈대학 자이산루 소장).

---

62 자이산루문고는 마에마의 조선학 관계 구장서와 문서류를 보관하는 서고이다. 그는 1891년부터 1911년까지 조선에 있었으며, 청일전쟁, 러일전쟁, 한일합방(조선으로서는 국권 피탈)이라고 하는 대사건의 통역관을 맡았다(시라이 준, 2011.12.31: 406). 마에마 쿄사쿠를 매개로 하여 사회학적 관점에서는 보이지 않는 사람들 간의 관계를 고찰하면서 조선학이란 무엇인지, 더 나아가 동양학이란 무엇인지를 재고(시라이 준, 2011.12.31: 424)한다는 점에서 송석하와 마에마의 사이에 존재하는 문통이 갖는 의미가 있다.

出身）より御尊著「朝鮮の板本」を借読し小生朝鮮に生を享けしもの恥入る程啓蒙され感激に堪へず小生も一部是非座右におき度と思居候も生憎発行所不明の為め（方君のは製本済にて住所無之候）注文出来ず残念に思居候間 甚だ乍恐縮発売所並びに定価御教示の程御願申上候

　尚ほ尊臺に於かれて處容舞に関する御発表有之候やと記憶致し候が若し左様なればその抜刷一部並び他に小生等若輩に有用なるべき抜刷有之候はば何卒御恵與の栄を賜はり度御願申上候 未だ御謦咳にも接せず斯る御蕪書差上ル段平になに御寛恕被下度候 時節柄御自愛専一に祈上申し候 敬呈

追而小生主催する「朝鮮民俗学会機関誌二部別封にて御手元に差上候度間御笑納被下度候（第三号は本年内に発行予定に御座候）

　九月三十日 京城桂洞町七十二

　朝鮮民俗学会

　宋錫夏 拝

　前間恭作先生

　御清鑑

가을이 한창인 이 계절에 삼가 올립니다.

선생님의 뜻이 더욱 아름다워지심을 경하드리옵니다. 소생은 아키바 다카시, 손진태로부터 말씀을 듣거나 저서를 통해 이미 10여 년 동안 경모해 오면서 한 번쯤 뵈올 수 있는 영광을 받고 싶다고 생각해 왔습니다만 아직 그 기회를 얻지 못해 안타깝기 그지없습니다. 지난번에 우연히 손(진태) 군으로부터 선생님의 노작 「반도 상대의 인문」을 기증받아 몇 번이고 음미하면서 읽으면서, 크게 계몽을 받았습니다. 그중에서도 신라왕세차와 철원고석정 진흥왕비에 대해서는 탁월하신 학설에 특별히 감명을 받았습니다. 그리고 얼마 전에는 방종현(경성제대 조선어과 출신) 군으로부터 선생님의 저서 「조선의 판본」을 빌려서 읽었는데, 소생 조선에서 삶을 누리면서도 부끄러움을 느낄 만큼 큰 계몽을 받았고 감격에 겨웠습니다. 소생도 한 부를 꼭 곁에 두고 싶습니다만 공교롭게도 발행소가 불분명하여(방 군의 책은 제본이 되어 있어서 주소가 없었습니다) 주문할 수 없어서 매우 안타깝게 생각하고 있던 차였습니다. 황송하기 그지없지만, 발행소와 정가를 가르쳐주시기를 부탁 말씀 올립니다.

또한 선생님께서 처용무에 관해 발표하신 적이 있다고 기억하고 있습니다만, 만일 그러하다면 그 별쇄본 한 부와 그 외에도 소생과 같은 젊은 사람들에게 유용할 만한 인쇄본이 있다면 그것을 은혜로이 받을 수 있는 광영을 베풀어 주시기를 바라옵니다. 아직까지 한 번 뵙지도 못한 분께 이러한 □ 글을 올리는 생각이 짧고 무례함을 용서해 주십시오.

계절적으로 더욱 건강하게 지내시기를 기원하옵니다.

경정

추신) 소생이 주최하는 『조선민속학회기관지』 2부를 별도로 봉하여 선생님께 드립니다. 즐거이 받아주시기를 바라옵니다(제3호는 올해 내에 발행할 예정입니다).

9월 30일 경성 계동정 72 조선민속학회 송석하 배상

마에마 쿄사쿠 선생님 청람

1935년 9월 30일 소인. 乙亥年

필자가 이 편지와 편지의 내용을 조선민속학회와 관련하여 소개하는 몇 가지 이유가 있다. 첫째, 조선민속학회라는 조직의 외관이 잘 드러난다. 인쇄된 편지 봉투를 보유하고 있고, 학회의 주소는 송석하의 자택이며, 영문으로도 학회명(The Korean Folk-Lore Society)을 표기하였다. 3개월 전에 빌헬름 슈미트와 만났던 것도 국제적인 감각의 배양에 어느 정도 역할이 있었을 것으로 생각된다. 송석하와 마에마 사이에 개입한 인사들의 이름이 조선민속학회와 밀접한 관련을 맺고 있는 분들이다. 예를 들면 아키바 타카시, 손진태 등이다. 송석하는 조선학의 원로인 마에마와 학문적인 교류를 원하고 있었다. 마지막으로 『조선민속』의 간행 준비에 관한 내용이 드러난다. 『조선민속』 제2호가 송석하에 의해서 간행된 뒤에 송석하가 서산군 해미로 이사하면서, 학회의 사

무를 편집과 서무로 나누어서 편집은 손진태가 맡고 서무는 이종태가 맡기로 하였다는 공지가 있었다. 그 후 편집을 맡았던 손진태가 제3호의 발행을 위해서 편집 업무를 어떻게 하였는지는 알 수 없지만, 이 편지에서 송석하는 『조선민속』 제3호를 1935년 안에 발행할 예정이라고 언급하였다. 그런데, 제3호는 예정대로 발행되지 못하였고, 1940년에 아키바와 송석하가 준비하여 발행하게 되었다.

발행이라는 절차는 편집 이전 단계 완성된 뒤에 가능한 작업이며, 적지 않은 양의 금전이 소요된다. 1935년 안에 발행될 예정이라고 송석하가 언급한 것은 제1호와 제2호와 마찬가지로 자신이 비용을 부담한다는 전제가 있었기에 가능한 기록이었을 것이다. 그런데 그 이전 단계의 편집이 이루어지지 않았기 때문에, 제3호는 예정대로 발행될 수가 없었을 것이다. 편집은 손진태가 맡는다는 내용이 이미 공개된 상태에서 손진태가 제대로 업무를 하지 않았다고 이해할 수밖에 없다. 이에 따라 『조선민속』은 아무런 예고도 없이 장기간 정간 상태가 되었다. 송석하의 마음이 편할 리가 없었을 것이다.

미궁에 빠진 『조선민속』은 조선민속학회라는 팀의 역할을 더 이상 할 수 없게 되었을 것이다. 송석하의 출판물 중에서 일간신문에 실릴만한 단문들이 아닌 장편들이 일간신문에 지속적으로 연재되었던 이유는 중도 하차한 『조선민속』을 대신하였다는 생각을 아니 할 수 없다. '조선의 전래음악과 그에 관계해온 음악가 즉 광대(廣大)', '광대와 그들이 전승하여준 음악의 조선문화사상 공헌' 등의 글들은 일반대중이 사회적으로 멸시하였던 인식과는 상당히 다른 관점을 갖고 있음을 분명하게 보여준다.

"고려사 열전 전영보전 목은집 권지33(高麗史 列傳 全英甫傳 牧隱集 卷之33)에 현재의 탈꾼을 지칭하는 것으로 해석된다. 이조중엽에 인형극배우라고 해석된다. 최세진(崔世珍)의 『훈몽자회(訓蒙字會)』에 '괴(傀)'자를 '광대괴', '뢰(儡)'자를 '광대뢰'라고 주석한 내용을 인용하였다. 이어 그 주에 '괴뢰가면희속칭귀면아(傀儡假面戱俗稱鬼面兒)'라 하야 괴뢰(傀儡)는 가면희(假面戱)라 명백히 말하얏다". "경상남도 진주의 이우문이패와 같은 쌍줄타기패, 합천 밤마리와 의령 신반리의 대광대패 같은 솟대타기패들이 그런 예들이다. 고려시대에는 '우리말로 가면을 쓰고 연희하는 사람을 광대라 한다'라는 기록이 『고려사(高麗史)』… 에 보이는 것처럼 가면을 쓰고 놀이를 하던 사람도 '광대'라 하기에 이른다"(宋錫夏, 1935.10.3-6/8/10/11; 宋錫夏, 1936.1: 4-18). "조선의 廣大는 假面을 쓰고 戱舞하는 者니 이것은 卽今日 山臺舞의 系統이다. 그러나 山臺匠이와 廣大는 분리되었다"(李能和, 1941.4.1: 216)는 이능화의 견해와도 일맥상통한 점이 있고, 특히 산대장이와 광대를 분리한 점이 송석하와 같은 견해로 간주된다.

문헌을 통한 고증 위에서 현재진행형의 가면극이나 인형극 등을 포함하는 광대의 전승 음악에 대한 장래의 문제를 걱정하는 논고다. 이후에 "쌍화점가요(雙花店歌謠)에서 잊어서는 아니될 점(點)은 회회인(回回人)들이 광대(廣大)란 이름과 함께 불려져 있는 것이다. 이것은 지금(只今) 우리가 광대(廣大)라고 일컫는 것이 애초에 서역인(西域人)의 기예인(技藝人)들을 불를대서 시작(始作)한 것이 아닌가 하는 한 증좌(證左)를 주는 것"(閔泳珪, 1942.7.: 67)이라고 평가한 민영규가 이미 송석하에 의해서 제기되었던 광대와 관련된 논고를 인용하지 않은 것을 인용에 소홀한 당대의 관행이라고만 치부할 일은 아닌 것 같다. 피아간에 선행 논고의 인용에 인색하였던 점이 후일 학문 발전의 저해 요인으로 작용하고 있음에 대한 경각심을 요구한다.

송석하가 일간지(宋錫夏, 1935.10.3-6/8/10/11)와 월간지(宋錫夏, 1935.12.)의 대중매체에 집중적으로 단기간 내에 이러한 장문의 논고를 발표하였다는 사실에 대해서 특별한 의미를 부여하고 싶다. 유사한 내용을 동경에서 발간되었던 연극 관계의 전문 학술지(宋錫夏, 1936.1.)에 투고하기도 하였다. 구제 민속지의 목적을 달성하려는 의지의 실천일 뿐만 아니라 대중을 향한 계몽의 문제를 중요하게 인식하고 있었음을 알 수 있다. 이 즈음 송석하에게는 구제와 계몽이 어우러진 이론화의 작업이 선명한 목표로 다가온 것이다. 민족학의 세계적인 석학 슈미트가 송석하의 논문에 관심을 보였던 1935년 여름부터 시작해서 1936년 사이, 송석하는 조선 민속학 내에서도 광대론(廣大論)을 확립하기 위한 논문들을 연속적으로 출판하였음이 분명하다. 그의 논고들로부터 학문적인 성과에 대한 성취감과 이론화를 위한 자신감을 읽을 수 있다.

'송민'의 핵심이 겨냥하고 있는 이론화의 진행이 이 시점에서 멈추어 버린 점에 대해서 아쉬움이 남는다. 광대(廣大, 토착 서민사회의 문화)로부터 가면희(假面戱, 사대부에서 이해한 것)를 거쳐서 일제 식민지 시기에서 근대적인 연극 개념이 삽입된 가면극(假面劇)으로 고착되는 과정을 보게 된다. 송석하가 그 시발점의 플랫폼 축조에 심혈을 기울였다는 점만큼은 분명한 사실이다. 송석하의 광대론은 새롭게 조명해야 할 과제들을 안고 있음도 외면할 수 없다. 문제의식을 좀 더 소급시킨다면, 무당과 광대의 역사적 관계와 사회적 기능의 분화에 대한 논의가 연구자들을 기다리고 있다.

송석하는 조선 민속을 분류하려 시도하면서 외형적인 것과 내재적인 것을 대별하고, 전자는 변화 비율이 높고 후자는 낮다고 정리하였다. 이를 구성하는 다섯 가지의 항목(신앙, 예술, 윤리, 유희, 기타 기습)을 제시하였음은 방법론적 성숙도를 가늠하기에 모자람이 없다. 신앙은 일상생활에 종교적인 요소가 조금이라도 포함되면 모두 여기에 해당한다고 정리하였다. 예술에는 무용(神事舞, 민속무), 조형미술, 민요 등이 해당한다. 윤리에는 궁색한 말이지만 혼례와 상례 등이 해당한다. 유희는 연중행사의 국민 오락을 말하고, 기타 기습은 일종의 풍습 에피소드를 포함한다. 볏가리(화간)를 설명하면서 성현(成俔) 등이 저자로 되어 있는 『대동야승(大東野乘)』에 수록된 이자(李耔, 1480~1533)의 「음애일기(陰崖日記)」(1509년 9월-1516년 12월)를 인용하였다. "국속어원월망일 박고작곡수연대 상다실 가목통색 이기년곡(國俗於元月望日 縛藁作穀穗連帶 象多實 架木通索 以祈年穀)". 정월대보름 밤에 달집을 만드는 방법을 간략하게 기록하고 있다. 1934년 2월 28일 진주의 수정산에서 찍었던 '달문' 사진이 위의 기록을 증거하고 있음을 알 수 있다. 진주의 '달문'이 위의 기록을 인용하도록 하였을 것이다.

이 내용이 후일 『동국세시기(東國歲時記)』와 『경도잡지(京都雜志)』에도 계승되고 있다. 송석하는 "샤마니즘문화권 내에 있는 서백리아의 입간(立杆)과 만주의 신간(神竿)인 색륜간(索倫杆)하고도 혹사한 것을 생각할 때에 우리는 단순한 조선의 문화라고 일언이폐지할 경거를 삼가하여야 할가한다"(宋錫夏 1935.12.: 137-138)라고 주장하며, 민족학적 안목 속에서 조선 민속을 이해하려는 입장을 피력하였다. 또한 비교라는 안목으로 조선 문화의 특징을 설명하려는 의지도 보여주고 있다.

자문화중심주의를 경계하는 송석하의 입장으로부터 문화보편성을 지향하는 관점에 근거한 학문하기의 기초를 독해할 수 있다. 부분적이긴 하지만 보편성을 지향하고 있음을 분명하게 밝힌 송석하의 글 읽기가 인류학으로부터 자양분을 공급받은 흔적을 보인다. 진주의 "떱애기'는 일종의 지신진압무용"(宋錫夏, 1935.12.: 140)이라고 풀이하였고, 보름날의 '달문'에 관한 언급도 있다. 마산포 성신당(星神堂) 사진은 인쇄 과정에서 거꾸로 게재(宋錫夏, 1935.12.: 140)되는 해프닝도 있었다.

송석하는 조선 가면극을 중선의 산대극, 서선의 탈춤, 오광대급야류 세 가지로 대별하면서 모두 야외극이라는 공통점이 있다고 정리하였다. 특히 오광대에 대해서는 "초계(草溪) 밤마리 대광대(竹廣大)는 의령군 신반(新反)의 대광대와 하동군 목골의 사당과 남해군 화방사(花芳寺)의 중매구를 더부러 유명하던 것"(宋錫夏, 1935.12.: 142)이라는, 지리적 분포와 상호 영향 관계를 언급하여 촌평하였다. 이 부분에 대해서 송석하는 더 이상 집중하여 자료를 수집하지 않았다. 여러 가지 사정이 있었을 것으로 이해할 수 있지만, 70~80년이 지난 현재, 사찰의 걸립패와 관련된 소수의 연구(송기태, 2006; 손태도, 2017)들이 송석하의 선행 언급에 대해서 전혀 인용도 하지 않을 정도로 잊힌 상태로 답보하고 있는 점은 안타깝기 그지없다. 이어서 송석하는 『악학궤범』의 저자 성현(成俔, 1439~1504)의 『허백당집(虛白堂集)』에서 대광대를 "장간견한구평지(長竿俔漢九平地)"(宋錫夏, 1935.12.: 142)라고 설명한 것을 소개하였고, "조선의 가면은 종교의 양방면에 사용되어, 또한 양자간에 밀접한 유기적관계"(宋錫夏, 1935.12.: 143)를 언급하였다.

잡지 『연극학(演劇學)』(1936년 1월호)에 게재했던 것을 일본 측의 자료들을 보완하여 광대론으로 발전시키려는 시도가 확인된다. "괴뢰자(傀儡子)는 조선의 사당과 혹사(酷似)한 것"(宋錫夏, 1936.2.: 255)이고, 일본 중세의 유학자이며 가인이었던 오에노 마사후사(大江匡房)[63]의 『쿠이라이시노키(傀儡子記)』를 인용하면서 일본식 괴뢰(傀儡くぐつ)와 연동되는 초보적인 가면과 관련된 연구가 광대론으로 발전하는 모습의 초입 단계를 상정하여, "괴뢰자의 일본발음이 쿠구츠(久久豆-クグツ)로 …조선에 연관된 것"(宋錫夏, 1936.2.: 256)이라는 견해를 피력하였다. 오에노의 저서 이름은 『일본괴뢰자기(日本傀儡子記)』가 아니고 『괴뢰자기(傀儡子記)』이다. 당대에 대체로 그러한 경향을 보이는 것이 일반적이긴 하지만, 정확한 인용에 충실하지 못했던 송석하의 글쓰기에 대하여 다시 한 번 안타까움을 금할 수 없다.

63　大江匡房(おおえのまさふさ, 1041-1111)는 헤이안(平安) 시대 후기의 유학자였으며, 가인(歌人)이기도 하였다.

광대론과 관련하여 송석하가 선행연구들을 어떻게 취급하였는지 점검할 수 있는 또 다른 자료를 검토하고자 한다. 대북제국대학 총장을 역임하였던 일본어학자 안도 마사츠구(安藤正次, 1878-1952)는 「쿠구츠(괴뢰자)명의고: 부록(久久都-傀儡子名義考: 附錄)」(安藤正次, 1924.3.20: 277-288)이라는 문서에서, 이 단어에 대하여 최소한도 두 가지 의미를 제시하고 있다. 하나는 "'아마(海女)'를 바다에서 수확물을 담는 대(袋) 또는 롱(籠)"(安藤正次, 1924.3.20: 284-285)의 의미로 사용하며, "『와묘쇼』(和名抄)(和名類聚抄가 원명칭이고, 일본 헤이안 시대 중기에 만들어진 사전과 같은 서적-필자 주)에서는 쿠구츠(傀儡)를 구구두(久久豆)로 기록하고, 목우인(木偶人), 즉 인형(人形)이라고 주석을 인용하였다. 한편 테쿠구츠(てぐつ)라는 표현도 있는데, '테'는 손[手]을 말하고. '테쿠구츠'는 손으로 조종하는 인형극을 말하는 것"(安藤正次, 1924.3.20: 278)이라고 풀었다. 안도가 "최세진의 훈몽자회에서 괴뢰의 조선어는 광대(Koang tai)"(安藤正次, 1924.3.20: 285)라고 한 인용도 참고가 된다.

일본에서 근대학문이 시작된 이래 쿠구츠(クグツ)에 대하여 언급한 최초의 경우는 야나기타 쿠니오일 것이다. 그가 이타카(イタカ)와 산카(サンカ)라는 신앙집단의 천민들을 언급한 내용이 〈인류학잡지〉에 등장한다. 야나기타는 이 글에서 괴뢰를 쿠구츠로 읽은 사례를 제시하였다(柳田國男 1912.2.10: 77-80). 안도는 야나기타의 글을 인용하지 못하였다. 이러한 원전들을 서지학적으로 추적한 결과를 정리해보면, 송석하의 인용은 정확히 말하면 선택적 인용이다. 말하자면, 내용과 관련된 전체를 인용하는 것이 아니고, 자신의 견해에 들어맞는 부분만을 취사선택하여 인용하는 경향이 있다고 지적할 수 있다.

송석하의 민속학적 자료 소개는 장르를 달리하여 조선 부녀의 스포츠라는 측면에서 관찰되기도 하였다. 널뛰기, 그네, 줄다리기, 놋다리밟기 그리고 강강술래 등을 스포츠로 조망한 것은 지극히 현대적인 감각이 돋보이는 계몽의 차원으로 이해될 수 있다. 1719년 청국의 책봉사로 유구국을 순방하였던 서보광(徐葆光, 1671-1723)이 지은 『중산전신록(中山傳信錄)』(1721년 발행)을 인용하여 널뛰기(跳板舞)를 설명하였고, 그네에 관해서는 중국 문헌인 『삼여청사(三餘淸事)』를 인용하여 진단(辰旦)에서는 왕공대인의 관람용으로 여자들에게 그네를 타게 했다고 설명하였다. 또한 『동국여지승람(東國輿地勝覽)』을 인용하여 제주도에서는 줄다리기를 조리희(照里戱)라고 남녀가 함께 참여하여 승부를 겨루는 것으로 소개하였다. 안동의 놋다리밟기를 민요와 함께 소개하고, 전라도의 강강술래는 모라비아의 농민원무나 헝가리와 루마니아의 수확제에 등장하는 원무들과 대조하여 설명하고 있다(宋錫夏, 1935.11.). 송석하는 신라멸후천년회고(新羅滅後千年回顧)라는 특집에서 신라의 신화전설을 민속이라는 장르에서 소개하는 것(宋錫夏, 1935.12.1.; 石南山人, 1935.12.1)과 가면을 쉽게 풀어서 설명한다든지(宋錫夏, 1936.4.), 추천의 유래를 소개하면서 석북 신광수(石北 申光洙, 1712~1775)의 평양단오시(平壤端午詩)도 인용하는(宋錫夏, 1936.5.) 등 계몽적인 작업에도 손을 놓지 않았다.

조선민속학회의 결성을 중심으로 송석하는 조선에서 민속학이란 학문의 자리 잡기에 총력으로 헌신하였다. 한편에서는 자료를 발굴하고, 또 다른 한편에서는 계몽에도 앞장섰다. 그가 민속학을 직업으로 삼기 위한 발판을 구축하던 과정을 읽을 수 있다. 현장을 다니면서 자료를 찾는 작업과 아울러서 민속학적 자료들의 역사적 연원을 찾기 위한 고문헌 탐색에도 정성을 쏟았다. 식민지 조선에서 민속학이란 학문이 뿌리를 내리기 시작하는 시기에 송석하가 물심양면으로 헌신하였던 면모를 읽을 수 있었다. 그러한 과정이 있었기 때문에, 우리는 지금 송석하를 조선 민속학의 선구자라고 일컬을 수 있는 것이다. 그 과정에서 식민지라는 준엄한 현실과의 긴장감에 관한 문제와도 결별할 수 없었던 당대 지식인의 고뇌도 생각하게 된다.

7. 민속의 진작과 조사연구: 구제(救濟)를 위한 타협

1) 민속극

『조선민속』의 창간호에 썼던 구제 민속지의 의지가 진하게 묻어나는 글이 발표되었다. 민속의 진작을 위한 적극적인 서사를 개진하는 송석하는 전래경기와 오락의 조사연구준비위원회(傳來競技, 娛樂의 調査硏究準備委員會)의 조직을 제안하면서 "일본청년관 주최의 향토무용민요대회와 획일한 주관하에 할 것은 물론"(宋錫夏, 1936.1.1)이라고 하였다. 거의 같은 시기인 1934년도 봄에 있었던 향토무용민요대회에 대한 비판이 표면화되어 1935년 중반까지도 이어졌었던 점과는 판이하다. 어떤 계기가 있었는지 정확하게 포착할 수 없지만, 총독부의 민속과 관련된 정책을 대하는 송석하의 태도에 적지 않은 변화가 있었음은 분명하다. 식민지배자의 구미에 맞는 국책 지향의 사상을 양보하더라도 전통문화의 요체인 조선 민속의 구제만큼은 양보할 수 없다는 배수지진으로 타협을 선택한 것으로 생각할 수 있다.

동경에서 있었던 하야카와 코우타로(早川孝太郎)의 일본청년관과 코데라 유키치(小寺融吉)의 작업에 대한 비판과는 전혀 방향이 다르다. 전말을 보면 다음과 같다. 하야카와 코우타로는 "제5회 (향토무용민요대회에) 시즈오카현 니시우라(西浦)의 텐가쿠(田樂)를 비롯한 출연들은 … 당사자의 향토생활에 대한 몰이해의 희생도 결코 적지는 않았다. 이것들은 귀중한 전통의 파괴로서, 표면화되지 않은 것들의 대표 격이다. 이것들을 남

모르게 할 수밖에 없었던 것은 결코 청년관의 무대나, 봄의 명물을 보존함 또는 일부 연구자의 편의를 위해서도 아니었음이 틀림없고, 보다 큰 것으로 건설해 나가려는 목적"(早川孝太郎, 1935.5.1.: 69)이라는, 거국적인 동원 정책을 겨냥하여 비판하였다. 또한 "(향토무용민요대회는) 너무나 경박하다는 느낌이 든다. … 요컨대 지금 작게 향토를 본위로 하고, 이곳에 꼭 맞는 방식을 생각하고 있으므로, 그러한 방향으로 지도의식을 마구 휘둘러주기 바란다고 하는 것은 아니다"(早川孝太郎, 1935.5.1: 69)라는 견제적인 지적도 서슴지 않았다.

국책을 대하는 중심부의 입장과 주변부의 입장이 갈릴 수밖에 없는 것은 지극히 정치적인 상황으로부터 비롯된 것이라고 이해할 수 있다. 식민지에서 살아가야 하는 지식인이 하야카와가 동경에서 설파하였던 것과 같은 비판을 공개적으로 한다는 것은 상상할 수도 없었다. 그렇게 하지 못하는 식민지 지식인의 고뇌라는 현실이 있다는 점도 감안해야 한다.

송석하가 총독부의 정책에 대하여 입장 변화를 보이는 것은 식민지의 현실을 감안한 고육적 타협책의 일환이라고 해석하지 않을 수 없다. 한편에서는 『조선민속』 제3호가 자신의 의지대로 발행되지 못하였음에 대한 반성과 회한도 작용하였을 것이다. 조선민속학회의 동지들과 함께 전개하고자 했던 최소한의 활동이었던 『조선민속』의 발행이 순조롭지 못한 점에 대한 대안 모색에 들어갔던 시점이 1935년 연말 정도일 것 같다. 새해를 맞으면서 새로운 각오로 일대 방향 전환을 시도한 것이 총독부와의 타협이었을 것이다. 일방적인 타협만으로는 조선 민속과 민속학의 진작이 쉽지 않을 것을 감안하였던 송석하는 민속학의 학문적 성격을 계몽하는 작업에도 게을리하지 않았고, 일간지에 민속학을 소개하는 작업에 심혈을 기울이기 시작하였다. 그야말로 진통의 시간이 이어지고 있었음은 두말할 나위도 없다.

무속과 가면의 관련성은 중요한 연구 주제였으나 시종 개봉되지 못한 채로 되뇌어지고 있었음에 주목하게 된다. '송민'의 저변에 도사리던 과제였음을 다시금 추적하게 되고, 그 과제는 한 세기를 바라보는 현재의 시점에서도 제대로 풀어지지 않은 유산으로 남아 있다. "경기도개성군덕물산의 무격의 신전에 제사를 드리는 가면을 '광대'라고 부르고, … 경상북도안동군하회리의 신당에 부락수호를 위하여 제사를 지내는 가면을 '광대'라고 부른다. … 남선의 가면극 오광대에 사용하는 가면 5개 모두 광대라고 부른다"(宋錫夏, 1936.1.: 19)라는 진술이 담고 있는 광대론이 샤머니즘이라는 민간신앙과 어떠한 연관이 있는지는 현재까지도 풀어야 할 과제로 남아 있다.

한 덩어리로 고찰되어야 할 '무속과 가면'의 문제에 대한 송석하의 인식은 분명했다. 그러나 그것을 풀어낼 엄두를 내지 못했던 것이 당대 '송민'의 현실적일 뿐만 아니라 이론적 한계였다. 이론을 제대로 갖추지 못했기 때문에, 민속지적 현상의 관찰이 벽에 부딪힐 수밖에 없었다는 사실을 직시하게 된다. 한편 송석하에게는 사라지는 민속 현상의 구제가 '발등의 불'이었음도 인지해야 한다. 대표적인 구제 민속지의 작업이 월간지 『신동아』에 1935년 12월부터 1936년 8월까지 연재되었던 '조선각도민속개관(朝鮮各道民俗槪觀)'이다.

동아일보사 북청지국(北青支局)의 배관협(裵寬協)이 송석하에게 보낸 편지(1934.1.31)를 보면, 송석하는 자신이 연고를 맺고 있는 신문사의 지국들을 통하여 인멸하는 민속극을 찾는 작업을 이전부터 지속적으로 하였음을 알 수 있다.

편지는 "하문하옵신바구력정월십오일(舊曆正月十五日)에(소위-所謂탈춤이라는것은)무의식

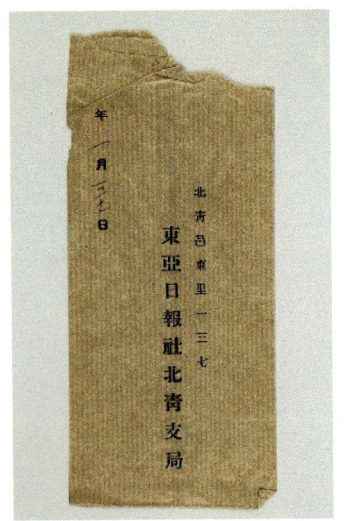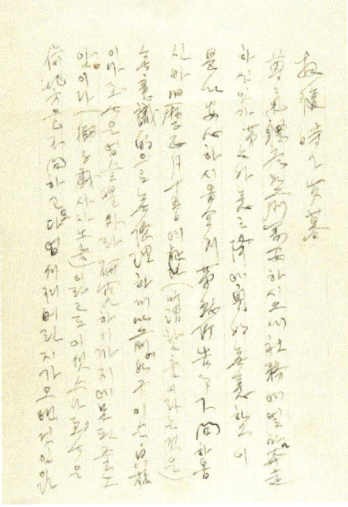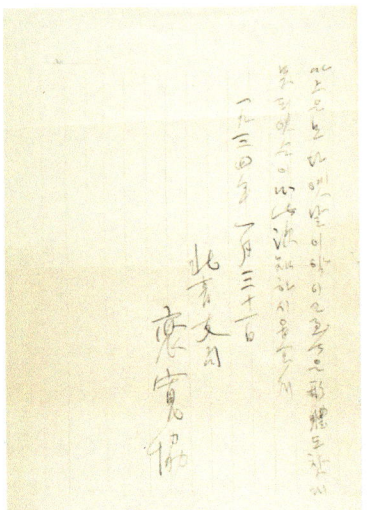

사진 61, 62, 63. 배관협으로부터 송석하에게 온 편지(1934.1.31)

사진 64, 65, 66, 67. 1936년 2월 7일 북청가옥과 동기여복. 북청읍동리. 사진의 이면에 '송석하선생이 1934년에 찍은 사진이며 송선생의 누이동생 송석혜여사 소장 사진'이라는 캡션이 있으나, 이것은 잘못되었다.

적(無意識的)으로무조리(無條理)하지만전(前)에약간이슨모양(模樣)이나지금(至今)은업슬뿐외(外)라연구(研究)하기까지에못된줄노암이다(사자희-獅子戲사자노름)이라고도이섯으나지금(至今)은하지방(何地方)을불문(不問)하고모다업서져버린지가오래임이다. 이상은모다 옛날이약이고지금(至今)은형체(形體)도찻게못대앗슴이다"(편지 원문 그대로 한자만 한글로 적은 것을 삽입하였음-필자 주)라는 내용이다. 이 진술에 의하면 남선의 동래와 통영에서 확인되고 있는 탈춤은 외부 문물이 먼저 들어갔다고 생각되는 북선 지방에서부터 먼저 없어진 것 같다.

그러나 송석하가 보유하였던 사진 자료들에 의하면, 북청의 사자춤이 당대에 존재하였음을 확인할 수 있다. 지역 토박이 제보자들의 진술도 믿을 바가 되지 못했던 듯하다. 북청에서 현장 확인에 성공하였던 송석하는 사자무와 관원노리까지 발굴하였다. 그날(1936년 2월 7일)은 정월대보름이었다. 배관협의 편지를 받고 꼭 2년 뒤에 송석하는 북청 지역의 당지 연구에 나섰던 셈이다. 민속학이 직업이었음을 실천한 송석하의 족적을 실감하게 된다.

2) 솟대

충청도의 솟대에 대해 논의하면서(宋錫夏, 1936.2.) 손진태만 인용하고 말 것이 아니라 이마무라 토모에에 의해서 십 년쯤 전에 지적된 논고를 인용하는 정성을 쏟았으면 좋았을 것이다. 이마무라는 '일본, 조선, 지나의 동일계통 민속(民俗)으로서 조숭배(鳥崇拜)'(今村 鞆, 1927.6.1b: 32)를 논한 바 있다. 이렇듯이 재선(在鮮) 일본인들이 남긴 작품들에 대한 철저한 검토의 과정이 없었다는 점이 '송민'이 갖는 한계의 하나라고 말할 수 있다. 재선 일본인들이 남긴 글 중에는 총독부 직원들의 조선에 대한 소감 정도로 일회적인 조선 민속에 대한 글들도 많이 있지만, 이마무라와 같이 조선 민속에 대해서 일가견을 갖춘 인사들의 글들도 사실상 적지 않았다는 점을 간과할 수 없다.

이수정·김수현 공편의 『한국근대음악기사자료집(권1-10)』(2008년 발행) 권6의 420-424쪽에는 사당패, 권6의 493-497쪽에는 기생과 관련된 원문의 복사본이 수록되어 있다

사진 68. 1935년 11월 20일 대전부 동광교 반(大田府 東光橋 畔) 목장생 석장생[遠景] 소도. 장생과 소도가 하나의 세트로 설치되어 있음에 주목하게 된다.

(이수정·김수현 편, 2008). "송석하는 그의 호인 석남(石南)뿐만 아니라 백화랑(白花郎), 석남사내 등으로 필명을 쓰기도 했다"(김수현, 2022.5.7: 341-342)라는 주장을 검토한 결과, 사실과 다르다는 점을 발견하였다. 『조광(朝光)』 2권 8호의 목차에는 신정언(申鼎言)이라고 되어 있는데, 본문에는 백화랑(白花郎)이라고 기록한 것으로 보아서, 백화랑은 송석하가 아니고 신정언의 필명임을 알 수 있다.[64] 필자의 과문 탓인지는 몰라도, 송석하가 자신의 필명을 '백화랑'이라고 기록한 경우는 한 건도 발견하지 못하였다. 따라서 송석하의 필명에 대한 김수현의 기록은 수정되는 것이 바람직하다.

---

64 申鼎言 1936.3. "잃어버린 民俗 - 沙鉢通文", 朝光 2(3):
      1936.8. "잃어버린 民俗 - 社堂牌", 朝光 2(8):
      1936.10. "잃어버린 民俗 - 妓生의 特色", 朝光 2(10):
      1937.1. "잃어버린 民俗 - 줄무지", 朝光 3(1): 297-301.
      1937.2. "잃어버린 民俗 - 동지예물", 朝光 3(2): 259-261.
      1937.3. "잃어버린 民俗 - 공자제국놀이", 朝光 3(3): 263-266.
  申鼎言 1946 救恤國史. 서울: 啓蒙俱樂部.

통속적인 일간지의 지면을 이용하면서도 "통속적이라기보다 진지한 학도의 연구자료로 공(供)하는 일방 주관(主觀)을 가미(加味)하지 않이한 문헌(文獻)으로 남기고저 하는 방법"(宋錫夏, 1936.3.: 93)을 추구한다고 기록한 점으로 보아서, 송석하는 주관을 배제한 민속지를 작성해야 한다는 인식을 분명하게 하고 있다. 또한『동국여지승람(東國輿地勝覽)』김화조(金化條)의 정보를 인용함으로써 문자 사회를 배경으로 한 민속학이 지향해야 할 방향을 제시하고 있다. 따라서 문자 기록과 관련하여 주관이라는 문제를 고려한다는 것이지, 관찰자료와의 관련성 속에서 주관의 문제를 거론한 것은 아니다. 송석하는 민속지 작성의 방법론이라는 문제를 깊이 있게 성찰할 단계에 도달하지는 않았음을 확인할 필요가 있다. 한편 송석하는 김화성황(金化城隍)을 1771년에 건축된 것으로 고증하였다. 그렇게 해서 재구성한 성황당의 모습은 '큰城隍'(1885년 건축), '할미당'(없어짐), '애기城隍'의 삼당일련성황(三堂―聯城隍)을 구성한다고 정리하였다. 중간 것이 삼사노수(三査老樹) 옆에 있다고 하였는데, 삼사(三査)라는 나무에 대해서 알 길이 없다. 말미에 춘천아리랑 채록 분을 첨부한 것도 흥미롭다. 이 부분에 대해서는 아리랑을 전문으로 연구하는 관계자의 후고를 기다리고 싶다.

송석하는 "산대극 제12과장의 마지막 장면에 '신하래비와 미알할미등장, 인생의 무상을 느끼다가 사랑싸움을 하야 미알할미 자살(自殺), 아들 '독기'가 등장하야 변고를 친자(親姉)에게 알녀서 무격(巫覡)의 의식인 진오기를 성대히 하야 망령을 위로한다"(宋錫夏, 1936.4.: 88)라고 고찰하면서, 무속과 산대극의 관련성을 제안하고 있다. 가면극과 가면을 고찰하는 송석하가 줄기차게 무속과의 관련성을 언급하면서도, 구체적인 분석적 연구를 미루고 있었다는 점이 확인된 셈이다. 송석하의 과제는 현재까지도 과제로 남아 있다는 사실이 안타깝다.

당시 무속이라는 주제를 경성제대의 종교학자 아카마쓰 치조와 사회학자 아키바 타카시가 집중적으로 연구하고 있었다는 정황도 무관하지 않을 것 같다. 그들은 조선민속학회의 주요 참석자들이었을 뿐만 아니라 소위 학문의 전당이라는 제국대학의 교수들이었고, 샤머니즘은 목하 그들이 집중적으로 연구를 진행하고 있었던 분야였기 때문에, 송석하는 그 문제를 섣불리 건드리는 것에 일말의 불안감이 작동되었을지도 모른다. 그들이 조선 무속을 집중적으로 연구하고 있었다면, 송석하 자신은 가면과 가면극 쪽으로 연구 방향을 설정하는 태도를 유지하려는 입장이었을 지도 모른다. 송석하가 그냥 단순히 무속에 대해서 심도 있는 연구를 비껴갔다고만 말할 수 없었던 상황이었음은 분명하다. 무속과 가면(극)의 관련성에 관한 연구는 아직도 본격적으로 접근된 적이 없었다는 점만큼은 분명하며, 송석하 이래 조선 민속학 최대의 과제 중 하나일 것이라는 생각이 미친다. 양자가 결합한 연구 결과의 양상은 어떻게 전개될 수 있을 것인가? 이 주제에 도전하는 학도의 활약을 기대해 본다.

재가승(在家僧)(宋錫夏, 1936.6.: 76-78)의 생활상을 논하는 송석하는 "그들은 노력해서 동화하려는 것이다. 이것은 북해도의 아이누족하고 유사한 현상이라고 하겠다"(宋錫夏, 1936.6.: 77) 또는 "재가승이 될수록이 일반민과 생활양식을 같이하려고 하는 까닭으로 그 언어, 풍속 기타가 전연 차별이 없으나 그 용모만은 여전히 일반민하고는 의연히 상이하여 자연과학자가 체질인류학상으로 연구하려는 것도 실상은 여기에 있는 것이다"(宋錫夏, 1936.6.: 77-78) 정도의 피상적 견해를 밝혔다. 재가승에 관해서는 이미 적지 않은 문헌들이 간행되어 있었고, 그중에서도 선행 출판되었던 두 가지 문서를 도외시한 점은 심심한 유감으로 남는다.

이 지면을 통해서 두 가지 문서를 출판연도순으로 소개한다. 하나는 조선총독부의 고적 조사원으로 현지를 답사하였던 이마니시 류(今西 龍, 1875-1932)의 글이고, 다른 하나는 해당 지역을 군사적으로 담당하였던 헌병분대원의 기록이다. 이마니시는 조선총독부의 고적 조사원 신분으로 1914년 10월부터 11월 사이에 구 육진소재(六鎭所在)를 방문하였다. 1912년 8월 12일 만들어진 함경북도청서기 허 일(許 鎰)의 보고서 「청진부일방면무산군회령군종성군온성군각관내급간도고적조사의 전말(淸津府一方面茂山郡會寧郡鐘城郡穩城郡各管內及間島古蹟調査の顚末)」로부터 발췌한 내용이 이마니시가 작성한 문서에 인용되어 있다. 즉 이마니시가 소개하는 글에는 허 일의 보고 내용이 포함되어 있다. 그 내용을 축약해서 정리하면 아래와 같다.

재가승들은 군수(군막 등) 운반, 관급용 황지(黃紙) 제조에 종사하거나 토호의 노예로 사용되었다. 서북경략사 어윤중(魚允中)이 악습 철폐를 전제로 하여, 그들에게 종이 제조업에만 종사하도록 하였다. 조선총독부는 헌병 분파 후, 그러한 제한을 철폐하였다. 재가승은 모두 여진인이며, 회령 경내에 5, 6백 호 남았는데. 그들의 풍속은 퇴속하였다(今西 龍, 1915.3.1: 53). 부령군 군참사(富寧郡 郡參事) 박병조(朴秉朝)의 진술도 인용되었다. 재가승은 부령군 이북에 주로 분포하고, 특히 온성군의 산속에 재가승 마을이 많다. 한 부락에 한두 명은 독경한다. 그들은 화전으로 먹고살고, 종이를 많이 만든다. 재가승의 처는 대유녀(大乳女)라고 칭한다. 재가승에게는 멸칭으로 승노(僧奴)라고 부른다. 조선인들이 그들을 천시한다. 군청의 조사에 의하면, 회령군의 재가승 부락에는 용흥면용성동자회전동(龍興面龍成洞字檜田洞), 창두면창태동자박두동(昌斗面蒼苔洞字朴斗洞), 봉의면오류동자사기막동(鳳儀面五柳洞字沙器幕洞), 봉의면삼방동(鳳儀面三防洞), 봉의면상세동(鳳儀面上細洞)이 있다. 이상은 봉의면삼방동(鳳儀面三防洞) 재가승 강재훈(姜齋訓, 66세)의 담화다. 강재훈의 집에서 회령보통학교장 오사카 킨타로(大坂金太郎)와 담화한 결과다. 강재훈은 영산면(靈山面, 지금은 昌斗面에 편입) 재가승 부락에서 출생하여 20년 전 현재의 재가승 부락으로 이주하였다. 팔을보천(八乙甫川) 상류의 제일 후미진 이곳에는 보덕사(普德寺)라는 작은 절이 있다. 집마다 불상과 불구를 갖추고 있고, 마을의 부락민 사이에는 상하가 없이 평등하다. 장남이 상속한다. 구정 시대에는 종이와 짚신을 상납하여 세금으로 충당하였다. 남자는 동(銅)으로 머리를 빡빡 깎고, 여자는 보통 여인들과 동일하다. 사망하면 화장한다. 분골하여 동서남북 중의 바람에 날린다. 재가승은 '소고자(小鼓者)'(소고를 들고 의미가 불명한 노래를 부르며 표류하는 자. 주로 남선으로부터 왔다고 한다)를 지배하는 권리가 있었다고 한다.

이마니시 류(今西 龍)는 야마모토(山本) 통역을 사용하였는데, 재가승과 야마모토 통역 사이에 면장(회령군봉의면장 尹某)이 통역하였다. 재간도영사관조선총독부 경시 최기남(在間島領事館朝鮮總督府警視 崔基南, 1875-1946, 일진회 함경도회장 역임)의 이야기도 들었다. 노일전쟁을 위해서 회령과 청진 간에 철도를 부설했을 때 일반인들이 다 도망갔기 때문에, 재가승 사람들이 노역에 참여하였다. 그 후 훈장 받은 사람도 있다. 오사카 킨타로에 의하면, 재가승은 입구에 낮은 돌담을 쌓은 경계 안에서만 거주하였다. 밖으로 나왔다가 잡히면 노예가 되었기 때문이었다. 회령에서는 일반인들의 대문은 높고 사람이 드나드는 문은 소문인데, 재가승은 문에 그런 구분이 없다. 일반인들은 면을 먹을 때 면류를 먼저 그릇에 놓고 그 위에 국물을 붓는데. 재가승은 거꾸로 한다. 재가승의 예(禮) 방식은 합장이다. 재가승이 만드는 종이는 '북황지(北黃紙)'라고 하며, 속칭 당지(唐紙)라고도 한다. 그 종이를 만들 수 있는 사람이 회령에 유일하게 한 사람 남아 있다고 하였다(今西 龍, 1915.3.1: 56).

헌병분대의 조직원인 키도 미네오(城戶峰雄)가 사상감시의 차원에서 관찰 기록(城戶峰雄, 1933.1.10: 101-103)을 남긴 점에 대해서 간과할 수 없다.[65]

"재가승의 기원으로는 여진족말예설과 남선이주 속간승(俗間僧)설이 있다. 그들의 상황은 다음과 같다. 직업: 산간계곡에서 집합 화전으로 경작하여 연맥(燕麥, oat를 말함-필자주), 마령서 등을 주식으로 하는 농업, 지전(紙廛), 혁유업(革鞣業), 도부(屠夫), 초리(草履)제조 등/풍속: 부락내혼, 혈족결혼, 사자화장, 합장인사, 장자(障子, 창호지)를 바깥쪽으로 바른다. 계곡에 집거하기 때문에, 계곡입구에 거주하는 것은 불허하며, 마을에는 반드시 절이 있다. 남자들은 일반 조선인보다 크며 성격이 온순하다. 마을 단결심은 강하나 투쟁심은 없다. 종족본능으로 남자들의 여자사랑이 진하다. 공조협력심 강하다(병환이나 파종 등)/사조: 일반민으로부터 천시받는 신분으로 재가승집단은 단결심이 강하다. 투쟁심이 없고 사상이 온건하다. 내지의 수평사나 조선의 형평사와 유사하다/일한합병에 대한 관념: 구한국시대에 재가승에 대한 압박이 심하였기 때문에, 합병을 환영한다/교육보급: 서당이 있어서 한문교육/사상운동의 상황: 조선의 형평사에 가담한 젊은이가 있었지만, 현재는 특별히 주의할 만한 인물이 없다/분포: 회령군(會寧郡)의 가구와 인구를 정리한 숫자는 다음과 같다(가구/인구): 용흥면어운동(龍興面魚雲洞: 70/350), 팔을면영천동(八乙面靈泉洞: 20/100), 벽성면중도동(碧城面中島洞: 11/55), 창두면창태동(昌斗面蒼苔洞: 40/200), 봉의면남산동(鳳儀面南山洞: 20/100), 봉의면운기동(鳳儀面雲基洞: 20/100), 계 181가구에 인구는 905명이다"(城戶峰雄 1933.1.10: 101-103). 재가승지역과 화전산간을

---

65 무산헌병분대(茂山憲兵分隊)는 경성헌병대(鏡城憲兵隊)의 산하 조직으로, 경성헌병대가 함경북도를 관할하고 있었다. 경성헌병대에 7개의 헌병분대가 있었는데, 그중 하나가 무산헌병분대. 헌병분대 산하에 출장소가 있었다. 함경북도 경무부와 경성헌병대가 나란히 존치했던 헌병경찰제도는 3·1운동 후 폐지되었다.

바라보는 함흥헌병대본부의 눈초리는 그 이후에도 지속적이었다(石坂賢次 1941.11.10). 민족주의자나 공산주의자의 잠복도당으로 의심받은 화전지대에 대한 자료의 정리도 연구의 손길을 기다리고 있다.

재가승에 관하여 지극히 짤막하게 언급하면서 아이누와 체질인류학을 거론하는 송석하의 안목이 인류학을 지향하였다는 점을 포착하지 않을 수 없다. 아이누에 관해서 어느 정도의 인류학적 지식을 구비하였는지는 알 수 없지만, 인류학적인 연구 대상으로 재가승을 거론하던 송석하의 학문적 오리엔테이션에 주목하게 된다.

6·25 후, 평양의 민속학자 황철산이 『함경북도 북부 산간 부락(<재가승> 부락)의 문화와 풍습』(1960년 평양 과학원출판사 발행)이라는 제목으로 재가승에 관한 단행본 보고서를 출간하였다. 그는 1956년 7월부터 1958년 12월까지 2년 6개월간 자료를 수집했다고 하였다. 그 책에서 황철산은 일제 식민지 시기의 자료를 인용하였는데, 1933년도 것이라고 하였다. 그것이 정확하게 어떤 문헌인지를 밝히지 않았지만, 이마니시와 키도의 글이 아님은 분명하다. 이마니시와 키도의 보고에 등장하는 지명이 황철산의 보고 속에서도 부분적으로 동일하게 발견된다. 예를 들면, 어운동(魚雲洞)과 창태동(蒼苔洞)이며, 황철산은 창태리와 그와 인접한 어운'골'에 중점을 두고(황철산, 2016.11.20: 79) 자료를 수집하였음을 밝히고 있다. 황철산이 창태리와 어운골에서 자료를 수집한 것도 그 두 동네가 재가승의 최대 집거지였기 때문이라고 말할 수 있다. 따라서 앞으로 재가승에 관한 연구를 할 때 이마니시와 키도의 글이 중요한 전거(典據)로서 이용될 수 있다.

3) 어촌 민속

송석하는 단 1회였지만 어촌 민속에 대해서도 진지하게 관찰한 결과들을 보고하였다. 조선에서 민속학자에 의한 어촌 민속지로는 초유의 사례로 기록될 수 있다는 점에서 의미가 있는 기록이다. 손진태가 1932년 7월 11일 연평도에 상륙한 기록이 있다. 해주에서 인천으로 항해하는 정기선이 있었다. 민속채방여록에서 손진태는 파시(波市)에 모여든 사람들에 관심을 보였고, 무녀 변계월(卜桂月, 66세)에 대한 강렬한 이상을 남겼다(孫晉泰 1933.2.1:11). 즉 손진태는 연평도의 어촌과 어업에 관심을 피력하지 않았다.

경상도 동남해안 어촌의 별신제로부터 시작하여 연평도 조기잡이(宋錫夏, 1936.5.: 100-101)뿐만 아니라 평안북도 정주(定州) 장도(獐島)의 기어 민속(祈漁民俗)을 보고하였다. 송석하는 "정주의 장도리는 약2백 호 되는 어촌에는 풍어를 비는 특수한 민속이 존재한다. 음력 정월원단부터 상원까지 15일간이 그 기간인데 너른마당 한복판에다 '축복기(祝福旗)'를 세우고 그것을 중심으로 오색기(五色旗)와 등(燈)불을 걸치고 선인(船人)들은 주육(酒肉)을 많이 준비하야 무일불음(無日不飮)하고 무일불식(無日不食)하야 어촌일대는 장고소리가 끈이지 아니하고 훈주(醺酒)에 도도한 사람들은 난무에 난무를 거듭하며 축복가의 명랑한 곡절이 왼 섬을 휩싼다"(宋錫夏, 1936.7.: 44)라고 보고하였다. 송석하가 수집한 사진 자료 중에서 장도가 무대인 사진이 한 장도 존재하지 않는다. 따라서 장도의 기어 민속에 관한 송석하의 보고가 관찰에 의한 것인지 풍문에 의한 것인지는 확언할 수 없다. 장도의 '축복기'와 '축복가'란 것을 보고 듣고 싶은 심정이 앞서서 어떤 곡절이 개입되어 있을까 궁금해진다.

여태까지 누구에 의해서도 송석하가 기어 민속으로 보고한 축복기와 축복가에 대해서 언급한 경우가 없었다. 모두가 송석하 읽기에 이토록 무심했던 것임에 대해서 크게 반성할 일이다. 풍어를 비는 의례에 동원되는 대어기에 관한 연구들이 있지만, 송석하의 글에서 축복기라는 단어가 등장하는 것과는 사뭇 대조적인 분위기임을 느낄 수 있다. 평안북도의 축복기에 대한 송석하의 보고를 대하면서 일본식에 습합된 대어기의 가능성을 생각하게 된다. 축복기(祝福旗)가 담아내는 의례적인 의미와 상징성에 대해서 깊은 생각을 하지 않을 수 없다. 풍어라기보다는 '기어(祈漁)'라는 용어를 사용하면서 '축복가'와 '축복기'라는 명칭을 쓰는 것에 대해서 숙고할 여지가 있다. 사람 중심의 신앙이라기보다는 어로 대상인, 물고기 중심의 신앙적인 측면을 내포하고 있을 가능성을 보여준다는 의미에서 애니미즘적인 신앙 양상에 대한 논의의 전개를 고대하게 된다. 고졸(古拙)한 내용을 담고 있을 것으로 추정되는 장도의 축복가(祝福歌) 가사는 어떤 내용일까? 축복기는 어떠한 모습을 하고 있었을까?

4) 산간 민속

송석하는 평안북도 강계의 산간지방에 관한 논의를 하면서 기왕에 조선총독부에서 발간하였던 논고와 보고서들(匿名 1930.1.; 匿名 1930.2.; 匿名 1933.1.)을 전혀 참고하지 않았다. 유감스럽게도 송석하는 조선의 화전민과 관련된 기왕의 문헌들을 참고함에 인색한 모습을 보인다. 함경남도의 신흥군(新興郡 5매), 풍산군(豊山郡 2매), 장진군(長津郡 2매), 갑산군(甲山郡 2매)으로 모두 11매의 가을 생활상을 담은 사진들과 약간의 설명을 첨가한 코지마 칸지(兒島勘次)[66]의 문헌(兒島勘次, 1934.11.14)도, 송석하보다도 조금 빠른 시기에 함경북도의 여진 후예들을 방문하였던 오쾌일(吳快一)[67]의 『여진유족부락탐방기(女眞遺族部落探訪記)』(吳快一, 1938.5.8)도 참고하지 않았다. 통신이 여의찮던 시대에 여러 지면을 미리 찾아본다는 것이 쉬운 일은 아니지만, 송석하는 한적(漢籍)을 찾아봄에는 성의를 보였으나 당대에 출판되었던 선행의 관련 문헌들을 참고함에는 소홀하였음이 분명하다. '송민'의 명(明)과 암(暗)이 갈리는 부분에 대해서 명쾌한 비판이 필요하며, '송민'의 계승과 수정·보완에 대해서도 명확하게 해야 할 부분들이 있음을 직시하는 노력과 과정이 필요하다.

이 산간 지역은 화전으로 생계를 이어가는 곳이었기 때문에, 총독부는 화전과 삼림 관계라는 자원의 측면에서 관심을 가졌다. 총독부의 보고서들이 담고 있는 민속적인 내용에 관한 관심을 천착하였더라면 더 좋았을 것이다. 문제는 근대학문이라는 틀 속에서 조선 사회의 현상에 대해서 보고하고 분석한 선행의 논고들에 대한 송석하의 태도이다. 이마무라 토모에의 글들이 적지 않게 조선 민속을 다루었고, 총독부의 각종 보고서와 자료들이 조선의 사회문화현상에 대한 구체적인 보고를 제시하고 있음에도

---

66 兒島勘次는 1910년생으로, 1934년 동지사대학 영문학과를 졸업하였다. 1935년에서 1936년 사이 이마니시 킨지(今西錦司, 1902-1992)가 이끌던 경도제대 백두산탐험대에도 합류하였다. 1963년에는 동지사대학 히말라야원정대 대장을 역임했다.
67 오쾌일(吳快一, 1910-?)은 1929년 11월 3일 광주공립고등보통학교 학생들을 중심으로 광주학생항일운동에 앞장섰으며, 11월 11일 오쾌일이 인쇄한 격문이 있었다. 1930년 5월 15일 보안법 위반 혐의로 검거되었고, 광주지방법원 형사부에 의하여 1930년 10월 18일에 선고받아 징역을 살았다. 3년 6개월간 감옥에 있었다(朝鮮學生鬪爭의 傳統, …光州學生事件 記念日에…(上). 第168號 (2권) / 吳快一, 獨立新報社, 1946).

송석하는 그들을 거의 외면하고 있었다. 송석하가 주로 인용하고 언급하는 대상은 성대(城大)의 아카마쓰와 아키바 그리고 손진태의 글 정도에 국한되어 있다. 선행의 문헌 검색이라는 차원에서 인색함을 보이는 이유가 궁금하다. 관찬 자료에 대한 거부감이라고도 말할 수 없고, 일본인들에 의하여 만들어진 자료에 대한 거부감이라고도 말할 수 없는 점은 분명하다.

5) 도시 민속

경성의 행랑(行廊)사리 연구(宋錫夏, 1936.8.: 45)에 착안한 송석하의 안목이 도시 민속의 중요성을 외면하지 않았다고 말할 수 있다. '송민'의 오리지널리티가 담보된 민속학적 안목의 참신성을 평가할 수 있는 대목으로서, 이 글은 조선에서 도시민속학(都市民俗學)의 선구적인 지위에 놓일 수 있다. 그것이 외압에 의한 의무감의 결과로 파생된 안목이 아니라는 점은 전체 조선 민속학과의 연관성 속에서 관찰(江界의 挾戶制度에 대한 견해)이라는 것으로 확인된다. 송석하의 독창적인 관심은 조선후기의 협호제에 관한 연구로 이어질 가능성을 보였으며(韓榮國 1985.12.), 역사인류학으로 이어질 또 다른 확장 가능성이 기다리고 있다. 조선의 야나기타 쿠니오(柳田国男)라고 일컫기에는 턱없이 부족했던 송석하, 그럼에도 식민지 조선에서 내세울 수밖에 없는 민속학 분야의 존재가 송석하다. 필자는 영웅 만들기를 하자는 생각은 추호도 없다. 사실대로 선학들의 행적을 소상하게 정리하자는 태도가 기본이다.

도시 민속의 중요성을 제창하면서 오사카(大阪)의 상인에게 주목했던 야나기타의 모습이 드러났던 시기는 1935년 10월이었다. 야나기타가 자신의 환력 기념 자리를 마련해준 대판민속담화회에서 상인 중심 도시인 오사카 사람들을 향한 제안이었던 것과 대비되어 송석하는 경성의 행랑사리 연구를 제안하였으며, 이는 조선에서 도시민속학의 가능성을 보여준 것이라고 말하고 싶다.

토템에 관한 내용을 언급하면서 순천에 거주하는 미국인이 저작하였던 『E. C. Crane, Flowers and Folk-lore from Far-East』를 언급(宋錫夏, 1936.3.1: 19)하는 것은 조선 민속

학을 전개하면서 식물 민속의 내용도 외면하지 않았던 송석하의 안목을 보여준다. 원저의 내용도 빈약한 면이 없지 않지만, 송석하는 그 서적의 저자 이름도 잘못 적어서 소개하였다는 점이 아쉬울 따름이다. 송석하가 잘못 적은 것인지 인쇄 과정에서 식자공이 잘못한 것인지는 불분명하다. 제대로 된 서지사항은 Crane, Florence Hedleston 1931 *Flowers and Folk-lore from Far Korea*. Tokyo: Sansei-do이다. 동경에서 출판된 이 서적의 분량은 93페이지로서 소략하지만 45장의 천연색 그림을 포함하고 있다.[68] 이렇듯이 '송민'의 스펙트럼은 자못 광폭 행보의 모습을 보인 점을 지적하지 않을 수 없다. 송석하가 한 두 가지의 주제에 국한하지 않고 살림살이의 전방위를 향하여 민속학이란 학문을 전개하고 있었던 점은 분명하게 확인되고 있다.

정묘년(1927년)에 북청(北靑)의 전병덕(全秉德)의 '사자(獅子)노름' 소개가 있었음을 인지하였던 송석하는 1934년에 불전(佛專, 중앙불교전문학교를 말함)의 김두헌이 알선하여 주유섭(朱琉燮) 군에게서 가면을 한 개 얻고, 영생고보 홍순혁(송석하와 부산상업학교 동기생이며 와세다대학 사학과를 졸업하였음)으로부터도 추가하여 토성(土城)의 '관원(官員)노리'를 듣게 되었다. 사자무 중에서는 북청 것이 가장 벽사진경 사상이 잘 표현된 사례라고 판단한 송석하는 "황해도봉산의 '탈춤' 안에 있는 사자무는 가장 발달되어 지금은 본래의 의의를 망각하고 거진 무용적요소만 잔존하나 기외의 지(地)인 통영(統營), 좌수영(左水營) 등은 여전히 벽사진경의 사상을 보존하고 있다. 그중에서도 가장 명백하게 민속적으로 벽사진경의 사상을 전승하는 곳은 이제 말할랴는 함경남도 북청군하의 '사자노름'이 그것이다"(宋錫夏, 1936.3.27.)라고 하였다. 사자무를 관찰하는 송석하의 안목은 중국 민속지와 인도 사자무의 존재를 거론하면서 '신앙적 사자무'로 결론지었다. 원고 속에는 사자 중심으로 여러 사람이 둘러싼 사진뿐만 아니라 사자와 사자를 유도하는 춤꾼을

---

68 플로렌스 허들스턴 크레인(Florence Hedleston Crane, 1888-1973)은 미시시피대학에서 식물학 학사학위를 취득하였고, 선교사인 남편을 따라서 조선에 온 미국 여성이었다. 그녀의 남편은 미국 남장로교회 목사 존 커티스 크레인(John Curtis Crane, 1888-1964)으로, 주로 순천과 고흥 및 평양에서 활동하였다. 그의 한국식 이름은 구례인(具禮仁)이다. 플로렌스 허들스턴 크레인은 동경제국대학 식물학 교수 나카이 타케노신(中井猛之進, 1882-1952)과 조선총독부에 근무하였던 삼림 관계의 기사인 이시도야 츠토무(石戶谷勉, 1884-1958) 두 사람의 도움을 받아서 그림의 식물들에 학명을 붙여 놓았다. 이 서적은 한국에서도 번역 출판되었다(윤수현, 2003.5.30.). 번역자는 번역할 당시 고등학생이었으며, 영국에서 유학한 후 현재 진주의 경상국립대학교에서 영어를 가르치고 있다.

등장시킨 사진도 게재하였다.

송석하는 서역계로부터 출발한 신라 사자를 설정하였고, 그것이 일본으로 영향을 미친 것으로 간주하였다. 송석하는 일본의 상황을 소개하면서 "현대의 북청사자와 거진 동일한 당시의 일본사자는 조선을 경유하야 간 것"(宋錫夏, 1936.3.31)이라고 주장하였다. 사자무에 관한 기존의 세 가지 학설도 정리하였다. 첫째, "수입설을 주장하는 문헌학파로서 키타무라 토기노부(喜多村節信, 1784-1856, 筠居)의 저작물『균정잡록(筠庭雜録)』이 인용되었다"라는 부분에서 송석하는 서명을『균정잡고(筠庭雑考)』라고 적었다. 이 서적은 상권과 중권만 일본 국회도서관에 소장되어 있는데, 사자무의 내용이 수록되어 있지 않기 때문에 앞으로 하권에 대한 수소문이 필요하다. 둘째, "고유설을 주장하는 야나기타 쿠니오(柳田国男)의 민속학파", 세번째는 "무용사적학파(舞踊史的學派)로 보는 코데라 유키치(小寺融吉)"(宋錫夏, 1936.3.31)를 제시하였으나, 이러한 해설은 재검토의 여지를 남기고 있다.

송석하는 동아일보에 게재한 북청사자무의 내용을 축약하여 일본의 잡지에도 게재하면서, 일본 사자면과의 유사점을 6가지로 정리하였다(宋錫夏, 1936.4.1: 204). 이 글에서는 동아일보에 수록하였던 조선과의 관계와 일본에서의 세 가지 설도 생략하였다. 말하자면 안전한 글쓰기를 시도한 것이다. 동일한 내용을 기록하면서 조선의 독자와 내지의 독자를 분리하여 서로 다른 글쓰기를 시도하고 있음을 주목하고자 한다. 송석하의 기록에 따르면 "조선에서는 아직도 학술적으로 정확히 채록한 사람이 없고, 학술 미경지(未耕地)로서 그대로 방치되어"(宋錫夏, 1936.4.1: 202) 있으며, 송석하 자신이 처음 채록한 것이라고 주장하였다.

송석하는 가면의 종류를 13가지로 열거하며 소개하였다. 이는 대체로 난에 지로(南江二郎)의 저서『원시민속가면고』(1929년 발행)의 내용을 축약해서 옮긴 것이다(인용한 흔적을 전혀 제시하지 않았음은 유감으로 남는다). 송석하는 그 속에서 조선의 가면을 네 가지로 분류하여 관념상, 재료상, 색채상, 지리적(宋錫夏, 1936.4.: 231)이라는 분류 기준을 제시하였는데 선뜻 공감하기가 어렵다. 한편으로는 산대면(山臺面)의 소장처를 밝힌 점이 흥미롭다. 기록(宋錫夏, 1936.4.: 231)에 따르면 성대민속학참고품실(城大民俗學參考品室) 2부

(部), 보전(普專) 1부(部), 연전(延專) 1부(部), 동경연극박물관(東京演劇博物館) 1부(鄭寅燮氏 所蒐)로 되어 있는데, 현재 이 산대면들이 상기한 각처에 제대로 소장되어 있는지가 궁금하다.

한편 가면을 헤아리는 단위가 분명히 드러났다. 낱개를 헤아릴 때는 '엽(葉)'이고, 일괄 세트를 헤아릴 때는 '부(部)'라고 함을 알 수 있게 되었다. 또한 송석하는 "개성덕물산(開城德物山)의 무격부락(巫覡部落)에서는 가면을 위패대신(位牌代身)으로 모시는 풍(風)이 있고 안동군하회(安東郡河回)에서도 역시 당(堂)집에 모셔"(宋錫夏, 1936.4.: 232) 둔다고 하였다.

사진 69. 1936년 6월 28일 의령 신반시장(旧노리터) 사진.

율지(栗旨)는 지난 병진년(丙辰年, 서기 1856년)에 홍수로 큰 궤(櫃) 한 개가 유래(流來)하였으므로 열고 보니 가면과 그 사용법을 기록한 『영노전 초권(初卷)』이 있기로"(宋錫夏, 1936.4.: 233), 그것이 전승의 기반이 되어서 영노의 역할이 분명해졌다는 설이 만들어진 셈이다. 수영야류의 영노과장에서 영노는 하늘에서 내려온 검은 형체의 괴물로, 양반 아흔아홉을 잡아먹고 하나만 더 잡아먹으면 하늘로 오르는 존재라고 한다. 동래야류에서는 똥·돼지·소·풀쐐기·구렁이 등 잡다한 것을, 통영오광대에서는 뱀·개구리·올챙이를, 고성오광대에서는 멸치·꽁치, 털치나 여치, 송아지 등 바다와 물 생물을 가리지 않고 먹는다. 가산오광대의 영노는 모기와 깔따구 같은 작은 벌레까지 잡아먹는다.

이무기의 형상과 유사하다. 야류·오광대의 시원인 밤마리대광대패의 영노과장에는 비비새가 등장했다고 하는데, 지금도 고성 오광대 영노의 이름은 비비이다. 비비를 비롯한 영노는 '비비' 소리를 내며 등장한다. 영노는 용이 되지 못한 존재로 물에 있으면 이무기이고, 하늘을 날면 강철이 또는 기미새인 것으로 이해되고 있다.

국립민속박물관에 소장된 '송석하 사진'의 파일 속에는 1936년 6월 28일 경남 의령군 신반시장 성황당과 순천읍 행정리를 방문한 사진이 소장되어 있다. 당시 의령과 순천 사이의 교통 관계를 고려하면, 특별한

사진 70. 임병숙방. '사자(死者)잇는집 대문에 토(窆)를 단다'라고 적혀 있다. 어떤 일로 이때 남도를 순방하였을까?

의미의 목적을 갖고 남도를 순방하였던 것으로 이해할 수 있다. 그달 23일이 단오절이었는데, 남도의 단오절을 보기 위하여 남행했다가 의령과 순천을 방문한 것일까? 신반시장의 놀이터 사진은 오광대 놀이터를 말하는 것으로 의미를 지니고, 순천에서 찍은 토(窆, 장사지낼 토)의 사진은 특이한 민속 현상을 보여준다. 초상이 치러진 후 묘에서 채취한 일부분의 흙으로 벽돌 모양을 만들어서 대문 옆에 걸어둠으로써, 최근에 해당 집에서 사망자가 발생하였음을 알리는 기능을 하는 것으로 생각된다. 당시 순천읍의 임병숙 씨 댁에서 이러한 민속정보를 수집한 것으로 기록되었다.

이러한 사진 자료들을 접하면서 아쉬운 점은 후속 연구자들과의 불연속성이다. 예

를 들면, 순천 출신 민속학자에 의한 순천지역의 민속 조사연구(최덕원, 1990.5.8: 384-430)에서 송석하의 사진에서 보여주는 '토'와 관련된 정보를 공유하거나 전승 형태에 관한 언급이 일절 없는 점이 연구 단절의 현상을 보여주는 것으로 이해할 수밖에 없다. 송석하 읽기의 소홀함은 여기서도 드러나고 있다. 최덕원이 순천의 임병숙 씨를 수소문할 수 있었다면, 송석하로부터 이어진 순천 민속지는 상당한 정도로 맥락화가 가능하였을 것이다.

민속자료의 계승이라는 문제는 문화 전승과 학문 전통이 한통속으로 진행될 때 시너지효과를 발휘할 수 있을 것이다. 필자는 누구의 잘못을 탓하자는 것이 아니고, 연구를 계승하려는 노력이 부단하지 못한 아쉬운 상태를 말하고 싶다. 이러한 현상은 '송민'으로부터 현재의 연구자들까지 이어지는 문제점을 잘 보여주고 있다. 민속 현상의 구체적인 주제들에 관한 연구 노력이 부족함을 지적하는 이유는 앞으로 나아가야 할 방향에 대한 성찰과 문제를 생각하기 때문이다.

6) 봉산탈춤

"1936년 8월 31일 석남(石南)이 발굴한 봉산탈춤을 전국 중계 방송하기 위하여 석남과 일본어 아나운서 안도(安藤)와 총독부 문서과 무라야마 지준, 오청과 함께 사리원에 가서 봉산탈춤을 처음으로 보았다. 우연히 그리 온 임석재 선배와 만났다"(이혜구, 2007.7.23: 83)는 기록과 대조되는 내용이 이혜구 선생과의 인터뷰에서도 확인되었다. 중계방송이 끝난 뒤, 후속적으로 총독부의 문서과에서는 그때 수집되었던 자료들을 배경으로 총독부에서 발행하는 『조선(朝鮮)』(1937.2.1)의 특집으로 「가면무용극(假面舞踊劇)」을 게재하였다. 무라야마 지준(村山智順)이 「민중오락으로서 봉산가면극」(民衆娛樂としての鳳山假面劇)을, 타카하시 토오루(高橋 亨)가 「산대잡극에 대하여」(山臺雜劇に就いて), 오청(吳晴)이 「가면무용극 봉산탈 각본」(假面舞踊劇 鳳山タール脚本)을 집필하였다. 오청이 했다는 기록 작업이 각본이란 형식으로 출판된 것이다. 「가면무용 산대극각본」(假面舞踊 山臺劇臺本)도 실었다. 총독부가 조선의 가면극을 오락이라는 정책 하에서 본격적으

로 작업에 들어갔다는 사실을 보여준다.

그런데 이 방면에서는 조선 최고의 전문가인 송석하가 배제되었다는 점에 대해서 생각할 문제가 있다. 더군다나 송석하는 특집 기획의 출발점에서 직접적으로 기여하였다는 점을 감안하면, 총독부 측은 송석하에 대하여 일정한 거리감을 두고 대하였다고 말할 수밖에 없다. 이는 1934년도 동경의 일본청년관에서 있었던 향토무용민요대회의 조선팀 선발 과정에서 총독부와 송석하 사이에 이견이 빚어진 데서 비롯된 것으로 생각할 수밖에 없다.

이후 특집호 구성에서 배제되었던 송석하의 대응 방식이 이어진 것으로 생각되는 자료들이 등장한다. 그는 조선일보의 지면을 통하여 3회에 걸쳐서 「봉산민속무용고(鳳山民俗舞踊考)」(宋錫夏, 1937.5.15,16,18)라는 논고를 연재하면서, 동시에 경성부민관(京城府民館)에서 제1회조선향토무용민요대회(第一回朝鮮鄕土舞踊民謠大會)를 조선민속학회(朝鮮民俗學會) 주최로 개최하였다. 이 대회에는 봉산탈춤만 등장하였다. 가람일기는 그 내용을 다음과 같이 기록하였다. "(1937.5.17) 부민관에 가서 조선민속학회 주최 제1회 조선향토무용민요대회가 오후 3시부터 있었다. 송석하군의 전화를 받고 장발(張勃)군과 함께 가 보았다. 서무(序舞), 팔일무(八佾舞), 노장무(老丈舞), 혜상(鞋商)과 원(猿), 취발무(醉發舞), 사자무(獅子舞), 양반무(兩班舞), 거사사당무(居士社堂舞), 옹구무(翁嫗舞), 남강노인(南江老人)의 순서로 하는 것인데 그중 서무(序舞), 팔일무, 노장무가 가장 좋게 보인다. 5시 반 쯤 끝났다"(李秉岐 1976.4.15: 473-74). 총독부의 반대로 동경의 일본청년관에 파견하지 못하였던 봉산탈춤을 경성에서 보란 듯이 공연했던 것이다. 물론 장소를 사용하려고 허가를 받는 절차에 당국이 개입하는 형식으로 총독부 측이 공연을 용인하였다는 점을 생각한다면, 송석하와 총독부 사이에 모종의 타협 과정이 있었다고 보는 것이 타당할 것으로 생각된다. 공연의 형식과 내용에 대해서 궁금할 수밖에 없다. 어느 부분에서 타협이 이루어졌는지 증거를 포착할 수 있기 때문이다.

"송석하는 줄담배를 피웠다. 송석하의 소개로 사리원 탈춤을 경성방송국에서 전국중개를 위해서 일본인 아나운서 안도와 함께 갔다. 총독부에서는 무라야마와 오청이 왔고, 임석재씨는 선천에서 왔다. 대본은 오청과 임석재가 작성하였다. 오청이 한글로 번역하는 일을 맡았다. 그때 사리원의 기생집에서 머물렀는데, 줄담배의 송석하가 담뱃불로 모기장에 불을 내었다. 기생어미가 와서 난리를 피웠다. 송석하는 줄 담배였다. 잠을 자면서도 담배를 피웠다"(이혜구의 증언). 줄담배를 피웠던 송석하의 골초다운 습관과 그가 걸렸던 질병의 관련성을 생각하게 한다.

국립민속박물관의 '송석하 소장' 사진들 속에는 1936년 9월 23일 덕수궁에서 승무(僧舞) 가락에 맞추어 춤을 추는 사진이 여러 장 보관되어 있다. 모델은 이강선(李剛仙, 조선무용연구소를 창설하여 활동한 무용가이며 고수 韓成俊의 제자-필자 주)이었다. 한성준(韓成俊, 본명은 春錫, 1875-1941)은 충남 홍성군 구항면 공리 출생으로, 1930년 조선음악무용연구회를 조직하고, 1934년에는 경운궁 옆 모퉁이에 무용만을 전문으로 하는 조선무용연구소를 창설하였다. 1936년 2월 9~11일 조선성악연구회(朝鮮聲樂研究會)의 가극 배비장전(裵裨將傳) 공연 때 출연(조선일보 1936.2.8.)하였다. 1935년에는 경성부민관에서 한성준무용공연회를 가졌다.

극예술연구회(劇藝術研究會)가 1936년 9월 29일과 30일 양일간 부민관에서 창립 5주년 기념으로 춘향전(春香傳)을 공연하였다. 고증은 민속학자 송석하가 맡았으며, 송석하는 연극 춘향전에 관한 단상을 남겼다(宋錫夏, 1936.9.29). 이어서 또 다른 일간지에 「인멸(湮滅)되야가는 부지자(扶持者)인 고대소설(古代小說)」이란 제목으로, 춘향가의 인멸 위기를 걱정하면서 민간설화를 전승하고 있는 고대소설의 가치를 설파하였다(宋錫夏, 1937.1.4). 연극 춘향전과의 인연을 계기로 송석하는 연극 분야로 활동 범위를 넓히는 계기를 마련하게 되었다. 연극경연대회에서 송석하는 '인생극장(人生劇場)'과 '극연(劇研)'에 대한 평(東亞日報 5927호 1938.2.25)을 하였다는 기록도 보인다.

1936년부터 1944년까지 춘향전 공연사를 정리한 자료(白川 豊, 1989.3.31: 94-95)를 보면, 가장 첫머리의 공연에서 송석하가 고증을 담당하였다는 점을 상기하고 싶다. 춘향전 공연을 정리한 어떤 글도 고증 역할에 대해서 언급하지 않는 것이 하나의 관례인지는 모르겠으나, 그것이 관례라고 한다면, 고증의 중요성을 소홀하게 생각하는 바람직하지 못한 관례라고 말할 수밖에 없다. 춘향전이라는 작품을 공연사라는 관점에서 생각해 본다면, 극예술연구회가 최초로 상연하였던 춘향전 공연(유치진 작)에서 송석하가 고증하는 역할을 맡았다는 점은 분명하게 기록해야 할 문제다. 통영 출신의 유치진과 조선 민속학회의 송석하는 이미 오래전부터 가면 관계로 인연을 맺고 있었다. 유치진과 송석하의 교류 관계에 대해서도 앞으로 밀도 있는 자료의 수집이 요청되는 부분이다.

송석하는 자신이 소유한 사진기를 유감없이 활용함으로써 귀중한 민속 사진들을 남겼다. 그가 관심을 집중시켰던 가면극과 관련된 사진들이 소중하게 남아 있다. 그뿐만 아니라 개별적인 민속 현장들에 대한 사진들도 오늘날에 와서는 귀중한 자료가 된다. 절기에 따른 그의 관심이 특히 단오에 집중되어 있음도 그냥 지나갈 수 없다. 사진을 촬영한 시점이 명백하게 밝혀진 사진들은 소위 연중행사라고 불리는 절기와 관련된 민속 현장들이라는 점에서 의미가 있다. 평양의 단오속(端午俗)을 보여주는 위의 사진 중에서도 '나생이'라는 제목의 사진은 단오속의 어떤 부분을 의미하고 있는지 현재는 알아볼 수조차 없게 되었다.

사진기가 일반적으로 보급되지 않았을 시대를 감안한다면, 사진이라는 것과 관련된 사회문화적 현상에 대해서도 심층적인 고려가 필요하다. 기술 발달에 따른 '송민'의 전개에 관한 관심을 언급하고 싶다. 송석하가 남긴 사진과 관련된 문제는 별도의 논고

사진 71. 승무(僧舞) 가락, 1936년 9월 23일 덕수궁에서, model 李剛仙(송석하 사진, 국립민속박물관 소장).

가 필요하다. 일찍이 사진이 갖는 인류학적 연구의 중요성은 발리에 관한 마가렛 미드와 그레고리 베잇슨의 인성연구(Bateson & Mead 1942)에서 밝혀진 바 있고, 일본에서는 카노 타다오의 야미족(대만)에 관한 사진민속지(Illustrated ethnography)란 명칭으로 만들어진 것이 시부사와 민속지연구소(Shibusawa Institute for Ethnographical Research)가 지원하여 영문으로 간행된 바 있다(Kano and Segawa, 1945.4.20). 세계적인 차원에서 선행한 두 가지의 사례들을 볼 때, 송석하가 남긴 사진 자료들만으로도 식민지 조선의 사진 민속지는 어느 정도 역할을 할 수 있을 것으로 생각한다.

사진과 관련된 송석하의 열정은 필름분야에 이르기까지 조선민속을 확장시킨 기록이 보인다. "(1940.5.16) 석반 후 한양(漢陽) 뻘 조선예흥사(朝鮮藝興社)를 가서 송석하 군 촬영 조선민족 필름 시사(試寫)를 보다. 두계,

사진 72, 73, 74. '단오속 대동강(端午俗 大同江) 나생이 1937년 6월 13일, 평양 대동강상'(송석하 사진, 국립민속박물관 소장)

남창, 도남, 천뢰, 임화, 설의석, 청전, 이혜구 군도 왔다"(이병기 2021.12.30.: 524). 문맥상으로 보아 분명히 활동사진이라는 점을 알 수 있고, 송석하가 남긴 조선민속 관련 다큐멘터리의 효시라고 할 수 있는 필름을 찾는 작업이 우리의 과제가 되었다.

송석하가 부잣집 아들이었고 대지주였던 덕에 사진기를 휴대할 수 있었고 많은 민속 사진을 남길 수 있었다고만 말한다면, 송석하 이외의 그 많았던 부잣집 아들들과 대지주들이 민속 사진을 남기지 않은 점에 대해서는 어떻게 설명할 것인가? 사진과 민속을 접합한 송석하의 안목에 대해서는 어떻게 설명해야 할 것인가? 일찍부터 "사진의 새로운 기능"(村山知義, 1926)에 대한 명백한 사회적·학문적 인식이 심겨 있었고, 민속학에서 사진의 역할에 대한 문제의식들이 분명하게 피력되었던 역사와 과정들에 대한 안목(匿名, 1943.9.; 武田久吉, 1943.12.1)을 이해해야 한다. 후진들이 선학들의 자료를 얼마나 정치하게 정리하느냐에 따라서 '송민'의 학문적 좌표가 달라질 수 있다.

봉산탈춤과 같은 조선의 가면극은 총독부가 명시한 예술과 사상 사이의 갈등 구조가 조성된 정치적 상황에서 포지셔닝되었다는 점을 터득한 송석하가 할 수 있는 것은 둘 중 하나였다. 하나는 사상적 의심 대상으로 지목되었던 가면극으로부터 스스로 이탈하는 길을 택하는 것이고, 다른 하나는 의례성을 내포한 가면극의 수집과 연구를 지속시킬 의지가 있는 한 '반란'에 촉각을 세운 총독부의 심기를 거스르지 않는 적당한 타협의 선에서 만족하는 것이었다. 후자를 선택하기 위해서 송석하가 택한 방법이 주체적으로 설정한 타협이다. 타협이란 상대와의 트레이드 오프(trade-off)를 전제로 하기 때문에, 이 길을 추종하는 한 항상 긴장의 끈을 놓을 수 없다. 총독부의 감시망이 허용하는 범위 내에서 수집과 연구 작업을 하는 길을 선택한 송석하가 총독부의 비위를 거스르지 않고 타협이 가능한 방안은 총독부의 민속주의적 정책을 적극적으로 수용하는 것이라는 생각이 가능하다.

타협을 위한 명확한 지침이라는 것은 없었으며, 현재 우리가 대하고 있는 송석하의 문헌들은 타협이라는 암중모색의 과정에서 성사된 일부 결과를 보여줄 뿐이다. 송석하 자신은 총독부에 의해서 이용당하면서 동시에 총독부 정책을 이용하여 인멸되어 가는 조선 민속을 위한 부활과 진작의 기틀을 마련한다는 역이용이 취지였던 것으로 이해할 수 있다. 이러한 과정을 우리는 혼종화의 모습이라고 말할 수 있으며, 그 결과로 나타났던 민속주의적 현상들이 아르헨티나의 인류학자 네스토르 가르시아 칸클리니(Nestor Garcia Canclini)가 말하는 혼종문화(culturas hybridas, Canclini, 2001)의 일종인 셈이다.

분명하게 설정할 수 있는 구체적인 공정(poesis)으로서 채택되었던 혼종화, 즉 의례 과정을 소중하게 생각하는 송석하와 '반란'을 걱정하는 총독부 사이에 절충할 수 있는 타협으로 가는 전략의 하나가 무대화였다. 백중날 밤 야외에서 불을 피워놓고 밤새 연행하였던 봉산탈춤은 실내의 무대로 자리를 옮겨서 시간 단위로 쪼개어서 공연하는 방식으로 개조되었음이 혼종화의 결과였다는 점에 대한 분명한 인식이 필요하다. 외압에 의한 내부 변질의 진통이 체화된 봉산탈춤의 역사적 착종 현상을 외면하지 말아야 한다. 혼종화의 결과에는 이미 정책이라는 과정이 개입되어 있고, 혼종화의 결과로 나타난 형식을 문화원형이라고 인식하는 환상을 더 이상 추종하지 말아야 한다.

개인적인 타협의 결과는 정책적 이용이라는 궤적으로 유도되는 것이 일반적이었다. 총독부의 정책입안자들은 총동원이라는 거대한 계획에서 이러한 과정을 관객으로서의 군중을 동원하는 데에 이용할 계획을 세밀하게 수립하였고, 무대를 격해서 향토무용을 맞이했던 관객들은 사상개조뿐만 아니라 전시 동원의 대상으로 훈련되는 과정에 돌입하는 구도가 마련되었다. 총독부는 동원된 군중의 '반란'을 걱정하지 않았을까? 송석하를 비롯한 조선인들은 그러한 과정의 매개자 역할이었음을 알 수 있다. 총독부와 군중 사이에 놓인 매개자의 역할에 대해서 친일 프레임으로 접근하기 전에 그 과정에 대해서 면밀한 검토가 필요하다. 현재의 입장에서 봉산탈춤의 무대화 과정을 바라보게 되면, 소위 문화원형이라는 문제가 자못 심각한 상황에 놓이기 때문이다. 학계의 과제는 무엇을 원형이라고 하는지 논의하는 것이다. 이러한 학문적 과제를 내팽개치고 친일을 논의하는 것은 본말전도의 이상도 이하도 아니다.

봉산탈춤의 무대화 과정에 대해서 현재 구체적인 보고는 알지 못한다. 무대화하기 위해서 여러 가지 요인들이 배제되었고 가미되었음에 대한 가설이 필요하다. 무엇이 배제되었으며 무엇이 추가되어 야외에서 밤새 모닥불을 피워놓고 춤을 추었던 봉산탈춤이 몇 시간 짜리로 무대 위에 오르게 되었는지 구체적인 공정(工程)에 대한 검토가 필요하다. 소원성취의 비손이 향한 모닥불의 영험한 신성성에 주목하지 않으면 제의의 본질을 놓치고 만다. 캐번디시의 책에 등장하는 탈판모양의 그림(김준근의 풍속화)에는 모닥불이 자리한다. 야외의 마당에서 무대라는 장치로 올리기 위한 세밀한 공학적인 과정에 대한 재구성에 관심이 간다.

총독부의 기피 대상이었던 봉산탈춤의 무대화는 가면극과 가면극 연구의 핵심적인 문제로서 검토에 재검토를 요한다. 왜냐하면, 현재 소위 문화재로 지정된 봉산탈춤은 무대화 이전의 모습을 담지 않았으며 기본적으로 무대화 이후의 모습을 보여주기 때문에, 무대화가 어떠한 과정이었는지 질문해야 한다. 그 과정을 거쳐서 탄생한 것이 현재의 봉산탈춤이라는 점이 확실하므로, 무대화의 과정에 개입되었음이 분명한 총독부의 식민지 지배 정책이 현재의 '지정문화재'의 내용 속에 스며들어 있음에 대해서 간과할 수 없다. 조선의 가면극이 무대화의 과정을 거쳐서 형성되어 현재에 이르고 있다는 점은 분명하다.

군국주의 시대 조선총독부의 건전 오락 정책에 동원되었던 봉산탈춤과 동래야류 등에 개입한 문제는 두 가지로 요약될 수 있다. 하나는 총독부가 사상적인 이유를 들어서 노골적으로 기피하던 저항 담론을 구성하는 춤사위와 대사였고, 다른 하나는 야외에서 불을 사용하는 문제였다. 특히 송석하는 야외에서 불을 사용하는 문제 때문에, 봉산탈춤의 무대화는 상상할 수도 없다는 의견을 밝힌 적이 있었다. 필자는 그것이 불의 제의적 존재라고 생각한다. 조선의 제의 과정을 연구하였던 아카마쓰 치조(赤松智城)는 불의 신성성에 대해서 언급한 적이 있다. 말하자면, 성화(聖火)에 대한 개념이 조선의 제의에 깊이 있게 뿌리박혀 있다는 점을 지적한 적이 있고, 아키바 타카시(秋葉 隆)는 아카마쓰의 관점을 승계하여 전후에 그의 박사학위 논문에서도 조선 무속에서 성화의 문제를 거론한 바 있다. 조선의 민간 신앙에 있어서 무속과 가면극에 공존하는 불의 제의적 성격에 대해서는 아무리 강조해도 지나치지 않는다.

필자가 추가로 고려하는 '제의(祭儀) 속의 불'이라는 성격에는 야성성(野性性)의 문제가 있다. 연극적 효과의 문제뿐만 아니라 불이라는 자연의 현상에 내재한 야성이 탈춤의 춤사위와 대사와 결합할 경우와 그렇지 않은 경우의 차이는 정도의 차이가 아니라 본질적 차이라고 생각된다. 야외의 불이란 촛불이나 호롱불을 말하는 것이 아니다. 봉산탈춤의 연희 현장에 등장하는 야외의 불이란 모닥불을 말하는 것으로 보인다. 모닥불을 피우기 위해서는 불씨를 지펴서 장작으로 불씨를 키우는 과정이 필요하다. 누군가는 불을 관리해야 한다. 처음 장작에 불이 붙어서 탈 때 피어오르는 연기도 분위기 조성에 한몫하게 마련이고, 장작이 타는 매캐한 내음도 역할이 있다. 때로는 불길이 거세게 커지면서 주변을 위한 조명효과를 내기도 한다. 특히 춤사위와 대사를 저항 담론의 맥락에서 고려할 경우, 야외 마당에서 펼쳐지는 모닥불 효과의 상징성은 극대화될 수 있음을 무시할 수 없다.

모닥불은 순식간에 횃불로 전환될 수도 있다. 모닥불과 저항 담론의 제의적인 상승 효과의 맥락을 생각하지 않을 수 없다. 무대화라는 전략이 실내라는 장소적 규제를 전제로 하기에, 실내의 무대 위에 불이 동원된다는 것은 본질적으로 충돌될 수밖에 없음은 명약관화하다. 따라서 조선 가면극이 무대화 전략에 의해서 불이라는 배경을 상실함으로 인해서 치명적인 타격을 받았다는 해석이 필연적이다. 제의 속에 등장하는 불의 요소가 배제됨으로 인하여, 결과적으로 조선 가면극의 제의적 성격에 본질적인 역할을 하였던 불이 사라졌다. 즉 신성성과 야성성이 배제된 봉산탈춤은 사실상 핵심 중의 핵심이 제거된 껍데기로 형상화되었다고 말할 수밖에 없다. 즉 '앙꼬 없는 찐빵'이 문화 재창조란 이름으로 창출된 셈이다. 뜨거운 불이 사라진 자리에 조명으로 대체한 차가운 불이 신성성과 야성성을 대체할 수 있다는 상상은 불가능하다.

1933년 후반과 1934년 초반에 민속예술로서의 가면극을 보는 송석하의 입장은 갈림길에 있었다. 코데라 유키치가 송석하에게 추천을 의뢰하였던 조선 가면극의 동경 공연이라는 문제는 피상적인 현상이었지만, 민속예술로서 조선 가면극의 본질을 깊이 있게 생각하고 있었던 송석하로서는 기로에 서 있었던 것이다. 보여주기 위한 무대화라는 압력에 어떻게 대응할 것인가 하는 문제가 관건이었다. 그가 1934년 2월 28일 진주 수정산의 보름날 달문 앞에서 연행된 진주오광대를 보면서 어떠한 생각을 하고 있었을까? 무대화라는 전략이 필연적으로 요구하는 공정이 불과 관련된 문제였을 것이다. 봉산탈춤에서도 모닥불은 필수적이라고 생각했기 때문에, 무대화의 압력 앞에서 심각한 고민을 하였을 것이다. 무대화는 가면극을 마당에서 무대로 옮기면 된다는 단순 이동이 아니라 유산 변형이라는 과정을 수반할 수밖에 없다.

가면극이라는 유산은 문화를 전승하는 과정을 말하는 것이기 때문에, 총체적인 문화의 본질에 대한 생각을 아니 할 수 없다. 장소를 이동하고 불이라는 요소를 제거하여 연동되는 순차적인 과정의 문제들이 수반된다. 야외와 실내 무대의 장소성에서 비롯되는 문제뿐만이 아니라 불을 제거하여 전개되는 연쇄작용(chain operation)의 문제들이 결과적으로 어떠한 모습으로 나타날 수 있는가에 대한 생각을 해볼 필요가 있다.

문화로서의 유산은 신체화(somatization)되어 있음을 기정사실로 하고 있다. 신체화될 수밖에 없는 사실적 과정들을 구체적으로 열거해 보면, 최소한도 즉각적으로 오감(五感)의 문제와 연결된다. 육감까지는 거론할 필요도 없다. 오감과 유산이 결합한 구도는 촉각 유산(tactual heritage), 후각 유산(olfactory heritage), 시각 유산(visual heritage), 청각 유산(auditory heritage), 미각 유산(gustatory heritage)으로 구분해서 정리해 보아야 한다.

진주 수정산에서 연행되었던 오광대의 가면극을 오감으로 신체화된 문화유산으로 정리해 보면, 무대화로 인한 연쇄작용의 문제가 문화박편화의 과정에서 드러날 수 있는 공정을 이해할 수 있다. 우선 야외와 실내에서 감지되는 촉감뿐만이 아니라, 달문이 타면서 이글거리는 불길에서 느끼는 촉감이 달라진다. 소나무와 짚단이 타면서 코 끝으로 감지되는 냄새를 무대에서는 맡을 수도 없고 하늘로 사라지는 불길의 모습을 볼 수도 없다. 무대에서는 덜 마른 솔잎들이 타면서 내는 소리들과 군중의 환호와 할머니들의 비손 기도가 엮어내는 광경을 연출할 수 없다. 불길의 바람에 휘몰아치는 뜨거움이 입안으로 전해지는 미각과 때로는 입안으로 들어오는 재의 맛을 볼 기회는 그 시간 그 장소에서밖에 느낄 수가 없다. 이글거리는 불길에 반사된 번득이는 가면으로부터 느끼는 감각이 깊이깊이 신체화된 유산의 문제를 생각하게 하는 것이다. 차디찬 겨울바람과 뜨거운 달문열기가 교차하는 가면극 마당의 문화유산은 그야말로 신체화로부터 문화의 총체성을 적나라하게 설명해 주는 장이다. 군국주의적 지배권력에 의해서 조각나기 시작하는 풍전등화의 장면이 1934년 초반 송석하가 직면하였던 문화유산의 위기 상황이었다.

제의에서 오락으로 변질된 조선 가면극의 본질적 의미가 전환된 것은 조선총독부의 군국주의적 정책이 의도하여 개입한 결과였음을 목도하게 된다. 그 결과 총독부의 의도가 부분적으로 개입된 것이 현재 '문화재'로 지정된 봉산탈춤이라는 생각을 하게 되면, 아연실색 이상도 이하도 아니다. 일제 식민지 시기 조선의 가면극은 총독부의 전시 동원 과정에서 빚어진 무대화로 본질적인 생명력에 변질을 경험한 상태가 전승 요소의 부분을 이루고 있다는 점은 분명하다. 불이 배제되면서 봉산탈춤이 박제화된 과정을 생각할 수밖에 없다. 가면극과 탈춤의 기본정신인 저항 담론이 불의 배제로 발생했을 것으로 생각되는 상징성의 변질 부분에 대한 논의도 필요하다.

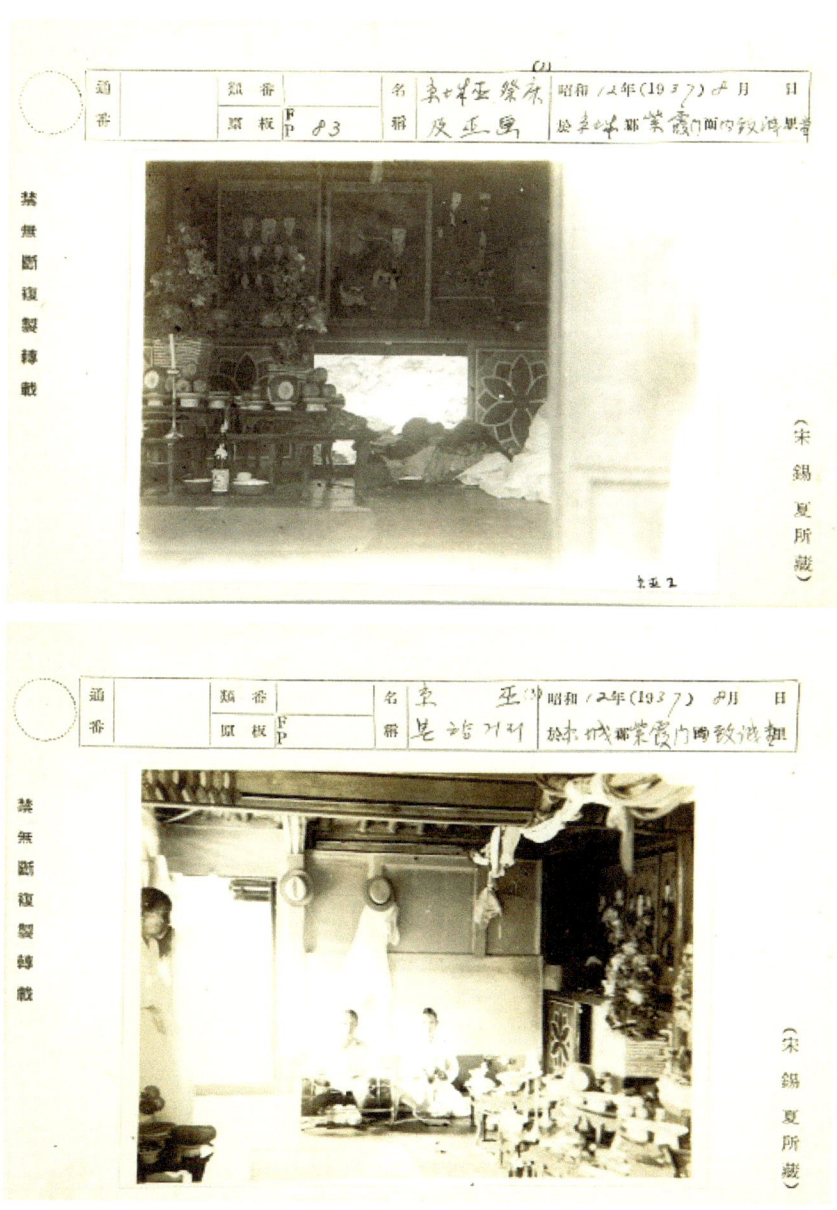

사진 75, 76, 77. "경성무 제상 및 무화(京城巫 祭床及巫畵) 1937년 8월 경성부 자하문내 치성당"
"京巫 본향거리 1937년 8월. 경성부 자하문내 치성당"
"京巫 德物山삼마누라 초일장군(衣=철익)(가=三거리) 1937년 8월 경성자하문내 치성당"

일본 제국의 군국주의라는 타력으로 발생한 수동적 문화 도탄 현상에 대한 원천적인 자성과 총체적인 검토가 요청된다. 따라서 송석하가 처음 보았던 봉산탈춤에 대해 생각해 보는 것은 무리가 아니다. 문화 과정의 본질적인 문제라는 점에서 봉산탈춤의 무대화는 필연적으로 복기(復碁)를 거쳐서 재구성되어야 할 과제라고 생각한다. 봉산탈춤만이 아니라 야외에서 행해졌던 가면극 전체에 대한 체계적인 복기와 재구성의 노력이 아쉽다. 현재 모습의 이전 단계 과정을 정확하게 앎으로서 변화의 메커니즘을 적기할 수 있고, 현재가 생성되게 된 과정의 메커니즘에 대한 이해는 방향과 예측에 대한 정보의 획득이 가능하게 되며, 이러한 과정의 누적에 대한 자료가 능동적 재창조의 기틀로 역할을 할 수 있다.

지금 우리가 송석하와 그의 업적에 대하여 논의하는 궁극적인 목적이 과거만을 논의하자는 것이 아니다. 과거가 미래를 위하여 정확한 거울 역할을 하도록 하기 위한 작업이라는 점을 역설하고자 한다.

1937년 8월 경성부 자하문 내 치성당(致誠堂)에서 촬영한 경성무 제상 및 무화(京城巫 祭床及巫畵) 사진들이 있다. 이러한 사진들은 무속에 관한 송석하의 관심이 간헐적으로 이어지고 있음을 보여준다. 무속이 조선 민속에 있어서 중요한 장르의 하나라는 송석하의 인식이 반영되어 있다고 생각할 수 있다. 경성제대의 아카마쓰와 아키바의 연구실이 심혈을 기울여서 조선 무속을 연구하였음과 아울러서 이즈음 그 연구실은 만몽의 무속에 관한 연구를 진행하고 있었음도 간접적으로 작용하였을 것이다. 동시에 송석하가 '무화(巫畵)'라는 단어를 사용하였다는 점에 주목하게 된다. 요즈음 연구자들이 여러 가지로 다양한 용어를 구사할 때 선학의 용례를 주의 깊게 참고할 필요가 있다.

'경무 덕물산(京巫 德物山) 삼마누라' 사진은 당시 서울의 무당들이 단골로 찾는 곳이 개성 덕물산이었음을 증언한다. 흔히 말하는 서울굿의 본산이 덕물산이었고, 그 주신이 최영 장군과 부인이라는 점을 확인할 필요가 있다. 그럼에도 송석하가 무속에 관하여 본격적인 논문을 작성한 적이 없었다는 점, 아울러서 송석하가 무속에 대해서 줄기차게 관심을 가진 부분은 앞으로 숙고해야 할 과제다.

"20년대 후반부터 사리원 기생조합을 운영하며 봉산탈 연행을 주재한 이가 이동벽"(남근우 2019: 80)이었고, "봉산탈춤은 1937년 5월 16일 송석하의 조선민속학회가 주최하고 조선일보사가 후원하는 제1회 '조선 향토무용민요대회'에 … 조선을 대표하는 '우량오락'으로 유일하게 뽑혀 초청"(남근우 2019: 88) 받았으며, "1938년 여름 보존회를 만들어 조직 정비에 나선다. 사리원의 일본인 읍장 하타에[波多江次雄]를 회장으로 앉히고 당지의 기생조합장 이동벽이 부회장과 상무를 겸직하며 보존회를 실질적으로 이끄는 바"(남근우 2019: 94), … "1940년 9월 27일 波多江 회장 이하 30명의 봉산탈춤보존회가 상경한다. … 이른바 '銃後朝鮮'에 보급 조장할 향토예술로 '봉산탈춤'을 … 지정한 총독부 관계자들에게 봉산탈춤을 試演하기 위해서다. … 또 하나, '대동아전쟁' 발발 직전인 1941년 11월 초, … 매일신보사가 주최한 '풍농축하농악무용대회'에 봉산탈춤이 초청되"었고, "1943년 12월 일본연극협회 위원 일행이 봉산탈춤을 보러 사리원을 방문했다. … 鄕土演踊團 二宮 기생조합장 외 20명"이 그들을 맞이해 약 3시간에 걸쳐 특별 공연을 펼쳤다. … 기생조합장이 '니노미야[二宮]' 성의 일본인으로 바뀌어, 그간 사리원 기생조합장으로서 봉산탈춤을 주도해온 이동벽의 행방이 궁금해진다"(남근우 2019: 95)는 기록이 있다.

1937년부터 1943년까지 봉산탈춤의 활동에 대한 남근우의 정리 덕분에 전쟁 격화와 더불어 전개되었던 식민지 조선의 오락 실태를 부분적으로나마 그러나 아주 중요한 점을 일목요연하게 읽을 수 있게 되었다. 침략 전쟁에 부응했던 정책 오락에 관한 전체적인 그림이 선명하게 드러난 셈이다. "봉산탈의 내용 변화를 통한 조선 민중 교화론"(남근우 100)이란 식민주의적 정책의 해석에 정지할 것이 아니라, 보다 큰 그림의 제국발 군국주의적 오락정책에 의한 조선 민중의 전쟁동원론과 직결된 문제라고 해석하는 것이 바람직하다. 한 가지 팁을 보탠다면, 이동벽의 창씨가 니노미야(二宮)다.

7) 민속학의 포폄

송석하는 민속학이란 학문을 이 땅에서 확산시켜야겠다는 의지를 분명하게 갖고 있었다. 이를 실천하기 위해서 선택적이긴 하지만 저명한 민속학 서적들을 신문지상에 소개하는 작업을 하였으며, 이러한 작업은 송석하 이외에는 누구도 한 적이 없었다. 학계가 제대로 형성되지 않았던 시절에 대중을 상대로 신문지상을 통하여 후진 양성이라는 목표를 분명하게 실천하였음을 강조할 수 있다. 지금 우리가 송석하를 조선에서 민속학의 선구자라고 단정할 수 있는 이유를 이런 곳에서도 찾을 수 있다.

"민속학이 타과학과 다른 것은 언제든지 소위 '휘일드 웍(Field Work)' 즉 당지연구(當地研究)가 주가 되어야 하고, 주로 하여야 하는 것이다." 송석하가 강조하였던 '휘일드 웍'은 지금도 필수적인 방법으로서 이해되고 있는 지극히 현대적인 개념이다. 그는 아놀드 반 게넵(Arnold van Gennep)의 민속학(Le Folk-lore)이 반스의 책보다 더 발달하였고 소개하면서, "이 저서가 주창한 '통과의식(通過儀式)'(Rite de Passage)의 설명이 볼만하다(고 하나 필자 역시 원서는 못 보았다)"(宋錫夏, 1937.9.7)라고 강조하였다. 나는 송석하의 번역어인 '당지연구'라는 단어에 주목한다. 당시 그에 해당하는 단어로 거의 '현지조사' 또는 '조사'라고 적었던 일본인 연구자들의 용례를 추종하지 않았던 점을 지적하고 싶다.

연구와 조사라는 두 단어의 의미상 차이에 대한 송석하의 방법론적인 긴장감이 능동적으로 작동하고 있었다는 점이 느껴지는 부분이다. 조사라는 단어가 관공서와 경찰에서 주민들을 대상으로 적용하던 상의하달의 행정적 행위였음을 감안한다면, 송석하가 제시한 당지연구의 용례는 앞으로도 사용될 수 있는 미래지향적인 용어로 정착할 가능성을 모색해야 한다.

반스의 책보다도 아놀드 반 게넵의 서적을 더 중시하였던 송석하의 안목은 정확하였다. 게넵의 저서는 1920년대 유럽에서 가장 선호되었던 사회인류학 서적이었으며, 일본에서는 야나기타 쿠니오의 관심을 끌었던 서적이기도 했다. 송석하는 그 책의 목차를 소개하였다. 동경의 향토연구사에서 간행된 고도 코젠(後藤興善, 1900-1986)의 번역서(ジェネップ 著 後藤興善 訳)⁶⁹를 언급한 것이다. 즉 송석하가 그 서적을 정확하게 인용한 것이 아니라는 점은 분명하다. 이어서 민속 예술 분야의 참고서로서 예일대학의 지리학 및 인류학 교수로 있는 루미스 헤브마이어(Loomis Havemeyer, 1886-1971)의 『미개인의 연극』(1916년 발행)과 인도 연구자이기도 한 리햐르트 피셸(Richard Pischel, 1849-1908)의 『인형극의 고향』(1900년 발행)을 소개하였다. 헤브마이어는 저서(예일대학 박사학위논문)에서 특히 미개인의 입회식과 연극의 관계에 관심을 보였다. 송석하는 자신의 주된 관심 부분인 가면과 가까운 서적들 소개에 치중하였다. 아울러 인류학 분야의 세분화 과정의 일면도 소개하였다.

이즈음 송석하는 건강이 좋지 않았다. 신문에 "몸이 병원 입원실에 있어"(宋錫夏, 1937.9.8)라는 내용이 드러났다. 평소에 지병이 있었음을 알리는 진술이다. 아니나 다를까 곧이어서 일간지에 송석하가 "폐염으로 입원하였는데, 문병한 친구들이 술마시자고 하여, 송석하가 동참하겠다"(東亞日報 5773호. 1937.9.23)라고 한 뉴스가 전해지기도 하

69　ジェネップ 著(後藤興善 訳) 1932 民俗學入門. 東京: 郷土研究社; van Gennep, Arnold 1924 Le Folklore. Paris: Stock. 부제는 신앙과 관습(croyances et coutumes populaires françaises)이다. 참고로 이 서적은 10장으로 구성되어 있으며, 특별히 통과 의례를 별도로 포함한 장은 없다. 8장이 의례와 신앙이라는 제목의 장이다. 야나기타는 1934년 9월 14일부터 12월 14일까지 매주 목요일에 키누타(砧)의 자택(현재 세타야구 세이조)에서 민간전승론을 강의하였다. 고도는 이 강의를 가장 충실하게 들었던 사람이었다. 야나기타는 공립사라는 출판사에서 출판할 예정이었던 『현대사학대계』 시리즈의 한 책으로 만드는 것을 처음부터 계획했다. 마타기 연구자로 알려진 국문학자 고도(후일 와세다대학 교수)는 야나기타의 민간전승론(民間傳承論) 강의 필기자 겸 구성자 역할을 하였다.
헤브마이어와 피셀의 저서 정보를 정확하게 적으면 아래와 같다.
Havemeyer, L. 1916 *The Drama of Savage Peoples.* New Haven: Yale University Press.
Pischel, Richard 1900 *Die Heimat des Pupenspiels: Rede Bei Antritt Des Rektorats Der Königh Vereinigten Friedrichs-Universität Halle-Wittenberg.* Halle: Max Niemeyer.

였다.

조선민속학회가 출범하였을 때 송석하가 구상하였던 계획들은 제대로 실천되지 못하였다. 학회를 주도하던 송석하 한 사람만의 노력으로는 그러한 구상이 실현되는 것은 무리였고, 함께 일을 분담하기로 하였던 손진태는 학회업무를 수행한 흔적을 보이지 않았다. 그러한 과정에서도 송석하가 민속학이란 학문 분야를 구성하는 학계의 모습을 유지하기 위하여 애쓰는 장면들이 관찰되었다. 경성제대의 아키바 타카시에게 민속학적인 정보도 제공하고 자료를 공유하기도 하였으며, 무라야마를 안내하여 사리원에서 봉산탈춤의 시연을 주선하기도 하였다. 송석하가 민속담화회를 주도하여 요릿집에서 모임을 한 장면도 아래의 사진과 아카마쓰가 송석하에게 보낸 엽서에서 확인할 수 있다.

조선 민속학을 이끌어가고 있었던 핵심적인 멤버들이 한자리에 모였다고 말할 수 있는 사진이다. 식민지적 혼종성을 적나라하게 보여주는 현장의 증명사진이라고 말해도 전혀 손색이 없는 사진이다. 조선민속학회가 그렇게 식민지적 혼종성의 온상 노

 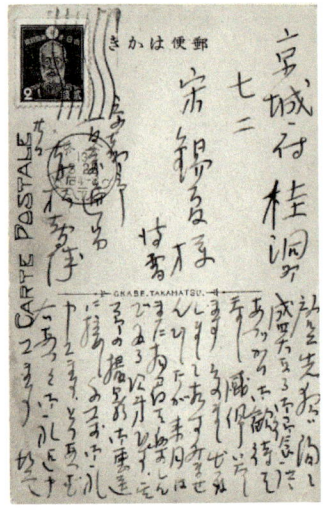

사진 78 & 79. 1938년 3월 5일 민속담화회 사진(좌). 왼쪽부터 송석하, 무라야마 지준, 아카마쓰 치조, 이마무라 토모에, 아키바 타카시, 손진태, 김두헌(아키바 타카시 소장 사진)
1938년 3월 26일 아카마쓰가 송석하에게 보낸 엽서(우). 지난번 성대한 대접 감사한다는 내용. 무당의 촬영에 대한 언급이 있다. 3월 5일 민속담화회가 송석하의 초청으로 이루어졌음을 알 수 있는 내용이다(송석하 사진, 국립민속박물관 소장).

릇을 한 점에 대해서도 살펴야 할 부분이 있다. 이러한 장면을 소위 '친일'과 '반일'의 정치적 이념으로 물든 안목으로 바라보는 점은 경계한다. 여기에 등장한 인물들 각각을 정치하게 연구하여 집적함이 '송민'을 이해하는 데에 지극히 중요하다는 점을 역설하고 싶다. 그들 사이에 개재되었던 민속학이라는 문제의 식민지적 맥락과 제국주의적 분위기를 동시에 포착하지 않으면, 연구자는 모래알처럼 흩어진 개인들의 업적만을 추적하는 꼴이 되고 말 것이다. 전체를 보려는 노력은 한 치라도 게을리해서는 안 된다.

8. 전시 동원과 향토 오락: 대회와 경연

1) 식민지 조선의 병참화

식민지 조선은 1931년 9월 18일 만주 사변 폭발 직후 대륙 점령의 군사작전을 위한 병참기지로 역할이 규정되었다. 격화일로를 치달았던 전쟁은 1937년 7월 노구교에서 중일 전쟁 폭발로 역사화의 증언으로 연장되었다. 병참(兵站)이라는 용어의 의미가 '군사작전에 필요한 인원과 물자를 관리, 보급, 지원하는 일'임을 이해한다면, 만주 사변 이후 일정기 조선은 군국주의라는 통치시스템이 본격적으로 작동하기 시작하였다고 말하는 것이 타당하다. 즉 식민지 조선에서는 물자도, 생산도, 사람도, 사람이 하는 모든 행위도 군사작전을 위한 병참의 일부가 되었다는 의미이다. 학문과 예술이라고 병참의 질곡으로부터 예외가 될 수가 없었다. 전쟁의 소용돌이가 식민지 조선에 엄습하였다는 사실을 증언한다. 조선군사령부가 대륙에서 일어난 전쟁에 직간접적으로 개입해야 하는 상황에서 병참기지인 식민지 조선의 역할은 생산 독려에 몰두하는 조선총독부의 정책 전개로 드러났다.

생산 독려를 목적으로 조선 민중을 동원하기 위한 역할이 부여되는 계기 중 하나는 오락이라는 사회적 현상의 정책적 제도화였다. 제의와 연중행사를 구성하는 중요한 놀이와 가무가 살림살이로부터 유리되어 오락이라는 이름으로 동원 정책 대상으로 선정되었던 것이다. 오락을 교육하고 연구하는 전문가의 오락 전문 서적에서도 '국민정신총동원에 있어서 오락교육의 지위(國民精神總動員に於ける娛樂敎育の地位)'를 논하는 핵심적인 사항은 사변과 오락(事變と娛樂) 및 오락을 통한 국민정신작흥(娛樂を通しての國民精神作興)'(上田久七, 1938.1.: 269-275)에 집중되어 있음이 노골화되어 있다. 이때의 사변은 중일 전쟁을 말한다. 오락은 전시의 생산을 독려하기 위한 도구의 위치임을 분명하게 설정하였던 것이 제국 일본의 군국주의 통치시스템 하에서 창안 및 진행이었음은 결코 부정하지 못한다.

기존의 조직들을 재편한 새로운 기구들이 만들어지는 과정을 주도하였던 조선총독부의 기획과 지시에 따라, "1937년 12월 28일 경성시내 천향원에서 '조선음악무용연구회'가 창립되었고, 발기인은 김석구(명창)와 한성준(명무)이며, 회원은 31명"(朝鮮日報 1938.1.6)이라는 소식에 이어서 "한성준씨가 김석구, 김덕진, 이강선, 장홍심 외 여러분이 발기인이 되어 조직된 조선 유일의 단체로서 조선무용연구회"(朝鮮日報 1938.4.23)가 출범하였다. 당대 또 다른 방향에서 움직이던, 조선 가무와 관련한 활동 소식은 "박용구의 기록과 『조선일보』, 『동아일보』의 기사를 종합해 본다면 1930년에 이미 조선음악무용연구회가 조직됐으며, 1934년 조선무용연구소로 변경, 1937년 12월 다시 조선음악무용연구회가 창립된 것으로 볼 수 있다. … 본고에서는 1935년 부민관 공연을 조선음악무용연구회 활동의 시작으로 보고자 한다"(김일륜·이효녕, 2022.11.30: 242-243)라는 평가다. 이것은 조선 민속학 분야나 '송민'과는 계통을 달리하는 가무 분야의 전문적인 인사들을 중심으로 전문적인 단체활동이 존재하고 있었음에 대한 이해를 촉구하고 있다(<표1> 조선음악무용연구회).[70] 전통 음악 무용 분야의 전문적인 전수자와 단체의 등장은 분명하게 존재하였다.

조선민속학회가 그들과 어깨를 겨룰 방안도 없었을 뿐만 아니라 그렇게 할 이유도 없었다. 이러한 측면에서 본다면, 송석하 중심의 향토무용음악대회가 설 자리는 마땅

---

[70] <표1> 조선음악무용연구회 공연 활동(1935년부터 1940년까지의 신문 기사들을 정리한 것이다)(김일륜·이효녕, 2022.11.30: 243-247)에는 동아일보, 매일신보, 조선일보의 기사들로부터 19건이 집계되었다. 1938년과 1940년에 가장 횟수가 많은 것으로 기록되었다. 기록에 따르면 1940년은 사실상 조선음악무용연구회의 최전성기라고 할 수 있다(김일륜·이효녕, 2022.11.30: 250). 또한 "조선음악무용연구회는 (1940년) 5월 22일 … 장충단에서 열린 흥아박람회에 참가하여 두 차례의 공연을 가졌다. … 6월 19일-20일 양일간 부민관에서 열린 조선음악전에 출연했다. 이 공연은 조선예흥사(朝鮮藝興社)의 주최로 열렸는데, 조선예흥사는 조선 예술문화의 보존과 보급 및 향상을 위해 기업적 차원에서 기여하고자 설립된 일종의 기획사였다"(김일륜·이효녕, 2022.11.30: 251)라고도 기록되었다.

사진 80 & 81. 걸궁의 상쇠(위), 짠지폐 공연(아래)(송석하 사진, 국립민속박물관 소장)

하지 않았던 것이 오히려 당연하였다고 말하는 편이 낫다. 이러한 추세는 해방 후에도 그대로 이어졌던 것이 분명하게 밝혀졌다. 1941년 3월 25일 조선총독부가 '조선음악협회'를 결성하면서, 조선음악무용연구회는 크게 쇠퇴하게 되었다. 조선음악협회는 악단을 통하여 직역봉공(職域奉公)하고자 조선 음악계의 신체제운동을 목표로 세운 친일 단체였다. 일본 제국의 황기 2600년 준비 과정부터 조선총독부는 전문 분야별로 동원 체제를 위한 조직을 정비하는 데에 혈안이 되어 있었음과 궤적을 같이 한다. 노골적인 동원 체제는 일본의 군국주의를 만족시키기에 혈안이 되어 있었다.

한편 경성의 태평통특설 연예장에서 조선일보 주

최로 '향토무용민요대회'가 열리는 것으로 귀착되었다. 이는 언론사와 연구자가 총독부의 정책에 타협한 결과로 진행되었다. 향토예술의 정수로 인정되었던 봉산탈춤, 인형극, 우인극 등이 선을 보였다. 1938년 4월 25일 상쇠가 등장한 걸궁 사진이 태평통 거리를 가득 메운 인파와 함께 일간지에 소개되었고(1938.4.21-4.24 "朝鮮의 鄕土藝術 - 簡單한史的梗槪", 朝鮮日報 연재), '짠지폐'의 공연에도 태평통에 운집한 군중을 보여주고 있다.

중일 전쟁으로 인하여 일본의 판도는 삽시간에 군국주의 구가의 분위기로 치달았고, 병참기지의 역할을 자부했던 조선총독부는 총후의 생산 독려라는 임무를 수행하기 위하여 조선 민중을 이용하는 방안을 모색하는 심화 과정이 있었다. 내지로부터 전달되었던 건전 오락(健全娛樂)이란 이름을 내세워 민중을 동원하는 방안의 하나로 조선의 향토무용대회가 진행되었던 것이다. 오락이 전쟁을 위한 수단의 동원용으로 지목되는 것은 민중 생활의 핵심부를 향한 제국 질서의 재편에서 드러난 헤게모니의 역할이 분명하게 말해준다.

팽창은 시차를 두고 역류를 수반하게 마련이다. 식민지 조선에서 시동되었던 군국주의적 민중 동원으로 이동함을 말한다. 그러한 양상은 식민지 조선의 지배로부터 제국 신민의 지배로 확산하였다. 총후는 식민지에만 있는 것이 아니고 제국 일본 전체에 적용되었기 때문에, 중일 전쟁 발발 후 오락 정책의 문제는 식민주의라는 관점으로서는 이해하기 불가능하다. 그것은 일본 제국 전체를 아우르는 군국주의라는 통치시스템으로 분석하지 않으면 안 된다. 제국 일본의 군국주의에 대해서 본격적으로 연구해야 하는 이유가 더욱더 분명해진 셈이며, 일제 식민지 시기 조선에 대한 이해가 제국 일본의 해부를 위한 시금석의 역할을 하고 있다는 점이 확인된다. 제국이라는 전체는 식민지라는 부분과 유리될 수 없다는 논리가 다시 검증되는 셈이며, 식민지를 이해하지 않으면 제국을 이해할 수 없다는 논리의 입론이 타당하다는 점도 확인된 셈이다.

신문 삽화를 내세운 정현웅[71]의 그림은 '봉산탈춤'과 '산대도감' 그리고 '꼭두각시'를

---

71 정현웅(鄭玄雄, 1910-1976)은 화가이다. 경성부 종로구에서 태어나 경성제이고보 재학 중 조선미술전람회에 〈고성(古城)〉을 출품하면서 미술계에 데뷔하였다. 이후 일본에 유학하여 카와바타 미술학교에 다니기도 했으나 곧 귀국하여 삽화가로 일하였다. 이무영의 신문 연재 소설 『먼동이 틀 때』를 시작으로, 이기영의 『어머니』, 채만식의 『탁류』, 이태준의 『청춘무성』 등 많은

사진 82, 83, 84. "鳳山탈춤"(鄭玄雄(畵) 1938.5.4)(좌), "山臺都監"(鄭玄雄(畵) 1938.5.5)(중), "꼭두각시"(鄭玄雄(畵) 1938.5.6)(우)의 삽화 3점.

민예소묘란 주제로 등장시켰다(사진 82, 83, 84의 삽화 3장 참조). 민예라는 단어는 무엇을 지향하였을까? 민속 예술을 빙자한 조선 민족 예술의 표현이 아니었을까? 이원조[72]가 간단한 글을 쓰고 정현웅의 소묘는 판화에서 분출하는 강렬한 묵선(墨線)의 완판을 구사함으로써 조선의 민속 예술을 민중적 시각으로 보여주는 저항 담론의 효과를 극대화하였다. 저항성을 담아내는 예술의 본질적 성격을 유감없이 발휘하는 필치였다.

송석하는 1938년 6월 1일 발행된 『여성(女性)』 3(6)의 '향토민속(鄕土民俗)노리화보(畵報)'의 사진들을 제공하였다. 농악 중에는 덩더쿵, 당산발림, 물풍덩이굿 등의 이름이 등장한다. 민속놀이에는 짠지패의 놀이(주고받는 소리가 중심), 봉산탈춤의 노장무, 탈춤의 첫목시, 사자무 등의 사진들이 있다. 송석하는 부지런히 새로운 자료들을 소개 및 유통하였으며, 이는 구제 민속지의 역할을 하기에 여념이 없는 행동이었다.

조선 민중을 동원해야 하는 총독부의 의지가 후면부에서 작동하였고, 전면부에는 송석하를 중심으로 한 조선의 지식인들이 후면부의 에너지를 이용하여 힘차게 움직이는 모습은 자못 '적과의 동침'이라는 표현을 순간 생각하게 하는 장면이다.

---

72 이원조(李源朝, 1909-1955)는 한국의 문학평론가이며 언론인이다. 본관은 진보(眞寶). 아호는 여천(黎泉), 임목아(林木兒)이다. 경상북도 안동 출생으로 시인 이육사의 동생이다. 1935년 호세이 대학 불문학과를 졸업한 뒤 조선일보에서 기자로 일했다. 1930년대 초반 조선프롤레타리아예술가동맹에 참여하였고, 광복 직후 임화, 김남천, 이태준 등과 함께 조선문학건설본부를 결성하였으며, 조선문학가동맹에서 활동하다가 한국전쟁 이전에 월북했다. 북조선에서는 조선로동당 중앙위원회 선전선동부 부부장을 지냈고, 한국전쟁 때는 서울로 와 남로당 기관지 해방일보의 주필로 활약했다. 신문연재 소설의 삽화를 그렸다. 선전에 총 13번 입선했고, 전위적인 작가들의 모임인 '34문학' 동인으로도 활동했다. 광복 후 미술인 단체인 조선미술건설본부의 서기장을 맡고 조선미술동맹에 참가하여 좌익 성향을 보였다. 한국전쟁 발발 후 월북했다. 이화여전 기악과에서 피아노를 전공한 남궁요안나(南宮堯安那=남궁 련, 1915년생)와 재혼했다.

그러한 장면이 오래 지속될 수는 없는 법이다. 나는 정현웅이 그렸던 그 많은 삽화 중에서 산대도감과 봉산탈춤 그림의 묵선만큼 강렬한 경우를 본 적이 없다. 강자 위치의 총독부가 약자를 총동원해 이용할 목적으로 약자들에게 허용하는 범위 내에서 행해진 예술 행위의 표현이 가능하였고, 예술 행위를 허용받은 약자는 강자의 이용 의도를 예술이란 이름으로 역이용한 표현의 결과가 소구점으로 표현된 것이 위의 삽화들이다. 그러나 후일 해방 후 송석하가 '이용과 역이용'이라는 표현으로 총독부 정책과의 관계를 설명한 것으로 이상과 같은 장면을 종료하게 되면, 강자와 약자 사이의 관계를 강자의 편에서만 바라보는 꼴이 된다. 그러한 설명의 한계를 극복하고 약자의 입장을 생각하려면 우리는 한 단계 더 나아 간 약자의 적극성을 이야기해야 한다. 그 이야기의 설명법으로는 '약자의 무기로서 은항책'이라는 제임스 스콧(James Scott)의 용어를 인용하는 것이 있다. 정현웅이 민예란 이름으로 쏟아낸 강렬한 묵선의 상징이 무엇을 의미하는지 민족 구분을 막론하고 식자들은 다 아는 내용이며, 특히 사상 감시에 혈안이 되었던 총독부의 정보계통이 묵선의 의미를 몰랐다거나 무시하였다고 말한다면 책임회피거나 언어도단이다. 묵선의 상징적 은항책이 군국주의에 대한 저항 담론으로서 약자의 무기였음을 구체적으로 이야기하는 것과 추상적인 역이용이란 표현으로 종료되는 것 사이의 해석상 차이가 연구 행위로 드러날 수 있음을 말하고 싶다.

『조선일보』 6102호(1938.5.7)의 한 지면은 당대 최고봉의 지식인들이 쓴 글로 채워져 조선의 향토예술을 돋보이기에 모자람이 없었다. 조선일보는 송석하의 「인멸(湮滅)에서 부활(復活) 찬연(燦然)히 빗난 민예대회(民藝大會)」, 이여성(李如星)의 「경건(敬虔)한 탐욕(貪慾)이 움적이는 걸궁패의 회화적요소(繪畫的要素)」, 유치진(柳致眞)의 「희랍의 고극(古劇)가튼 우리 가면무용(假面舞踊)」, 이희승(李熙昇)의 「역사적유산(歷史的遺産)인 우리 민속예술(民俗藝術)」, 김복진(金復鎭)[73]의 「걸궁의 어느 일순간동작(一瞬間動作) 최고(最高)의 아람다운 포-즈」란 글로 장식되었다. 전면부에 드러난 조선의 민속 예술에 대한 찬사들과 후

---

[73] 김복진(金復鎭, 1901-1940, 金福鎭으로도 기명)의 호는 정관(井觀)이며, 충북 청주에서 대지주의 아들로 태어났다. 김기진(金基鎭)의 형이다. 김복진은 조각가이며, 카프 집행위원을 역임하였다. 동경미술학교를 졸업한 당시 최고의 엘리트로, 교육과 평론 활동을 겸하면서 목조나 석고로 인체상을 제작하였다.

면부에서 작동하였던 총독부의 관리 감독에 대해서 심도 있게 생각해야 하는 문제다. 조선인 지식인들과 총독부 사이의 직간접적인 타협이 없이는 이러한 장면이 연출된다는 것은 생각할 수도 없었던 시절이었음을 인식하지 않으면, 중일 전쟁 이후의 군국주의적 통치에 대한 관점을 포착함에 실패하게 된다. 조선 민중을 동원해야 하고, 동원된 민중들을 전쟁물자 생산에 동원하는 것이 총독부의 목적이었음을 외면할 수 없다. '춤추는 곰과 뒤에서 조종하는 왕서방'이란 관계로 이해하지 않으면 민속예술이란 이름으로 동원되었던 봉산탈춤과 산대도감극 그리고 꼭두각시 인형극 등단의 맥락을 상실하게 된다.

정현웅이 그린 삽화의 사례는 군국주의라는 통치시스템이 배후에서 작동하며 드러난 빙산의 일각일 뿐이지만, 사실상 그러한 은항책의 장면을 구체적으로 포착한다는 것은 쉬운 작업이 아니다. '정책 그늘'이라는 온상에서 안주하는 과정에 익숙함이란 것 자체의 관성과 습성화가 갖는 힘이 있기에, '정책 너머'를 목표로 한 자생적 생명력이 한없이 뻗어나기를 기대하는 것도 한계가 있게 마련이다.

양주별산대(楊州別山臺)의 신하래비 및 미얄할미(第十二科場末)를 찍은 사진이 1938년 5월 경성부외군자리(京城府外君子里) 골프장이라는 정보를 제공한다. 특별히 사진 촬영을 위해서 마련되었던 양주별산대의 사진은 1894년 봄 제물포에서 랜디스 박사가 관찰하였던 양주별산대의 공연과 어떠한 동질성과 차별성을 갖고 있는 것일까? 군중과의 호흡이란 점에서 차별성이고, 춤사위란 점에서 동질성을 거론할 수 있겠지만, 반백 년의 세월을 격한 양주별산대의 전승 양상에 개입되었던 정치적 간섭의 문제를 생각하지 않을 수 없다. 그 간격 사이에 가장 영향력을 강하게 행사했던 것이 군국주의의 헤게모니였음에 대해서 부인할 수는 없다. 제의가 사라지면서 공동체로부터의 집합의식은 털끝만큼도 찾아볼 수 없는 상황이고, 보여주기 위한 건전 오락으로서의 의미만을 붙잡고 명맥을 잇고 있는 양주별산대라고 말할 수밖에 없다. 1894년 랜디스가 수집했던 그림과 1938년 송석하의 사진 사이에 정현웅의 「산대도감」 그림을 위치시키면, 양주별산대의 상징성은 또 다른 지식 전유의 확장성을 지향한다.

송석하는 "민간신앙, 민속예술, 연중행사 등은 모두 민속학의 대상이 되지만 새로 고

사진 85. "楊州別山臺, 신하래비及미얄할미(第十二科場末), 1938년 5월, 京城府外君子里 골프장"(송석하 사진, 국립민속박물관 소장)

안되어오는 의장(衣裝)의 유행, 기타 장신(裝身)방법의 유행은 민속학의 대상이 아니며 일부인사가 주창한 고현학(考現學)의 대상이 될른지 모르는 것이다"(宋錫夏, 1938.6.12)라고 주장하며 와세다대학 교수이며 건축예술론자 콘 와지로(今 和次郎, 1888-1973)가 제안하였던 '고현학'을 유행이라고 규정하고, 유행은 민속학의 대상이 아니라고 선을 긋는다. 양자 사이의 차별성을 분명하게 설정하는 이유가 불분명하다. 에스노그라피란 단어에 관심을 두고 건축과 공예 및 도시 생활에 대해 정치한 민속지들을 남긴 콘(今)에 대한 이해가 부족했다고 말할 수밖에 없다. 송석하는 콘이 이룬 작업을 일부분만 본 것이다.

송석하는 놀이를 "'난장놀이'와 '대동놀이'"(宋錫夏, 1938.6.14)로 구분하였으며, 전자는 흥행적 색채를 띠고 후자는 공공성을 담보하기 때문에 오락의 건전성이라는 차원에서 후자를 지향해야 한다는 취지의 논리를 폈다. 놀이를 '난장'과 '대동'으로 나눈 예도 이 경우가 처음이지만, 양자를 그렇게 단순하게 두부 자르듯이 분리하는 것도 총독부

본론 | 전시 동원과 향토 오락: 대회와 경연 • 229

의 정책에 견강부회한다는 느낌을 받는다. 사실 난장이라는 현상은 대동으로 이어지기의 이전 단계에서 전희(前戲)로 일어나는 일종의 과정이라는 점을 모를 송석하가 아니라는 점에 주목하게 된다. 따라서 난장과 대동이라는 이분법적 구분은 총독부의 정책에 부응하기 위한 민속주의적인 논리로, 새롭게 등장한 논리가 '묵은 민속에서 새 풍속으로'(宋錫夏, 1938.6.16)였다는 생각을 지울 수가 없다. 송석하는 이 표제어를 두둔하기 위하여 '민속이란 것은 과거를 대상하고 풍속이란 것은 현실을 대상하는 것'(宋錫夏, 1938.6.12)이라는 논리를 폈지만, 설득력이 없을 수밖에 없다. 총독부의 정책에 맞춘 억지 논리를 위한 장단에 지나지 않았기 때문이다.

갑작스럽게 등장한 풍속론이 민속학의 의미와 취지를 담아낸다는 것은 기대할 수 없는 엇박자의 장단이다. 이러한 풍속론은 19세기 말 이래 장기간 일본에서 일반적으로 통용되었던 풍속에서도 괴리된 개념이다. 민속과 유행 그리고 풍속에 대한 개념을 모두 개별적인 것으로 생각하였던 송석하가 그러한 개념들을 모두 아우르는 인류학적인 문화라는 질문을 제대로 접하지 못하였기 때문에 벌어진 현상이거나, 아니면 총독부의 정책에 부응하기 위한 타협적인 아부성의 글을 작성하다 보니 논리적으로 엇박자가 드러난 경우라는 생각이 든다. '송민'의 한계가 어디에서 드러나는지도 어느 정도 파악할 수 있으며, 그 한계에 대해서 비난할 이유는 없다. 엇박자로라도 하나의 행위로 표현하지 않으면 살아남을 수 없었던 당대의 현실을 목도해야 한다. 그것이 하나의 현실이었다는 점을 분명하게 지적하는 것이 필요할 뿐이다. 타협이라는 의도가 숨은 글이 논리적으로 명확하게 제자리를 잡는다는 것은 그렇게 쉬운 작업이 아니다. 두 경우의 어느 쪽이든 식민지에서 학문을 하는 지식인의 한계가 봉착하는 사례를 보는 것이다. 정책 지향의 장단에 아부하는 타협성의 글이 논리적으로 보편성의 자리 잡기를 기대하는 것은 무리다.

한편 중일 전쟁 폭발 이후, 일본 정부는 하나의 거대한 새로운 프로젝트를 출범시켰다. 중국의 전선이 확대되면서 더 많은 병사가 징집되었고, 후방인 총후에서는 전선으로 보내야 하는 전쟁물자를 생산하기 위한 독려에 박차를 가하지 않을 수 없었다. 군국주의를 위한 적성(赤誠)의 가열성이 폭증되는 시기가 도래하였던 것이다. 총후의 민중 동원을 위한 정책으로 착안(着眼)된 주제가 오락이었다. 환언하면, '전쟁과 오락'이라는 문제가 제국정책의 최우선적 과제로 대두되었다. 구체적인 정책으로 먼저 등장했던 것이 '건전 오락'이었고, 제국의 정책으로서 '건전 오락'은 식민지 조선에까지 연장되었다. 내지연장주의는 항시적으로 작동하고 있었던 것이다.

송석하는 "1938년 9월 28일 『동아일보』에는 '건전한 오락을 조선총독부에서 공식적으로 지정하기에 앞서, 우선 황해도의 봉산탈춤을 지정하고, 나아가 조선 총독이 참관한 가운데 경복궁에서 시연하였고, 동시에 향후 동경에서 봉축기념행사에서 공연할 계획'이라는 기사를 확인할 수 있다. 총독부의 정책에 따라 건전한 오락을 발굴하고 후원했던 송석하의 노력이 열매를 맺은 것이다"(오석민·박중훈·이용찬, 2023.6.24: 142)라고 하거나 『매일신보(每日申報)』 기사를 인용하여 "송석하와 봉산탈춤무용단의 노력은 이러한 과정을 거치면서 총독부에 의하여 공식적으로 인정을 받는다. 총독부의 '보급조장할 향토예술'로 선정될 종목을 공식 발표하기도 전에, 봉산탈춤이 우선 지정된 것이다. 그리고 '조선 총독이 참관한 가운데 경회루 뒤쪽 잔디밭에서 시연행사'를 벌인다"(오석민·박중훈·이용찬, 2023.6.24: 160)라고 판단하였다. 이는 총독부와 송석하가 '이용'과 '역이용'으로 줄다리기하는 장면 일부를 말한다. 그러나 이러한 결과의 열매가 있기 전에 있었던 과정의 거시적 정책과 구체적인 타협이라는 문제를 생각해 보아야 한다. 위 저자들의 안목은 양자를 빗나갔다. 그들의 글쓰기 목표가 다른 곳에 있었기 때문이다.

먼저 거시적 정책으로 구사되었던 '건전 오락'의 구도에서 송석하와 일단의 조선 향토 오락이 동원되었을 뿐이다. 그것이 마치 송석하의 노력이 보태어져서 이루어졌다고 판단한다면 어리석고 유치한 생각이다. 인간의 행동이, 그것도 식민지적 탄압 아래의 행동이 그렇게도 단순하고 평면적일 수 있을까? 송석하를 비롯한 조선인들은 단순히 동원되었던 도구와도 같은 역할을 하였을 뿐이다. 거시적인 정책에 대한 안목이 없으면, 위와 같은 혼란된 생각을 하게 마련이다. 그런데 동원되었던 조선인들이 과연 수동적으로만 작동되었을까? 약자의 무기가 작동하는 기회도 발생하는 법이다. 그 과정이 타협일 수 있다고 생각한다. 타협하는 과정에 대해서 위의 저자들은 일말의 고려도 하지 않고 있다.

사상 탄압과 압제의 과정에 동원되었던 당대의 검열과 겁박 및 수사와 체포 등 구체적인 인신구속에 대한 고려가 현재를 살아가는 후진들이 숙고해야 할 연구 과정 작업이다. 일제 식민지 시기 조선에서 지식인의 활동이 어떠한 고초를 겪었는지 일말의 의심도 없는 저자는 과연 식민지 조선의 정치적 상황을 어떻게 생각하고 있는지? 사회라는 실재 속에서 살아가는 개인은 사회를 만들어 가는 존재이기도 하다. 살아가는 과정에서 개인은 적소(適所, niche)를 구성하게 되고, 그 결과로 역할(role)과 지위(status)가 드러나게 된다. 독립운동가 이관술(李觀述, 1902-1950)을 고문하였던 일제 경찰의 앞잡이 노덕술(盧德述, 1899-1968)의 양극 사이에 민속학자 송석하를 위치시킨 상태를 가정해 보자. 세 사람은 울산 출신의 동향들이면서 일제 식민지기라는 공시성으로 이해할 수 있다. 이관술의 입장에 서지 않았음을 빌미로 하여 송석하를 노덕술의 입장으로 몰아세울 수 있는가? 개인의 역할을 흑백논리로 갈라치기를 하게 되면, 우리는 사회라는 현상을 망각하게 되고, 동시에 사회적 존재로서의 개인을 무시하게 된다. 민속학자로서 적소를 만들었던 송석하의 입장에 대한 생각의 무게를 결코 가볍게 볼 수 없다.

저자들의 저서 전반부에서 부친 송태관의 문제를 거론할 때는 그렇게도 식민 통치의 문제를 언급하면서 왜 후반부에 등장하는 송석하에게는 동일한 잣대를 적용하지 않는지 묻고 싶다. 경제적이고 정치적인 사안에 대해서만 그러한 압력이라는 문제를 고려하고 학문이나 예술의 과정에 대해서는 식민지 경찰의 눈이 적용되지 않는다고 생각하는가? 위의 저자들은 송석하가 사찰 대상이었다는 자료까지 제시하지 않았는가? 자료 이용에 있어서 선택적인 측면을 보이는 태도는 전체적으로 자료를 검토하기보다는 표적을 정해 놓고 필요한 부분만 선별하면서 따라간다는 인상을 준다. 이런 것이 연구라는 이름으로 행해지는 아마추어적인 작업의 결과임을 보여준다.

향토무용민요대회의 전개와 일단락을 통하여 조선민속학회를 대표하는 송석하에 의해서 민속학으로부터 민속주의로 이행하는 과정이 분명하게 관찰되었다. 이는 문화혼종화라는 과정을 필연적으로 수반할 수밖에 없었다. 전쟁과 군국주의의 개입이 '송민'에 끼친 영향력도 명백해졌다. 객체화된 조선민속학회와 송석하의 활동이 민속주의의 열차에 편승하는 과정에 대해서는 상당한 정도로 알게 되었다. 앞으로의 과제는 송석하를 포함하는 조선인들이 군국주의 아래에서 전개했던 주체적 과정을 살피는 일이다. 말하자면 폭력을 앞세운 군국주의자들의 정책 수완에 희생되었던 식민지 조선의 문화현상을 피해자의 측면, 즉 폭정하에서 살림살이를 유지하면서 살아남기 위한 행동을 하였던 피해자들의 수단과 방법에 대해서 적극적으로 살펴보는 작업을 말한다. 이 부분을 안이하게 생각한 결과는 쉽사리 탈맥락의 '친일' 논의의 함정으로 빠지는 지름길이 되며, 결과적으로 총독부의 정책으로 인하여 피해를 당한 사람들의 시각에서가 아니라 통치자와 정책입안자의 시각에서 바라보게 된다.

폭압적이었던 일제 식민지 시기 조선에서 살아남아야 했던 '민(民)'의 입장을 조금만이라도 고려한다면, 희생자들을 고려하지 않는 안목은 타자화라도 이만저만한 타자화가 아니다. 시쳇말로 '등따시고 배부르니' 어렵게 살아간 고통 속의 삶은 안전(眼前)에 없는 것이라고 말할 수밖에 없다.

전시에 즈음한 총독부의 정책적 오락이란 장르 속에서 혼종 양상을 보이는 현상이 졸속으로 만들어진 타협 논리로 안착하고 있음을 지적할 수 있다. 그러한 과정도 모두 문화 과정이라는 논리 속에서 다루어져야만 한다. 구겨진 치마의 주름을 매끈하게 하려고 다림질하면, 구겨진 자리들은 안전에서 사라진다. 다림질 전의 구겨진 주름들을 복원해 보려는 노력이 연구 과정이다. 구겨진 주름들의 원인과 과정을 추적할 수 있는 증거들은 치마가 구겨지는 과정에 작용하였던 행위의 주인공과 에너지원을 밝혀줄 수 있다. 조선 민속을 발굴하고 보존하려는 송석하의 의지와 총독부의 전시 정책이 오락이라는 장르에서 동거하는 모습이다. 살림살이를 구성하는 한 부분인 놀이가 이러한 과정을 거쳐서 도탄으로 내몰리게 됨을 부정할 수 없다.

거의 동일한 시기에 '조선풍속특집'으로 기획된 글에서 송석하는 '추천, 각희, 강강수월내, 가면무용 및 가면극, 색상재 등'을 소개하는데(宋錫夏, 1938.6) 전체적으로 내용의 반복이 심할 뿐 아니라 소개되는 내용도 일천하기 그지없다. 민속을 소재로 건전 오락의 틀에 맞춘 풍속론이 군국주의 앞잡이의 민속주의를 추종하고 있음이 명백하게 드러난다. 글쓰기의 주안점이 총독부의 전시 동원용으로 기획된 정책에 발을 맞추려는 노력에 꽂혀 있기에, 그 과정에서 개입될 수밖에 없는 진통으로 인하여 논리나 이성은 뒷전일 수밖에 없었을 것이다. '송민'에 있어서 민속학의 자리가 좁아지고 민속주의가 확장되는 계기는 총독부의 건전 오락 정책과 맞아떨어진다. 이는 군국주의 하의 시대적 양상을 반영하고 있다.

한편 송석하를 중심으로 시행된 향토무용대회가 단명일 수밖에 없었던 이유로 기술 발전의 측면도 고려해야 한다. 새로운 기술인 전파매체의 등장으로 인하여 선전·선동에 동원되는 방식이 방송으로 전환함으로써 사람들을 직접 동원할 필요가 없게 되었다(關 正雄, 1941.5.)는 점이다. 생산 현장으로 동원해야 할 대중들을 지속적으로 오락의 현장으로 유인하는 것은 총독부가 원하는 방식도 아닐뿐더러, 전시 상황의 긴박성이 가중되는 현실과도 어울리지 않는 결과로 귀착된다. 단명하였던 향토무용대회를 통하여 조선 민중의 향토적인 정서를 회복함에 목표를 두었던 송석하와 조선민속학회가 어느 정도 목적을 달성하였는지도 의문이다. 단발적인 홍밋거리를 제공하는 차원을 넘어서 전통문화의 재발견을 통한 정체성 구현이라는 차원에까지 도달하기에는 역부족이었을 것이다.

총독부의 요구에 부응하는 과정에서 전통 민속의 형식상 변질이라는 문제를 고려한다면, 신문사 주최라는 명목의 향토무용대회에서 노출되었던 봉산탈춤이나 산대극 또는 꼭두각시의 연출 과정에 대해서 심각한 검토가 필요하다. 우리들의 연구 과정은 검열과 탄압에서 살아남아야 했던 신문사와 그러한 입장의 신문사가 제공하는 지면에 예술이라는 이름으로 저항 담론을 담아내려 했던 지식인들 사이의 줄다리기와 그것을 감시하는 총독부의 정보계통이라는 존재, 그리고 한 걸음 더 나아가서 그러한 감시를 상시로 의식하면서 살림살이를 이어가야 했던 사람들이 엮어내었던 착종 관계의 긴장감에 대한 진통의 그림을 그려야 한다.

총독부의 식민주의적 기획과 군국주의적 동원용에 부응과 함께 진행될 수밖에 없었던 왜곡 가능성과 분절화의 경험이 전통문화라는 이름으로 투영되었던 측면에 대해서는 문화 파편화라는 측면에서 검토가 요구된다. 파편화의 압력을 받아 발생한 파편들이 다시 살림살이의 모습을 유지하기 위하여 재구성되는 과정에 대한 고찰이 없다면 일제 식민지 시기 조선의 살림살이는 영원한 피해자만으로 존재하게 된다. 결과적으로 남는 것은 피해의식일 뿐이다. 현실이 그렇지 않다는 점을 증언하기 때문에, 살아남아야 했던 살림살이의 존속 과정이 갖는 힘에 대한 문제의식에 관심을 가져야 한다. 식민지적 혼종성이라는 문제와 함께 숙고해야 할 문화 파편화 현상에 관해 후속 연구를 요청하는 바이다.

결과적으로 송석하는 총독부가 일회용으로 써 먹을 수 있는 '카드'의 이상도 이하도 아니었던 것이다. 그러한 상황에 대비한 송석하의 보이지 않는 전략은 없었을까? 이러한 문제들 때문에 연구자는 '약자의 무기'로서 은항책을 거론하는 것이다. 그렇지 않으면, 연구 결과는 지배자 또는 승리자 중심의 일방통행적인 역사만을 읊조리게 된다. 식민지 상황을 포함한 군국주의적 현상이 연구자들에게 준엄하게 요구하는 명령은 약자의 입장을 대변함으로써 최소한도 양방통행의 역동성을 보장하라는 것이다.

2) 향토문화 조사

총독부에 의한 전시 동원 체제가 향토무용과 민요 분야로 자리를 잡으면서, 정체성 위기를 인식하고 공감했던 조선의 지식인들은 더욱 폭 넓은 향토 문화 발굴 운동에 착안하였다. 군국을 위한 동원용으로 애국 운동의 근간으로 인식되었던 '향토'와 '향토 문화'는 당대 내지(內地) 지식인들의 핵심적 관심이었고, 그러한 운동이 식민지에 이식되는 것은 사상적으로 전혀 문제가 될 소지가 없었다. 내지연장주의는 식민통치자들만의 전유물은 아니었던 것이다. 조선의 향토 문화라는 차원에서 총독부와 조선인들 사이에 일종의 경쟁 구도가 마련되는 듯한 분위기가 창출되었다. 양자의 목적이 분명하게 서로 다르게 설정되었기 때문이었다. 총독부는 조선 민중의 동원이라는 목적이 있었고, 조선의 지식인들은 정체성 위기라는 문제의식으로부터 발로되었다고 생각된다.

두 가지의 서로 다른 목적이 각축했던 조선의 향토 문화 운동이 전개될 수 있었던 인적·물적 자원의 한계가 명백한 상황에서, 조선일보는 '향토문화조사사업'을 기획하여 편찬위원회명단 22명(이전화, 양세환, 권상로, 이병도, 송석하, 이병기, 이선근, 김도태, 이여성, 최현배, 이덕봉, 황의돈, 문일평, 이은상, 홍명희, 이능화, 손진태, 권덕규, 김원근, 김성호, 고유섭, 오세창)을 작성하여

사진 86. "1938년 조선일보가 펼친 향토문화조사사업의 편집위원들. 앞줄 오른쪽부터 황의돈, 이은상, 이전화(女). 뒷줄 왼쪽부터 송석하, 방종현, 이상춘(?), 문일평, 계용묵이다"(이한수 기자: "'격동의 역사와 함께한 조선일보 90년' 민족혼 일깨운 '향토문화 조사사업'"(조선일보 2010.2.2 03:24).

공표하였다. 조사 요목은 다음과 같이 제시되었다. 1) 연혁급 지세, 위치, 면적, 기상, 인구 등, 2) 명산대천, 평야 등, 3) 사찰, 6) 민속(음사, 의관, 의례, 세시, 생활 등)을 포함한 11개의 항목을 조사한다는 방대한 계획이었다.

1938년 2월 16일 관련 전문학자들을 경성의 조선호텔로 초대하여 모임을 갖고, 방응모(당시 조선일보사장)를 위원장으로 하는 향토문화사업위원회를 발족했으며, 이와 함께 전문학자들로 구성된 '향토문화사업편찬위원회'를 조직했다. 그 결과를 '향토 문화를 찾아서'라는 제목으로 126회에 걸쳐 연재한다는 계획이었다(朝鮮日報 1938.2.17). 위원회는 조선일보 창간 18주년 기념일인 3월 5일 전후에 현지로 출발하여 조사 작업을 벌인다는 원대한 계획을 세웠다. 1938년 4월 1일 자 조선일보 사보(社報)는 향토 문화 조사 사업의 의의를 이렇게 밝히고 있다.

"이 조사의 대략 주요 목적은 전 조선 13도 방방곡곡을 일일이 답사하여 각도의 연혁 및 지세, 저명한 산천·고찰(古刹)·향교 및 서원, 명승고적, 민속·민요 및 무용, 방언 및 이언(俚諺·상말), 신화 및 전설, 인물, 주요 특산물 등 각 방면의 문화 자재(資材)를 실지임증(實地臨證)하여 수집하기로 하고 이 방면의 전문학자를 초빙하여 총집약하는 한편 편집부를 창설하여 최후에는 대전집을 간행하기로 한다". 편찬위원에 포함되었던 이병기는 그의 일기에 다음과 같은 기록을 남겼다. "(1938.6.19) 송석하 군이 오다. … 송군의 장흥문화 조사담을 들었다" (이병기 2021.12.30: 416). "(1938.7.6) 조선일보사의 향토문화편집위원 황의돈, 최익한, 방종현, 송석하 군도 왔다. (1938.2.16) 오후 5시 조선호텔에 가다. 조선일보사에서 조선향토문화대집성(朝鮮鄕土文化大集成)을 출판하겠다고 수십 명을 초대했다. 그 계획에 대하여 토의, 9시에 오다" (李秉岐 1976.4.15: 485).

'새로운 동국여지승람'이라고 불린 이 사업은 한 도(道)에 한 권씩 전 조선 13도에 해당하는 13권의 책을 발간한다는 방대한 계획을 세웠다. 첫 조사 지역으로 전라남도·경기도·평안북도를 대상으로 선정하였고, 각각 책임조사위원으로 이은상·문일평·황의돈을 선정하여 조사를 시작하였으나, 사업의 진행 과정은 그리 순조롭지 못했던 것으로 추측된다. 이 계획과 실천은 사실상 조선에서 조선인들에 의해서 계획 및 실시되었던 최초의 '전국민속종합조사'에 해당한다고 평가할 수 있다. 방종현이 제주도 답사 보고서를 7회(1938년 5월 31일부터 6월 8일까지)[74], 이상춘이 평안북도 선천의 장항무(莊項舞)[75]에 대한 답사보고서를 5회(1938년 6월 20일부터 24일까지), 송석하가 전라남도 장

---

74 方鍾鉉 1938.5.31 "鄕土文化를 차저서: 제4반 濟州島行, 濟州島의 書籍", 朝鮮日報 6126호
  1938.6.1 "鄕土文化를 치저서: 제4빈 濟州島行, 濟州島와 女子(一)", 朝鮮日報 6127호
  1938.6.3 "鄕土文化를 차저서: 제4반 濟州島行, 濟州島와 女子(二)", 朝鮮日報 6129호
  1938.6.4 "鄕土文化를 차저서: 제4반 濟州島行, 濟州島와 方言(上)", 朝鮮日報 6130호
  1938.6.5 "鄕土文化를 차저서: 제4반 濟州島行, 濟州島와 方言(下)", 朝鮮日報 6131호
  1938.6.7 "鄕土文化를 차저서: 제4반 濟州島行, 濟州島와 民謠(上)", 朝鮮日報 6133호
  1938.6.8 "鄕土文化를 차저서: 제4반 濟州島行, 濟州島와 民謠(下)", 朝鮮日報 6134호

75 1873년(고종 10년)에 만들어진 무용극(舞踊劇)이다. 중국 초한(楚漢) 때에 홍문연(鴻門宴)에서 항우(項羽)의 조카 항장(項莊)이 유방(劉邦)을 죽이기 위해 추던 검무(劍舞)를 주제로 하여 제작된 무용이며, 이상춘이 보고한 내용은 조선일보에 다음과 같이 연재되었다.
  李常春 1938.6.20 "鄕土文化를차저서: 宣川行, 宣川項莊舞(一)", 朝鮮日報 6146호.
  李常春 1938.6.21 "鄕土文化를차저서: 宣川行, 宣川項莊舞(二)", 朝鮮日報 6147호.
  李常春 1938.6.22 "鄕土文化를차저서: 宣川行, 宣川項莊舞(三)", 朝鮮日報 6148호.
  李常春 1938.6.23 "鄕土文化를차저서: 宣川行, 宣川項莊舞(四)", 朝鮮日報 6149호.
  李常春 1938.6.24 "鄕土文化를차저서: 宣川行, 宣川項莊舞(五)", 朝鮮日報 6150호.
  白夜 李常春(1882~?)은 경기도 개성군 송도면 고려정 236번지를 주소로 하였다. 젊은 시절 한영서원에서 수학하고, 여러 편의 신소설을 창작하기도 했다. 송도고등보통학교와 루씨고등여학교에서 교원을 하였고, 개성고등여학교의 교장을 역임하였다. 저서로 『朝鮮語文法』이 있다. 조선일보가 조직하였던 향토문화조사사업의 최초 명단에는 이상춘이 없었다. 이상춘은 36

홍지역에 대한 답사보고서를 6회(1938년 7월 7일부터 13일까지), 이어서 송석하가 평안북도 자성과 후창 지역에 대한 답사보고서를 7회(1938년 11월 2일부터 13일까지)[76] 연재한 것으로 종료되었다.

사진 자료로 남은 송석하의 답사 일정에는 전라남도 영암군과 황해도 황주 성불사의 모습을 보여주고 있으나, 이 부분들에 대해서는 조선일보에 게재된 답사록을 찾을 수가 없었다. 필자가 찾지 못한 다른 지면에 게재되어 있기를 기대해 본다. 결과적으로 보면, 조선일보가 기획하였던 향토문화조사사업은 용두사미로 종료된 감이 없진 않지만, 그러한 과정에서도 이 사업에서는 송석하의 기여가 가장 많았다. 그로 인하여 향토문화라는 주제에 대해서는 민속학이 장기를 발휘할 수 있다는 사실을 입증한 셈이다. 그야말로 '제삼의 조선학'으로서 민속학의 역할을 유감없이 발휘하였던 송석하의 모습을 읽게 된다. 한편 이전화라는 이름의 여성에 대해서는 추가적인 자료를 찾을 수가 없었다. 분명히 위의 사진에도 등장하는 이전화라는 인명에 대해서는 추후의 자료 발굴이 기대된다.

이 사업의 조직은 체계적으로 진행되었지만, 실천 과정과 결과는 만족스럽지 못하였음을 알 수 있다. 최익한이 '평해구읍성황당(平海舊邑城隍堂)'(崔益翰, 1938.5.6)을 제2반의 울진 편으로 1회 보고하였으며, '무당(巫黨)과 화랑(花郞)'(黃義敦 1938.7.5)이 함평행이란 이름으로 황의돈(黃義敦)[77]에 의해서 1회 기사화되었다. 그 이외에는 송석하의 보고

세(1917년) 때 보안법 위반으로 구금된 적이 있었다. 판결기관은 경성지방법원이었고, 판결날짜는 1917년 7월 26일이란 기록이 있다.
76 이하는 송석하가 평안북도를 답사하고 보고한 게재분이다.
  宋錫夏1938.11.2 "鄕土文化를 차저서 1: 慈城.厚昌編, 麻田嶺登步", 朝鮮日報 6280.
  宋錫夏1938.11.3 "鄕土文化를 차저서 2: 慈城.厚昌編, 元永冑日記", 朝鮮日報 6281.
  宋錫夏1938.11.5 "鄕土文化를 차저서 3: 慈城.厚昌編, 元永冑日記(續)", 朝鮮日報 6283.
  宋錫夏1938.11.8 "鄕土文化를 차저서 4: 慈城.厚昌編", 朝鮮日報 6286.
  宋錫夏1938.11.9 "鄕土文化를 차저서 5: 秋娥의 傳說", 朝鮮日報 6287.
  宋錫夏1938.11.10 "鄕土文化를 차저서: 民俗學資料", 朝鮮日報 6288.
  宋錫夏1938.11.13 "鄕土文化를 차저서 6 慈城.厚昌編, 民俗學資料(結)", 朝鮮日報 6291.
77 황의돈(黃義敦, 1887~1964)은 1908년 만주 간도(間島)의 명동서숙(明東書塾)에서 교원으로 일하였다. 이후 1911년 평양 대성학교(平壤 大成學校), 휘문의숙(徽文義塾), 보성학교(普成學校), 중동학교(中東學校) 등에서도 교원을 역임하였다. 1938년 조선일보사(朝鮮日報社)에 입사 이후 1945년까지 언론계에 종사하였다.

사진 87. "강강수월내, 1938년 5월 (전라남도) 장흥군장흥면원도리"(송석하 사진, 국립민속박물관 소장)

문이 대부분을 이루었기 때문에, 그 내용을 중심으로 자료를 정리하고자 한다. 다른 인사들의 작업과 보고의 내용에 비해서 송석하가 월등히 많은 기록을 보여주고 있는 것이 시간과 자금의 문제만은 아닐 것이다. 민속학에 투입한 송석하의 직업정신, 즉 민속학을 직업으로 하였던 송석하를 대하게 된다. 조선 민속학에 정진하였던 송석하의 진정한 리더십을 증언하는 대목으로 받아들이고 싶다.

송석하는 천관산, 보물만흔보림사, 보림사재음미(사천왕상), 민속의 가지가지(강강수월래사진), 문화와 장흥(피리사진) 등의 내용으로 연재하였다(宋錫夏 1938.7.7-10, 12, 13). 아래의 사진은 1938년 5월 장흥군장흥면 원도리 강강수월내(강강술래)의 모습이고, 이 사진은 무라야마 지준의『조선의 향토오락』(1941.3.31)에도 재록되었다(村山智順, 1941.3.31: 9). 이즈음 오락이라는 주제를 사이에 두고 송석하가 무라야마와 얼마나 긴밀하게 소통하고 있었는지 알게 하는 대목이다. 향토 문화라는 장르와 오락이 하나의 궤적으로 움직이기 시작한 때, 마침 조선일보사에 의해서 향토문화조사사업이 시행되었던 것이다. 총독부에 의해서 타자화된 대상으로서의 '향토'가 아니라 조선인들의 주체적인 자기 발견의 대상으로서 '향토'에 대한 의지가 발현되었다는 점에서 사업의 의의를 높이 평가할 수 있다.

그러한 사업을 실천하는 과정에서 두드러지게 활약하였던 송석하의 업적은 민속학자로서의 위상을 높이는 역할을 하였다고 생각한다. 그 사업의 전모가 제대로 빛을 발하지 못하였다는 아쉬움이 있다. 동경으로부터 수입되었던 '향토 문화'란 단어가 제대로 착근하지 못하였음도 못내 아쉽기도 하다. 조사위원의 명단에 이름을 올렸던 손진태가 이렇다 할만한 기록을 보이지 않는 점에 대해서는 어떠한 생각을 해야 할까?

사진 88. 황해도 "황주성불사 극락전 및 석탑(黃州成佛寺 極樂殿 及石塔), 1938년 7월 18일, 황주군주남면정방리 동사내(黃州郡州南面正方里 同寺內)", 사진 속 인물은 송석하(송석하 사진, 국립민속박물관 소장) (가로 6.6cm, 세로 9cm)

조선일보가 기획하였던 '향토문화를 차저서' 프로젝트를 위해서 송석하는 1938년 일 년 내내 틈틈이 여러 곳을 방문하였다. 전남 장흥(5월), 황해도 황주(7월), 전남 영암(9월), 그리고 평안북도 산간의 오지인 자성과 후창을 답사할 때는 고문헌과 답사를 결합한 논고를 작성하였을 뿐만 아니라 민속학적 주제인 민가(民家), 산속잡신(産俗雜信), 산아후우례(産兒後于禮)를 독립적인 항목으로 다루었다. 평안북도의 중강진이 있는 압록강 남안의 여진인들이 거주했던 곳도 방문하였다. 향토 문화의 답사와 관련된 송석하

사진 89. 전라남도 "영암도갑사 장생(靈岩道岬寺 長栍), 1938년 9월 13일 전남 영암군 군서면 도갑리 도갑사"(宋錫夏 사진, 국립민속박물관 소장).

의 논고는 지역에 따라서 약 2개월 뒤에 조선일보의 지면에 지속적으로 연재되었다.[78] 20여 명이 넘는 대규모 학술조사단으로 구성되면서, 조선일보사가 주최하였으며 학계에서 내로라하는 인물들이 명단에 이름을 올렸던 '향토문화조사' 사업의 결실에 가장 많은 공헌을 한 사람이 송석하였음도 알게 되었다. 사실상 송석하만큼 조선팔도의 구

---

78 『원영주일기(元永冑日記)』를 들 수 있다. 이것은 그가 고산리첨사(高山里僉使)로 있었던 정조 18년(1794 *1794년이 갑인년이다.)에 폐4군 지역을 순찰했을 때의 일기이다. 다음은 일기 첫머리이다.
正宗 계축(정조 17 ; 1793)에 강계 제진에 문무의 지체와 명망에 따라 모두 택함을 받게 되었는데, 翰林 洪樂游를 乫怪萬戶로, 前正言 鄭履綏를 馬馬海權管으로, 前府使 梁梡을 上土僉使로, 前府使 元永冑를 高山里僉使에, 前府使 李謙會를 楸坡萬戶로, 前校理 鄭尙愚는 전에 이미 神光僉使로 補했다. 갑인 봄, 모두 4군의 지형을 자세히 살피고 돌아왔다. 이 일기는 그때 적은 것이다.
일지 형식의 이 일기에 의하면, 1794년 4월 7일 원영주는 윗괴만호 홍낙유 등과 함께 瓜花鎭(윗괴)에서 하룻밤을 지내고, 다음 날 아침에 출발, 정오에 上土鎭에 도착했는데, 여러 鎭將들도 일제히 도착하였다. 4월 9일 상토진을 출발하여 麻田嶺을 넘어 三川→紫作嶺→慈城舊基→皮木嶺→乾浦→乫怪留防所→伐谷→早粟坪→卞屹洞→虞芮舊基→中江從浦留防所→項岩→上中長氷崖→梨坡→獐項→金同洞→三洞→葛田下仇非→淵洞→(閭延)舊堡→金倉을 거쳐 동월 17일에 竹田(楸坡)萬戶留防所에 도착하였다. 이와 같은 폐4군 지역의 현지답사는 여진인의 시세 변화에 따른 대응의 필요에서 이루어진 것이다. 즉 청이 건국됨에 따라 조선 북쪽 변경에 살던 많은 여진인이 중원으로 이동하였다는 점과, 폐4군 지역에 대한 개척의 기운이 활발하게 일고 있었던 데 연유하는 것이다.

석구석을 답사하였던 사람은 없었다는 점도 분명하게 인식되어야 한다. 당시의 교통사정을 생각하면, 그의 조선팔도 답사력에 대해서는 조금도 폄하할 수 없는 부분이며, 당지 연구에 충실하였던 '송민'이 보여주는 자료집적의 기여도에 대해서 겸허하게 인정해야 함이 마땅하다. 에스노그래퍼로서 역할에 충실해지려 노력하였던 그의 모습에 대해서 절로 고개가 숙어진다. 이러한 모습이 결코 송석하를 딜레탕트라고 폄하할 수 없다는 점을 재차 강조하고자 한다.

조선일보사의 향토문화조사사업은 당대의 지식인들에게 적지 않은 영향을 미친 것으로 생각된다. 가람일기는 다음과 같은 내용을 증언하고 있다. "(1940.8.22) 송석하 군을 보다. 강화도 가기를 의논하였다". "(1940.8.24) 김상기 군을 경성역서 만나, 문곡(文谷)을 찾고, 오후 3시 30분 인천행, 동행은 두계, 석남, 도남, 이인영, 김상기, 성재, 5시 30분에 인천을 떠나다. 기동선 특등실을 타다. 풍정랑식. 해는 서천에 기울었다. … 7시 쯤 초지(草芝)에 나리다. 금철(琴澈), 박창양(朴昶陽), 유지영(柳智泳)씨가 마중나왔다. … 버스로 온수리까지 가서, 걸어 오르다가 정족산성(鼎足山城) 통문 박 전등각(傳燈閣)에 들다", "(1940.8.25) 석남이 어제 초지 부근서 낙조 촬영을 하다 기계의 뚜껑을 잃었다. 그 때문에 출발시간이 늦었다. 오후 1시 마니산을 오르다. … 산성 서문으로 들어 전등사를 보고 전등각으로 와 자다", "(1940.8.26) 온수리서 버스로 강화읍을 오다. 수요회관에서 점심, 장녕전(長寧殿), 구기(舊基)를 보다. 석남은 고비 탁본에 지성이고 두계와 김상기 군은 고궁지 조사에 골몰하다", "(1940.8.27) 오전 7시 버스로 서울을 오다 "(이병기 2021.12.30: 535-37).

송석하는 자신의 저작물을 출판하는 계획도 세웠던 것 같다. 시인 이상과 단짝을 이루었던 화가 구본웅(具本雄, 1906-1953)이 야심 차게 시도하였던, 청색지사(青色紙社)가 발행한 『청색지(青色紙)』 3호(1938.11.20)[79]의 광고에 게재된 내용이 증명한다. 상업주의를

---

79 『青色紙』는 1938년 6월 3일 화가인 구본웅(具本雄)이 주간하여 창간하였다. A5판. 48~114쪽의 얄팍한 잡지였으나 특히 문학에 중점을 두고 편집되었으며, 당시로서는 특색 있는 잡지였다. 구본웅은 잡지의 표지화 구성에서부터 획기적인 시도를 하였다. 수준 높은 집필진을 고루 등장시켰고, 특히 이상(李箱)의 시 「정식(正式) I·II·III·V·VI」와 소설 「환시기(幻視記)」, 소설체로 쓴 「김유정론(金裕貞論)」 등을 실었다. 짜임새 있고, 장정도 잘되었으며, 내용도 수준 높고, 여러 면에서 청신미가 넘치는 잡지였다. 그러나 1940년 통권 8집으로 종간되고 말았다(김소현, 2018).

배격하였던 구본웅이 임화(林和)가 담당하였던 학예사(學藝社)가 기획한 신간의 출판 광고를 게재한 것이다. 학예사에서는 '조선문고(朝鮮文庫)'의 속간예정서(續刊豫定書)들을 소개하였는데, 제1부에는 『송석하해제 조선민속극집(宋錫夏解題 朝鮮民俗劇集)』이 포함되어 있다. 그 이외에 『이재욱해제 가곡원류(李在郁解題 歌曲源流)』, 『임화 편 조선민요백선(林和 編 朝鮮民謠百選)』, 『이응수해제 김립시집(李應洙解題 金笠詩集)』, 『김태준교주 두시언해(金台俊校註 杜詩諺解)』가 소개되었다. 김삿갓 관련 서적은 『상해김립시집(詳解金笠詩集)』(李應洙編註, 1939년)이란 제목으로 출간되었다. 『조선민속극집』이란 제목의 해제집을 발간하려는 계획이 시사하는 바는 민속극에 관한 작업의 일단을 정리한다는 의미일 것이다.

시간적인 문제를 고려하면, 아키바가 송석하와 함께 저술할 것이라는 후일의 정보도 사실상 조선 민속극에 관한 것은 송석하가 미리 준비를 해둔 것일 가능성이 농후하다. 그 후 아키바의 노력이 보태어져서 단행본 계획을 준비했던 것으로 생각할 수 있다. 경위야 어떻든 송석하는 아키바와의 공동작업을 구상하고 진행하였던 정황을 짚어낼 수 있고, 이러한 배경이 양자의 인간적인 관계를 증명해 줄 수 있는 대목이 될 수 있다. 출판이란 행위로 결실을 보지 못했던 두 사람의 작업이 아쉬움으로 남는다.

향토무용민요대회가 졸속으로 황급히 막을 내리고, 조선일보의 '향토문화를 찾아서' 프로젝트가 용두사미로 종료된 직후, 송석하는 봉산탈춤보존회 설립에 관한 글(宋錫夏, 1938.12.30)과 '조선무용의 사적개관'(宋錫夏, 1939.1.3)에 관한 단문을 남겼다. 개점휴업 상태에 들어간 조선민속학회가 계속 침묵하던 상태에서 위의 두 프로젝트는 송석하의 가슴에 새로운 불씨를 지피고도 남았을 것이다. '송민'이 새로운 에너지의 보충을 받았던 기운을 느꼈을 것이고, 그러한 배경이 있었기 때문에, 송석하는 그야말로 지성을 다하여 '향토문화를 찾아서' 발걸음을 옮겼을 것이다.

명분과 팡파르에만 충실하고 후속적인 실천이 따르지 않았던 조선의 '향토문화' 운동이 졸속으로 막을 내리면서, 송석하는 마음 구석이 뻥 뚫린 휑한 느낌이 들었을 것이다. 준엄한 총독부의 관리 감독 아래에서 거족적으로 팡파르를 울리면서 막을 올렸던 '조선의 향토 문화'에 대한 세간의 관심이 자신의 실천과는 너무나도 동떨어진 느낌을 받았을 것이다. 어딘가로부터 동원되어서 진행하였던 일들이 줄속으로 맺어버리는 점에 대해서 허탈함도 있었을 것이고, 주체적으로 하지 못하고 객으로 참가하는 행사들에 대해서 환멸감도 있었을 것이다. 그 간극을 메우기 위해서라도 회한의 감상을 안고 자신의 족적을 뒤돌아보지 않을 수 없었을 것이며, 결국 남는 것은 자료라는 생각으로 돌아갈 수밖에 없었을 것이다.

송석하는 자신이 주체가 되어서 스스로 기획하고 제작하는 작업의 성과를 기대하였을 것이고, 그렇게 하여 귀결된 송석하의 관심이 황해도 강령과 안동 하회의 탈들이었을 것이다. 송석하는 양쪽의 사진들을 가면극의 자료로 남겼으며, 그 자료들은 지금 우리에게 희귀한 정보를 제공하고 있다. 강령탈의 그로테스크함에 대해서는 6·25전쟁 후 평양에 있었던 김일출에 의해서 '황해도 먹중들은 아주 괴상하고 험한〈탈〉을 쓰고 나옵니다'(좌담회 1957.6.: 55)라는 촌평을 얻기도 하였다. 송석하의 강령탈과 하회탈에 대한 관심이 미완으로 남겨진 상태가 '송민'의 족적이며, 정지된 장면을 이어가야 하는 과제는 후진들의 몫으로 남아 있다. '제3의 조선학' 실천을 위한 외로운 정진은 하회탈과 강령탈을 추적하는 작업으로 이어졌다.

송석하는 1939년 8월 20일과 1940년 12월 14일 두 차례에 걸쳐서 하회별신굿(탈놀이)에 관한 자료를 수집하였고, 그 사이에 '별산대, 오광대, 야류. 약20년래 중절되었으나, 최근 향토예술의 부흥 농촌어포민의 오락융성의 기운'(宋錫夏, 1939.10.15: 9)이 살아났다고 적었던 것은 자신의 희망과 포부를 표현하기 위한 과장이라고 생각할 수밖에 없다. 왜냐하면, 황기 2600년을 전후로

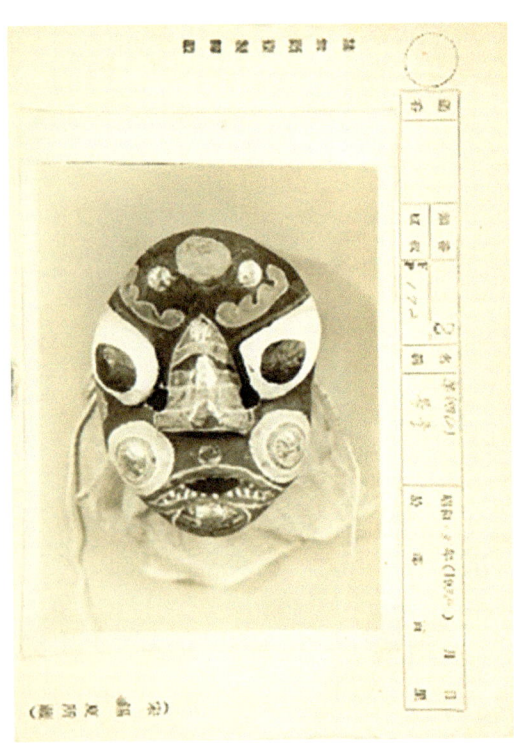

사진 90. "강령 목중 1938년"(송석하 사진, 국립민속박물관 소장)

한 시점에서 확인할 수 있는 민속학적 위상이 결코 세간의 주목을 받을 수 있는 상황이 아니었음은 너무나도 명백하기 때문이다. 향토예술 부흥이라는 낙관적 관점은 자료 발굴이라는 초심으로 돌아간 상태의 심정이 피력된 것으로 이해된다. '각시가 오줌 누는 장면'(허용호, 2022.11.30: 176)은 거제도 하청에서 1932년에 보았던 통영오광대의 모습을 연상시켰을 것이다. '별신굿에서 별신굿탈놀이로'(허용호, 2022.11.30: 181)라는 지적에서 보다시피, "하회별신굿탈놀이 관련 영상자료는 1930년대 초.중반 '제의와 가면의 발견'이라는 양상을 보여주다가 1939년에 '가면 성격이 신체 가면에서 연극 무용 가면 곧, 연희 가면으로의 전환'"이라는 양상으로 나타난다.

허용호의 평가대로 "1940년에 이르러 '가면극으로 정박'이라는 양상을 드러낸다"(허용호, 2022.11.30: 187)라는 견해는 존중할 수 있다. 즉 신체가면(神體假面)에서 연희가면(演戲假面)으로 전환하는 변화를 직시한 관찰 결과는 받아들일 수 있다. 문제는 그러한 전환과정에 개입된 이유를 분명하게 논리적으로 설명하는 작업이 필요하다. 예능에서 제의가 빠지면 오락이 된다고 말했던 혼다 야스지(本田安次, 1958)의 견해가 생각난다. 제의가 빠지게 되는 과정에 대한 논의를 기대한다. 이 과정에 사회경제적 또는 정치·군사적 원인들을 포함한 식민지 조선의 문제에 대한 심도 있는 논의가 요구된다. 그러한 설명이 생략된 상태에서는 앞으로의 연구 과정을 더 기다려야 할 것 같다.

문화유산으로서 하회의 가면극이 담보하는 저력을 발견하였던 송석하의 노력은 재평가되어야 마땅하다. 그가 추구하고자 하였던 대상의 과정들이 일본의 군국주의적 침략 전쟁이 격화함으로써 총동원령이 발령되었던 전시하였다는 점을 감안한다면 결코 과소평가할 수 없다. 무엇이 송석하가 하회탈로 발길을 재촉하게 하였는지 질문해야 한다. 그렇지 않으면, '왜 송석하가 가면극을 쫓아다녔을까?'라는 질문도 해답을 얻을 수 없다. 군국주의와 가면극이 여러 가지 측면에서 대등한 입장에서 논의되기는 어렵다. 그러나 양자가 추구하는 인간존재의 방향성이나 이데올로기의 차원에서 대칭시키면 삶이라는 차원의 본질적인 질문에 도달할 수 있다. 봉산탈춤을 탁상 위에 올려놓고 총독부 공무원과 일본청년관 행정책임자 사이에서 송석하가 추구하였던 조선 예술의 정신을 대했던 장면이 떠오른다. 통제 대상의 사상에 저항했던 탈춤의 예술성을 주

사진 91. "하회 가면희전원(河回 假面戱全員) 1940년 12월 14일 안동군풍천면하회리"(송석하 사진, 국립민속박물관 소장)

장하였던 송석하였기에, 군국주의를 선봉에 세운 총동원령 하에서 조선 예술의 정신을 찾기 위한 하회로 발길이 향했을 수 있다. 아직도 제의가 살아 있는 하회가면극을 찾아 나섰던 것이 아닐까?

가면극의 생명력이 담보하고 있는 저항 담론의 매력을 발견하였던 송석하였기에 봉산탈춤에서부터 하회탈에 이르기까지 이어지는 조선 예술의 정수를 옹립하려는 노력이 가능하였다. 이에 대한 이해가 현재까지 이어지는 민중예술의 이데올로기를 받치고 있는 미래지향적 힘이라고 생각한다. '송민'을 천착하는 이유가 여기에 있음을 강조한다.

전쟁이 격화일로를 치달으면서 내지에서는 1938년을 기점으로 방첩령이 발령되었고, 그로 인하여 내지에서는 일본인 연구자들도 실지 답사가 사실상 어렵게 되었다. 이러한 분위기는 조선으로도 전달되었고, 송석하는 장기인 당지연구를 실천할 수 없는 상황에 봉착하게 되었을 것이다. 그가 서지학적인 논고들을 지상에 발표하는 것은 기왕에 자신이 수집했던 자료들로부터 기인하기도 하지만, 민속학자로서 당지연구를 실천할 수 없게 된 정치·사회적인 상황으로부터 빚어진 결과라고 말할 수 있다.

기록에 따르면, "석남이 1937년 계동 72번지로 이사한 후, 자하문 밖 제지소에 함께 가서 종이 만들 휴지더미를 뒤져 고악보를 찾았으나 실패하였다. 송형의 고문헌에 대한 애착심에 감탄하였다"(이혜구, 2007.7.23: 83)라고 되어 있다. 고려판법화경(高麗版法華經)에 관한 서지학적 글을 발표하고(宋錫夏, 1938.2.18), 서물동호회(書物同好會) 회원으로서 회보에 글을 발표하는(宋錫夏, 1940.9.6) 행위들이 모두 이러한 맥락에서 기인하였다. 이즈음 그는 봉산가면극대본(鳳山假面劇脚本)도 정리하여 간행하였다(宋錫夏, 1940.7.). 이어서 「매월당고(梅月堂藁)」(宋錫夏, 1941.12.)와 「월인석보고(月印釋

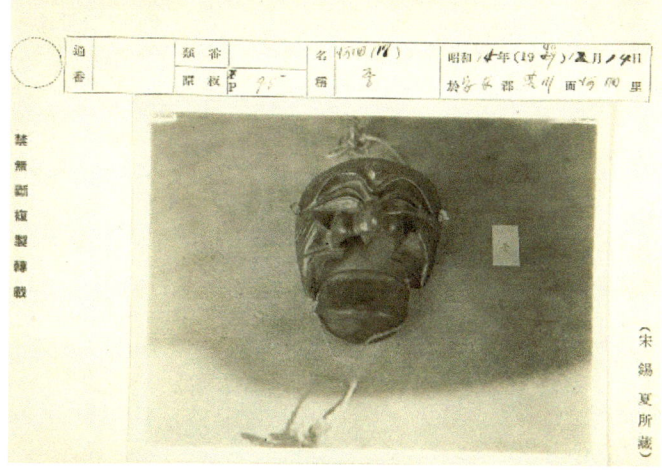

사진 92 & 93. "河回(9) 白丁, 1939년 8월 20일 안동군 풍천면 하회리" "河回(18) 중, 1940년 12월 14일 안동군 풍천면 하회리"(송석하 사진, 국립민속박물관 소장)

譜考)」(宋錫夏, 1942.9.)라는 논문을 발표하였다. 민속학적 야연이 불가능한 전시체제 하에서 가능한 작업의 하나로 서지학적 작업을 실천하였던 것이다.

문자 사회에서 진행되는 민속학이란 학문이 필연적으로 감당해야 하는 부분이 역사적인 문헌들이며, 문자 사회에서 민속학을 함에 있어서 역사는 하나의 귀중한 방법론으로 자리매김해야 함을 보여주는 것으로 이해하는 것이 바람직하다. 왜냐하면 문자 사회에서 문자라는 형식이 갖는 사회적 함의가 단순한 소통 이상의 역량을 갖고 있기 때문이다. 그렇기에 총독부는 조선 민중과 지식인들의 소통 창구라는 역할을 맡았던 조선어 신문을 폐간하는 조치를 취했던 것이다.

"송형은 1941년 새로 발굴한 만주 집안현의 제17호분을 가 보고와서 악기의 그림을 그려주면서, 그 여섯 가지 악기를 설명하여 주었다. 그것이 '고구려악과 서역악'(1955)을 쓰는데 도움이 되었다"(이혜구, 2007.7.23: 84-85)라는 이혜구의 증언은 송석하의 학문에 대한 열정을 말하기에 충분하다. 1905년에 동경제대의 인류학자 토리이 류조(鳥居龍藏)가 조사한 적이 있었던 이 고분의 관찰은 이여성(李如星, 1901~?)에게 끌려서 다녀왔다(宋錫夏, 1941.12.1)고 기록하였다. 그 결과의 자세한 정보를 후진인 이혜구에게 제공하였던 것이다. 자신보다는 후진에게 길을 열어주는 선배의 모습을 보이는 점에서, 엄중한 전시하에서도 학문의 길을 모색하는 장면을 본다. 체계적인 작업은 완벽하게 불가능하게 되었고, 우발적으로 만난 민속 현상에 대한 촬영기록(양주군의 마마배송 장면)을 남김으로써 후일을

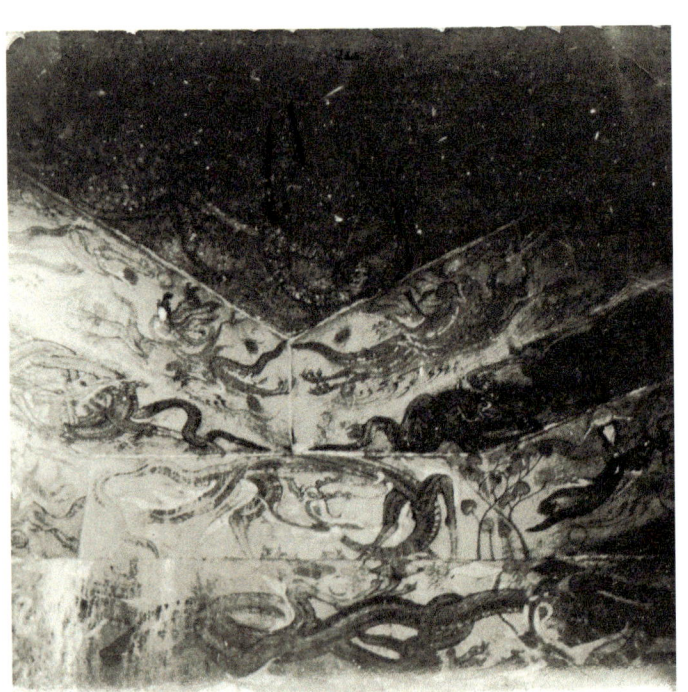

사진 94. 집안의 고구려능묘 내부의 벽화를 촬영하였다.

도모하는 모습도 보게 된다. 가람일기도 그 내용을 전하고 있다. "(1940.10.18) 석남을 보다. 갑자기 즙안현(輯安縣)을 가자고 하나 갈 수 없다"(이병기 2021.12.30: 544).

이 시기에 송석하가 집중적으로 관심을 보였던 부분이 서지학(書誌學)이다. 아직 제대로 성숙하지 못하였던 조선의 서지학 분야의 개척과 발전에 기여한 작품들을 논고로 남겼다는 점은 송석하의 역할이 오늘날 서지학의 기초가 되었음에 일말의 기여가 있었음을 증언한다. 송석하가 서지와 고문헌에 관한 일로 가람선생을 찾아

사진 95. 1941년 5월 31일 양주군 의정부 호동리 "마마배송(天然痘神)"

다니고 가르침을 받았던 기록이 이 부분을 이해함에 도움이 된다. 진단학회, 조선민속학회, 그리고 향토문화조사로 기왕에 가람과 인연이 있었던 석남이 서지관계로 가람과 긴밀한 접촉을 하는 정황은 중요한 시사점이 된다. 가람일기를 통하여 구체적인 과정을 살펴 볼 필요가 있다.

"(1938.7.7) 송석하 군이 빌려간 책을 가져왔다"(이병기 2021.12.30: 419)로 시작된 서지관계는 석남의 사망시까지 약 10년간 밀도 있게 지속 되었다. 그 과정에서 "(1939.1.10) 송석하 군을 보다. 오륜행실(五倫行實)을 지수(指授)하였다"(이병기 2021.12.30: 448). 가람(1891년생)과 석남(1904년생)의 관계는 서지사항을 가르치고 배우는 과정으로 표현되고 있었

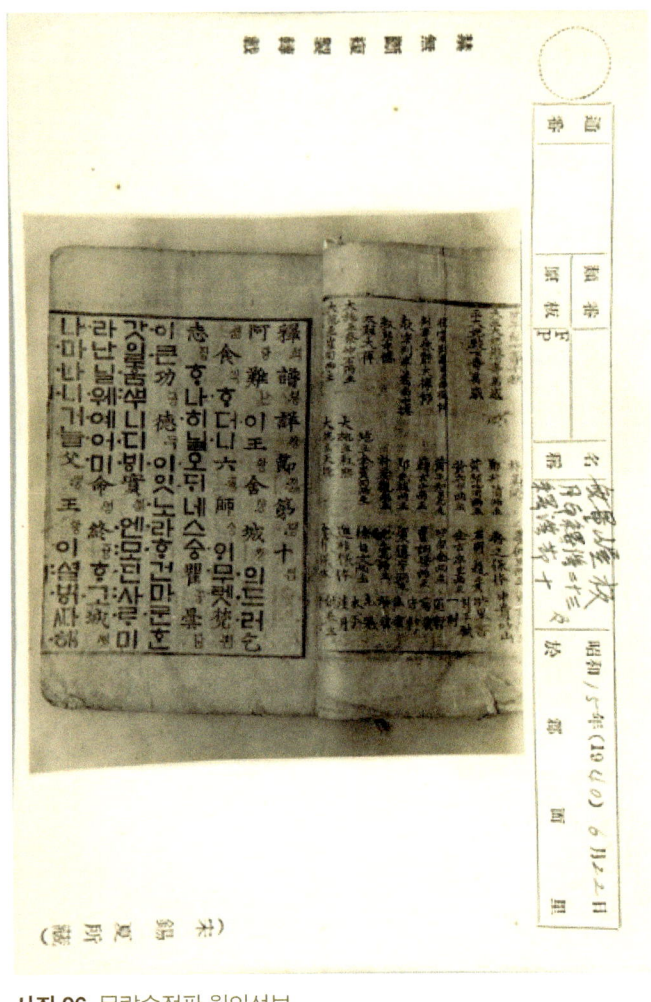

사진 96. 무량수전판 월인석보

다. 석남의 '제삼의 조선학'이 크는 과정과 내용을 보여준다. 서지의 중요성을 포착한 송석하의 안목은 조선학 기초의 확립이라는 목표가 있었다고 생각된다. 역사학과 어문학의 기초일 뿐만 아니라 민속학의 기초적인 역할을 함에 있어서 서지의 중요성은 아무리 강조해도 지나침이 없다.

'송민'의 기반이 '제삼의 조선학'으로 개념화할 수 있는 학통의 근거가 드러난 셈이다. "석남이 1937년 계동 72번지로 이사한 후, 자하문 밖 제지소에 함께 가서 종이 만들 휴지더미를 뒤져 고악보를 찾았으나 실패하였다. 송형의 고문헌에 대한 애착심에 감탄하였다"(이혜구, 2007.7.23: 83)라는 증언은 결코 과장되지 않았다.

3) 총동원 체제와 오락: '건전'-'위안'-'결전'

건전 오락으로 동원되었던 향토무용민요대회의 수명이 단명하기는 내지에서도 마찬가지였다. 1936년 2월 26일 동경에서 일어났던 청년 장교들 중심의 황도파 반란 사건(소위 226 사건)은 정치 체제의 급속한 군국화에 밑거름이 되었다. 제국 정부의 오락 정책은 건전 오락에서 위안 오락으로 이동하였고, 그에 따른 새로운 정책 집행으로 제삼제국의 나치에서 수입된 것이 위안 오락이었다. 후생성이 좀 더 적극적인 오락 정책의 구상으로 위안 오락이란 것을 제기하였다는 것은 전황의 급박함에 따라서 오락을 전쟁 상황에 적용하는 정책 기조가 바뀌었음을 의미한다.

오락이라는 사회적 현상을 바라보는 관점과 그것을 이용하려는 정책 기조의 변화 과정에 대해서 면밀하게 검토할 필요가 있다. 1938년 1월 11일 당시의 육군대신(陸軍大臣) 스기야마 켄(杉山 元)의 제창으로 출범한 것이 후생성(厚生省)이었음에 주목하고 싶다. 국민 체력 향상과 상이군인 및 전사자 유족을 관리하기 위한 행정기관으로 조직되었지만, 그 내부에서 나치의 오락 개념을 도입한 위안 오락이 등장하였다. '위안'이라는 단어의 등장이 예사롭지 않은 부분은 일제의 육군 비밀문서 '육지밀(陸支密) 第745號'에서 증언된다. 1938년 3월 4일 자로 만들어진 병무과(兵務課)의 공문은 '북지방면군(北支方面軍) 및 중지파견군참모장(中支派遣軍參謀長)에게 보내는 통첩안(通牒案)', '군위안소종업부(軍慰安所從業婦)의 모집등(募集等)에 관한 건(件)'이다(박유하, 2015.6.: 26). 위안이라는 개념의 출처가 군부였음에 대한 문제의식은 또 다른 과제를 생각하게 한다. 이 문서가 현재 한국과 일본 사이의 첨예한 외교적 사법적 문제가 되어 있는 위안부(慰安婦)와 관련된 유일한 공문이다. 그 명칭이 위안부가 아니라 '군위안소종업부'였음을 확인하고 싶다. 여기에 등장하는 '위안소(慰安所)'의 '위안(慰安)'이란 단어가 후생성의 새로운 정책인 위안 오락과 관련되어 있을 가능성이 있다.

"총후에서 가능한 유한계급의 도락과 같은 방식으로는 전선의 병사들이 어떻게 지탱할 수 있었겠는가"(肥後和男, 1940.9.1)라는 질문을 하는 역사학자는 오락이라는 차원에서 전선(front line)과 총후(home front)를 동일한 차원에서 염려하는 입장을 피력하였다. 위안이란 단어는 전선과 총후에 공히 적용되었으며, 전선으로는 군위안소 종업부를 파송하는 계획과 총후로는 생산 독려를 위한 군사적인 목적이 있었던 것으로 해석된다. 따라서 전쟁이라는 일본 제국 차원의 구도 속에서 진행되었던 오락 정책의 변화가 건전에서 위안으로 이동하였음을 이해할 수 있다. 즉 총동원에 입각하여 전시 오락을 관장하는 책임부서의 기조가 문부성으로부터 후생성으로 이동하였으며, 문부성의 콘다 야스노스케(權田保之助, 1887-1951)를 중심으로 입론하고 실천하였던 건전 오락(健

全娛樂)으로부터 후생성의 적극적인 위안 오락(慰安娛樂)으로 정책이 전환되었음에 주목하면, 오락이란 민중 생활의 장르가 군국주의에 의해서 전쟁 수행을 위하여 어떻게 이용되고 있었는지를 이해하게 된다. 장기전의 체제하에 생각을 다시 하게 된 것이 위안 오락이라는 개념이라는 점은 분명하다.

오락 정책의 입안자 콘다는 "위안오락이라는 것이 인간생활에 대하여 어느 정도로 중요한 것인가 하는 것은, 장기건설하에서 국민생활에 대한 건전하고도 청신한 위안 오락이 얼마나 중요한 것일까. … 후생운동으로서 국민위락생활의 조정과 앙양"(權田保之助, 1939.12.1: 87)이라는 문제를 제안하였다. 결국 전쟁 상황에서 총후의 건전 오락으로 시작하였던 오락 정책은 전쟁이 장기화하면서 새로운 개념으로서 후생 운동의 일환으로 위안 오락이 창출되었음을 알 수 있다. 박유하가 제기하였던 '제국 일본의 위안부'라는 문제도 식민주의라는 프레임보다는 군국주의의 프레임 속에서 검토되는 것이 제자리를 찾아갈 수 있는 길이라고 생각한다. 핵심적인 용어의 명확한 개념이 자료를 해석하고 사실을 이해하는 데에 대단히 중요하다.

1939년에 제국 정부 산하에 후생성이 만들어지면서 전쟁 준비를 위한 후방조직을 완성하였다. 육군성과 해군성이 전선을 담당하고, 총후에서 전쟁 지원 부서로서 등장한 것이 후생성이었다. 그 과정에 이탈리아 파쇼당의 '노동의 후' 프로그램으로부터 답습된 나치의 환희역행단 모델이 일본에서 부분적으로 모방되었다. 동경에서 개최되었던 제1회 후생대회(1939년도)에서 민속학자 하야카와 코우타로는 농촌에서 '위안.오락', '위안오락', '농촌의 위안.오락', '오락위안(娛樂慰安)' 등의 단어들을 구사하였다(早川孝太郎, 1939.7.18). '위안'이 통치시스템의 키워드로 등장하는 시점을 알 수 있다. 불과 수년 전에 일본청년관의 향토무용민요대회에 대하여 동원용이라는 비판을 서슴지 않았던 민속학자 하야카와(早川)도 위안 단계의 대동단결이 필연이었던 군국주의의 문화전통 앞에서는 오히려 선봉에 서는 모습으로 전향(轉向)하였다. 비판 정신과 문화전통이 어느 부분에 대결 구도를 벌이게 되는지를 목전에서 전개되었음을 보게 된다.

"대동아공영권 확립을 위한 '후생운동'으로서 국민생활의 건전명랑화를 위한 제2회 대회가 대판에서 개최되었다. 대판시장이 대회장으로서 1940년 10월 16일부터 20일까지 5일간 개최되었으며, 사진첩과 기록영화 '아름다움과 힘(美と力)' 3권도 제작하였다. 국제후생운동대회의 제1회는 1932년 로스앤젤레스 올림픽 때 개최되었고, 제2회는 1936년 베를린 올림픽 때였다. 제3회는 1938년 로마에서 개최되었으며, 제4회가 1940년 동경올림픽에서 개최될 예정이었으나, 동경올림픽 반납으로 무산되었다. 따라서 제4회 국제후생대회 대신에 '흥아후생대회(興亞厚生大會)'라는 이름으로 제2회가 1939년의 제1회의 동경대회에 이어서 대판에서 개최되었던 것이다. 참가국은 일본, 만주국, 중화민국이었고, 초빙국은 태국, 비율빈, 난인, 인도, 버마였다. 외빈으로서는 독일국대표 나치스당 조직부장과 훈련부장, 이태리국 대표 '노동의 후 사업단(勞働の後事業團)'[80] 이사장과 외국부장이었다. 일본후생협회 회장은 고도우 타쿠오(伍堂卓雄、1877-1956)[81]였다"(中馬 馨 編, 1941.12.5).

'국책으로서의 오락에 대한 인식강화'(上田久七, 1942: 270)를 위하여 제국의 후생 정책은 만주국에 이르기까지 일체감을 갖고 시행되었음을 알 수 있다. 1941년 제4회는 만주국의 봉천에서 '동아후생대회(東亞厚生大會)'란 이름으로 개최되었다.[82]

문제는 식민지 조선의 상황이다. 일본 전체와 만주국에 이르기까지 '위안'이라는 단

---

80 '도포라보로'(ドーポ゠ラボーロ, Dopolavoro)는 「노동의 후(勞働の後)」, 「일을 끝낸 뒤(仕事を終えた後)」를 의미한다. 전국여가사업단(全国余暇事業團)의 업무로서 관극(觀劇) 등의 오락, 스포츠활동과 주말의 여행 등을 구성하는 레크리에이션을 제공하였다. 여가를 조직화하여 파시즘 체제로 국민통합을 추진하였다. 후일 나치스가 이 조직을 대대적으로 모방하였다.

81 1901년 동경제국대학 공학부 조병학과를 졸업하였다. 졸업 후 해군 조병중기사로 복무하였고, 정계로 진출하였다. 조선의 경성에 설립되었던 소화제강소(昭和製鋼所) 사장을 역임하였다. 후일 만철 이사가 되었다. 1942년에는 일본능률협회 회장을 맡았고, 1945년에는 군수성 고문에 취임하였다.

82 동아후생대회(東亞厚生大会)의 발표자 및 논문목록은 다음과 같다.
大森喜代三郎 1942 "厚生音樂運動の實際に就て", 東亞厚生事務局 編, 東亞厚生大会記錄誌. 奉天. Pp. 189-193.
伊澤三樹 1942 "産業勤勞者に對する集團映畵鑑賞方法に就て", 東亞厚生事務局 編, 東亞厚生大会記錄 誌. 奉天. Pp. 194-200.
山崎末次郎 1942 "厚生運動と藝文活動との組織的緊密化に就て", 東亞厚生事務局 編, 東亞厚生大会記錄 誌. 奉天. Pp. 201-203.
太田爲弘 1942 "滿鐵に於ける文化指導と其の現狀", 東亞厚生事務局 編, 東亞厚生大会記錄誌. 奉天. Pp. 203-206.
小野卓爾 1942 "職場の體育運動-特に産報の提唱する業態別體操に就て", 東亞厚生事務局 編, 東亞厚生 大会記錄誌. 奉天. Pp. 220-222.
齊藤四郎 1942 "職場體育としての厚生遊戲に就て" 東亞厚生事務局 編, 東亞厚生大会記錄誌. 奉天. Pp. 249-250.
上田久七 1942 "家庭に於ける健全娛樂", 東亞厚生事務局 編, 東亞厚生大会記錄誌. 奉天. Pp. 267-271.
水谷德男 1942 "靑少年の映畵鑑賞に就て", 東亞厚生事務局 編, 東亞厚生大会記錄誌. 大連. Pp. 272-273.
柳澤利喜雄 1942 "家庭生活の體育化に就て", 東亞厚生事務局 編, 東亞厚生大会記錄誌. 奉天. Pp. 274-275.
石畑一登 1942 "厚生と旅行", 東亞厚生事務局 編, 東亞厚生大会記錄誌. 奉天. Pp. 294-297.

어를 키워드로 등장시킨 후생 운동이 조선에서는 이상하리만치 표면적으로는 조용한 상태였음에 대해서 숙고해야 할 점이 있다. 총독부의 건전 오락이라는 정책 과정 중에 송석하를 비롯한 조선의 향토무용은 민중 동원을 위하여 복무하였음은 분명하다. 이어서 제국의 후생성 차원에서 전개하였던 위안 오락이란 정책에서 조선의 오락이 배제된 이유가 어디에서 비롯되었을까? 내지와 만주에서도 전개되었던 위안 오락 정책이 조선에서 패싱되었던 이유는 어디에서 찾아야 할까? 아니면, 조선에서는 어떤 대체물이 위안 오락의 지위를 메꿀 수 있었을까?

봉산탈춤을 비롯한 가면극은 총독부로부터 반란 가능성의 사상적 의심을 받았던 적이 있었고, 그래서 동경으로 파견될 수 없었던 경험이 있었다. 사상적 의심의 핵심은 저항 담론을 포함한 가면극의 내용과 대사라는 점도 지적된 바 있으므로, 조선 향토무용의 대표로 간주되었던 탈춤들이 위안 오락의 도구로 이용될 수 없었다고 생각할 수 있다. 사상적 의심의 대상으로부터 거리가 먼 내용의 향토무용이 종목들이 우선적으로 채택 및 동원되는 과정을 채택하는 것이 총독부의 구미에 맞는 것이었음은 분명하다.

송석하의 활동 중에서 총독부의 사상적 구미와 이질적이지 않은, 즉 저항 담론의 내용이 문제가 되지 않는 장르가 연극이었으며, 연극 춘향전과 관련된 그의 활동은 제도 동경의 저명인사들과의 관계 속에서 전개되었음을 살펴보고자 한다. 애정행각과 순결을 내용으로 하는 춘향전 연극이 총독부의 구미에 맞는 위안 오락의 범주에 속할 수 있다고 판단할 수 있다. 예나 지금이나 '멜로 드라마'가 문화 정책의 수단으로 동원되기는 마찬가지였던 것이다. 환언하면, 위안 오락이라는 총독부의 후생 정책의 틀 속에서 송석하의 관점과 행동이 저항 담론을 포함하는 탈춤에서 애정행각의 연극 춘향전으로 전환되었다고 생각하는 것이 필자의 입장이다. 송석하에게 있어서 이 문제는 자신이 관심을 가지던 조선 향토 문화의 하나인 춘향전이었을 뿐이며, 그것이 제국 일본의 후생운동인 위안 오락과 어떠한 관련성으로 동원되는지 비판적 인식이 작동하지 않았을 가능성이 농후하다. 말하자면, 송석하 자신도 모르는 가운데 총독부에 이용당하였을 가능성을 말하는 것이며, 송석하가 말하는 '역이용'이란 은항책의 한계였음에 대한 문제 제기가 가능할 것이다.

군국주의적 정책으로서 오락이 입론됨으로 인하여 발생하는 연구 시각으로서의 문제는 '정책너머'와 '정책그늘' 사이의 명확한 구분이다. 이 구분이 분명하지 않고 구분의 공간이 차지하는 비중이 높아지면 연구와 연구자의 입장은 애매모호한 입장에 처할 가능성이 커진다. 결과적으로 연구자는 '정책 그늘'의 포로가 되고 만다. 연구자의 입장에서 본다면, 정책에 대항하는 은항책은 정책의 의도를 끝까지 치밀하게 추적하고 그에 대응하는 책략을 마련한 결과의 산물이다. 그 과정의 밀고 당기는 긴장감에 대한 이해와 추적이 후속 연구자의 몫으로 남게 된다. 총독부든 문민정부든 정책은 본질적으로 삶이라는 전체를 대상으로 하여 어느 한 특정 부분을 겨냥하는 속성이 있다. 부분을 추구하는 정책이 전체라는 삶을 대상화하는 논리 자체가 모순이라는 점을 망각하고 삶을 재단하려고 드는 순간에 삶의 파편화가 시작되게 마련이다.

조선의 민간 신앙, 즉 신앙이라는 삶의 현상은 사실상 신앙의 이면에 가족과 직업과 사회관계 등이 총체적으로 연결되어 있다. 신앙을 대상으로 하여 정책화하려는 시도가 사상이라는 문제에서도 오락이라는 문제에서도 추진되었던 것이 조선총독부의 정책이었음은 명백하게 드러났다. 신앙심사로부터 사상정책이 발양되었던 적도 있었고, 신앙조사로부터 오락 정책이 제안되었던 식민지 조선의 흑역사가 드러나 있다. 그것이 문제가 되는 것은 부분이라는 정책이 신앙을 포함한 삶의 전체를 좌지우지함으로써 초래되었던 문화 파편화 현상이기 때문이다. 전체를 부분 속으로 집어넣으려는 억지가 낳은 산물이 식민지 상황이었음에 대한 이해가 선행되어야 한다. 전쟁 수행을 위한 총동원용의 오락 정책이 민간 예술이라는 삶의 전체를 짓누르는 과정이 군국주의적 헤게모니 획책으로 진행되었음이 소위 '15년 전쟁' 동안에 자행되었음을 우리는 잘 알고 있다. 식민지 상황에서 시작된 일제의 군국주의적 통치시스템의 문제는 본질적으로 '전체와 부분'의 논리에 기반한 삶의 문제를 거꾸로 뒤집어 놓은 데서 비롯되는 것이다.

정책이라는 문제를 중심으로 생각을 해보면, 다음과 같은 논리가 가능하다. 어용 지식인들이 포진하게 되는 '정책그늘' 하에서는 '정책너머'의 문화사적 안목이 봉쇄당할 수밖에 없다. '정책너머'의 살림살이라는 전체를 '정책그늘'이라는 부분으로 집어넣으려는 시도들에서 비롯된 본질적인 논리모순에 대해서 눈을 감는 행위가 어용이다. 모순은 끊임없이 모순을 확대 재생산함으로써 연명하기 때문에, 한 번 모순의 악순환에 걸리게 되면, 삶이라는 전체는 산산조각이 날 수밖에 없다. 식민지 상황의 모순이, 자양분을 섭취하는 방법이 파편화된 삶을 대상으로 생산해 내는 정책인 것이다. 사상감시의 압제하에서 식민지의 지식인들이 '정책너머'를 추구한다는 것은 언감생심이다. 군국주의에 대한 거역의 대가로 당할 봉변에 대해서 생각해 보지 않을 수 없었던 점에 대한 이해를 구하고자 한다. 두려움이 심어진 지식인들이 과연 용기를 내고 '아니다'라고 정면으로 대응하기란 쉽지 않았다. 한 번 '정책그늘'에 순종하면 그것 자체가 하나의 시스템을 구성하게 마련이고, '정책너머'의 삶이란 전체는 '정책'이라는 부분으로 치환되게 마련이다. 그렇기에 '정책그늘' 하에서 차선의 선택지를 추구하는 은항책을 모색할 수밖에 없었던 과정에 대한 이해가 필요하다. 따라서 앞으로의 과제는 '정책그늘' 하에서 진행되었던 은항책에 대한 세밀한 줄다리기의 역동적 과정들을 분석해야 하는 것이다.

동경에 있는 신협극단 책임자였던 무라야마 토모요시(村山知義)가 춘향전을 동경에서 극화할 준비를 위해서 1938년 2월 13일부터 20일까지 경성을 방문한 적이 있었다. "경성 비행장에서 자동차로 고고학자 송석하와 배우 심영(沈影)의 안내"(村山知義, 1938.6.1: 20)를 받았다는 얘기는 무라야마와 송석하 사이에 사전 연락이 있었음을 의미한다. 무라야마를 안내할 준비를 위해서 송석하는 사전에 아악 공연을 관람하였고(宋錫夏, 1938.10.8), 무라야마는 조선의 음악을 관람한 후, "혼이 밑바닥으로부터 움직이는 것과 같은 감흥을 느꼈다. 마찬가지로 서양인이 일본의 음악을 듣고 일본의 춤을 보고 단조롭게 가라앉는[退窟] 것과 같은 느낌밖에 갖지 못한다"(村山知義, 1938.6.1: 21)라고 술회하였다. 조선과 일본의 가무를 극명하게 대조시키는 무대예술 전문가의 비평을 어떻게 받아들일 수 있을까? 무대예술 전문가 무라야마는 저항 담론의 춤사위와 가락이 내뿜는 '반란 의례'적 성격을 느끼지 않았을까?

무라야마의 경성 방문 결과, 1938년 3월 23일 코우노 타카시(河野鷹思)[83]의 무대장치로 '춘향전(春香伝)'이 동경의 축지 소극장에서 상연되었다. 각본은 '장혁주 각색(張赫宙 脚色)의 「춘향전」'(白川 豊 1989.3.31: 96)이었고, 당시 대정대학(大正大學)에 재학 중이었던 민영규(閔泳珪)가 의상고증을 담당하였다(李載喆(輯校), 1987: 980). 동일한 무대가 4월 27일 오사카의 아사히회관(朝日会館)에서도 상연되었다. 동경과 오사카의 춘향전 상연은 일본 연극계에 커다란 반향을 불러일으켰고, 전문가와 비전문가들의 호평이 대거 쏟아졌다(若山一夫, 1938; 布施辰治, 1938; 金スチヤン, 1938; 平田勳, 1938; 北村敏夫, 1938; 金承久, 1938). 연극화로 빛을 보게 된 '춘향전'의 탄생 과정에 송석하도 어느 정도 역할이 있었다는 점이 주목할 부분이다. 또한 '송민'이 추구하였던 전통 문화에 대한 관심과 정열의 정도를 가늠할 수 있으며, '송민'의 역량을 가면극에만 가둘 수 없었던 점을 증언한다.

환언하면, 가면극에 집중하였던 '송민'의 연구 능력이 확장할 가능성이 이미 송석하에 의해서 증명되었다고 본다. 동시에 송석하에게 그만한 역량이 있었다는 점이 당대의 전문가들에 의해서 인정되었다는 사실을 숙지할 수 있다. 그런데 그것은 위안 오락이라는 후생 운동의 일환으로 동원 차원에서 이용되고 있었음을 목도하게 된다. 제국의 위안 오락이라는 거대한 그물망 속에서 송석하의 의지는 '부처님 손바닥 안의 손오공'이었던 것이다.

위안 오락의 대상으로서 부상하던 조선의 「춘향전」은 지속적인 관심의 스포트라이트를 받았다. 말하자면, 춘형전은 조선판 '멜로 드라마'의 대표작품으로 자리를 잡았던 것으로서, 위안 오락의 정책에 안성맞춤이었던 것이다. 극작가이자 일본 신극 운동의 개척자이며 연극 전문 잡지 『테아트로』의 발행인인 아키타 우자쿠(秋田雨雀)[84]가 1938년 10월 23일에서 27일 사이 경성을 방문하였다. 무라야마 토모요시도 적을 두었던 동

---

83 코우노 타카시(河野鷹思, 本名은 河野 孝 1906-1999)는 무대디자이너며, 일본에서 상업디자인의 효시를 이룬 사람으로 유명하다.
84 아키다 우자쿠(秋田雨雀, 1883-1962)는 극작가·시·동화작가·소설가다. 본명은 토쿠조(德三)다. 동경전문학교 영문과를 1907년에 졸업하였다. 1921년 일본사회주의동맹에 가입하였고, 1924년 페비안(フェビアン)협회를 설립하였다. 1927년 러시아혁명 10주년제에 국빈으로 초대받아서 소련을 방문하였다. 1928년 귀국 후 국제문화연구소(國際文化研究所)를 창설하여 소장에 취임하였다. 1929년 프로레타리아(プロレタリア)과학연구소(약칭 '프로과(プロ科)')로 이어졌다. 일본프로레타리아에스페란토會도 조직하였다.

경의 축지극장 신협극단(新協劇團, 1940년 해산됨)이 아키타를 단장으로 한 35명을 경성 YMCA 초청으로 파견하였으며, 그들이 10월 25일부터 3일간 춘향전을 관람하고 비평회를 한다는 기사가 났다(每日申報 1938.9.29).

그해 봄에 무라야마가 춘향전 때문에 경성을 방문하였고, 동경에서 공연하였던 춘향전을 배경으로 하여 신협극단이 재방문하였다. 23일에는 극연좌(劇研座)[85]가 주최한 초

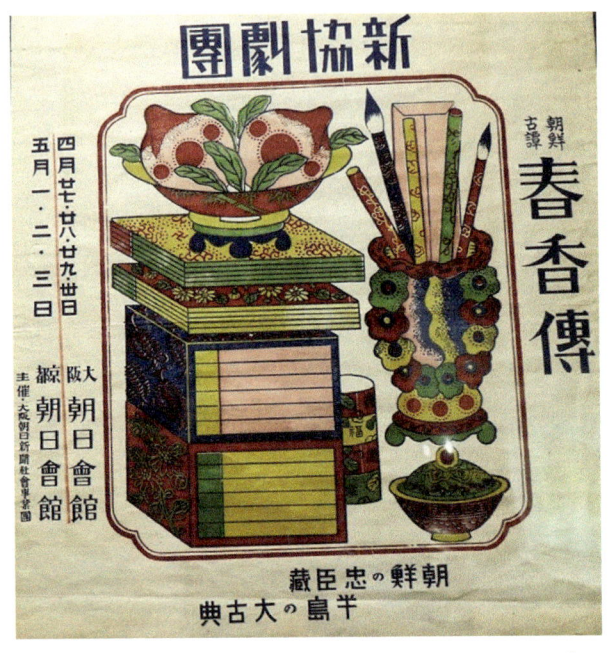

사진 97. 신협극단의 춘향전 포스터(30cm×30cm, 석종걸 소장).

대회가 있었고, 아키타는 민속학자 송석하를 만났다. 25일에도 송석하의 안내로 조선불교대본산대웅전 낙성식에 참석한 후, 성대 아키바(秋葉) 교수에게 가서 박물관과 샤머니즘 자료를 관람하였다. 이어서 보성전문 손진태 관장에게 가서 조선고문화에 대하여 의견을 들었다. 26일에도 송석하의 안내로 비원(창덕궁 후원)을 관람하였고, 청년회 회원의 초대회에 참석한 후, 송석하의 안내로 아악(雅樂)을 청취하였다. 송석하는 무라야마의 방문 때와 마찬가지로 아악 공연을 안내하였던 것이다. 27일 부민관에서 '춘향전(春香傳)' 비판회가 있었고, 그 자리에 경성제대의 아베 요시시게(安倍能成), 송석하, 현철(玄哲)[86], 유치진(柳致眞), 정인섭(鄭寅燮), 심영(沈影)[87] 등 문학과 연극전문가가 참석하였

85　1938년 5월에 극예술연구회(劇藝術研究會)의 회원들이 설립하였던 극단이다. 극예술연구회는 극연좌(劇研座)의 전신으로, 1931년 7월에 발족하여 1938년 3월 일제에 의해 강제 해산된 연극 단체이다. 외국 문학을 전공한 동경 유학생들인 김진섭(金晉燮)·서항석(徐恒錫)·유치진(柳致眞)·이하윤(異河潤)·이헌구(李軒求)·장기제(張起悌)·정인섭(鄭寅燮)·조희순(曺喜淳)·최정우(崔珽宇)·함대훈(咸大勳) 등 10명이 주동하여 연극계 선배 윤백남(尹白南)과 홍해성(洪海星)을 영입한 12명의 동인으로 구성했다. 1933년 2월 제3회 유치진 작 <토막(土幕)>을 공연하였고, 1934년에 기관지 『극예술』을 창간·간행하였다.

86　현 철(玄 哲, 1891~1965)은 『개벽(開闢)』 잡지의 초대 문예부장을 맡았으며, 연극에 관하여 본격적인 문학 활동에 돌입하였다. 개벽에서 활동할 때는 소설론과 희곡론을 전개하였고, 자신만의 연극론에도 주력하였다. 극 이론가로도 활동하였으며, 외국의 희곡을 번역하는 작업에도 열중하였다.

87　심 영(沈 影, 1910~1971)의 본명은 심재설(沈載卨)이고, 경성제2고보에 다녔다. 연극에 몰두하느라고 퇴학 처분을 받았고,

다(秋田雨雀, 1939.10.15). 아키타의 명성에 걸맞게 조선의 문학과 예술계 저명인사들이 대거 모임을 가졌다.

송석하는 무라야마의 방문 때보다도 아키타의 방문 때 동경의 신협극단 측과 더욱 밀착된 행동을 보였다. 무라야마에 이어서 아키타의 방문이 송석하로서는 연극 분야로 심화된 인연을 맺은 것으로 파악된다. 송석하는 거의 아키타의 경성 일정을 전담하여 안내역을 맡았던 것으로 보인다. 송석하의 행동반경이 민속학으로부터 현대적인 의미의 연극 분야로 확장되는 시점이 대체로 신협극단의 무라야마 토모요시 및 아키타 우자쿠와 조우하였던 1938년도 초반쯤이라고 추정할 수 있다.

사진 98. 1938.10.25.~27 장혁주 작(張赫宙作), 무라야마 토모요시 연출(村山知義演出). 이도령 역의 황철(우)과 방자역의 심영(좌). "신협춘향전(경성부민관) 이도령춘향 집갈라는것을방자가말린다"(송석하 사진, 국립민속박물관 소장). 이 사진은 송석하가 극단으로부터 입수하였을 가능성이 높다.

조선의 전통문화에 대한 문화유산으로서의 자신감과 저력을 보여주기 위하여 활약하였던 모습에 대한 평가에 있어서 인색할 이유가 없다. 일제 식민지 시대 조선이라는 제한된 지역에 갇힌 문화유산이 아니라 지역적 경계를 넘어서 수용할 수 있는 문화의 저력을 실천하였던 점에 대한 인식을 촉구하고 싶다. 왜냐하면 팽창이라는 물리적 현상은 반드시 역류를 수반하기 때문이다. 내지의 역량이 모든 면에서 식민지 조선으로 팽창하였던 표면적인 모습은 사실상 시간차를 간극으로 하여 역류하고 있었던 장면을 보여준 것이다. 그것이 문화의 저력

토월회 연구생으로 입단하여 연극계에 입문하였다. '春香伝'에서는 황철(黃徹)이 이몽룡 역을 맡았고, 심영이 방자역을 맡았다. 미 군정기에 혁명극장을 설립하였으며, 주로 좌익단체인 연극동맹에서 활동하였다. 월북하여 연극 배우를 계속하였다.

이다.

　문화는 일방통행을 하지 않는다. 반드시 쌍방통행을 실천하는 것이 문화라는 점을 '춘향전'과 관련된 내지와 식민지 조선 사이에 벌어졌던 일련의 소동(騷動) 속에서 읽을 수 있다. 식민지문화의 혼종적인 모습을 유감없이 발휘하는 장면으로 해석되기에 부족함이 없으며, 동시에 후생 운동의 위안 오락이란 범주를 충분히 만족시키고 있었음을 알 수 있다. 건전 오락 정책의 향토무용민요대회에 이어서 송석하는 위안 오락의 '정책그늘'에서 어느 정도 역할을 한 셈이며, 그가 말하는 '역이용'의 한계도 소상하게 드러난 셈이었다.

　1939년 9월 제2차 세계 대전이 유럽에서 폭발하면서, 일본 제국은 나치의 정책들을 상당히 많이 답습하였다. 그리하여 전쟁을 수행하던 초반 수년 동안엔 수입되었던 나치의 정책이 문화정책(오락과 관광을 주로 구성)과 후생운동이라는 이름으로 지속되었던 기현상이 전개되었다. 이른바 위안 오락의 등장이었다. 가무 분야 최고봉의 전문적인 학자였던 코데라 유키치(小寺融吉) 마저 제2회 일본후생대회(1939년 11월 名古屋)에서 전통적인 오락 중심으로 지역별 행사들을 '마츠리(祭)'와 '봉오도리(盆踊)'를 중심으로 소개하면서, 오락을 건전하게 유도하기 위해서 풍속 문제의 폐해(小寺融吉, 1940.8.25)를 단속해야 한다는 소위 '건전 오락론'의 취지를 전개하였다. 그의 주장은 전쟁이 점점 더 격화되어 가면서 가무가 집단오락(集團娛樂)으로서 충분한 후생운동(厚生運動)의 역할(小寺融吉 1942.8.31: 82)이 된다는 전쟁 협력의 장단으로 발전한 모습을 보이기도 하였다.

　연구자의 관점과 입장은 신국화(神國化)의 완성을 위한 군국주의의 동원 정책이 요구하는 바를 실천하기 위한 부속품들로 전락한 것이다. 이미 식민지 조선에 체험되었던 문제들이 식민모국에서 전쟁 동원용으로 작동되고 있음을 볼 때, 팽창과 역류는 하나의 세트로 보아야 한다는 물리학적 철리를 감지하게 된다. 식민지의 문제가 식민지만의 문제가 아니라 제국 전체로 확산하였음을 궁극적으로 증언하고 있다.

　천황 숭배의 신국(神國)을 앞세운 일본이 유럽식 제국주의로부터 동아시아를 해방시킨다는 명분으로 일으킨 대동아 전쟁은 성전(聖戰)으로 묘사되었다. 신민(臣民)의 피를 제물로 삼는 성전에 동원되는 인적·물적 자원은 궁극적으로 민중으로부터 빨려 나갈 수밖에 없는 것이 현실이었기 때문에, 총동원이라는 이름의 국책은 식민지 조선을 대상으로도 전개되었다. 분야별로 전문가 집단들이 동원되어서 '보국'이라는 이름의 충성 대열에 참가하였다. 하타 토요키치(秦 豊吉)[88]를 선봉으로 하여, "1938년 9월 코바야시 이치조(小林—三)[89]의 명령으로 11월부터 익년 2월까지 독일·이탈리아·폴란드의 26개 도시를 방문하여 보총가극단(寶塚歌劇團)의 무용을 상연"(秦 豊吉 1943.4.5: 1)한 예술봉공은 전시하의 대외문화선전에 이어서 황기 2600년을 기념하는 행사의 일환으로 꾸며졌다. 일본의 후생성이 기획한 위안 오락의 실천에 앞장섰던 비즈니스맨의 활약상도 드러난 것이다.

이러한 현상이 총동원의 과정과 결과이며, 그 대상은 제국의 식민지와 점령지까지 연장되었다. 보총가극단의 대외문화선전이 후일 이탈리아의 파시스트와 제삼제국의 나치와 함께 대정익찬회가 이끄는 일본과의 삼국동맹(1940년 9월 27일)으로 이어지는 짙은 연분으로 조성되었음을 부정할 수 없다. 가무를 선봉에 세운 제2차세계대전의 팡파르와 같은 지구 무대가 조성하려는 노력은 식민지 조선까지 확산하였던 정황이 역력하게 관찰된다.

이후 보총무용대(寶塚舞踊隊)는 향토무용의 무대화를 목표로 1939년부터 1942년까지 3년간 일본 민족무용을 순회 연구하였다(佐谷 功, 1943.4.5: 346). 보총무용대는 기존의 향토무용을 그대로 답습하여 상연하지 않고 모종의 정리를 통하여 새로운 일본 예술무용을 만들어 내는 것을 목표로 하였다. 대동아 전쟁이 임박했던 시대라는 문제를 생각하면, 소박한 향토무용으로부터 예술품으로서 새로운 민족의 무용으로 거듭나게 하는 전시 프로젝트로 기획되었음을 외면할 수 없다. 그 과정에 한 팀은 조선을 방문하여

---

88 하타 토요키치(秦 豊吉, 1892-1956)는 동경제대 출신의 상사맨으로서 흥행업계에 투신한 사람이다. 연출가, 번역가, 수필가, 실업가 등 다양한 활동을 하였다. 1933년 코바야시 이치조(小林—三)의 동경보총극장(東京宝塚劇場)에 입사하여 프로듀서 역할을 하였다. 동경보총극장에 근무하면서 일본극장(日本劇場, 약칭 日劇)의 운영에 관여하였고, 니치게키춤팀(日劇ダンシングチーム)을 육성하였다. 1937년 동경보총극장전무취체역을 경유하여 1940에는 동회사의 대표취체역을 맡았다. 1941년 동보영화취체역에 취임하였다.

89 코바야시 이치조(こばやし いちぞう, 1873-1957)는 경응의숙에서 면학하였고, 학창 시절에는 기숙사의 기관지 주필역을 할 만큼 문장 실력이 있었다. 후일 실업가로서 한큐전철(阪急電鉄)을 시작으로 하여 한큐동보그룹(阪急東宝グループ)을 설립하였다. 타카라즈카창가대(宝塚唱歌隊, 후일 소녀가극 이어서 가극단으로 개칭)를 조직하였다. 타카라즈카가극학교(宝塚音楽歌劇学校)를 창립하여 스스로 교장으로 취임하기도 하였다.

조선의 향토 무용계를 일별하고 각계의 전문가들을 찾아서 의견을 구하는 작업을 하였다. 그에 따라서 방문자들은 위안 오락의 대상으로 선정할 만한 재목을 찾았고, 선정되었던 재목은 무대화의 실천이라는 공연에 대한 목적이 있었던 행동들이 분명하게 관찰되었다.

그들의 조선행은 3회 실시되었다. 제1회(1939년 10월)는 사타니 이사오(佐谷 功)[90], 시마 키미야스(島 公靖)[91], 미츠바시 렌코(三橋蓮子)[92] 3인이었고, 그 결과를 12월에 동경의 일본극장(日本劇場)에서 '조선(朝鮮)레뷰'라는 이름으로 공연하였다. 제2회(1939년 12월)는 미츠바시 홀로 방문하였다. 그 결과 1940년 2월 일본극장에서 '춘뢰(春雷)'라는 이름으로, 1940년 4월에는 같은 장소에서 '조선의 봄'이라는 이름으로 공연하였다. 제3회(1941년 7월)는 미츠바시 렌코, 와카야마 코이치(若山浩一), 시마 키미야스 3인이 조선을 재방문하였다.

이러한 행사들도 제국에서 식민지로 향하는 일방통행이 아니었다. 1940년 7월 28일 29일 양일간 야간에 히비야공회당(日比谷公會堂)에서 황기 2600년 기념으로 조선에서 초빙된 한성준(韓成俊, 1875-1941, 본명은 春錫, 청주한씨 족보의 보명은 成鎭)의 승무와 학무를 비롯한 조선의 향토무용이 절찬리에 상연되었다. 전통 예능 전문가 혼다 야스지(本田安次, 1906-2001)가 결론에서 야에야마가무(八重山歌舞)와 대비된 조선무용(本田安次 1940.9.1: 33)을 제시하는 것은 동보무용대의 외지 출장을 포함하는 '일본민족무용' 구성과 동일한 맥락을 보인다. 구조적으로 양자는 한통속으로 움직이고 있었음을 알 수 있다. 식민지로부터의 전쟁 동원과 황기 2600년 기념을 위한 행사들은 내지와 외지의 쌍륜이 결합한 양상으로 연출되었고, 이러한 기획은 제국 정부의 지도부가 주도하였음을 의미한다. 대동아공영권을 주도하는 민족으로서 '일본 민족'을 만들어가는 과정이라고

---

90 사타니 이사오(佐谷 功, 1908-1982)는 일본극장에서 연출을 담당하였다.
91 시마 키미야스(島 公靖, 1909-1992는 극작가로서 무대미술가였다. 무대 미술을 연구하는 그룹인 육인회(六人会)를 결성하였다. 『舞台裝置の研究』(1941, 小山書房 발행)라는 저서가 있다. 이 서적은 일본 최초의 체계적인 무대 미술 서적으로 전후에도 재판되었다. 신작 가부키(新作歌舞伎), 오페라, 무용에 이르기까지 다양한 분야에서 무대 미술을 용용하는 시야를 제공한 공적을 무시하지 못한다. 전시하에서도 이동 연극의 활동에도 힘을 쏟았고, 그의 '이동연극십강(移動演劇十講)은 전시에 만들어진 중요한 작품으로 인정되었다.
92 三橋蓮子舞踊研究所로서 발족하였다. 니치케키단싱팀(日劇ダンシングチーム)의 미츠바시 렌코(三橋蓮子)를 말한다.

이해하는 것이 바람직하다. 위안 오락이라는 정책을 통하여 식민지로부터의 총동원을 논리적으로 명분화하는 전략을 실천하는 모습을 연출한 것으로 해석해야 한다.

전시 정국을 기획하는 제국 차원의 구도하에서 식민지 조선의 향토 가무는 오락이라는 항목으로 규정됨으로써 총독부의 오락 정책에 의해서 좌지우지되는 상황을 인식하면, 송석하와 '송민'의 향방을 가늠하는 잣대를 파악할 수 있다. 민속학자로서 송석하가 설 자리라든지 조선민속학회가 개입할 여지는 없었을 것이다. 규모뿐만 아니라 내지라는 권위를 배경으로 등장하는 세력이나 개인들 앞에서 식민지의 지식인들은 기껏해야 '손님'들의 구미에 맞는 방향으로 안내인 역할로 동원될 수밖에 없었다. 송석하나 한성준이나 모두 '왕서방을 위한 곰'의 역할밖에 할 수 없었던 것이다.

미츠바시는 1940년 12월 진주, 경주, 평양과 사리원을 다녔다. 경주에서는 십이지(十二支)를 앞세운 행렬의 '신라제(新羅祭)'가 있었는데, 검무(劍舞)가 가장 인상적이었다고 회고하였다. 이어서 평양에서는 '수양무(垂揚舞)'라는 '사인류(四人柳)' 춤을 보았고, 사리원에서는 니노미야 신페이(二宮新平, 李東碧의 창씨명)가 회장인 향토예술보존회를 만났다. 사리원은 모두 남자들이 춤을 추는데 그들은 전문 무용대가 아니었으며, 단오에 밤새도록 춤을 추는 봉산탈춤의 공연 시간을 4시간으로 줄여서 각색한 작품을 만들었다. 그 춤은 니노미야(二宮)가 각색과 연출을 담당(三橋蓮子, 1943.4.5: 266-267)하였다. 봉산탈춤은 삼경(三景)으로 구성하여 1경은 사원(寺院), 2경은 봄의 노변(路邊), 3경은 사원(寺院)을 배경으로 하였다(三橋蓮子, 1943.4.5: 271-272). 야외에서 하던 탈춤을 극장의 무대화라는 각색을 통하여 전혀 새로운 전시 위안용 향토무용 사례가 만들어졌음을 알 수 있고, 각색의 궁극적인 목적은 총동원 체제에 맞춤형이었음을 명백하게 보여주고 있다.

한성준에게 조선의 향토무용을 단기간 배운 미츠바시 렌코(三橋蓮子)가 동경의 일본극장(흔히 '日劇'이라고 줄여서 말함)에서 보여준 조선의 향토무용은 집단화된 승무와 여성 출연자들로만 구성된 가면극(假面踊)을 등장시켰다. 여성들만으로 구성된 사고무(四鼓舞)는 평양에서 보았던 사인류를 배경으로 한 새로운 연출이었다. 남성만이 아니라 여성들도 집단화된 무용에 등장한다는 스토리를 창안함으로써 동원의 대상은 여성이라고 예외가 될 수 없다는 의도를 나타내었다. 집단성이 강조되었던 전시 동원이라는 아이디어를 배경으로 하고 있음과 '지원병'이라는 제목의 노골적인 전쟁 동원용 춤을 창안한 것이다.

향토무용을 현지 연구한다는 모토를 세운 동보무용대(東寶舞踊隊)가 일본 민족무용이라는 새로운 용어와 장르를 창안한 것은 대동아공영권이라는 시대적 요구에 부응한 것이었고, 전쟁의 소용돌이 속에서 대동아공영권을 주도한 집단인 일본 민족과 그것을 표현하는 일본 민족무용을 창안한 것은 모든 것을 뒤섞어 버리는 헤테로토피아를 창출하려는 시도였다고 말할 수밖에 없다. 그 속에서 조선과 대만 그리고 유구의 향토무용은 일본 민족무용의 창출을 위한 수단으로 전락하는 모습의 전쟁 동원용으로 거듭났다. 조선의 향토무용이 무대화되면서 '지원병(志願兵)'이라는 제목으로 등장한 구체적인 내용에 관심이 가는 이유는 위안 오락에서 결전오락으로 이행하는 정책적 전이 과정의 냄새를 풍기기 때문이다. '지원병' 각본의 존재와 소재에 관심이 가지 않을 수 없다.

시마 키미야스는 유자후(柳子厚, 1895-?)의 댁으로 한 달 동안 출입하면서 주로 춘향전에 대해서 배웠다. 유자후는 조선 민속품 수집가로서 명망이 있었다고 소개되었다. 대본에 상평통보(常平通寶)가 등장한 것을 근거로 하여 유자후는 춘향전이 180년에서 200년 전 작품이라고 시대를 판정하였다고 했다. 미즈바시(三橋)는 주로 한성준에게 가서 태평무(太平舞)를 배웠다. 시마는 장혁주(張赫宙, 1905-1997)의 희곡 '춘향전(春香傳)'(島 公靖, 1943.4.5: 280)도 참조하였다고 했는데, 그것이 1938년에 공연되었던 대본인지 아니면 1940년 7월부터 10월 사이 『협화사업휘보(協和事業彙報)』에 연재하였던 대본(張赫宙, 1940.7.,1940.8., 1940.9., 1940.10.)인지는 확인할 수 없다. 이 부분에 대해서는 이 분야 전문가들의 확인과 분석 작업이 필요하다. 1938년 대본으로 동경을 비롯한 일본의 여러 도시와 경성을 비롯한 조선의 여러 도시에서 공연이 여러 차례 이루어졌고, 그에 대한 비평회도 여러 차례 있었다. 그 과정에서 일본어 대본을 만들었던 장혁주와 조선어 대본을 만들었던 유치진 사이에 견해 차이가 있었으며, 조선 문학가들과 장혁주 사이의 긴장 관계도 있었기 때문에, 이러한 저간의 사정들이 1940년 작품에 어떻게 반영되었는가에 대한 확인이 필요하다. 조선과 일본의 경계라는 위치에 있었던 장혁주의 작품

사진 99, 100, 101, 102. 〈日本民族舞踊の研究〉(佐谷 功 1943.4.5)에 수록된 "半島" 향토무용의 장면들. 韓成俊과 三橋蓮子(위의 사진 좌상), 봉산탈(좌중), 四鼓舞(좌하), 승무(우상), 조선의 봄(우하)이 소개되었다.

사진 103. 『일본민족무용의 연구(日本民族舞踊の研究)』(佐谷 功 1943.4.5)에 수록된 "반도(半島)" 향토무용(좌)의 사진들이 대만 아미족의 무용(우)과 함께 "일본민족무용"의 일원으로 소개되었다. 반도의 경우는 "춘뢰"(좌상)와 "지원병"(좌하)이란 제목이다.

성을 반영하는 주제는 대단히 흥미롭지 않을 수 없다.

작곡가 와카야마 코이치(若山浩一)는 조선에서 가장 애창되는 음악은 '타령(打令)'(若山浩一, 1943.4.5: 321)이라고 결론을 지었고, 조선의 민요는 가요(남도가요, 서도가요, 경기가요)와 가요조(歌謠調: 長調, 中調, 促調), 그리고 신민요(유행가) 세 가지로 구분된다고 하였다(若山浩一, 1943.4.5: 322). 또한 와카야마는 무용 기법은 승무에 있다(若山浩一, 1943.4.5: 323-325)는 결론을 도출함으로써 동경의 일본극장에서 승무를 중심으로 조선의 향토무용을 각색하는 데에 기여한 것으로 보인다. 와카야마는 강강수월래를 한자로 강강수원래(江江水遠來)로 적고, 그 곡도 채보하였다(若山浩一, 1943.4.5: 328). 무라야마 토모요시로부터 시작되었던 조선극의 각색 시도는 점점 그 도가 깊어졌을 뿐만 아니라, 군국주의의 행진에 발을 맞추는 형식으로 동원되는 모습으로 이어졌다.

그 결과 1941년 10월 일본극장과 경성보총극장에서 '지원병(志願兵)'이라는 이름으로 공연(佐谷 功, 1943.4.5: 352-353)되었고, 연장되기까지 하였다. 또한 1942년 4월 16일 동경에서 일본문화중앙연맹주최 국민대중연극콩쿠르에 13개 극단이 참가하였는데, 동보무용대의 '지원병'이 가작(佳作)을 수상하였다(馬場辰己, 1981: 44). 앞으로 이 분야의 전문가들에 의한 전자의 '지원병'과 후자의 '지원병'을 구성하는 연출 내용에 대한 비교가 필요하지만, 각색과 연출의 주체인 동보무용대의 '지원병'이라는 점에서는 기본적으로 동일한 작품이라고 생각되며, 종전으로 치달았던 참혹한 결전 준비를 위하여 마련하였던 결전 오락의 대표적인 작품으로 이름을 올려도 전혀 손색이 없을 것이다. 결전 오락의 모델이 될 수 있는 작품들이 많지 않기 때문에, '지원병'에 대한 사례 조사와 분석은 일본의 군국주의가 추진하였던 오락 정책의 특수한 일면을 보여주기에 모자람이 없을 것이다.

조선 전통의 가무는 민속주의의 개입으로 인하여 전쟁 동원의 수단과 방법을 위한 선전도구로 이용되었던 극명한 사례이며, 식민지 조선을 배경으로 만들어진 연극이 동경의 중심부에서 인정받았던 사례로 기록될 수 있다. 예술이라는 이름으로 전쟁 획책을 위한 도구로서 향토무용의 무대화가 이용된 사례다. 민속학이란 학문의 궤적으로서는 도저히 어찌할 수 없는 민속주의란 정책적 도구의 팽배가 만들어 내는 사회적 현상이 전쟁이라는 판을 위하여 복무한 결과인 셈이다.

야외에서 전개되었던 향토무용을 실내로 옮겨서 관객을 위한 춤으로 만드는 무대화가 목표였던 동보무용대의 전략은 일본 동북 지방의 향토무용에 정통하였던 노구치 요시사쿠(野口善作)의 글에서 구체적으로 과정과 목표가 잘 드러난다. 관객을 위한 향토무용이라는 설정이 분명하였고, 관객은 다름이 아니고 전쟁 동원 대상인 식민지 군중들이었다.

"농촌의 오락을 목적으로 발달한 향토무용의 경우는 그 춤을 추는 사람 자신이 즐거움이 목적이지, 춤을 보는 관객을 대상으로 전문적인 동작이 구성된 것이 아니다. 따라서 그 춤을 그대로 무대에 올리는 것은 대단히 위험한 것이라고 말하지 않을 수 없다. 무대는 관객을 대상으로 만들어지는 무대예술을 표현하는 것이기 때문에, 전문적인 요소를 필요로 한다, 이렇게 무대 위에 표현된 향토예술은 춤이란 것이 갖고 있는 독특한 가치를 잃어버리게 된다는 걱정도 있지만, 요점은 그 춤의 특색을 활기차게 하여 향토무용이 갖고 있는 가치를 무대예술화로 재현하는 것이다"(野口善作, 1943.4.5: 264). 향토무용의 계승과 발전이 아니라 향토무용을 수단으로 하여 관객을 위한 무대예술화가 목표였고, 대동아공영권 달성이라는 시대적 요구에 부응하기 위한 수단으로서 전쟁 동원용으로 전환된 향토무용의 운명을 맞았던 전시의 식민지 상황이라는 문제를 생각하지 않을 수 없다.

기록에 따르면 "내무성경보국(內務省警保局)의 통첩으로 '향토오락인 봉오도리 등의 취급에 관한 건(鄕土娛樂タル盆踊等ノ取扱ニ關スル件)'(1942년 8월 1일)을 발표하였는데, 협동화합의 정신함양과 생산능률증진에 일조"(馬場辰己, 1981: 44)를 전제 조건으로 하고 있다. 전시하에 여러 가지 사건들이 진행되어 나가는 시간대를 고려해 본다면, 실업가 코바야시 이치조가 선봉에 섰던 동보무용대는 당국(내무성)과 밀접하게 연동된 계획과 행동을 실천하는 과정에서 조선의 향토무용에 관한 연구를 시도하였음을 알 수 있다. 상기에 제시된 내무성의 통첩이 동보무용대의 대(對)조선 향토무용 연구 활동보다도 시간대가 뒤인 점에서, 국책의 계획과 추진을 위하여 식민지 조선을 먼저 정책을 실시하기 위한 실험 대상으로 선택하였을 가능성을 추정할 수 있다. 봉산탈춤과 승무를 비

롯한 조선의 전통춤은 황도주의의 입맛에 맞도록 무대화와 각색화를 이어간 과정이 소상하게 드러나고 있다. 그러한 과정에 개입한 사람과 출신은 전혀 상관없었다. 전시의 동원 체제에만 맞으면 되는 것이었다. 21세기 현재 지금 우리가 대하고 있는 봉산 탈춤과 승무 등이 군국화에 발맞추었던 동작과 연출로부터 얼마나 차별성이 있을까? 문화 도탄의 과정을 얼마나 세밀하게 서술할 수 있을까?

전장에서의 옥쇄와 본토 방어라는 최후의 보루를 맞이하는 1944년에 이르면서 결전오락(決戰娛樂)이 정책으로 제안되었고 추진되었던 것을 마감으로 패전에 이르렀다. 환언하면, 중일 전쟁 이후 총동원 정책을 실시하면서 총후의 임무가 생산증진으로 규정되었기 때문에, 생산에 동원되는 민중에게 적용되는 정책으로서 오락에 집중되었던 상황이 건전 오락-위안 오락-결전 오락으로 중첩화된 진화의 모습을 보였음을 알 수 있고, 그것을 통괄하였던 통치시스템이 일본의 군국주의였다는 내용으로 정리할 수 있다. 총동원 체제에서 총후(銃後)의 민중 동원용으로 고안되었던 오락 정책이 격화 일로의 전쟁 상황에 맞추어서 건전 오락에서 위안 오락을 거쳐서 결전 오락으로 진화하는 모습을 보였음에 대한 이해가 필요하다. 문부성 중심의 건전 오락 정책이 후생성 소관으로 넘어가면서 위안 오락을 창출했던 과정에 대한 이해는 후생성 중심의 위안 오락 정책으로 판명된다.

1938년과 1939년 동안 조선의 향토 문화는 세 갈래의 각축 대상이었다고 말할 수 있다. 조선총독부의 민중 동원을 위한 향토 문화 진흥정책과 그에 대응하는 조선의 지식인들이 조선일보와 동아일보의 후원을 업고 향토 문화를 발굴하는 노력이 시행되는 자기 발견의 노력, 그리고 동경의 전문연극인들이 춘향전에 매료되어 경성과 동경의 양쪽에서 춘향전 공연을 관람하고 공연을 주도하는 현상이었다. 말하자면, 전쟁이 에스컬레이터되는 과정에 일어난 문화 각축(cultural contest)의 현상이라고나 할까. 조선 민중들의 전통문화가 여러 다른 집단들의 각축 대상이 되었던 현장은 한편에서는 분위기의 고조라는 장면을 연출하였고, 또 다른 한편에서는 경쟁이라는 일종의 운동이 살림살이라는 문화에 적용되는 기현상이 전개되었다.

그 내부에서는 마치 무엇인가 문화를 위한 에너지가 공급되는 것 같지만, 경쟁이라는 속성이 본질적으로 내재하지 않는 문화에 기형적 변질을 초래시키도록 하는 새로운 현상이 발생하는 시발점이 되었다는 점을 부정할 수 없다. 속 빈 강정이라고나 할까. 외부로부터 전입된 에너지로 인하여 전쟁이라는 맥락 속에서 기형화하는 삶의 한 모습이라고 말할 수 있다. 외형만 화려한 것 같고 내면은 파괴되어 가는 과정의 식민지적 현상의 일환이라고 말할 수 있다. 더욱더 심각한 문제는 식민지라는 탈을 둘러쓴 총동원 체제의 군국주의적 정책개입이 있었다는 점이다. 총력전이라는 구호의 전투적 에너지가 살림살이에 강제로 투입된 결과의 모습이라고 이해할 수밖에 없다.

확연하게 드러난 현상의 하나는 무대화였다. 관심과 에너지를 투입하는 대가를 요구한 것으로 무대화라는 변형을 시도하였다. 무대화 과정에서 발생할 수 있는 문제점들에 대한 관심과 반성도 없었다. 내부의 역량이라는 문제 때문이든지, 외부로부터의 압력에 의한 무대화이든지 상관없이 무대화라는 현상은 문화 과정의 본질적인 문제로 인식될 수밖에 없다. 왜냐하면, 일상생활의 참여를 본질로 하는 실천 과정으로서 연행되었던 문화로서의 제의적 연출이 새롭게 등장한 관객이라는 대상들에게 보여주어야 하는 연극으로 탈바꿈하는 과정에 필연적으로 개입되는 무대화이기 때문이다. 살림살이 모습의 본질에 영향을 주는 문제이기 때문에, 이 분야의 전문가인 코데라 유키치는 일본의 사례를 통하여 무대화의 문제를 기록으로 남기고 있다(小寺融吉, 1932).

송석하는 무대화의 가능성에 대해서 비관적인 입장을 피력한 바 있지만, 무대화로 인한 문화 왜곡에 대한 입장을 논하지는 않았다. 식민지의 상황이 문화 왜곡의 문제를 거론할 수 있는 분위기를 조성하지 못하도록 하였는지, 아니면 송석하 자신이 그러한 문제를 제기할 만한 비판적 관점을 갖고 있지 못하였는지 알 수가 없다. 이러한 문제들이 식민지의 문화 현상으로 검토되는 것이 바람직할 뿐만 아니라 총동원 체제하에서 복무하였던 후생운동으로서의 위안 오락이라는 프레임 속에 있던 결과였다는 인식이 필요하다.

무대화의 반대급부는 문화 내부의 자생력 상실로 귀결되는 것이었음은 후일 드러난 현상이며, 자생력 상실의 축적으로 인한 종착점이 식민지 상황에서 전개되는 문화 도탄(cultural predicament) 현상이라고 말할 수 있다. 그 과정의 진통과 진통의 질곡 속에서 살림살이를 살아가야 했던 지식인들의 모습을 구체적으로 그려야 한다. 그것이 일제 식민지 시대의 학문에 관한 역사를 정리하는 과정이 되어야 한다. 본서는 그 과정의 일부를 송석하에 조명을 맞추려는 시도를 한 것이다. 중일 전쟁이라는 블랙홀로 빨려 들어가 버려서 완전히 새롭게 전개되었던 진통 속의 조선 향토 문화의 양상을 생각해야 한다. 내재적인 문화의 생명력과 외부로부터의 간섭이라는 에너지 사이의 벡터에 의해서 변증법적으로 나타난 타협적인 현상으로서 무대화를 이해하는 것이 하나의 설명 방식이 될 수 있다.

조선의 향토 문화에 대하여 외부로부터 촉발되었던 무대화의 요구는 1934년 일본청년관의 참가 요청으로 인하여 시도된 바가 있었고, 당시 송석하가 그 과정을 직접적으로 경험한 적이 있었다. 송석하는 조선 가무의 무대화를 상상조차 할 수 없는 것이라고 말하였으나, 해가 거듭하면서 점차 무대화의 요구에 중독되는 현상을 보였고, 후일 송석하 스스로 무대화를 시도하여 조선민속학회의 이름으로 조선향토무용대회를 주최하는 상황으로까지 전개되었다. 그것이 모두 조선총독부의 민중 동원이라는 정책에 연동되어 있었음은 이미 밝힌 바 있다.

외부로부터 문화의 내부로 침입하는 에너지는 다분히 문화에 내재하던 질서를 파괴할 이질적 요소를 장착하고 있게 마련이다. 침입하는 행위 자체가 발생시키는 권력관계의 문제가 간섭의 시작부터 발생하게 마련이고, 그러한 권력을 발휘하기 위한 인사들은 권력 자체의 발휘를 위한 권위를 조작하게 마련이다. 왜냐하면, 권력과 권위의 본질적 문제가 결착될 수밖에 없는 것이다. 그러한 방식으로 동원되는 권력의 기반인 권위가 기존 문화의 질서를 파괴할 속성은 불을 보듯 뻔하기 때문이다. 선후와 내외의 질서가 뒤죽박죽으로 재편되는 경험을 하게 되는 조선 향토 문화의 운명이었다고 말할 수 있다.

그러한 결과가 초래된 원인은 후생운동의 위안 오락이라는 정책으로부터 기인하였다는 점을 말하고 싶다. 전선으로의 군위안소종업부 모집 동원을 획책하였던 육군성의 목표와 총후의 생산을 독려하기 위한 민중 동원의 후생운동으로서 위안 오락은 양자가 공히 '여성' 및 '성(性)'과 관련된 문제에 핵심을 꽂고 있었음은 증명된 셈이다. 따라서 송석하를 비롯한 조선의 지식인들은 그러한 과정에서 정책적으로 역이용되었을 가능성을 외면할 수 없다.

허구적인 민속지적 권위(ethnographic authority)가 발휘된 결과 1930년대 후반부터 전승 문화 내용의 본말이 전도되는 사태가 80년 뒤 21세기인 지금까지도 연장되고 있다. 또한, 이러한 현장이 끊임없이 반복해서 전개되는 플랫폼이 조성되었다고 말하는 것이 가능하다. 그야말로 문화 도탄의 근원이 되는 식민주의 인류학의 핵심적인 문제 중 하나가 선명하게 드러나는 셈이다. 조선 민속학의 권위로 인정되었던 송석하에게서도 그러한 문제는 명확하게 관찰될 수 있다. 먼저 주민 관점은 눈뜨고도 찾아볼 수 없는 과정을 겪은 결과, 송석하 자신의 관심만 침소봉대된 결과의 '별신굿탈놀이'라는 독립적인 것 같은 가면극만 돋보이는 과정을 보게 된다.

주민 관점에서 본다면 탈놀이는 별신굿의 부속적인 연행 또는 별신굿의 부분을 이루는 것임에도, 외부로부터 '침입한' 연구자에 의해서 부분이 확대되어 전체를 가려버리는 효과를 생산하였다고 평가할 수밖에 없다. 송석하 이전에 하회별신굿을 보았던 무라야마 지준이 만든 단어인 '신악가면(神樂假面)'이란 단어부터 조선 문화에 대한 왜곡의 현상을 보인다. 결과적으로 주민들에 의해서 모셔지던 별신굿에 대한 관심은 멀어지고, 별신굿의 부속인 탈놀이만 오락의 일종으로 부각하는 현상이 발생하였다. 송석하가 무라야마의 인식에 의하여 오염되었을 가능성으로 인하여 만들어진 것이 일본식 단어인 '신악(神樂)' 즉 일본식 '카구라'로 포장된 하회별신굿탈인 셈이다. 그 시점이 1940년(황기 2600년)이라는 특별한 해에 대해서 주목하지 않을 수 없다. 송석하의 분석적 안목이 '카구라(신악)'와 별신굿의 관련성 유무에 대한 객관적 또는 역사적 논의부터 전개되었더라면 하는 아쉬움이 남는다.

앞에서 본 것처럼 송석하는 이미 서양의 연극사에 관한 서적과 코데라의 저서를 접했던 전력이 있었기 때문에, 송석하에게 이러한 요구를 하는 것은 당연하다. 그러한 객관적 논리가 전개되지 않은 것이 '송민'의 한계라고 생각할 수밖에 없다. 보편적인 안목으로 구비한 분석력이 뒷받침되지 않으면, 특수성의 함정에 매몰되고 마는 선례를 보여준다. 식민주의라는 특수한 입장이 보편성을 갖추지 못한 안목의 빈자리에서 대리모 역할을 하게 마련이다.

조선의 마을에서 행제되었던 굿을 오락이란 장르로 보기 시작하였던 무라야마부터 하회탈을 별신굿으로부터 분리된 별신굿탈놀이를 위한 가면으로 인식한 송석하에 이르기까지 진행된 연구 과정은 그야말로 식민주의 민속학의 진면목을 드러내고 있다. 식민지 지식인으로서 자기 정체성에 기반한 판별력을 상실한 상태의 '송민'의 안목은 별신굿과 별신굿탈놀이의 주인공인 주민과 주민의 관점을 어디에서도 찾아볼 수 없는 연구로 진행되었음을 지적할 수 있다. 이러한 과정에 대한 통절한 반성이 전제되지 않은 후속 연구들은 말하자면 사상누각을 기반으로 하고 있다는 지적을 면하기 어렵게 되었다. 무라야마와 송석하의 글들을 대하면서, 비판적 안목은 배척되고 주입식의 수용력만 팽배한 글 읽기를 한 용례들을 짚어보아야 하는 과제들이 남아 있다. 1935년경부터 일본 제국의 모든 시계는 1940년의 황기 2600년에 맞추어져 있었다는 점을 망각한다면, 모든 설명은 방향을 잃고 수포를 안게 되고 만다. 정치 시계도, 군사 시계도, 경제 시계도, 학문과 예술 및 스포츠의 시계조차 황기 2600년을 겨냥하고 있었음에 대한 일본적 인식론의 총체적 소환이 요구되는 대목이다.

송석하의 원고가 게재되었던 『일본민속(日本民俗)』이란 제목의 민속학 잡지가 동경에서 창간호를 발행하였던 시점이 1935년 8월 1일이다. 이 잡지를 간행하였던 조직은 일본민속협회(日本民俗協會)로서 오리구치 시노부(折口信夫, 1887-1953)가 주도하였는데, 그 뒤의 배경을 살펴보면 다음과 같다. 1934년 가을 일본문화연맹(日本文化聯盟)이 조직되었고, 일본문화중앙연맹(日本文化中央連盟) 상무이사였던 마쓰모토 카쿠(松本 學, 1886-1974)가 민속학자, 민속예술연구자, 애호자 50명을 모아서 간담회를 개최한 것을 기반으로 일본민속협회의 창립 준비를 시작하였다. 창립 준비위원으로 오리구치(折口), 코데라(小寺), 니시츠노이 마사요시(西角井正慶, 1900-1971), 스기우라 켄이치(杉浦健一, 1905-1954), 오토 토키히코(大藤時彦, 1902-1990), 키타노 히로미(北野博美, 1893-1948), 타카사키 마사히데(高崎正秀, 1901-1982) 등과 일본문화연맹 측에서 마쓰모토 카쿠를 비롯하여 안도 무레루(安藤 烝), 우노 마사시(宇野正志), 키쿠치 산사이(菊池山哉, 1890-1966), 하타 이쿠타로(波多郁太郎), 후지이 사다후미(藤井貞文, 1906-1994), 쿠마가이 타즈지로(熊谷辰治郎),

타케우치 요시타로(竹內芳太郎) 등이 참가하였다. 그해 11월에 국민강당에서 총회를 개최하였다(海野福寿, 1981.3.: 9-10).

나는 마쓰모토 카쿠가 주도하였던 일본문화연맹이 황기 2600년 봉축의 횃불로 올라온 최초의 사례라고 생각한다. 그 선봉에 일본 민속학의 일부가 적극적 역할을 하고 있었다는 점에 대해서 앞으로 깊이 생각해 볼 과제가 있다. 일본민속협회의 제1회 예회는 1935년 6월 11일 6시부터 10시 반까지 마루노우치 호텔에서 열렸다. 오리구치(折口)의 '민속연구의 의의', 스기우라(杉浦)의 '산신 신앙(山の神信仰)', 키타노(北野)의 '덴라쿠의 외다리와 안내자의 관계(田樂の一本足と案內子との關係)'라는 제목들의 발표가 있었고, 61명이 참가하였다. 제2회는 7월 4일 일본상공회관에서 개최되었다.

순화와 통제를 주도하였던 『문예간담회(文藝懇談會)』잡지를 잉태한 조직의 원청(原請)이 일본문화중앙연맹(日本文化中央連盟, 1937년 설립)이었고, 그 조직을 창발한 핵심 인물이 마쓰모토 카쿠였다는 점을 예사롭게 볼 일이 아니다. 그는 사상통제 추진의 선봉에 섰으며, 신사국장(神社局長, 1925-1926), 사회국장관(1931), 경보국장(警保局長, 1932-1934) 등을 역임하였다. 소위 '신관료(新官僚)' 그룹의 핵심 멤버로 문화운동의 정치적 의의를 강조하였던 마쓰다가 경보국장 시절에 일본문화연맹을 결성하였던 것이다. 그가 작성했던 '일본문화연맹취의서(日本文化聯盟趣意書)'는 "신의 자손인 나라, 천조대신 신앙의 나라"(海野福寿, 1981.3.: 4)라는 모토 하에 탄생하였다. 이러한 사상에 걸맞은 민속학계의 인물이 국학원대학 교수 오리구치 시노부(折口信夫)였다. 일본문화연맹에서 산하 협력단체에 지급하였던 지출 내역서에 의하면, "본부를 포함한 24개 단체 중에서 일본민속협회가 18번째로 자금액이 많았다. 1934년 7월부터 1939년 6월까지 지출된 액수는 10,844엔(円)"(海野福寿, 1981.3.: 8-9)이었다. 일본민속협회가 발행하였던 『일본민속』은 선후의 이러한 배경 속에서 태어난 민속학적 우익잡지였다.

『학해(學海)』(1937년 12월 발행)에 실렸던 송석하의 「남방이앙가」라는 글이 일본어로 『일본민속』에 등장한 것은 코데라 유키치의 안내가 다분히 역할했을 것으로 추정된다. 왜냐하면, 일본민속협회의 간사였으며 『일본민속』의 편집에도 가담하였던 코테라로서는 필자 확보가 급선무였을 것이고, 다년간 조선의 민속예술 관련으로 지인이 되었던 송석하에게 원고 청탁이 있었을 것은 충분히 예상된다. 송석하는 이 논문에서 '두레(ドレー, Dure)'(宋錫夏, 1938.7.20: 12)를 설명하면서, 충남 해미(忠南 海美)의 사례를 간단히 소개하고 있다. 그 내용 속에서 비교적 구체적인 사례로 제시된 것이 농가가 인부들에게 주식(酒食)을 제공한 사례다. 그는 "1. 해장(오전 5시경, 御飯.濁酒.煙草), 2. 조식(早食 8시경, 御飯), 3. 아침참(오전 11시, 濁酒), 4. 주식(晝食, 오후 2시경, 御飯), 5. 저녁참(오후5시, 濁酒), 6. 석식(夕食, 午後隨時, 御飯)"(宋錫夏, 1938.7.20.: 13)'이라고 기록하였다. 또한 "두레는 제초 시기에 하는 것이고, 악기로 시작과 식사 시간을 알린다. 악기에 소박한 민요가 수반된다. 이때의 민요가 전식가"(宋錫夏, 1938.7.20: 13)라는 설명을 곁들였다. 나아가서 전식가를 묘대가(苗代歌)와 식부가(植付歌) 두 가지로 구분하였으며, 이종태가 채보한 악보를 제시하였다(宋錫夏, 1938.8.20: 21).

문제는 송석하가 이 잡지의 극우적(極右的) 성격을 어느 정도 파악하고 있었을까 하는 질문이다. 당시 식민지 조선의 분위기도 황기 2600년을 향하여 총력을 모으던 시점이었기 때문에, 송석하가 『일본민속』의 성격을 몰랐다고 말하는 것은 언어도단이다. 송석하로서는 자신의 논고가 게재되는 내지(內地)의 잡지가 더욱 다양화되고 있다는 생각으로 만족하였을 수도 있다.

"송석하의 첫 민속학 논문인 '조선의 인형극'(1929) 이후 그가 주로 추구한 '민속예술'(광의의 향토예술)의 조사연구는 결국 이러한 경세제민의 오락선도론(娛樂善導論)으로 수렴된다"(남근우, 2008.2.25: 32)라는 주장은 민속학과 민속주의의 차이점에 대한 인식이 불분명하며, 양자를 혼동하여 발생하는 송석하의 오락선도론을 주창하고 있다. 오락선도론이란 무엇인가? 사상을 기준으로 한 '선도'가 핵심인데, 송석하가 조선 오락의 사상적 측면을 총독부의 의중대로 선도하는 주장을 하였다는 얘기인가? 송석하의 무덤 옆에서 이 부분을 낭독하면, 봉분이 열리면서 송석하의 혼백이 튀어나올 얘기다.

송석하의 민속학과 송석하의 민속주의는 엄격히 구분되어 살펴보는 것이, 시대적 상황에서 고민하였던 식민지 지식인의 입장을 조금이라도 헤아리는 도리라고 생각한다. 양자 사이를 건너다니지 않으면 안 되었던 송석하가 겪었던 진통 과정에 대해서 한 번만이라도 생각해 본다면, 이 문제는 가볍게 지나갈 일이 아니다. 민속학이란 학문을 지향하였던 송석하의 학문 역정이 시대적 상황의 전쟁 구도를 만나면서 변질되었던 경험에 대한 이해 부족의 판단이라고 말하지 않을 수 없다. 송석하의 오락선도론은 송석하의 의지로부터 시발된 것이 아니라 총독부를 비롯한 일제 지배자들의 술책으로부터 유도된 것으로 이해하는 것이 시대적 상황에 대한 이해를 기반으로 하는 판단일 것이다.

"일제의 식민지화 이후, 인멸되어 가던 조선의 민속예술과 향토오락이 1930년대 전반 홀연히 부흥의 기운을 맞이한다. … 1933년 무렵엔 노량진 산대놀이가 부활된다. 그리고 이듬해 정월 대보름에는 진주의 오광대가 부활되며, 단옷날에는 봉산의 탈춤이 재개된다. 또 추석날에는 경주에서 '황창전설희화(黃倡傳說戱化)'의 부활이 시도된다. 송석하가 이 1934년을 가리켜 '조선민속예술상으로 잊지 못할 가장 의미 깊은 해'라고 지적한 까닭은 여기에 있다. … 송석하의 민속예술론을 포함한 오락론은 우가키 가즈시게(宇垣一成) 총독의 '농촌진흥운동'과 중일 전쟁 이후의 '후생운동(厚生運動)', '건민운동(健民運動)' 따위와 같은 일련의 식민정책의 문맥에서 바라볼 때, 그 입론의 배경과 구성 및 사상성이 제대로 드러날 수 있을 것"(남근우, 2008.2.25: 35)이라는 주장이 제기되었다.

이러한 주장에 대해서 검토해야 할 문제를 제기하고자 한다. 남근우의 설명은 전체적인 구도 속에서 볼 때 그럴 듯하게 보이지만, 여기에는 세 가지 혼란된 문제를 내재한다. 첫째, 그가 주장하는 시간상의 정밀성이라는 측면에서 모순이 포함되어 있다. 1933년부터 1935년 사이의 구체적인 사례별 진행 과정에 대해서, 그리고 송석하가 지적한 1934년이라는 시점에 대해서 생각을 해보면, 조선 총독의 '농촌진흥운동'과의 관계성은 정책 시행 이후의 시간적 순연성이라는 점에서 적합한 모습을 보이는 듯하다. 그러나 중일 전쟁 이후의 '후생운동'과 '건민운동'은 시간상 약간 뒤로 밀리어서 빗나간 듯하다. 그럼에도 정책에 의해서 유도된 현상의 발생이 시간적으로 지연되어서 나타난 현상이라고도 생각할 수 있다. 중일 전쟁의 발발이라는 중차대한 사건과 그 이후에 전개되는 송석하의 민속예술 발굴 운동을 생각한다면, "1930년대 전반 홀연히 부흥의 기운을 맞이"(남근우, 2008.2.25: 35)한 조선의 민속예술에 대해서는 어긋나고 있다고 생각하지 않을 수 없다. 그러한 어긋남은 제국 일본의 군국주의적 시각을 망각하는 생각으로부터 비롯된 오산이다.

　전시체제로 돌입한 제국과 제국의 통제를 받는 식민지의 모든 형식은 군사주의의 그늘 하에 놓였다는 점을 한시라도 놓칠 수가 없다. 즉 남근우의 설명은 중일 전쟁 발발이라는 일대 사건의 프리즘을 통과해야만 하는 과제를 남기고 있다. 총독부가 주도하였던 민중 오락 발굴이라는 시점은 중일 전쟁 이전의 과정이었다. 그런데, 중일 전쟁 이후에는 송석하 개인의 활약이 두드러지게 드러나고 있음에 대해서 질문을 하고 싶다. 필자가 제시하였던 건전 오락의 정책에서 위안 오락으로 전환하는 제국 차원의 군국주의적 통치시스템을 생각해야 한다.

　둘째, 향토 오락을 중심으로 한 조선의 민속예술이라는 현상을 바라보는 남근우의 설명은 제국 일본과 식민지 조선이라는 구도 속에서 구체적으로 점검되어야 하는 과정을 남기고 있다. 제국 일본과 별도로 움직이는 식민지가 아니라는 점을 분명히 해야 한다. 민중 생활 속의 오락이라는 문제도 특별히 식민지 조선에만 적용된 정책의 하나가 아니라는 점을 인식할 필요가 있다. 남근우의 설명은 오락이라는 현상이 제국 일본의 민중 생활 속에서 어떻게 이해되었고 정책적으로 어떻게 다루어져 왔던 것인가에 대한 인식이 결여되었다. 이 부분을 이해하기 위해서는 일본의 오락과 오락 정책에 대한 일정 정도의 이해가 필요하다. 본고의 앞에서 제시하였던 오락 정책의 변화 과정에 대한 이해가 절실하다.

　셋째, 둘째의 문제와 연동되어서 적정 시기의 관점확보 실패라고 지적할 수 있다. 남근우는 후생운동과 건민운동을 식민정책의 문맥에서 바라본다고 하였는데, 식민지 조선에서 실시되었던 군국주의적 정책이었음에 대한 문제의식의 결여다. 그런 운동들은 중일 전쟁 이후 총력전 체제로 돌입한 일본 제국이 실시하였던 후생 정책의 일환이었으며, 구체적인 내용들은 전시 동원과 밀접한 관련성 속에서 진행된 것들이었다. 또한 통치시스템이 식민주의로부터 군국주의로 이동한 상태를 말한다. 그것은 식민지 조선에만 적용되지 않고 일본 제국 전체에 파급되었던 문제였다. 따라서 식민정책이라는 용어 사용의 안일함이 문제가 되며, 식민정책과 차별되는 군국정책에 대한 인식이 부족했고 말할 수밖에 없다. 총동원 체제하의 전쟁이라는 문제에 대해서 안이한 생각을 하여 생성될 수밖에 없는 인식 부족이다.

"조선민속예술의 부흥은 송석하와 같은 '실천적' 문화민족주의자의 관심과 몇몇 지방인사들의 성의 및 행사 관계자들의 노력만으로 되는게 아니었다. 조선의 민속예술과 향토오락에 대한 식민지 권력의 '조장'과 '진작' 내지 적어도 허가와 승인 없이는 불가능한 일"(남근우, 2008.2.25: 32)이라는 설명에 대해서도 문제를 제기하려 한다. 남근우는 "만주사변이후 이른바 '15년전쟁'을 배경으로 '총후'銃後의 병참기지화를 위한 '농촌진흥운동'이 착착 진행되고 있는 와중에서, … 송석하의 내부논리에서는, 이 '농촌오락의 조장과 정화'를 통해 현재 경제파탄에 직면한 농촌의 '우울한 처지'를 극복하고, 나아가 조선의 독립이라는 '명일의 출발위한 새로운 정력의 함양'하자는 게 '사건'私見의 참뜻이었을 지 모르겠다. … 이러한 오락선도론과 그것에 입각한 향토오락 부흥운동을 가리켜 '실천적' 문화민족주의라 불러도 좋을 것"(남근우, 2008.2.25: 37)이라고 하였다. 아니나 다를까, 남근우도 총후의 병참 기지화를 언급하였으며, 그것이 총독부의 '농촌진흥운동'과 연계되어 있음을 지적하고 있다. 한 걸음 더 나아가서 "내가 주목하고 싶은 것은 조선인의 '집합을 극도로 기피하던 일정치하'임에도 불구하고, 이 백중날에 임시로 연행된 봉산탈춤"(남근우, 2008.2.25: 43)이라는 표현으로 소위 치안 차원의 문제까지 언급하고 있다. 그럼에도 총후 조선의 병참 기지화가 조선 농촌의 오락이라는 문제와 어떠한 관계 속에서 이해되어야 하는지를 지적하는 핵심적 논의를 비켜 가고 있다.

상황 언급만으로는 연구자의 분석이 완료된 것이 아니고, 설명 과정에서 중도 하차한 꼴이다. 독자들은 핵심적인 문제들 사이의 인과관계에 대한 설명이 구체적으로 제시되기를 기대한다. 남근우가 설명 과정에서 중도 하차한 이유는 그의 좁은 안목에서 비롯된 것이라고 말할 수밖에 없다. 식민지 조선의 운명을 좌지우지하였던 일본의 민중 생활 속에서 오락이 어떠한 존재로 인식되었는지에 대한 안목과 그러한 안목을 갖추기 위한 광범위한 지식의 결여에서 비롯된 것이다. 결과적으로 그의 좁은 안목이 송석하를 코데라에 가두는 언설로 발전한다.

"'조선의 고데라'를 지향한 이가 송석하였다"(남근우, 2008.2.25: 24) 또는 "'민속예술(광의의 향토예술)'의 연구실천을 라이프워크로 삼아 '조선의 고데라'를 지향한 이가 다름 아닌 송석하"(남근우, 2008.2.25: 162)라는 판단은 양자 간의 필연적인 인과관계에 대한 설명 부족 또는 생략으로부터 기인한 잘못된 결과라고 볼 수밖에 없다. 그러한 결론에 이르기 전에 한 가지 필연적으로 전제되어야 하는 작업이 있다. 코데라에 대한 심도 있는 연구다. 나는 남근우가 코데라에 대해서 심도 있게 연구한 결과를 아직도 접해보지 못했다.

각설하고, 나는 남근우의 설명에 동의하지 않지만, 만약에 그 설명에 동의하게 되면 상상하기 어려운 또 다른 결과가 기다리게 된다. 예를 들면, 송석하는 코데라의 추종 이외에 아무것도 하지 않았다고 말할 수밖에 없다. 왜냐하면, 코데라의 입장에서 송석하는 일종의 제보자 또는 협력자의 역할밖에 하지 않았기 때문이다. 즉 송석하가 코데라를 출발점으로 하는『민속예술(民俗藝術)』잡지가 포괄하는 전체와 조우하는 기회를 포착할 수 없었다. 이것이 필자가 말하는 편협하고 왜곡된 식민지(植民知) 형성의 원인이다.

환언하면, 송석하가 코데라와 접촉하는 계기는 송석하가 만났던 기회이자 바로 한계였지만, 송석하는 코데라의 학문 세계에 안주하지 않았다. 필자는 송석하가 전개하였던 다양한 주제와 다양한 매체 그리고 다양한 의견들에 대해 이미 본론에서 논의하였다. 송석하를 식민지의 범주에 가두려는 시도는 포기되어야 한다. 더군다나 1940년 이후 코데라의 글쓰기 행적을 추적하게 되면, 이 문제는 너무나도 명백해진다. 전쟁협력과 선동에 해당하는 글들을 대동아전쟁 동안에 연속적으로 여러 가지 지면에 발표하였던 코데라의 행적 속에 송석하를 가두는 표현은 송석하에 대해서 대단히 실례되는 일이다.

4) 황기 2600년과 대동아전쟁

'송민'의 역사에 관련된 자료를 정리하고 분석하는 입장에서 특이하게 한 가지 언급하고 싶은 것은 자료들이 갖는 시대적 성격이다. 전쟁이라는 구도 속으로 매몰되면서 '송민'의 자취를 통시적인 안목으로 체계적으로 정리하는 작업이 쉽지 않게 된다는 점을 알게 되었고, 그것은 전쟁시스템이 작동하는 상황에서 '송민'은 사실상 동면에 들어갔다. 송석하의 활동은 군국주의의 엄습으로 활동 정지 상태에 들어가게 되었다고 말하는 것이 솔직한 표현이다. 전체 사회가 군사적 압력의 블랙홀로 빨려 들어가는 상황 속에서 간헐적으로 다양한 방식으로, 말하자면, 비조직적으로 송석하의 활동이 전개되었음에 대해서 설명하는 것은 가능하다. 환언하면, 조직적인 '송민'이 전개될 수 없는 사회적 조건에서도 송석하는 자신이 할 수 있는 작업들을 피력하였음이 자료로 드러난다. 이러한 상황에서 표면적으로 송석하의 이름을 달고 드러나는 표현들은 사실상 체제로부터의 요청과 압력의 결과라고 해석해야 한다는 것이 필자의 입장이다.

정책당국자는 결코 딜레탕트를 상대하지는 않는다는 점을 알아야 한다. 자신들의 목적을 최대한으로 달성하기 위해서 당대에 소환할 수 있는 최고의 전문가를 찾기 마련이다. 따라서 체제에 이용되었던 입장을 가진 능력이 소위 '프로'의 그것이라고 해석해야 할 여지를 남기고 있다. 그것이 어용이었는가 아닌가의 문제에 대해서도 시대적 상황이라는 문제를 감안하지 않으면 자칫 개인을 희생시키는 결과를 초래하고 만다. 인물 평가의 역사성에 관한 문제라는 점이 극히 상황적이면서 전문적이어야 하는 이유가 여기에 있다. 전쟁이라는 체제가 거대하게 등장하면서 사실상 개인의 활동은 표면으로부터 잠적하게 마련이기 때문에, 대동아전쟁에서 송석하의 학문적 작업에 대한 정리가 더욱 의미가 있다.

전쟁의 소용돌이 속에서 군중 동원용의 연극이 획기적으로 번창하는 계기가 마련되었으며, 식민지 조선에서도 동경에서 세탁된 제삼제국의 후생 운동과 위안 오락 정책의 영향력이 유감없이 발휘되었다. 1940년 5월 15일에는 전시 연극의 중요성을 반영하는 조직으로서 국민연극연구소(國民演劇研究所)[93] 입소식에 184명이 응모하였으며, 60

---

93 국민연극연구소의 강사와 과목을 일별하면 다음과 같다: 日本精神(綠旗聯盟 森田芳夫, 同 津田 剛), 國語(京日學藝部長 寺田 瑛, 東大國文學士 咸秉業), 國史(城大教授 末松保和, 李能和), 世界情勢(京日社長 御手洗辰雄, 每新主筆 徐椿, 海軍 黑木大佐, 陸軍 蒲 少佐), 藝術概論(李光洙, 每新學藝部長 白鐵, 延專教授 鄭寅燮, 梨專講師 李泰俊), 演劇史(城大教授 辛島 驍, 徐恒錫, 民俗學研究家 宋錫夏), 演劇概論(咸大勳), 戱曲論(李軒求, 張起悌), 演出論(柳致眞), 俳優術(朱永涉, 尹黙, 李白水), 舞臺美術(裵雲成, 李源庚), 音樂(梨專教授 李鍾泰, 任祥姬), 舞踊(趙澤元, 李彩玉), 映畵(高映監督 全昌根, 朝映監督 安夕影), 民俗藝術(普專教授 孫晉泰, 城大教授 秋葉 隆), 課外講師(第二放送部長 八幡昌成, 警務局事務官 星出壽雄, 總力聯盟文化部長 矢鍋永三郎, 警務局事務官 井手 勇, 京畿道警察部 畑保安課長)(三千里 13(9): 83-84. 1941.9.1). 등장하는 인물 중에서 몇 몇 이름들의 면모를 살펴본다.
모리타 요시오(1910-1992)는 경성제대에서 조선사를 전공한 후, 조선총독부에서 근무하였다. 패전 후 일본의 외무성에서

근무하면서 한일국교정상화 교섭을 기록하였다. 퇴직 후 서울의 성신여자대학교에서 일본어를 가르쳤다. 그의 저서로는 『朝鮮終戦の記録』(1964년)이 있다. 종전 당시의 기록과 아울러서 일본인들의 인양과 관련된 자료들을 수집하였다.

츠다 츠요시는 경성제대 예과의 화학 교수를 하였던 津田栄(츠다 사카에, 1895-1961)의 동생이다. 경성제대 법문학부 철학과를 졸업한 후 국민총력조선연맹 선전부장(国民総力朝鮮連盟 宣伝部長)을 역임하였다.

테라다 아키라 (1894-?)는 고지현 출신으로서 본명은 나루히코(稔彦)다. 보지신문사 기자를 역임한 후 경성으로 이주하였다. 그의 저서로는 『陸上競技法の研究』(1921, 日本評論社), 『街の不連続線』(1939, 京城雑筆社), 『時の不連続線』(1941, 京城: 文榮堂), 『話の不連続線』(1942 京城: 博文書館) 등이 있다.

함병업은 1899년 평북 영변 출신이다. 본명은 逸敦이며, 鹿兒島第7高等學校 졸업후 동경 제대에서 일본 문학을 전공하였다. 대학 재학 중인 1926년에 김진섭·이하윤·정인섭 등과 '외국문학연구회'에 참가하였고, 동인지 『해외문학(海外文學)』에 평론을 발표하였다. 혁명 문학 이론을 연구하기도 하였다. 중동학교 교사로 있으면서 중앙불교전문학교와 보성전문학교에서도 강의하였다. 6·25 전쟁 중 행방불명되었다.

스에마쓰 야스카즈(1904-1992)는 경성제국대학에서 조선 고대사와 고고학을 강의하였다. 패전 후 학습원대학 교수를 역임하였다.

미타라이 타츠오(1895-1975)는 대분현 출신이고 경응의숙대학을 중퇴하였다. 대분신문에서 근무한 후, 동경의 보지신문사로 이직하였다. 동경에서는 '城南隠士'라는 필명으로 정치평론을 주로 썼고, 1936년 조선으로 이주하였다.

서 춘(1894~1944)은 평안북도 정주(定州) 출생으로, 호는 오봉(五峰)이다. 오산학교를 졸업하고 동경고등사범학교 박물학과에 입학했다가 중퇴하였다. 그 후 동양대학 철학과를 거쳐서 1926년 경도제국대학 경제학부를 졸업하였다. 1926년 동아일보에 입사하여 경제부장을 역임하였고, 1927년 근우회(槿友會) 연사로 선임되었고, 1928년 7월 조선농민사 교양부가 주최한 농촌문제대강연회에서 「농민의 지식 계발에 대하여」라는 제목으로 강연하기도 하였다. 1933년 조선일보사 주필 겸 경제부장을 지냈으며, 1934년 5월 조선물산장려회 선전부 이사를 맡았다.

카라시마 타케시(辛島 驍, 1903-1967)는 동경제대를 나온 중국 문학자다. 경성제대 교수를 역임하였다. 패전 후 소화여자대학과 상모여자대학 교수를 역임하였다.

서항석(1900~1985)은 함경남도 홍원 출신이다. 보성고등보통학교 2학년에 편입하여 1917년 졸업했다. 1942년 일제가 주도한 분촌 운동을 선전하고 만주 이민을 장려한 연극인 「대추나무」를 연출하여 연극경연대회에서 작품상을 받았다. 또한 1941년 7월 조선총독부 경무국이 지휘한 조선연예협회 산하 단체인 작가동호회 회장이 됐으며, 1942년 7월 조선연예협회와 조선연극협회가 통합하여 조직된 조선연극문화협회의 이사에 선임되었다. 해방 이후, 국립극장 설립에 앞장섰으며, 피난지 대구에서 제2대 극장장에 임명되었다. 이후 1953년부터 1960년까지 중앙국립극장과 국악원 이사장이 되었다. 1978년 예술원 부회장을 역임했다. 한국인 최초로 1970년 독일 정부로부터 괴테 훈장을 받았다.

함대훈(1896-1949)은 황해도 송화에서 출생으로 중앙고등보통학교 졸업 후, 1928년 동경외대 노어과에 입학하여 1931년에 졸업했다. 재학 중 해외문학연구회 조직에 참여했으며, 『해외문학』, 『문예월간』 등 문학잡지와 『동아일보』에 번역 작품과 연극평론을 발표했다. 극예술연구회 결성에 참여하여 러시아문학을 번역 소개하는 데 힘썼다. 1937년 조선일보의 편집 주임을 맡았다. 1938년 3월 극예술연구회가 해산당하자 극연좌를 조직하여 연극 활동을 계속했다. 1939년 조선문인협회 발기인으로 참여하였고, 1941년 간사로 활동했다. 1940년 〈조광〉의 편집 업무를 담당했다. 극예술연구소장을 맡았다. 1943년 일제의 신체제를 미화하는 '북풍의 정열'을 발표했다. 해방 후 〈한성일보〉 편집국장을 하였고, 미군정청 공안국장과 공보국장으로 활동했다. 1947년 국립경찰전문학교 교장이 되었다.

이헌구(1905~1982)의 호는 소천(宵泉)이다. 함경북도 명천 출생으로 1920년 중동학교(中東學校) 중등과에 입학했다가 보성고보에서 1925년 졸업하였다. 그 해 일본으로 건너가 와세다대학 제1고등학원 문과에 입학, 1931년 문학부 불문학과를 졸업하였다. 대학 재학시절인 1926년 해외문학연구회에 가담하였고, 서구문학을 조선에 소개하였다. 1936년 조선일보 학예부 기자로도 활동하였다. 광복 후 중앙문화협회, 전조선문필가협회 창립회원으로 활동하면서 민족주의 문학 노선에 입각하여 반공자유문화를 제창하였다. 민중일보 사장, 공보처 차장, 예술원 회원, 이화여자대학교 문리과대학장 등을 역임하였으며, 1973년 예술원상을 수상하였다.

유치진(1905~1974)은 경상남도 거제에서 태어났다. 1918년 통영공립보통학교를 졸업하였다. 1921년 동경 도요야마중학교에 편입해서 1925년 졸업하였다. 1927년 릿쿄대학 영문과에 입학하여 1931년 졸업하였다. 로망 롤랑의 「민중예술론」을 읽고 연극에 뜻을 두었다. 1931년 7월 서항석·이헌구·이하윤·장기제·정인섭·김진섭·함대훈과 함께 극예술연구회를 조직했다. 고골리의 「검찰관」에 출연하는 것을 시작으로 희곡·창작·연기·연출·평론 방면에서 활약하였다. 1934년 동경의 삼일극장에서 '빈민가'를 공연하였고, 주영섭과 이해랑 등이 주도한 동경학생예술좌의 창립을 후원해 '소'를 연출했다. 극작가로 등단한 것은 희곡 '토막' 부터였다. 극예술연구회 시기(1931~1939)에 70여 편에 달하는 연극비평과 희곡비평, 시론, 연극계결산, 희곡창작법과 영화계에 대한 조언 등을 발표하였다. 그의 희곡은 농촌 현실과 식민지 현실을 주로 다루었다. 1943년 조선문인보국회 이사로 임명되었고, 10월 조선문인보국회 주최한 결전소설과 희곡 공모 심사원으로 위촉되었다. 1944년 6월 조선문인보국회 극문학부 회장으로 임명되었다. 해방 후 은둔생활을 하다가 1947년 한국무대예술원 초대원장으로 취임하였다. 1949년 전국문화단체총연합회 부위원장에 선출되었다. 1961년 동국대학교에 연극영화학과를 창설하여 초대 학과장을 맡았다. 1962년 드라마센터를 건립하였다. 1963년 동경아세아영화제 국제심사위원, 유네스코 한국위원회 위원으로 활동하였다. 1971년 한국극작가협회 회장으로 선임되었다.

주영섭은 평양 태생으로, 동경 유학 전 보성전문에 다녔으며 연극부를 만들어 고리키의 '밤주막'을 공연하였고, 신건설사의 제1회 공연인 '서부전선 이상없다'(1933)에도 출연하였다. 법정대학 법문학부에 입학하였으며, 1934년 마완영(馬完英)·이진순(李眞淳)·박동근(朴東根)·김영화(金永華)와 더불어 동경학생예술좌를 창단하고 그 모임을 이끌었다. 1935년 6월 4일 축지소극장에서 유치진(柳致眞)의「소」와 함께 자신의 작품인「나루」를 공연하였다. 현대극장의 창립공연인 유치진의「흑룡강」(1941)을 연출하였으며, 그 외에도「추석」(함세덕 작, 1941),「북진대」(유치진 작, 1942)를 연출하는 등 현대극장의 중심인물로 활동하였다. 광복 직후 월북한 것으로 보인다.

이백수는 작사가(유행가)이면서 가요극 가수이기도 했다. 본명은 이승직(李昇稙)이다. 일제시기 그가 작사한 "아리랑고개"·"가을 시악시"는 콜럼비아음반에 전하고, 그가 작사한 "그대여 아는가 이 마음"은 폴리돌음반에 수록되었다. 그의 춘향전은 오케음반에 전한다.

배운성(1900~1978)은 가정형편이 어려워 경성중학교의 급사로 있으면서 야학에서 공부하였다. 1915년 서생 생활을 하던 집의 아들이 독일로 유학하는 길에 하인으로 동행하였다. 1923년 레빈풍교미술학교를, 1925년 독일 국립미술종합대학을 졸업하였다. 1930년 국립미술종합대학 석사과정을 졸업하였다. 프랑스 국립미술협회 장식 및 유화분과 회원(1938), 국전 서양화부 추천작가 및 심사위원(1949), 국립미술제작소 판화부장(1950.6)으로 일하다가, 육이오사변 중 월북하였다. 평양미술대학 출판학강좌 상급교원(1956), 미술출판사 전속화가로 복무하였다.

이원경(1914-?) 경북 안동 출생으로, 일본미술학교를 졸업하였다.

趙澤元(1907~1976)은 휘문고보를 다니면서 정구 선수로 활동하였고, 보성전문 법과에 재학하면서 전국 정구대회에서 우승하였다. 1922년 블라디보스토크에서 온 박세면(朴洗冕)을 통해 러시아 민속무용을 접했으며, 1927년 11월 동경으로 가서 이시이 바쿠(石井 漠)무용학교를 졸업했다. 1932년 귀국하여 경성보육학교 교수로 부임하였고 조택원무용연구소를 열었다. 1933년 경성공회당에서 첫 번째 신무용 공연을 열었고, 한국 춤을 현대적 무용 예술로 재창조하는 작업을 하였다. 1937년 프랑스로 순회공연을 했으며, 1938년 동경 히비야[日比谷] 공회당에서 공연하였다. 1947년부터 1952년까지 하와이, 로스엔젤레스, 시카고, 뉴욕, 워싱턴 등 미국의 각지를 순회하며 공연활동을 하였으며, 현대무용의 거장 루스 세인트 데니스(Ruth Saint Denis)의 후원을 받았다. 1953년에는 유네스코 주최로 프랑스 파리에서 공연회를 가졌다.

全昌根(1908~1975)은 서울 출생으로서, 1940년『복지만리』로 데뷔하였다. 1946년『해방된 내 고향』, 1949년『무기없는 싸움』, 1952년『낙동강』,『불사조의 언덕』, 1956년『마의태자(麻衣太子)』,『단종애사(端宗哀史)』, 1958년『이국정원(異國情鴛)』,『고종 황제와 안중근』, 1959년『3·1독립운동』,『아! 백범 김구 선생』등 여러 작품을 발표하였다. 상해 등지에서 독립운동에 가담하였다. 연출·각본·주연 등을 해낸 만능 영화인이다.

안석영(1901~1950)은 본명은 안석주(安碩柱)이다. 교동보통학교를 졸업하고 1916년 휘문고보에 입학했다. 재학 중 장발(張勃) 등과 함께 '고려화회'를 조직하고, 고희동으로부터 서양화 수업을 받았다. 서화협회에서 김동성으로부터 노수현, 이상범 등과 함께 만화를 배웠다. 1922년 홍사용, 이상화, 박영희, 나도향 등과『백조』동인으로 참여했고, 휘문학교 미술 교사를 하면서 1923년 토월회의 무대 미술을 담당하였다. 8월에는 김복진, 김기진 형제와 함께 토월미술연구회를 조직하였다. '백조' 동인 중 김복진, 박영희, 김기진 등과 함께 프롤레타리아 문예 운동을 목표로 한 파스큘라(PASKYULA) 창립동인으로 참여(1923)한 후 다시 도일(1924)하여 미술 수업을 마치고 귀국했다. 1927년 신간회 간부로 참여했고, 1928년『조선일보』학예부장이 되었으며 홍명희의 연재 소설『임꺽정』의 삽화를 그렸다. 영화를 시작한 것은 심훈의「먼동이 틀 때」에서 미술감독과 주연을 맡으면서부터였다. 1934년 자신의 시나리오「춘풍」이 박기채 감독에 의해 영화화되자 영화계 활동을 본격적으로 시작했다. 1937년 첫 영화「심청전」을 감독하였고, 1940년 최남주의 조선영화주식회사에 전속 감독으로 입사했다. 이후 친일 영화인「지원병」(1941),「흙에 산다」(1942)를 연출했다. 해방 직후 '조선영화건설본부'(1945.8)의 내무부 부장을 맡았고, 이후 개편된 조선영화동맹의 중앙집행위원회 부위원장을 맡았다. 1947년 출범한 우익 문화단체 '전국문화단체총연합회'에 참여했다. 1947년 KBS의 3·1절 기념 어린이 노래극「우리의 소원은 독립」에 주제가 '우리의 소원'을 작사했고, 이 시에 장남 안병원이 곡을 붙였다. 최초의 아동만화인「씨동이의 말타기」를 발표했으며,「개벽」,「백조」,「학생」,「어린이」,「별건곤」등의 표지 삽화도 그렸다.

호시데 토시오(星出壽雄 1912-1962)는 경성태생으로 경성제국대학 법문학부를 졸업한 후 조선총독부 사무관으로서 경시가

명을 선발하였다.

　강의하는 과목은 모두 15가지였고, 강사 수는 39명이었다. 과목과 담당 강사 명단을 일별해 보면 당시 총독부가 연극 동원에 얼마나 심혈을 기울였는지 이해가 가는 대목이 드러난다. 모두 16가지 과목에 39명의 강사가 동원되었는데, 그중 일본인은 13명(이 중 현역군인도 2명 포함)이고, 조선인은 26명이었다. 조선민속학회와 밀접하게 관련된 사람은 6명(정인섭, 송석하, 유치진, 이종태, 손진태, 아키바 타카시) 정도로 파악된다.

　일본정신(日本精神)은 녹기연맹(綠旗聯盟)의 모리타 요시오(森田芳夫)와 츠다 츠요시(津田 剛), 국어(國語, 일본어를 말함-필자 주)는 경성일보학예부장의 테라다 아키라(寺田 瑛)와 동경제대 국문학과를 졸업한 함병업(咸秉業), 국사(國史, 일본사를 말함-필자 주)는 성대교수 스에마쓰 야스카즈(末松保和)와 이능화(李能和), 세계정세(世界情勢)는 경성일보 사장 미타라이 타즈오(御手洗辰雄)와 매일신문 주필 서 춘(徐 椿)과 해군대좌 쿠로키(黑木)와 육군소좌 가마(蒲), 예술개론(藝術槪論)은 이광수(李光洙)와 매일신보 학예부장 백 철(白 鐵)과 연전교수 정인섭(鄭寅燮)과 이전강사(梨專講師) 이태준(李泰俊), 연극사(演劇史)는 성대교수 카라시마 타케시(辛島 驍)와 서항석(徐恒錫)과 민속 연구가 송석하(宋錫夏), 연극개론(演劇槪論)은 함대훈(咸大勳), 희곡론(戲曲論)은 이헌구(李軒求)와 장기제(張起悌), 연출론(演出論)은 유치진(柳致眞), 배우술(俳優術)은 주영섭(朱永涉)과 윤 묵(尹 黙)과 이백수(李白水), 무

되었다. 경기도경찰부경제경찰과와 식산국에서 근무하였고, 경기도경찰부 본정경찰서장과 식산국에서도 근무하였고, 패전 후 야마구치현 우베시의 시장에 당선되었다(鄭祐宗, 2010: 909~910). 파푸아에서 돌아온 이즈미 세이이치(泉 靖一)의 전쟁 관련 발언에 대하여 주의를 주었던 경찰관이었다.
야나베 에이사부로(矢鍋永三郎, 1880-?)는 오카야마현 사람으로 1908년 동경제대 불법학과를 졸업하고, 통감부 서기관으로 조선에 부임하였다. 조선총독부 초창기에 재무부장과 세관장을 역임하였고, 황해도지사를 역임 후 조선식산은행 이사를 하였다. 조선금융조합연합회회장 국민총력조선연맹의 문화부 책임자를 역임했다. 다음과 같은 글이 있다. 矢鍋永三郎 1933.9. "朝鮮 業開發の先驅", 拓務評論 5(10): 32~33.
노창성(盧昌成, 일본명 八幡昌成, 1896 ~ 1955)은 평안북도 출신으로 일본 도쿄로 유학하여 도쿄고등공업학교 전기화학과를 졸업하였다. 귀국 후 조선총독부 체신국 기수로 채용되어 방송국 설립에 필요한 기술을 맡았다. 1920년대 조선 최초의 방송국인 경성방송국 설립에 참여했다. 함흥방송국 국장을 거쳐 조선방송협회 제2방송부장 및 사업부장, 방송국장 등을 지냈다. 그러나 중일 전쟁이 발발한 후에는 국민총력조선연맹, 임전대책협의회, 조선임전보국단 등에 두루 가담하였다. 미군정과 대한민국 정부 수립 후에도 계속 중용되어 제1공화국에서는 대한민국 공보처 방송관리국장에 임명되었다. 부인은 조선 최초의 아나운서로 꼽히는 이옥경이며, 차녀인 노명자가 패션 디자이너로 크게 성공한 노라노양재의 설립자다.
이데 이사무(井手 勇)는 경찰관강습소 교수를 겸했던 사무관으로 1938년 11월부터 1941년까지 도서과에 근무했고, 1941년 12월 8일 황해도 경찰부장을 역임하였다(정진석, 2008.1.: 79).

대 미술(舞臺美術)은 배운성(裵雲成)과 이원경(李源庚), 음악(音樂)은 이전교수(梨專敎授) 이종태(李鍾泰)와 임상희(任祥姬), 무용(舞踊)은 조택원(趙澤元)과 이채옥(李彩玉), 영화(映畵)는 고영감독(高映監督) 전창근(全昌根)과 조영감독(朝映監督) 안석영(安夕影), 민속예술은 보전교수(普專敎授) 손진태(孫晉泰)와 성대교수 아키바 타카시(秋葉 隆), 과외강사(課外講師)로는 제2방송부장(第二放送部長) 야하타 마사나리(八幡昌成)와 경무국사무관 호시데 토시오(星出壽雄)와 총력연맹문화부장 야나베 에이자부로(矢鍋永三郎)와 경무국사무관 이데 이사무(井手 勇)와 경기도경찰부 보안과장 하타호(畑保)(三千里, 13(9): 83-84. 1941.9.1) 등이 맡았다.

1940년 8월 10일 자로 조선일보와 동아일보가 동시에 폐간되었다. 이는 전쟁 격화에 따른 생산력 제고와 인력 동원에 저해 요인으로 작용할 가능성이 있는 조선의 언론을 봉쇄하겠다고 총독부가 탄압 정책을 편 결과다. 식민지 조선인들을 오로지 일본 제국의 전쟁 수행에 매진하도록 하는 분위기 조성 차원의 의미도 담고 있다. 이러한 정치적 상황에서 '송민'의 학문적인 역할을 기대하기란 불가능하다. 이미 조선 사회의 유명 인사가 된 송석하는 총독부가 사상에 동원하는 마수를 피할 수가 없었을 것임은 자명한 이치이며, 많은 저명 인사들에게 적용되었듯이, 소위 친일 행각의 프레임이 송석하의 족적에서도 드러나는 모양새를 어렵지 않게 추적할 수 있다. 조선의 가면극이 오락으로 전락해서는 안 된다고 스스로 말했던 그 오락의 틀에 맞추는 형식의 글을 작성하기 시작하였음도 외면할 수 없다. 이런 현상이 압제된 사상 굴곡의 현상을 보여주고 있음을 증언한다.

그렇다고 하여 요즈음 회자되는 친일 프레임만을 추종하는 것도 아니다. 황도주의를 구가하였던 잡지 『녹기』에 발표한 글에서, 송석하는 "가면극을 하는 것은 소박한 종교적 의식을 하여 촌의 신에게 제사드리는 것"(宋錫夏, 1941.2.: 161)이라고 원론적인 주장을 펼쳤다. 그럼에도 사상이 탄압되면서 인식이 변질되기 시작하는 과정을 보여주고 있음도 알 수 있다. 이 논문의 서두에 '오락'이라는 단어가 두 차례 연거푸 반복되고, 글의 중간에 한 번 "예술적 오락인 셈이다"(宋錫夏, 1941.2.: 161)라고 마지못해 한 번 '오락'이라는 단어가 등장한다. 맞지 않는 것을 억지로 끼워서 맞춰 진행하고 있음을 느끼게 된다.

영화의 선전효과를 극대화하였던 총독부 당국의 보조 맞추기가 조선의 지식인들에 의해서 동원이라는 명목으로 확대되었을 때, 송석하도 예외일 수 없었다. '송민'의 민속주의가 연극으로부터 영화의 영역으로까지 연장되면서, 송석하는 민속학 연구가의 명함을 걸고 오락이라는 장르 속에서 '영화와 연예' 란에 강강술래의 사용을 적극 권장하는 글을 남기기도 하였다(宋錫夏, 1941.2.26 & 宋錫夏, 1941.2.27). 이 정도 되면, 정책 민속주의에 질질 끌려가는 자기 모습을 비추어주는 거울 보기가 어렵게 되는 점도 있었을 것이다.

아니나 다를까, 송석하는 다음과 같이 토로한다. "회고(回顧)하건데 조선의 향토오락(鄕土娛樂)은 그간 공연한 우회를 하여섰다. 조선의 그지방 그지방이 각각가지고오던 모든 담담하고 온온명랑(溫穩明朗)한 오락과 가요는 구식이라는 애매한 일홈으로 모조리 배척을 당하고 대신으로 이상야릇한짓과 괴상망측하고 불건전한 유성기(留聲機)소리에(다그런 것은 않이지마는) 젊은 농부는 광이와 소를 버리고 농촌을 떠나고 바다에서 도라오면 어풍무용(漁豊舞踊)으로 떼울 어부는 그만 주사(酒肆)로 다라나서 문자 그대로 불건전한 쾌락을 구해온 것이 최근의 현상이었다. 그러나 이렇게 하는 그들이 마음으로 좋아서 구(舊)를 바리고 신(新)을 취한 것은 결코 않이다. 여하히 구를 좋아하는 것은 명확하다. 하고냐하면 신은 그들에게 부담이 과중하다. 환언하면 그것은 그들이 *언제던지 수동적(受動的)으로 있을따름이오 결코 그들 자신이 그 오락을 자기들 마음대로 스스로 행위하야 하는 것이 않인까닭으로* 언제던지 일종의 공허 말하자면 환락의 적막을 늣기는 것이다"(宋錫夏, 1941.4.1: 228, 이탤릭체는 필자가 추가한 부분이다).

총독부 당국의 동원 대상이 되어버린 민중의 삶에 대한 문제가 엄중한 시국에서 제기되었다는 점에 대해서 놀라지 않을 수 없다. 송석하의 글이 어떻게 사상 탄압의 검열 대상에서 제외되어 활자화되었는지 눈을 의심하지 않을 수 없다. 반복적이고 중첩적인 사상 탄압의 억눌림 속에서 천우신조로 삐져나온 빙산의 일각과도 같은 금과옥조의 진술이다. 이 글이 활자화된 저간의 사정보다 식민정책 아래 조선의 향토오락이 처한 상황의 핵심적인 문제를 꿰뚫어 보고 있는 송석하의 안목이 적확하다. 그들 자신이 그 오락을 자기들 마음대로 스스로 행해야 하는 것이 아닌 까닭을 실토하는 내용이 군국주의적 문화정책의 문제를 지적하였다. 최소한 이때부터 송석하는 내심으로는 분명하게 주권의 문제와 관련된 조선 민속에 대한 생각을 잉태시키고 있었다고 생각할 수 있다.

『관광조선(觀光朝鮮)』(조선민속학회 회원들이 다수 필자로 참가한 잡지-필자 주)이 출판될 즈음 만주에서는 다음과 같은 일이 전개되었다. 만주에서는 식민지와 점령지를 포함하는 거국적인 제국 시스템이 작동하고 있었던 결과의 하나로 『만주관광(滿洲觀光)』이란 전시 관광 증진을 위한 홍보용 월간지가 남만주철도주식회사의 주도로 발간되었다. 관동군 보도부와 협업한 결과였다. 후생성의 지원으로 새롭게 등장하였던 위안 오락의 한 측면을 보여준다. 나치의 '환희역행단' 프로그램의 일부를 복제한 관광 프로그램이 전시중에 유행하는 현상이었다. 한편에서는 군대에 의한 전쟁이 진행되면서 다른 한편에서는 점령지를 대상으로 관광을 진흥시키는 기묘한 발상이었다(長谷川宇一, 1940.5.; 野間口英喜, 1940.5.).

만주국을 괴뢰로 만들었던 일본 제국의 두 축이 관동군(關東軍)과 만철(滿鐵)이었음은 너무나도 명백하였다. 하세가와 우이치(長谷川宇一)[94]는 신질서 구축을 목적으로 「세계신질서의 진전과 만주관광(世界新秩序の前進と滿洲觀光)」(長谷川宇一, 1941.1.)이라는 전쟁 선동적인 글을 썼고, 노마구치 히데키(野間口英喜)[95]는 「후생운동과 관광국책(厚生運動と觀光国策)」(野間口英喜, 1941.1.)을 발표하였다. 전자는 관동군 보도부장이었고, 후자는 만철의 상무이사였다. 관동군과 만철의 간부가 한통속이 되어서 전쟁선동에 앞장선 관광국책을 부르짖었던 것이다. 이는 엇박자로 나온 것이거나 우연히 만들어진 것이 아니라 제국 차원에서 조직적으로 기획한 결과 중 일부였으며, 상당한 부분은 이탈리아 파시스트의 '도포라보로'와 제삼제국 나치의 후생 정책을 답습한 것이었다.

1940년대에 들어서도 「춘향전」이 상연되는 현상에 대해서 "「春香伝」은 전쟁의 확대

---

94 하세가와 우이치(長谷川宇一, 1898-1973)는 일본 육사 32기로, 1940년부터 패전까지 관동군보도부장을 하였던 육군 대좌였다. 패전 후 시베리아에서 억류당하여 8년간 고역 후 귀국하였다.
95 노마구치 히데키(1903-1985)는 만철의 상무이사로서 만주관광연맹(滿州觀光連盟)의 책임자였다(1939). 패전 후 1953년 동경공항서비스주식회사가 설립되었을 때 노마구치는 사장에 취임하였다. 항공기 내 기내식(케이터링)을 개발한 업적으로 유명하다.

사진 104. "소화1940년 2월 8일 遊覽바스萬壽山觀光紀念". 전시 관광 특수의 일면을 보여준다. "리영선"(앉은 사람들 중 왼쪽), "李相佰"(선 사람들 중 가운데), "송석하"(선 사람들 중 가장 오른쪽)라는 만년필 글씨의 주인공이 누구인지는 알 수 없다. 북경관광에 관한 이야기는 가람일기에서도 등장한다 "(1940.3.4) 아서원(雅敍園)을 가다. 이병도 군도 함께, 김두헌 군도 만나다. 송석하 군의 북경여행담(北京旅行談)을 듣다. 이언영, 조윤재, 손진태 군도 모였다"(이병기 2021.12.30.: 512).

에도 불구하고 적어도 표면상으로는 착실하게 상연이 지속되었다"(白川 豊, 1989.3.31: 95)라는 평가는 전황이 격화됨에 따른 후생정책과 오락 동원의 상황에 대한 이해가 부족한 해석이다. '멜로 드라마'는 전쟁 확산을 자양분으로 성장하는 것이다. 「춘향전」의 지속적 상연이라는 현상은 전쟁이 확대되었기 때문에 필요한 위안 오락의 일환이었음을 이해해야 한다.

관광단이 조직되어서 북경으로 단체여행을 나선 조선인들의 한 무리 속에 송석하와 이상백이 포함되어 있다. 한편에서는 전쟁이 격화되어 가고, 다른 한편에서는 단체 관광이 장려되는 기현상이 전개되었던 것도 제국의 후생 운동이라는 정책의 일환이었던 위안 오락 프로그램 속으로 식민지 조선의 지식인들이 동참하는 모습을 보인 것이다.

괴뢰국 만주에서나 식민지 조선에서 전개되었던 관광이나 후생과 관련된 사건들은 모두 제국 일본의 후생 정책에서 같은 목적으로 진행되는 프로그램들로, 지역마다 약간의 조정이 개입되었을 뿐이었다. 뒤늦게 출발하였던 제국 일본의 후생 정책은 제삼제국의 것을 모델로 하여 모방함으로써 시작되었다. 히틀러가 역사상 미증유의 대후생시설로 만들었던 환희력행단(歡喜力行団, Kraft durch Freude: KDF)은 노동력이 국가 최대의 자원이라는 전제하에서 생활 중 피로회복이 국민 각자의 권리이기 때문에, 노동자를 위하여 봉사하는 것이 국가의 의무라고 규정하였다. 따라서 여가를 선용하도록 하는

사진 105. 1940년 2월 북경반점 앞에서 상연된 지나인형극(支那人形芝居). 관광단의 일원으로 북경을 방문하였던 송석하는 7장의 지나인형극 사진을 남겼다.

국가적 후생운동을 기반으로 노동력 축적에 성공을 거두기 위하여 중지를 모으기 위한(野間口英喜, 1941: 6) 정책으로 1933년에 시작한 것이 환희력행단이었다. 조직은 4부로 구성되었고[96], 위로를 위한 컨텐츠에 해당하는 핵심부서의 내용을 구성하는 항목에 포

---

96 나치의 환희력행단(NS-Gemeinschaft "Kraft durch Freude") 사무국 산하의 위로담당국 조직표는 아래와 같다.
　　위로담당국(慰労担当局, Amt Feierabend)
　　　제1부(第Ⅰ部) – 운영지도부(運営指導部Geschäftsführung)
　　　제2부(第Ⅱ部) – 동원(動員Aktionen)
　　　제3부(第Ⅲ部) – 예술 및 엔터테인먼트(芸術及び催事Kunst und Unterhaltung)
　　　　第1課 – 연극.콘서트.영화.무도(演劇·コンサート·映画·舞踏Theater, Konzerte, Film, Kunsttanz)
　　　　第2課 – 시각예술(視覚芸術Bildende Kunst)
　　　　第3課 – 일반공연(一般公演Unterhaltung)
　　　　第4課 – 계약관리(契約管理Vertragskontrolle)
　　　제4부(第Ⅳ部) – 습속.민속학(習俗·民俗学Brauschtum / Volkstum)
　　　　第1課 – 제사 및 축사(祭事及び祝事Feste und Feiern)

함된 주제들이 예술과 엔터테인먼트 및 습속과 민속학이다.

　예술과 민속학은 노동으로 지친 사람들을 위로하기 위한 항목으로 정책화되었고, 그것이 구체적으로 실행되는 방법이 동원이었음을 조직표가 일목요연하게 보여준다. 또한 동원되는 방법은 공연이었던 것이 명백하게 드러났다. 그 속에서 민속학을 구성하는 두 축은 축제와 민족 문학이었다. 민속학 속에서 축제와 민족 문학이 한 덩어리로 결합하는 방식의 구도가 제삼제국의 노동정책과 위로 동원의 수단을 구성하는 과정에서 등장하였음에 대한 이해가 필요하다. 제삼제국에서 민속학이 파시즘 국가가 정책을 수행하는 핵심으로 자리하였음을 증언하고 있다.[97]

　일제식민지 시대가 끝나가면서 식민지 조선의 지식인들에게 공통적으로 발견되는 사상적 혼종성을 지적할 수 있다. 살아남기 위해서라도 총독부의 노선에 부응하지 않으면 안 되는 경우도 발생하는 것이고, 프란츠 파농의 견해처럼 식민 통치의 강압으로 세뇌 과정이 작동함으로 인해서 분열적으로(fractured) 혼재되어 자발적으로 길들여진 경우도 발생하게 마련이다. 이러한 과정들에 대해서 면밀한 검토와 재검토 없이 일괄적으로 어느 한 부분만을 도려내어 적용하여 친일이라는 프레임을 덧씌우는 것은 시대적 중압이라는 정치 경제적 현상을 무시한 결과일 따름이다. 필자가 친일-반일 구도를 배격하고, 식민지착취론과 식민지근대화론의 양자를 균형된 감각으로 바라보면서

　　　第2課 – 민족문학(民族文学Volkskulturelles Schrifttum)
　　　第3課 – 지방권역담당(地方圈域担当Grenzlandarbeit)
**제4부의 volkstum은 민족전통 또는 국민성이란 뜻으로 이해함이 바람직하다. 일본인들이 민속학이라고 번역해서 사용한 용례는 야나기타 쿠니오(柳田國男)로부터 비롯된다.
환희력행단에 관한 참고서적은 위로담당국이 편집해서 발행한 다음과 같은 서적이 있다.
Amt Feierabend (Hrsg.) 1938 *Der Arbeiter und die Bildende Kunst. System und Aufgabe der Kunstausstellungen in den Betrieben*(Werkausstellungen, Fabrikausstellungen). Berlin.

97　제3제국의 국가사회주의 기간(1933-1945) 동안 민속학(volkskunde)의 역할에 대한 아돌프 스파머(Adolf Spamer)의 1932년 강연 제목은 '공동체과학으로서 독일민속학(Deutsche Volkskunde als Gemeinschaftswissenschaft)'이었다. 신앙고백이 민속 국가 보존의 가장 중요한 요인이라는 1933년 3월 23일에 행한 히틀러의 유명한 연설은 정치적인 전략적 제스처였고, 그 기본적인 목적은 민속 국가의 보존에 있었다(Bausinger, 1994: 23). 그 연장선상에서 "1934년 9월에 개최된 독일민속학 제3차회의의 주제는 '민속학 연구의 빛으로서 독일 농민의 세계'였다"(Strobach, 1994: 56)라는 기록이 있다. 결과적으로 국가사회주의 기간에 민속학은 별안간에 "각광 받는 사업(booming business)"(Gerndt, 1994: 2)이 되었으며, "약 80 내지 100편의 계획적으로 생산된 논문과 서적들이 1933년과 1945년 사이에 등장하였는데, 그중에 삼분의 일이 1934년에 나왔다"(Gerndt, 1994: 5)라고 한다.

시종일관 주장하는 식민주의적 혼종론은 이러한 배경 속에서 검토된 결과의 논의라고 이해를 구하는 바이다. 결과만을 갖고 논하는 것이 아니라 과정을 면밀하게 들여다보게 되면, 자연스럽게 귀착되는 것이 식민주의적 혼종론이라고 생각한다.

『문화조선(文化朝鮮)』이란 잡지에서 개최하였던 좌담회(座談會 1942.12.10)에 등장한 인물들과 내용이 혼종론을 그대로 반영한다고 해도 과언이 아니다. 1942년 10월 20일 경성의 조선호텔에 마련된 자리에 아키바 타카시(秋葉 隆, 城大敎授), 손진태(孫晋泰, 普成專門敎授), 송석하(宋錫夏, 朝鮮民俗學會), 이마무라 토모에(今村 鞆, 朝鮮民俗學會)의 네 명이 둘러앉은 좌담회에서, 기자가 '식량기지로서의 곡창반도라는 것의 진가선양에 노력한다'라는 취지로 발언하였다. 사회는 아키바가 맡았다(座談會, 1942.12.10). 이 자리에서 송석하는 '풍년춤(豊年踊)'이라는 용어 자체가 없는 것이라고 반론을 폈지만, 기사의 제목은 아랑곳없이 '풍년춤(豊年踊)'이라고 기재되었다. 이마무라 토모에가 자신의 소속을 '조선민속학회'로 기재하였다는 점도 혼종론의 시각으로부터 멀어질 수 없는 대목이다. 그러나 시대적 광풍으로서 식민주의적 혼종성의 귀착점은 군량미 생산 독려를 촉구하는 군국주의에 흡수되는 것이었음을 알 수 있다.

송석하는 전시에 재탄생한 일본민족학협회에서 발간하는 『민족학연구(民族學硏究)』(1943년 6월 발행)의 회비영수자 명단에 올라 있다(民族學硏究, 新1(5): 93). 1943년 1월에 문부성은 국립으로 민족연구소(民族硏究所)를 발족시켜서 확대되어 가는 대동아공영권 내의 점령지 민족들을 대상으로 자료를 수집하고 대책을 수립하는 역할을 맡겼고, 경도제대 경제학 교수 타카다 야스마(高田保馬, 1883-1972)를 소장으로 임명하였다. 실질적으로 조직과 조사를 지휘하였던 총무부장에는 비엔나대학에서 민족학 박사학위를 취득하였던 오카 마사오(岡 正雄)가 기용되었다. 이 조직의 원활한 운영을 위하여 종래의 일본민족학회가 민족연구소의 외곽단체로서 기능하도록 일본민족학협회로 체제를 개편하였다. 말하자면, 종래의 민족학연구로부터 민족연구소를 위한 협력 단체로 중심적인 기능이 개편되었던 것이다. 민족연구소가 민족학을 연구하는 기관으로 오해되는 일은 없어야 할 것이다.

민족연구소는 그야말로 민족을 연구하는 국립기관으로 설치된 것이며, 대동아 전쟁의 전선이 동남아시아와 남양으로 확대되면서 점령지에 새롭게 등장하는 다양한 민족에 대한 관리의 문제가 시급하였다. 점령지의 민족 관리의 문제를 어떻게 할 것인가가 민족연구소의 주된 업무였으며, 조직에는 소위 민족학 또는 민족학과 관련된 학문 분야를 연구하였던 인사들이 대거 배속되었다. 송석하는 이 조직의 회원으로서 회비를 납부한 기록을 남겼다.

당대 일본 최고의 음악학자였던 타나베 히사오(田辺尚雄, 1883-1984)[98]의 환력을 맞이하여 기념논문집을 발간하였는데, 조선인으로서는 송석하와 이혜구(1909-2010)가 각자의 논문을 실었다. 송석하는 서지학적 논문으로서 악학궤범(樂學軌範)의 내용을 소개하였다(宋錫夏 1943.8.8). 전쟁 분위기와는 전혀 상관없는 그야말로 학술적인 논문집이 탄생한 것이었다. 주목되는 논문들로는 대동아예능의 유사성(大東亞芸能の類似性, 印南高一), 악학궤범의 개판에 대하여(楽学軌範の開版に就いて, 岸辺成雄), 고사족의 구금(高砂族の口琴, 黒沢隆朝), 음악이전(音楽以前, 小寺融吉), 야에야마고민요가사의 연구(八重山古民謡歌詞の研究, 宮良当壮), 양금신보의 4조자에 대하여(梁琴新譜の四調子について, 李恵求) 등이 있다(괄호 안의 인명은 저자명이다). 폭풍 속의 고요함이라고나 할까. 그야말로 요즈음 내놓아도 손색없는 학문적 결실의 모습을 보여주고 있다. 그 과정에 송석하와 이혜구가 참가하였다는 점이 전쟁 말기 조선학의 민속학계가 보여준 알찬 모습이라고 평가하고 싶다.

해방 직후인 1945년 9월, 송석하는 조선산악회 위원장으로 피선되었다. 그가 산과의 인연을 맺었던 기록들을 검토할 필요가 있다. 송석하의 등산과 관련된 최초의 기록은 조선일보사 주최 제5회명산탐승에 참가한 사실이었다. 1940년 8월 2일부터 8일까지였다. 이 등산 행정 과정에 송석하 자작나무를 거자목(巨梓木)이라고 기록하고, 목판 각목에 사용하는 나무라고도 소개하였다. 소략한 기록의 내용 속에서 막역한 사이인 '불전선생 천뢰(佛專先生 天籟)'가 등장하는데, 이 사람은 송석하의 오래된 절친한 친

---

[98] 타나베 히사오는 동경제국대학 이학부 물리학과를 졸업하였으나, 파리외방전교회 선교사였던 프랑스인 노엘 페리(Noël Péri, 1865-1922)에게 작곡과 음악이론을 배웠다. 대학원에서는 음향심리학을 전공하였고, 1920년부터 정창원과 궁내성에서 악기 연구와 동양 음악 연구에 종사하였다. 이후 동경제국대학과 동경음악학교에서 교수를 역임하였으며, 1936년에 동양음악학회를 설립하였다.

구인 김두헌이다. 김두헌의 호가 천뢰이다. 그들은 안변까지 경원선을 타고 가서 남행하면서, 백담사와 낙산사 그리고 봉정암과 설악산 성황단을 보았다. 송석하는 이전에 자신이 민속학 답사를 위하여 둘러보았던 경기, 영서, 함경, 평북 산간과도 다른 모습이라고 하였다(宋錫夏, 1940.11.: 117). 이 등산과 관련하여 참여한 일정은 조선산악회와는 직접적인 관련이 없어 보인다.

조선산악회와 관련된 등산은 후일 백두산 등정이었다. 백두산 등정 기록은 매일신문과 전문등산인 김정태(金鼎泰, 1916-1988, 일본 창씨명 辰海泰夫)의 회고록에서 발견된다. 김양휘, 김영제, 김정태, 방복덕, 백남홍, 송석하, 신업재, 안충희, 원전훈, 이두철, 주형열, 최계복, 홍종인(金鼎泰, 1989: 217-219) 등 13명의 명단이 있다.

조선체육진흥회(朝鮮體育振興會) 주최 제2차 백두산탐구동행연성단이 조직되었을 때, 양정중 생도 17명이 양정반(養正班)이라는 이름으로 참가하였고, 총 등정 기간은 14일간으로서 8월 5일 밤 경성역으로 귀환하였다. 등산 도중 7월 29일에는 대정봉(大正峰, 백두산 정상을 말함)에서 대동아전쟁필승기념제를 지냈고, 7월 30일에는 천지(天池)에서 아마테라스오미카미 어제전(御祭典)이 있었다(每日新報 12926호. 1943.8.6). 귀환 후 조선총독부백두산탐구연성보고(朝鮮總督府白頭山探究鍊成報告)가 있었는데, 문화반(文化班)의 명단에 민속학자 송석하가 포함되어 있으며(每日新報 12928호, 1943.8.8), 송석하의 간단한 소감이 기사화되어 있다. 조선일보가 주최한 '향토문화를 찾아서'의 답사를 위하여 자성과 후창에서 여진인의 족적을 언급했던 송석하가 장백산 부근의 재가승을 언급하면서 양자를 연계시킨 관점을 확보하지 못한 점이 아쉽다. 조선의 민속극에 주된 관심을 가졌던 송석하였기에 여진 후예인 재가승에 대해서 소홀히 했던 것이라고 말할 수밖에 없다.

비슷한 시기에 3회의 백두산 등반 기록이 보인다. 동일 인물들이 세 번의 백두산 등반에 등장하는 숫자가 복수로 발견되기 때문에, 3회를 순서대로 잘 정리하지 않으면 혼동을 일으킬 수 있다. 3회를 아래에 정리하면 다음과 같다. 1941년 12월 24일-1942년 1월 23일 기간 동안 동계적설기 백두산 등반이 있었다. 이때 대원은 이이야마 타츠오(飯山達雄), 이시이 요시오(石井吉雄), 이시즈키 유이치로(石附雄一郎), 주형열(朱亨烈), 신카이 야스오(辰海泰夫=金鼎泰), 방현(方炫), 양두철(梁斗喆), 유재선(柳在善), 쿠로다 마사오 (黑田正夫), 쿠로다 하츠코(黑田初子, 객원), 쿠로다(黑田)의 조수 오누마(大沼)를 포함한 총 11명이다. 이시이 요시오(石井吉雄)가 대장이었다. 그는 경성에서 석정공업소를 경영하였으며, 김정태가 그곳에 직장을 두고 있었다. 쿠로다 마사오(1897-1981)는 야금학자이며 등산가였고, 그의 부인은 요리 연구가였다(飯山達雄, 1942.3.10). 다음 두 차례는 조선체육회가 1942년과 1943년에 실시하였던 백두산 등반이었고, 두 번 다 시로야마 쇼조(城山正三, 1902-1973)를 단장으로 하여 조직되었다.

1942년 7월 23일 등행의 결과는 『등행(登行)』(A4判227頁＋口繪6頁＋写真図版122頁, 1943년 간행)이란 제목으로 간행되었으며, 이이야마 타츠오/신카이 야스오(飯山達雄/辰海泰夫)의 「장비와 식량에 대하여(裝備及食糧に就いて)」, 이노우에 토시치(井上俊治)의 「백두산천지신사에 봉사하다(白頭山天池神事に奉仕して)」, 이이야마 타츠오(飯山達雄)의 「엄동마천령백두산종주(嚴冬摩天嶺白頭山縱走)」, 홍종인(洪鍾仁)의 「'불멸사상'과 동방족에 대하여('不滅思想'と東方族に就いて)」(城山正三, 1943.11.10) 등이 수록되어 있다. 이노우에 토시지(井上俊治)는 경성신사의 신직으로 사가상선학교 교유 및 진해해원양성소장(鎭海海員養成所長)을 역임하였다. 그는 백두산에서 제천행사를 주관하였다.

경성으로 귀환 후 문화반에 속하였던 송석하의 의견이 포함된 신문 기사는 다음과 같다. "宋(錫夏-필자 삽입): 여태까지 백두산 조사는 조선에서는 조선의 입장만, 중국측에서는 장백산이라고 하여 중국측 입장만을 말해왔다. 이번에는 민속학의 입장에서 '원시적상태를 비교적 보존하고 있는 재가승의 일족'을 관찰하였다. 그들은 여진의 후예이며, 타족과 혼인하지 않는다. 천지호반에 종덕사(宗德寺)라는 절을 20여 년 전에 짓고, 7월에 제전을 한다. 종덕사는 40칸이 되는 팔각집이다. 외각도 팔각이고, 내각도 팔각이다. 조선과 청국과는 다른 형태의 건물이다. 주신은 옥황상제천불위(玉皇上帝天佛位)이고, 주문은 특수한 문자이다. 호소반은 치바 타쿠오(千葉卓夫)[99]가 담당하였는데, 코다니(小谷)가 대신 참가하였다. 코다니는 잉어와 붕어 600마리를 갖고 올라갔다가

---

99 부산수산전문학교 교수

200마리가 죽고 400마리를 삼지연에 방사하였다. 오우치(大內)는 짐승과 조류, 뱀을 잡았다. 아마카와(尼川)는 후조와 식물 담당, 나메가타(行方)는 삼림 담당, 촬영반은 코오노(河野)였다. 돌아오는 길은 만주국 측을 끼고 왔다"(每日新報 12930호. 1943.8.10).

조선체육회가 첫번째 실시하였던 등행의 멤버와 두 번째 실시하였던 등행의 멤버와는 상당히 다르다.

김일성종합대학의 한 보고서(출판지와 출판년도 불명)에 의하면, 건물의 남쪽과 서쪽 정면에는 '종덕사(宗德寺)'라는 현판이 걸렸고, 동쪽에는 '호천금궐상제전(昊天金闕上帝殿)'과 '대원당(大元堂)'이라고 쓴 현판이 있었으며, 북쪽에는 '백두산 대택수 종덕사(白頭山大澤水宗德寺)'라고 쓴 현판이 있었다. 천지의 달문 부근에 백두산 신령을 받들던 종덕사(宗德寺)라는 절이 있었다고 하는데, 지금은 그 흔적을 찾아볼 수 없다. 전하는 말에 의하면 1929년에 건립되었으며, 팔각형으로 되어 있어서 팔괘묘(八卦廟)라고도 칭하였다. 근래 폭우로 인하여 파괴된 뒤, 그 절을 지키던 승려도 종적을 알 수 없다는 것이다. 북쪽에서 근년에 발간한 잡지에 따르면, 1906년에 세워진 사찰이라는 설도 있다. 송화강 쪽 달문에 있는 것이라고 하며, 그 자리는 현재는 중국 영토에 속하는 곳이다.

1944년 6월 8일 시로야마가 송석하에게 원고를 독촉하는 엽서를 보낸 것을 보면, 시로야마는 군대 징집 전에 백두산 등반 결과물의 출판을 위하여 원고들을 취합하고 있었던 것 같다. 백두산 탐방 결과에 관한 원고 요청인데, 송석하가 끝내 원고를 내지 않았다. 시로야마의 저서에 송석하의 논고가 없음이 이를 증명한다. 천지가 송화강으로 발원되는 부근인 '달문' 근처에 있는 종덕사(宗德寺)에 관한 기록과 사진(城山正三 1970.6.5: 159 사진)은 남겼는데, 여진족과 관련된 것이라고 적었고, 제전반(祭典班)에 참가한 만주어가 가능한 시로이시(白石) 대원이 통역하여 여진족 4명과 대화를 한 것으로 기록하였다(城山正三, 1970.6.5: 78-79). 필자는 1989년 여름 연변대학의 중국인들과 함께 백두산을 등정한 바 있고, 달문 쪽을 경유하여 천지와 정상에 올랐던 적이 있었다. 당시 종덕사의 흔적은 전혀 찾아볼 수 없었다.

조선일보가 발행하였던 월간지 『조광(朝光)』 1944년 4월호에 게재된 '농촌오락진흥좌담회'의 기사에서, 송석하의 모두 발언에 주목하고 싶다. "조선농민들에 대한 통제

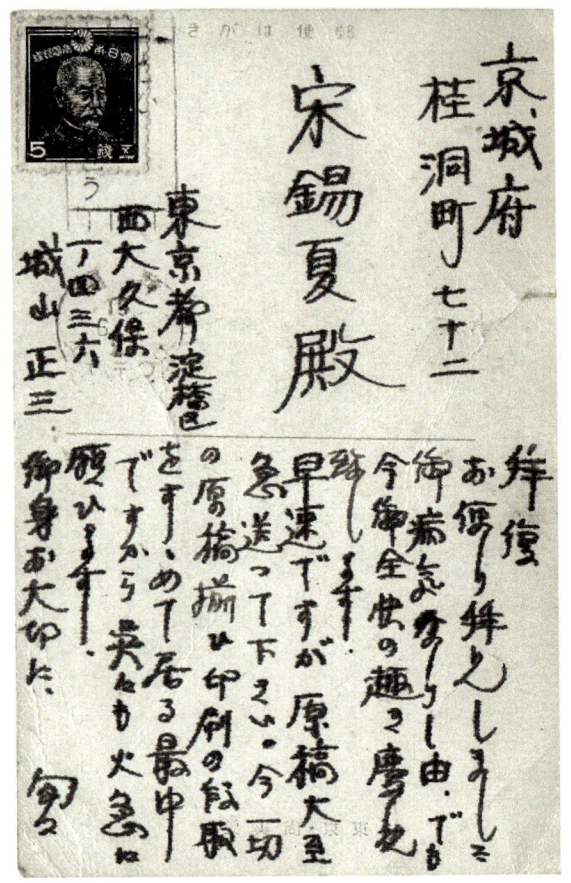

사진 106. 시로야마가 송석하에게 원고 제출을 독촉하였던 내용의 엽서(국립민속박물관 소장).

와 단속강화로 그들을 너무 긴장만 시켜 놓으면 '생산증진'은 커녕 오히려 '위축'되지 않을까 생각되며, 따라서 조선농촌의 생산력 증강을 위해서는 총력 '연맹'에서 착안한 것과 같이 '사실' '어느 정도까지는 오락이 있어야' 한다."

위의 얘기는 일제 패망 직전 '농촌오락진흥좌담회'에서 나온 송석하의 발언이다. 무엇인가 발언해야 하는 상황에서, 송석하의 발언은 면피용의 이미 낡은 얘기였다. 사실 송석하의 이 발언은 과거 『조선』 잡지에 게재하였던 회고적인 오락에 관한 글의 연장선상에서 읽어야 제대로 의미가 전달된다. 동원 대상과 생산 독려 대상으로서 조선 농민이라는 문제를 암시하고 있다. 수동적일 수밖에 없는 조선 농민의 입장에 대한 언급이 주된 의견이지 오락에 관해서는 별로 흥미롭지 않다는 뜻으로 해석된다. 막바지로 치닫는 전쟁 상황을 대변하는 '결전오락'이라는 용어가 등장한 것이 『조선(朝鮮)』 제349호(1944년 6월 발행)라는 시점을 함께 고려해서 읽어야 하는 또 다른 글도 당시의 상황을 이해하는 데 도움이 된다. '대동아' 각처 일본군의 전쟁터에서는 이미 옥쇄작전이 일반화되었고, 조선의 제주도에는 미군 상륙에 대비한 동굴 진지 구축이 진행되고 있었던 상황이었다. 이러한 즈음 송석하의 이름으로 발간된 글들을 어떻게 읽어야 할 지에 대해서도 숙고할 필요가 있다.

송석하는 "태평양(太平洋)도 적 미.영(米.英)의 용서치 못할 침략주의(侵略主義) 까닭으로 가열한 성전(聖戰)의 대마루싸움판이 되고 말았습니다"(宋錫夏, 1944.8.1: 58), "이들 태평양둘레의 민족 특히 동아(東亞)의 여러민족은 대동아전쟁(大東亞戰爭)이 이러난뒤 저들 미.영.화란(米.英.和蘭)의 쇠사실을 벗어나서 동아(東亞) 본래의 질서와 모습으로 도라 가라는 소원을 이룩하였으며..."(宋錫夏, 1944.8.1: 61)라고 적었다. 위의 문구는 당시 내지와 대만 그리고 조선의 신문지상에서는 거의 날마다 반복되던 상투적인 선전용이었다. 성전이란 단어를 언급하는 송석하의 글은 자신이 알고 있는 지식으로 집필된 내용이 아님은 너무나도 명백하다. 이글에서 남태평양의 상황을 기록하고 있지만, 송석하는 그 지역에 대해서는 처음으로 언급하는 대상이다. 자신이 쓰고 있는 대상에 대해서 전혀 지식이 없는 상태에서 당국과 시국이 요구하는 선전용의 글을 쓰고 있다고 생각할 수밖에 없다. 총동원령의 군국주의적 질곡 속에 갇혀서 살아남는 것이 지상목표였던 전형적인 식민지 지식인의 모습일 뿐이다.

전쟁 북새통의 와중에서도 학문은 진행되고 있었다. 와세다대학의 연극학자 인나미 코이치(印南高一, 1903-2001)[100]의 『조선의 연극(朝鮮の演劇)』이 상재되었다. 이 책에 서

---

100 印南高一(1903-2001). 별명은 印南 喬(인나미 타카시). 1946년 와세다대학 연극박물관 주사로 퇴임하였다. 1948년 와세다대학 문학부에 예술과(연극과 미술과)가 신설되면서 카와타케의 추천으로 전임강사가 되었다. 1953년 조교수, 1957년 교수. 담당 강의는 연극학, 영화학, 동양 영화 등이었다. 1960년 연극박물관 부관장으로 취임하였고, 1962년 퇴임하였다. 1974년에 와세다대학을 정년 퇴임하였다.
印南高一 1941.4. "戰時下に於けるドイツの文化生活—斷面", 國民演劇 1(4): 口繪.
印南高一 1942.2. "佛印の市民劇場", 國民演劇 2(2): 口繪寫眞.
印南高一 1942.4. "支那の影繪芝居", 國民演劇 2(4): 口繪寫眞.
印南高一 1942.5. "假面考", 國民演劇 2(5): 口繪寫眞.
印南高一 1942.7. "希臘埃及朝鮮の假面劇", 國民演劇 2(7): 口繪寫眞.
印南高一 1942.8. "バリー島の假面", 國民演劇 2(8): 口繪寫眞.
印南高一, 平岡白光 共訳 1943 支那の演劇. 東京: 畝傍書房. 이 번역서의 원저는 다음과 같다.
Lewis Charles Arlington 1930 Chinese Drama from the Earliest Times until Today. Shanghai: Kelly & Walsh. (1859-1942)
印南高一 1955 映画社会学. 東京: 早稲田大学出版部.
印南 喬 譯 1967 仮面と悪魔: その民族学的·演劇学的考察(ケニス·マックゴーワン、ハーマン·ローゼ 共著). 東京: 校倉書房. 이 책의 원저 서명은 MacGowan, Kenneth & Herman Rosse 1923 Masks and Demons. New York: Harcourt, Brace & Co. 케네스 맥고완(Kenneth MacGowan, 1888-1963)은 1932년 RKO(미국의 영화 제작 배급 회사, Radio-Keith-Orpheum의 줄임말)의 영화제작자였다. 1947년 그는 영화산업을 떠나서 UCLA의 연극예술학과(Department of Theater Arts)로 이직하여, 최초의 학과장을 역임하였다. 그러한 공로로 현재 UCLA 캠퍼스의 연극동은 그에게 헌정된 것이다. 인류학 자료에 취미를 갖고 『가면과 악마』란 서적을 집필하였다. 헤르만 로세(Hermann Rosse, 1887-1965)는 네덜란드 출신의 미국인으로서 건축, 페인팅, 연극디자인, 예술감독, 무대디자이너 등 다양한 역할을 하였다.

문을 작성한 사람은 카와타케 시게토시(河竹繁俊)[101], 송석하, 안영일(安英一)[102], 신래현(申來鉉)[103]이다. 송석하는 그의 서문에서 "수 년 전 저자 인나미씨가 연극조사를 위하여 경성에 나타났을 때, 어느날 밤 인천의 소옥에서 한 연극을 보기 위하여 안내한 일이 있었다"(宋錫夏, 1944.10.20: 3)라고 술회하였다. 인나미의 저술은 조선의 연극에 대한 장기간의 답사를 배경으로 한 중요한 업적으로 인정된다. 인나미는 1931년 일본 외무성과 만철(滿鐵)의 요청으로, 연극사정조사원으로서 조선, 만주, 몽골, 중국으로 여러 차례 여행한 적이 있었다. 당시 인나미에게는 동행자 2인이 있었고, 인나미는 통화성 집안의 고구려시대 유적의 무용과 음악적 요소에 관한 연구에 임하기도 하였다.

와세다대학 연극박물관의 모든 연구자가 송석하와 긴밀한 소통을 하고 있었음을 알 수 있다. 환언하면, 송석하를 이해하기 위한 안목은 앞으로 와세다대학 연극박물관이라는 창구를 통해서 바라보는 기회의 포착이 필수적이라는 생각이 든다. 이이츠카 토모이치로-코데라 유키치-난에 지로-인나미 코이치로 이어지는 연극 관계 연구자들과 긴밀한 소통을 하였던 송석하의 모습을 재구성해 보는 작업을 생각하게 된다. 대동아전쟁 말기 결전의 순간에 출판되었던『조선의 연극』에 대한 재조명이 송석하에게 부여할 학문적 의미가 담보될 수 있을 것으로 사료된다.

---

101 카와타케 시게토시(河竹繁俊, 1889-1967)는 와세다대학의 츠보우치 쇼요(坪内逍遙)에게 사사하였던 연극학자였다. 와세다대학 영문학과에 입학하였고, 1909년 개설한 문예협회부속연극연구소에 입사하였다. 1911년에 대학과 연극연구소를 졸업하였다. 1920년 제국극장에 입사하여 기예학교(技芸学校) 주사(主事)를 담당하였다. 와세다대학 츠보우치박사기념연극박물관(坪内逍遙記念演劇博物館) 설립에 진력하였다. 1928년 개관 후 부관장으로부터 관장에 이르기까지 30년간 근무하였다. 와세다대학에서 연극사를 강의하였고, 1946년 예술학전공과(연극과)를 설치하여 주임 교수가 되었다.

102 안영일(1909-?)의 본명은 안정호(安禎浩)이다. 일본대학 공학부에 적을 두었으나, 1931년 중도에 퇴학하고 신극 연구에 몰두하였다. 1932년 일본 좌익극장(左翼劇場) 제3기 연구생 과정을 졸업하고, 그해 11월 동극단의「조천탄갱(朝川炭坑)」에 출연함으로써 연극에 첫발을 내디뎠다. 1933년 2월부터 일본 신축지극단(新築地劇團)에서 단역 배우로 출연하다 조선인 극단인 삼일극장으로 옮겼으며, 이후 고려극단, 조선예술좌를 거치면서 핵심 단원으로 활약하였다. 1937년에서 귀국하게 되는 1940년까지는 일본 신협극단(新協劇團) 연출부에서 무대감독 또는 조연출을 맡으면서 연출 수업을 받았다. 특히 이때 신협극단의 연출을 맡고 있던 일본인 연출가 무라야마 토모요시(村山知義)로부터 연극연출에 관한 광범위한 지도를 받았으며, 이를 계기로 1940년대 국내 연극에서 신극 연출의 일인자가 되었다. 1945년 8월 조선연극건설본부를 조직, 서기장을 맡았으며, 이후 조선연극동맹에서 1948년까지 활약하면서 많은 작품의 연출을 담당하였다. 그는 1948년 월북한 후에도 꾸준히 연극 분야의 활동에 종사한 것으로 알려져 있다. 연극이론에 관한 글로「전향기의 조선연극」(1940),「조선연극의 역사적 단계」(1945),「연극건설 기본방향」(1946) 등이 대표적이다.

103 신래현은 경성제대 출신으로서 월북하여 김일성대학 교수를 역임하였다. 신래현에 관해서는 김광식의 논문이 있다(김광식 2018.12.). 신래현의 저서는 아래와 같다.
申來鉉 1943 朝鮮の神話と傳說. 東京: 一杉書店.

제국일본의 판도 위에서 민속학이란 학문이 식민지와 점령지에 대해서 어떠한 영향력을 행사하였는 지에 대해서 살펴볼 필요가 있다. 환언하면 학문적 식민주의(academic colonialism)의 현상에 대한 분석을 해보자는 말이다. 이러한 문제를 보여주는 가장 좋은 사례가 야나기타 쿠니오(柳田国男)를 중심으로 한 민간전승회(民間傳承の會)의 활동이라고 생각한다. 1875년생인 야나기타의 고희가 1944년으로 다가옴에 따라서 '柳田国男先生古稀記念會'가 준비되었으며, 그 사업경위서(王 京 2008.3.31: 204-208, 表26)로부터 부분적으로 발췌한 내용은 다음과 같다. 내지이외(內地以外)의 지역 즉 식민지와 점령지에서 자신의 고희를 기념하는 학술대회의 개최를 구상하는 과정에서 드러난 사실들에 주목하고 싶다. 고희 1년을 앞 둔 1943년 8월 22일 야나기타(柳田)가 조선(朝鮮), 북경(北京), 대만(臺灣)의 가능성을 제기하였고, 제자인 하시우라 야스오(橋浦泰雄)가 교섭을 개시하였다. 9월 12일 신경, 북경, 대북, 조선에서 대회개최안을 확정하였다. 9월 21일 나수 시로시(那須皓)는 북경대회(北京大會)를 위하여 주작인(周作人)에게 연락할 것을 제안하였다. 우메하라 스에지(梅原末治)가 북경행을 하는 차에 신경(新京)과 경성(京城)에도 연락하기로 하였다. 10월 17일 柳田邸에서 〈민속대만(民俗臺灣)〉 좌담회를 개최하였다. 이 자리에서 야나기타가 "大東亞(圈)民俗學"을 발언하였다. 10월 20일 오마치 토쿠조(大間知篤三)가 경성에서 협의중이라는 통신이 왔다(王 京 2008.3.31: 205)는 정도로 요약할 수 있다.

이와 관련된 또 하나의 다른 자료는 다음과 같다. 1944년 8월 5일 발행된 〈민간전승(民間傳承)〉 10(7)(8) 합병호에 '민간전승회의 회칙'(昭和二十年一月一日 개정)이 기록되었다. 그 회칙의 목적에 "일본민속학(日本民俗學)의 연구와 계몽지도.자료의 조직적채집.조사.회원상호간연락.국외민속학회(國外民俗學會)와 제휴연락"을 명시하였다. 회장: 야나기타 쿠니오(柳田国男), 고문: 신무라 이즈루(新村出), 이시쿠로 타다아츠(石黑忠篤), 시부사와 케이조(渋沢敬三). 상임위원: 橋浦泰雄(主任), 세키 케이고(関敬吾), 오토 토키히코(大藤時彦), 사쿠라다 카즈노리(櫻田勝德), 쿠라다 이치로(倉田一郎), 토다 켄큐(戶田謙行), 평의원 34명중 내지이외(內地以外)의 명단에는 "카나세키 타케오(金関丈夫, 臺灣). 오마치 토쿠조(大間知篤三, 滿洲), 나오에 히로시(直江広治, 北支), 오카베 타다시(岡部理, 蒙古)"(p. 40)

로 기록되었다. 놀랍게도 야나기타의 발언이 있은 지 1년 만에 "내지이외"에서 조선이 누락된 것이다. 기록의 잘못이 아니고, 의도적인 누락이다. 1943년 10월 경성에서 오마치 토쿠조(大間知篤三)의 협의 상대는 경성제대의 아키바 타카시(秋葉隆)였을 것이다. 결과적으로 조선 또는 경성이라는 지명이 누락되었다는 것은 협의의 결과이다. 1944년 11월 10일부터 북경대회를 시작으로 하여 야나기타가 구상하였던 대동아민속학(大東亞民俗學)의 권역에서 조선이 누락되었다는 사실은 무엇을 말하는 것인가?

대동아전쟁의 격화로 인하여 모든 계획은 수포로 돌아갔지만, 계획상 조선이 누락되었다는 점에 대해서 설명해야 할 여지가 남아 있다. 1940년 발행되었던 〈조선민속(朝鮮民俗)〉 제3호에는 비교민속학의 문제를 거론하는 야나기타 쿠니오의 글이 게재되어 있다. 그러한 과거의 경험이 있었기 때문에, 고희기념회가 계획되었던 최초의 단계인 1943년 8월 22일 시점에서 야나기타는 대회개최지로서 조선을 거론하였음을 상기하게 된다. 그런데, 최종 단계에서 조선이 대회개최지 명단에서 누락되었다는 점은 무엇을 말하는 것인가? 1944년 현재 제국일본의 식민지(대만, 관동주, 사할린, 조선)와 점령지(만주, 북지, 몽고, 남지, 남양)들 중에서 학술대회가 개최될 만큼 안정된 곳들을 선정하는 과정에서 조선이 누락되었다는 것은 조선이 학술대회를 개최할 수 있는 조건을 갖추지 못하였음을 증언하는 것이라고 해석할 수 있다. 대만, 만주, 북지, 몽고에서는 대회개최가 가능한데, 조선에서는 불가능하다는 판단을 한 이유가 무엇이었을까? 징병과 징용의 군국주의적 동원 결과, 아키바(秋葉)와 함께 학문운동을 실천할 인적 인프라의 고갈 상태를 반영하는 지도 모른다.

그러나 중요한 점은 송석하를 비롯한 조선민속학회의 회원들이 동원될 수 없었던 사정이 있었을 것이다. 내지이외의 지역에서 학술대회를 개최할 예정이었던 곳은 모두 일본인들로 구성된 조직들이 구비되어 있었다. 조선의 경우에 대상으로 지목되었던 조선민속학회와 위의 네 지역과의 다른 점 한 가지를 지적하고자 한다. 조선민속학회는 다른 곳들과는 달리 송석하를 중심으로 한 조선인들이 창립한 학회였고, 창립 이후 일본인들이 협력자로 입회하였다. 조선민속학회와 관계하였던 일본인으로는 이마무라 토모에(今村 鞆), 아카마쓰 치조(赤松智城), 무라야마 지준(村山智順)이 있었는데, 이

마무라는 1943년 사망하였고, 아카마쓰와 무라야마는 1941년 거처를 내지로 옮겼다. 조선인들만으로는 대회를 치를 수 없었던 저간의 사정을 반영하는 것으로 이해하고 싶다. 야나기타를 중심으로 일본민속학을 목적으로 하는 민간전승회(民間傳承の會)가 조선민속학회와 공유할 수 없는 부분이 있다는 점이 명단으로부터 조선을 제외하는 결과로 드러난 것이다. 송석하와 조선민속학회의 존재의미를 다시 생각해야 하는 대목이다.

송석하에 대하여 소위 친일 프레임을 씌우려는 시도에 대하여 언급하지 않을 수 없다. 최근에 출판된 서적에서 시도된 내용을 중심으로 필자의 견해를 밝히고자 한다. "송석하는 1943년에 소위 '백두산탐구등행단'에 조선인 학자로는 유일하게 참여"(오석민·박중훈·이용찬, 2023.6.24: 162)했음을 소개하는 책의 162-166 페이지 사이에 백두산 등행에 관한 정보가 드러나 있다. 이어서 "이 행사에서 태평양전쟁의 승리를 기원하는 제례를 봉행한 부분과 송석하가 발언한 부분을 살펴보면 아래와 같다"(오석민·박중훈·이용찬, 2023.6.24: 163)라고 제시하였다. 저자들이 의도적으로 제시한 부분의 양자를 대조한 결과, 나는 소위 '친일'을 만족시키기에 적합한 문구를 한 군데도 발견할 수 없었다. 분위기만을 제시하고 근거 없는 친일 프레임 씌우기의 전략이 적나라하게 드러났다. 이 등행에는 양정고보 학생들 이외에도 여러 조선인이 동행하였다. 이 조선인들에 대해서는 왜 언급하지 않는가? 송석하만을 언급하는 것은 사실의 일부분을 침소봉대하여 의도적인 표적 만들기의 시도가 아닌가?

표적 맞히기는 다음과 같이 이어진다. "송석하는 조선인으로는 유일하게 조선총독부의 공무원으로 식민지 정책을 시행하였던 주체들이 참여한 잡지에 필자로 이름을 올렸다"(오석민·박중훈·이용찬, 2023.6.24: 172)라고 지적하였는데, 이것은 송석하를 친일파로 규정하기 위한 하나의 구차스러운 언설에 지나지 않는다. 송석하의 이름으로 작성된 글의 내용에 대해서는 전혀 언급하지도 않고, 단지 총독부가 『조선』이라는 잡지에 글을 실었다는 사실 한 가지만으로 친일파라는 덫을 씌우는 것이다. 껍데기만을 보고 알맹이의 속성을 판단하겠다는 의도인 셈이다. 엄연히 존재하는 알맹이에 대한 세심한 분석의 결과에 대해서 논의하는 것이 최소한의 도리다.

위에 인용된 글의 저자들은 『방송지우(放送之友)』라는 잡지에 실린 송석하의 다른 글을 보지 않았다는 점이 여기에서 드러난다. 그 글은 저자들의 입맛에 딱 맞는 문자 그대로 송석하의 '전쟁 협력'과 관련된 내용이 실려 있다. 문제는 그러한 글들이 잡지에 실리게 되는 당시의 정치적 사회적 상황에 대해서 생각해 보아야 한다는 것이다. 전쟁 말기라는 상황에, 송석하가 자신의 의지로 그러한 글을 쓸 수 있었겠는가? 『방송지우』에 실린 태평양 민족에 관한 송석하의 글은 오석민 이하의 저자들이 의도하는 바를 보여주기에 안성맞춤이다. 송석하는 이 글 이전에 태평양의 민족에 대해서 한 번도 언급한 적이 없다. 왜냐하면, 송석하 자신은 전혀 모르는 내용이기 때문이었다. 아니면, 송석하가 인류학에 관심이 있기에 태평양 민족에 관한 글을 썼다고 주장할 것인가? 만약에 이렇게 생각한다면, 그것은 선후 관계의 맥락을 전혀 모르고 하는 궤변일 뿐이다.

따라서 나는 『방송지우』에 송석하의 이름으로 실린 글이 총독부 측의 회유 또는 강압으로 마지못해 제작된 것으로 판단한다. 제삼자의 글을 비판하기 위해서는 여러 가지 자료들을 동원하여 대조해 보는 치밀한 논증이 필요하다. 겉으로 드러난 표현 몇 가지나 상황 조건에 맞추어서 제삼자, 더군다나 그렇게도 어렵게 살 수밖에 없었던 식민지 시절 조선학계의 선각자를 폄하하려는 의도는 결코 용인될 수 없다.

전쟁 말기 총독부의 잡지 『조선』에 집필하였다는 사실(내용상 소위 친일과는 전혀 무관한 것임을 저자도 실토하였음)과 총독부주관의 백두산 등행에 참석하였다는 사실(송석하의 역할에 소위 '친일'을 내세울 만한 근거를 저자도 제시하지 못함)을 근거로 하여 송석하를 '친일파'로 낙인찍을 수 있다는 생각은 저자가 설정한 친일이라는 개념에도 미치지 못하는 안이하기 짝이 없는 논리 전개의 방식에 불과하다. 그것만으로는 친일 행적으로 엮어 넣기에 불충분하다. 송석하 부친의 친일 행적을 제시했다면, 그것은 논리 비약을 넘어 '친일 연좌제'를 도입하려는 의도를 보이는 것이다. 학자의 업적을 논의하는 자리에 선대의 '친일' 행적을 들추어서 '친일 연좌제'를 적용하는 방식이라면, 송석하 이외에도 얼마나 많은 한국인이 친일파로 낙인찍히는 어처구니없는 일들이 기다릴까? 모 단체에서 제작한 친일인명사전에 송석하를 추가하고 싶은 목적으로 학문을 빙자한 글이 제작되는 것은 그야말로 언어도단의 한계를 넘은 것이다. 아니면, 친일인명사전을 제작한 단체의 허술한 작업 결과를 지탄하기 위해서 이러한 글을 만드는 것인가? 그래서 '한 건 했다'라고 생각하는가? 목적이 불분명한 글이 학문이라는 이름으로 등장하는 것도 혹세무민하는 방식의 하나다. 선정성이 출판 목적이라면, 학문이 아닌 황색지를 표방하면 된다.

  어려운 시절 어렵게 살아갔던 선현들을 욕보이려는 저급한 행태와 망발이 하루 속히 종식되어야 한다. 송석하를 친일파로 규정하기 위해서는 더욱 많은 자료가 필요하고, 치밀한 분석이 요구되며, 뒤이어서 공감대가 형성되어야 한다. 송석하의 학문을 논하는 자리에서 학문적인 업적에 관한 분석보다는 친일 구도에 치우친 논의를 하는 것은 목적 이탈에 불과하다. 학문논의를 빙자한 다른 목적의 작업에는 결코 동의할 수 없다. 부분적으로 드러난 사실을 전체로 탈바꿈시켜서 친일로 적용하는 방식도 문제일 뿐만 아니라, 부분적으로 드러난 사실의 이면에 작동하였던 아픈 역사의 과정을 외면하는 것은 그러한 과정에서 희생되었던 선학들을 이 시대에 이르러 다시 한번 희생시키는 행태 이상도 이하도 아니다.

  쓰면 다 글이고, 하면 다 말인가? 제대로 된 사실 전달을 위해서는 때로는 절제가 필요하다. 정리되지 않은 생각의 방탕한 글은 결코 용납될 수 없다. 사실 과정을 치열하게 논증하는 방식의 분석이 뒷받침되지 않는 논의를 '학문'이라는 이름으로 포장하여 드러내는 작태가 정상적인 학문 과정으로서 용인될 수는 없다. 왜냐하면, 학문이라는 탈을 쓴 불순한 의도의 마각이 드러난 글은 더 이상 학문영역에서 취급될 수는 없기 때문이다.

9. 해방과 미군 점령지 시기

1) 광복과 사회참여: 권위의 소재

1945년 9월 8일 미군이 인천으로 진주하여, 9일 조선총독부 건물의 일장기를 내리고 성조기를 게양하였다. 미군정의 시작임을 알리는 셈이다. 8월 15일부터 9월 8일까지 경성제국대학의 교정은 아수라장이었다고 말해도 과언이 아니다. 패전을 안은 경성제대 교수들은 불안해하며 연구실에서 짐을 쌌고, 동시에 조선인 학생들이 자치회를 결성하여 대학의 질서를 좌지우지하였다. 그 과정에서 적지 않은 불상사도 있었다.

미군이 대학을 군사 시설로 지정하여 접수하였고, 본부와 법문학부의 건물에는 항공대가 병사들의 숙소로, 의학부는 8사단이 접수하였고, 공덕동의 이공학부는 야전병원이 들어섰다. 당시 이공학부의 화학과 2년생이었던 장세헌(1923년생, 서울대 화학과 명예교수-필자는 두 차례에 걸쳐서 영식 장직현 교수의 도움을 받아서 인터뷰함)은 징병 대신에 전시 동원의 명분으로 지도교수였던 이세무라 토시조(伊勢村寿三, 1908-1997)의 연구실에서 작업을 하고 있었다. 미군이 들어오기 2-3일 전에 경성제대 이공학부의 전(全) 건물을 비우고 근처의 광산전문학교로 이전하라는 명령이 있었다.

시간이 없었기 때문에, 건물의 3층에서 창밖으로 물건을 던진 경우가 많았다. 제대로 정리된 이사를 할 수가 없었다. 점령군인 미군에게 자리를 비워주기 위한 작업은 9월 5일경에 시작된 것으로 추산된다. 법문학부와 의학부에서도 유사한 과정이 진행되었을 것이다. 장세헌은 공덕동 이공학부에 있었기 때문에, 동숭동의 법문학부와 연건

동의 의학부 상황에 대해서 구체적인 정보를 가지고 있지 않았다.

　1945년 8월 16일 또는 17일에 원남동의 어느 집에서 문인보국회의 통(統)을 이어받은 문화협의회가 발족하였다. 이 자리에서 이광수의 제명 문제가 거론되었다. 그 좌석에 유진오와 이무영이 있었다. 유진오(1906-1987)는 보성전문교수로서 학병 출진에 적극적으로 활동하였고, 이무영(1908-1960)은 조선 총독의 문학상을 받았던 사람이었다. 문화협의회의 자리에서 그들은 아무 말도 하지 못하였다는 전언이 있다. 진단학회는 '1945년 8월 6일 신임위원회를 송석하 댁에서 개최하였고, 일제시대에 활약하였던 기라성 같은 인물들을 젖혀놓고 송석하가 위원장을 맡았다. 8월 27일에는 건준문화시설위원회에 김두헌, 조윤제, 송석하를 파견하였다. 9월부터 10월 19일까지 국사강습회를 개최하였으며, 강사에는 이병도, 김상기, 신석호, 이숭녕, 조윤제, 송석하, 유홍렬이 나섰다. 장소는 경성천주공교신학교, 중앙중학교, 휘문중학교였다. 9월 17일 군정당국과 송석하, 조윤제, 손진태 위원이 회견을 하였고, 그 결과 국사교과서 및 지리교과서 편집의 위촉을 수락받았다. 10월 30일 조윤제씨 댁에서 일본에 약탈당한 도서의 반환을 군정청을 통하야 맥아더사령부에 제의키로 하였고, 이 업무를 위한 위원을 송석하, 이병기, 김두헌, 이인영으로 선임하였다'(震壇學會, 1947.5.28: 151-152)라고 당시의 상황을 요약할 수 있다.

　가람일기에 등장하는 송석하의 해방직후 모습은 아래와 같다. "(1945.10.16) 정동국민학교로 가 이병도군을 만났다. 국사 강연을 하고 있다. 같이 육상궁(毓祥宮)으로 가 진단학회서 얻어놓은 성적을 보았다. 석남도 봤다. 함께 석남집으로 왔다. 김상기, 조윤제, 김두헌도 있다. 임시회의를 하였다"(李秉岐 1976.4.15: 561-62), "(1945.10.20) 석남을 가 보고 함주를 먹었다. 가치 해방뉴스 시사를 경성극장으로 가 보았다"(이병기 2021.12.30: 818)". "(1945.10.21) 석남이 새벽에 와서 어제 전형필을 만나 진단학회원을 청하여 〈정음(正音)〉〈동국정운(東國正韻)〉 원본을 보냈다 하므로, 오늘은 어학회로 가서 보내려던건 중지했다. 고하(古下)를 보고 하박사(河博士)를 찾고, 석남께로 가, 석남과 가치 위창한 오세창씨를 가보고 태극기의 유래를 듣고 …"(이병기 2021.12.30.: 819), "(1945.10.22) 태화정와서 동빈, 석남, 돈암, 두계, 천뢰를 만나 태화정 주인의 소담한 대접을 받고 오후 7시에 돌아왔다"(이병기 2021.12.30.: 819). "(1945.10.23) 태화정으로 가, 두계, 석남, 돈암을 만나 수어(數語)하고 나는 돌아오다"(이병기 2021.12.30.: 820), "(1945.10.26) 석남집에 가니 김상옥(金相沃)군이 찾아와 있고, 또 두 분이 와 역사교과서와 〈재조번방지(再造蕃方之)〉를 묻는다. …이인영, 김상기, 김두헌, 이병도, 조윤제 군도 왔다. 좋은 술을 준다"(이병기 2021.12.30.: 820), "(1945.10.27) 동빈을 석남집에서 만나 함께 아침을 먹었다. 막걸리 한 병을 10원에 사다 마셨다. 가치 가서 돈암(敦岩)을 가보고 계서, 천리, 학산도 만났다"(이병기 2021.12.30: 821)", "(1945.10.31) 석남집의 이봉수(李鳳秀)군과 가치 가므로 오전 9시 출근"(이병기 2021.12.30.: 822), "(1945.11.4) 석남께 가서 청전도 보고 술을 먹었다. 동빈이 와 술도 먹고 점심을 먹었다. 배재(培材)에 가서 시간을 보내고, 태화정으로 가서 진단학회서 조선어학회를 초대하는 회식에 참여하였다"(이병기 2021.12.30.: 823). 해방정국의 긴박함 속에서 송석하를 위원장으로 한 진단학회 주변의 상황을 알 수 있다. 위원장으로 송석하의 활동과 함께 한 분들의 관계를 보여주는 일단을 읽을 수 있다.

　두 사건의 분위기를 대조하면, 해방을 맞으면서 조선의 지식인 사회에 어떤 일들이 벌어졌었는지에 대한 그림이 그려진다. 일제 식민지 시대에 총독부 정책에 아부하지 않고 전쟁 협력에 빚을 지지 않았던 사람들만이 고개를 제대로 들 수 있는 세상이 해방이라는 시공간이었다. 그야말로 해방의 분위기에 걸맞은 인물의 선택이 필연적이었을 것이다. 그러한 분위기에서 선택되었던 인물이 송석하라는 점에 대해서 다시 생각해 볼 문제들이 있다. 또 한 가지 중요한 문제는 권력 이양 기간의 군정청이 진단학회를 공식적으로 대화와 의견 교환 및 조율의 상대로 맞았다는 점이다. 이것이 권위와 관련된 문제이며, 권위를 바탕으로 권력을 행사하는 것이 진단학회의 활동으로 드러났던 것이다. 문제는 진단학회의 책임자가 권력을 직접 행사하는 것이 아니라 군정청으로부터 위임 또는 위탁을 받아서 집행할 수 있었다는 점이다. 주권 소재가 군정청에 있었다는 점을 분명하게 확인하는 것이 중요하다.

　대동아전쟁 결전의 시점에서 백두산 등정에서 총독부 정책을 동조하는 발언을 하였고, 제국주의적 침략전쟁을 미화하였던 기록이 있었던 송석하임에도 불구하고, 해방에 걸맞은 인물로서 진단학회 위원장으로 선택된 송석하라는 메시지가 담아내는 의미에 대한 설명이 필요하다. 필자가 앞에서 거론한 두 가지 사건에서 드러난 "친일적인" 송석하의 언행이 해방 분위기에서 문제시되지 않았다는 점을 주목하게 된다. 친일이라는 문제에 대해서 가장 민감했던 시기인 해방이라는 인식론이 송석하를 진단학회 위원장으로 선택하였다는 엄중한 사실에 대해서 역사적인 과정이라는 맥락을 소환하고 있다. 당시 진단학회 내에서 친일 청산의 분위기에 가장 적합했던 인물이 송석하였을 것이라는 해석이 가능하고, 그러한 인식이 송석하의 사소한 친일적인 기록을 무시하고도 남을만한 역할을 하기에 충분하다는 점에 대해서 명확한 이해가 필요하다.

진단학회가 어떤 단체였나에 대해서 한 번만이라도 생각한다면, 해방 직후 진단학회 위원장으로 피선되었던 송석하의 입지에 대해서 깊이 생각하지 않을 수 없다. 진단학회를 통째로 친일파 집단으로 몰 수 있을 것인가? 이러한 저간의 사정을 감안할 때, 식민지 시대에 기록으로 남은 몇 가지의 친일적인 송석하의 언행은 압력에 의한 것일 뿐, 자의와는 관계가 없다는 점을 증언하고도 남는다. 만약에 송석하에 대하여 친일 논란이 또 불거진다면, 한국의 학계에서는 진단학회의 선택에 대하여 신뢰감과 자신감을 가지는 것이 중요하다.

송석하의 진단학회 위원장 선임이라는 사건에 대한 해석을 무미건조하게 수동적으로 풀어낼 일이 아니다. 그 사건을 해방을 맞은 상황의 진단학회라는 입장에서, 마치 구인난이 되어버린 학회에 구원투수로 등판한 송석하의 모습을 보는 것 같기도 하다. 그러나 송석하의 입장에서 그리고 송석하가 실천하였던 민속학이라는 입장에서는 능동적이고 적극적인 해석이 필요하다. 일제 식민지 시대의 조선학이 어문학과 역사학을 중심으로 이루어져 왔었고, 내로라하는 역사학자들과 어문학자들이 있었음에도, 민속학을 전공으로 하였던 40세를 갓 넘은 송석하가 해방정국에서 진단학회 위원장을 맡았다는 사실에 대한 진중한 해석이 필요하다. 그동안 축적해 왔던 송석하의 민속학에 대해 실질적으로 학계가 인정한 결과이며, 조선학을 중심 주제로 하였던 진단학회가 민속학에 대해서 적극적인 자리를 마련한 결과라고 읽어야 한다. 개인적으로는 해방이라는 새로운 세상에서 필요한 리더십을 인정받았다는 측면도 외면할 수 없다. 필자가 서문에서부터 제시하였던 '제3의 조선학'으로서 민속학의 지위에 대한 사회적 인식의 단면을 보여주고 있음이 분명한 하나의 사실이다.

조선총독부로부터 미군정청으로 권력 교체를 보여주는 물리적인 시점은 1945년 9월 9일 총독부의 국기 계양식이었다. 국기 계양대에 일장기가 내려지고 성조기가 올라갔던 것이다. 태극기가 걸릴 자리는 없었다. 권력 교체의 현장인 조선에서 진단학회 위원장이라는 직함은 미군정으로부터도 인정되었다. 그뿐만 아니라, 미군정은 진단학회를 통하여 문교 정책을 수행하는 절차를 밟기도 하였다. 8월 16일부터 9월 9일까지 25일간 진단학회 위원장 송석하의 직함은 그야말로 조선인들이 자주적으로 인정한 것이었다. 그것은 점령군으로 진주하였던 미군의 권위와도 무관한 것이었다. 그 권위는 조선인에게서 나왔고, 그에 따른 위원장의 권력이 제대로 행사되기도 전에 권위의 소재가 바뀐 것으로 이해할 수 있다. 송석하의 진단학회 위원장 직함은 미군정의 권력에 의해서 인정되지 않으면 안 되는 주권 소재의 문제가 명백해졌다.

그럼에도 식민지 시대의 잔재는 여전히 작동하고 있었음에 대해서도 주의해야 한다. 예를 들면, 미군정 하에서도 일제 식민지 시대의 차량 운행 방향이었던 좌측 운행이 우측으로 전환되는 것은 1946년 4월 1일이었다(Osgood, 1951: 321). 식민지 시대의 양식들이 관성을 갖고 있었다는 점을 이해한다면, 지금도 진행되고 있는 부분에 대해서도 생각을 해보아야 한다. 식민지적 생활양식은 언제나 종식될 것인가? 기억이 재생되는 한 사라지지 않는 것은 아닌가? 역사에 대해서 '청산'이라는 의도적 단어는 만용이다. 사람들의 행동과 언어와 생활양식이라는 점을 생각하면서 역사를 곱씹어야 할 것이다.

세계 대전이 종료되기 전부터 공산주의에 대한 경계에 초미의 관심을 보였던 미국과 미군정의 입장에서는 좌익인사의 등용을 허락할 여지가 없었을 것이다. 이러한 점이 지시하는 바는 송석하가 좌익계열과는 무관한 사람이라는 사실이다. 미군정에 의해서 설립되었던 국립민족박물관의 관장으로 송석하가 임명되었던 것도 송석하가 갖고 있었던 진단학회 위원장이라는 직함이 간접적으로 작용하였을 것이다. 이미 해방을 맞은 조선의 지식인들 사이에서 인정된 인물이라는 점이 미군정으로서는 조선에 대한 무지로부터 반영될 부담을 덜 수 있었을 것이다. 나아가서 진단학회위원장이라는 직함이 친일이라는 비난으로부터도 자유롭고, 국립민족박물관장이라는 직함은 송석하가 좌익계열과도 무관하다는 점을 확인하는 보증서의 역할을 한다. 조선의 상황을 잘 알지 못했던 미군정으로서는 안성맞춤인, 최선의 선택지였을 것으로 생각할 수 있다. 1945년 8월과 9월 권위의 소재가 각축하던 현장에 대한 면밀한 분석이 필요하다. 국립민족박물관과 관련된 간략한 정보는 다음과 같다.

"삼팔이남박물관일람표(三八以南博物館一覽表, 1947年 5月 現在) 중 ... 국립민족박물관(國立民族博物館) 서울시중구예장동이번지(中區藝場洞二番地), 1945년 11월 8일 창립, 소장진열품(所藏陳列品) 2,619點"(金丞植 편 1947). "(1946.6.10)민족박물관에 고서전람회 준비를 했다. 한글 반포 500주년 기념으로 진단학회서 주최한 것이다"(李秉岐 1976.4.15.: 578)

군정청이 적극적으로 지원하여 실시된 제주도한라산학술조사는 그야말로 해방 후 최초로 학계가 마련했던 대규모 학술조사였을 뿐만 아니라 다양한 방면의 전문가들

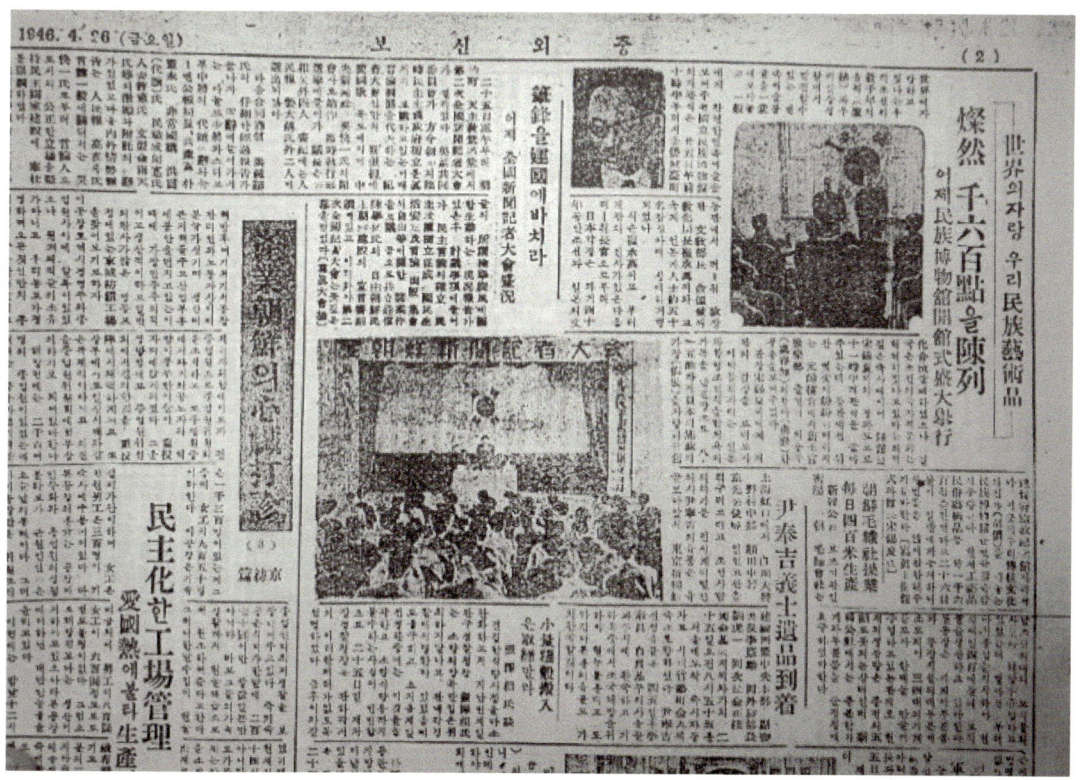

사진 107. 1946년 4월 26일 자 중외신보의 국립민족박물관 창설 관련 보도와 관장 송석하의 사진

이 협력하여 수행되었다. 그중에서도 영화 촬영팀은 '제주풍토기(濟州風土記)'라는 다큐멘터리를 제작하였다. 조선영화사 카메라맨 이용민(李庸民)이 단편이 아니라 장편으로 계획하여 추진하였다. 따라서 이용민은 학술조사대가 귀경한 후 3월 23일 이수근(李秀根)을 수반으로 응원 촬영대를 제주도에 급파하여, 4월 중순까지 작업하였다(文學新聞, 創刊號, 1946.4.6). "(1946.6.15) 제주 풍속영화 시사를 보았다 조선영화사서 했다. 퍽 진보되었다"(이병기 2021.12.30: 896)라는 가람일기의 증언도 있다. 현재 '제주풍토기'의 실물이 존재하지 않기 때문에 학술조사대의 활동 상황을 볼 수 없는 상황이 너무나 아쉽다. 학술조사대 활동의 일면은 『부인(婦人)』 제3호(1946년 10월)의 '사진화보'에 '濟州島는엇더한곳인가(映畵 濟州風土記에서)'란 제목으로 조선영화사가 제공하여 수록된 사진에서 알 수 있다. 사진은 "해녀(海女)"(2장), "시장(市場)"(2장), "(巫堂)"(1장)으로, 총 5장이다. "제주풍토기"란 제목으로 보아서 이용민 팀이 촬영 제작한 자료임이 틀림없다.

경성제대의 아키바 타카시에게서 '바통'을 이어받아 경성대학의 박물관에 자리를 잡은 송석하는 미군정으로부터 국립민족박물관장직을 제의받았다. 박물관 개관 준비에 들어간 시점이 1945년 11월이었다. "장차는 민속박물관(民俗博物館)을 세우겠다고 생각하고 있었다"(鄭寅燮, 1966.12.30: 191)는 송석하의 염원과도 맞아떨어진 임명이었다. 따라서 송석하는 경성대학의 박물관과 미군정이 설립하는 박물관의 양쪽을 관리하게 되었다. 이 과정에서 양측의 자료 중 일부가 송석하에 의해서 이동되었을 가능성이 있음을 배제할 수 없다.

현재 서울대학교박물관에 소장된 자료와 국립중앙박물관에 소장된 자료들 사이의 대조를 통하여, 앞으로 명확하게 정리해야 할 부분이 소수나마 있다는 점을 부기한다. 그 유물들 속에는 최소한 두 가지의 사실이 개입되어 있음을 이해해야 한다. 첫째는 송석하의 개인행동에 의해서 박물관 유물들이 이동되었을 것이며, 둘째로는 송석하의 개인 소장품들이 박물관으로 이동되었음을 말한다. 예를 들면, 현재 국립민속박물관에 수장된 진주오광대의 가면 1부는 원래 송석하가 소장하였다. 송석하는 자신이 관장을 맡았던 국립민족박물관으로 자신의 소장품을 이관했던 것이고, 1950년 12월 국립민족박물관이 국립박물관 남산분관으로 합병되면서, 진주오광대 가면은 국립박물관 소장품이 되었다가 최근에 국립민속박물관으로 이관되었다. '인천은 외국인이 많이 드나드니 민속박물관 분관으로 하는게 좋겠다. … 그러나 예산이 없어서…'(이경성, 1998: 38)라는 송석하의 말을 인용한 이경성의 증언으로부터 국립민족박물관의 분관 제도를 구상하였던 송석하의 포부도 이해할 수 있다.

미군정의 지원을 받아 국립민족박물관의 사업으로서 송석하가 '문화인의 의무수행'(朝鮮日報 1946.3.18)으로 규정하였던 한라산학술조사는 미군정의 공식적인 의사 표명인 국립인류학박물관(National Museum of Anthropology) 업무의 기본적인 오리엔테이션을 헤아릴 수 있는 단서가 된다. 이 사업에 적극적으로 처음부터 끝까지 참여하였던 미군 대위 유진 크네제비츠(Eugene Knezevich)를 인류학자로 소개하였던 당시 일간지의 정보와 인식 수준도 명확하게 헤아릴 필요가 있다. 사실상 그는 군 복무 이전에 뉴멕시코대학의 학부 과정에서 인류학을 공부하였던 학력이 있었던 사람이었을 뿐, 인류학자라고 일컬을 만한 배경을 가지진 않았다. 제대 후 그는 1946년 가을 예일대학 인류학과의 대학원으로 진학하여 인류학자가 되기 위한 학업의 길을 밟았다. 인류학과 대학원생이 되었던 유고슬라비아계의 미국인 크네제비츠가 수강하였던 첫 번째 과목은 커넬리우스 오스굿(Cornelius Osgood, 1905-1983) 교수의 '극동의 공동체 연구(Community Studies in the Far East)'(Osgood Papers, Box 4, 15th Binder, Ch.149: pp. 13-14)였다. 크네제비츠는 이듬해 1947년 여름 오스굿이 강화도에서 야연하는 계기를 마련했던 정보 제공자 역할을 한 것이다.

대학 캠퍼스는 군용 캠프로 전환되었고, 학사는 완벽하게 정지되었다. 10월 15일에 경성제대의 일본인 교수들에 대한 파면 공문이 미군정으로부터 하달되었다. 동일한 시기에 일본인들은 '히키아게(引揚)' 절차의 준비에 들어갔고, 경성제대의 마지막 총장이었던 야마가 노부지(山家信次, 1887-1954)가 인양 준비의 총책임을 맡았다. 작업을 위한 사무실은 서울역 앞에 위치하였던 코바야시(小林) 내과병원(현 서울역 앞 대우빌딩 자리)에 마련되었다.

1945년 가을, 대학의 학사 업무가 정지된 상태에서 '경성제국대학'이란 이름 대신 '경성대학'이란 이름이 적용되었다. 미군정에서는 'Seoul University'라고 하였다. 경성제대의 일본인 교수들을 파면할 수 있는 권한은 미군정에 있었고, 군정의 명령(Order)에 따라 1945년 10월 15일부터 11월 초까지 단계적으로 일본인 교수들의 행정적 파면이 종결된 것 같다. 동시에 경성대학의 업무가 시작되었다는 신문 보도들이 이어진다. 그러나 미군정의 새로운 시대에 탄생한 된 경성대학의 체제는 식민지 시대의 경성제대를 거의 그대로 답습한 모습이었다. 공덕리 이공학부의 자리에는 미군 병원이 자리를 잡았고, 법문학부의 교사(후일 서울대학교 문리과대학 과학관 건물이 신축되었던 자리)는 미군 항공대, 의학부 건물은 제8군의 병영으로 징발되었다. 이공학부는 일시적으로 근처에 있었던 광산전문학교의 교사를 사용하였다. 경성대학의 건물들은 미군 숙사로 징발된 상태로 개업하였지만, 의학부를 비롯한 소수의 시급한 부문만 문을 열었다. 미군정의 명령에 따라 법문학부 교수 발령은 그해 12월 25일에야 시행되었다. 1945년 가을 경성대학 법문학부는 휴업 상태였다. 경성의 외곽인 공덕리에 있었던 경성제대의 이공학부가 동숭동의 대학 본부 옆에 있었던 경성고등공업학교의 교사로 이전되어서 1946년 4월부터 개업하였다.

 점령군으로서 등장한 미군의 통치기구인 미군군정이 대학에 대하여 본격적으로 행정업무를 시작하는 시점이 1945년 10월 중순이 되어야 한다. 당시의 혼란상은 경성대학 도서관의 분실사건으로도 이해된다. "경성대학법문학부자치위원회 위원장 이명선(李明善)은 법문학부 규장각도서관의 분실사건을 고발하였다(每日新報 1945년 10월 14일자). 이어서 재조선미국육군사령부 군정청의 임명사령 제16호로 최규남 경성대학이공학부장 대리, 현상윤 경성대학 예과과장, 백낙준 경성대학 법문학부장이 임명되었다. 경성대학총장에는 해군대위 알프레드 크로프트(Alfred Croft)가 임명되었다(임명사령 제18호, 1945년 10월 17일). 11월 5일 경성대학의 학부 일본인 교수들이 파면되었고(每日新報 1945년 11월 6일), 추가로 일본인 교수 50명(이공학부 교수 31명, 조교수 21명, 의학부 교수 8명)이 파면되었다(每日新報 1945년 11월 7일). "이공학부 일본인 교원은 전원 10월말 부로 해임되고 조선인으로 임명될 예정이다. 장차 이학부와 공학부를 분리할 것이고, 수학과를 신설할 계획이다(每日新報 1945년 11월 11일). 김준연이 서울대 총장 취임을 사절하였고, 백낙준은 연전(延專)교장으로 취임하였다(每日新報 1946년 1월 25일), 조윤제가 서울대학 법문학 부장에 임명되었다(임명 사령 제84호, 1946년 4월 18일). 새로운 대학은 국립서울대학교란 명칭으로 출발할 것이고, 9대학과 1대학원으로 조직된다(每日新報 1946년 7월 14일).

새로운 대학의 출범은 대학의 최고책임자인 총장 선출 문제로부터 불거졌다. 너무나도 당연한 과정이었다. 권위의 소재가 어디에 있는가에 따라서 권력 행사의 정당성이 확보되기 때문이다. 경성대학 총장 추천 문제는 의학부 강당에서 김성진 교수를 의장으로 대의원회가 개최되었으나, 무결정으로 산회되었다. 총장 자격에 관한 학생 측 요구는, '1. 친일파, 민족반역자 안일 것, 2. 인격이 고상 박학자이고 진보적 사상을 가진 사람일 것, 3. 학원의 자유를 확립시킬 사람일 것, 4. 학생자치권을 승인할 사람일 것, 5. 외교적 수완을 가진 사람일 것, 6. 특히 자연과학에 대한 리해를 하는 사람일 것, 7. 연령다소를 불구할 것, 8. 백락준.현상윤 량씨를 배척할만한 사람일 것'(中央新聞 42호, 1945.12.12)이었다. 권위가 자리를 잡지 못하는 상황에서 대학이란 조직은 표류할 수밖에 없었다. 이러한 상황에서 미군정에 의하여 미군 대위가 총장으로 임명되는 절차가 있었고, 1945년 12월 25일 법문학부의 교수명단이 발표되었다.

문제는 그 명단 속에 송석하의 이름이 없었다는 것이다. 예상은 완전히 빗나갔고, 송석하는 이때부터 서울대 교수직으로 임명을 받기 위하여 모종의 노력을 하였을 것이다. 그러나 교수 임명권의 권위를 가진 미군정청이 정한 규정이란 것이 있었다고 생각되고, 송석하의 경우는 그 규정에 맞지 않았다고 판단된다. 그 규정이란 것이 교수자격 규정이었을 것이고, 대학의 교수로 임명되기 위해서는 학사 또는 그와 동등한 자격을 갖고 있는 사람이라고 생각된다. 송석하의 경우 1923년에 동경상과대학을 중퇴하였기 때문에, 사회적인 명망과 인정만으로는 미군정청의 규정을 만족시킬 수 없었을 것이다. 따라서 아키바로부터 박물관의 관리를 승계받고 경성대학에 인류학과 설치를 준비하였던 송석하로서는 자신의 교수직 임명이 성사될 수 있도록 하기 위하여 백방으로 방안을 모색하였을 것이다. '송석하, 비원의 서울대 교수'라는 말이 시작될 수 있었던 시점이었다.

그러한 과정에 국립대학교종합화안이 표면화되면서, 거국적인 반대 성명(中央新聞 1946.7.23)이 줄을 지었다. 종합화안은 반대운동을 예상하고 봄학기가 끝난 뒤에 발표

사진 108. 1947년 6월말에 송석하를 만났던 커넬리우스 오스굿 교수(예일대학 인류학과 소장)

한 것이었다. 따라서 1946년 봄학기(4월 1일부터 7월 중순까지)에 비교적 강의가 이루어졌음을 알 수 있다. 1946년 가을학기부터 이공학부 화학과의 강의를 시작하였던 장세헌 교수의 증언을 인용한다. 이공학부 부장을 맡았던 이태규 교수는 1946년 봄에 경도제국대학에서 귀국하였고, 화학과를 경성고상 건물에 조직하였다. 1946년 7월 2일 졸업과 동시에 교조(敎助=敎授助務의 준말) 직에 임명되었던 장세헌은 공사다망했던 이태규 교수의 강의를 대신하는 경우가 있었다. 강의는 경성고공(京城高工, 훗날 공업연구소로 전환하였음-필자 주)의 강의실에서 이루어졌는데, 강의 중에 국대안 반대 데모대가 창밖에서 던진 돌이 강의실로 날아들었던 경험을 한 적도 있었다.

송석하가 경성대학의 교수직 임명에서 제외된 상태로 '인류학개론'과 '민속학개론'을 강의하기 시작하는 시점은 1946년 봄학기였다. 이미 1945년 연말부터 찬탁과 반탁의 좌우 대립으로 인하여 혼란스러운 국내 질서 속에서, 1946년 8월 22일 국립서울대학교 발족이 미군정에 의해서 강행되면서 1946년 가을학기의 대학은 전면 개점휴업 상태였다. 그러한 혼란스러운 과정에서 서울대학교 문리과대학에 인류학과의 설립을 준비하면서 제작한 수강편람의 내용이 인류학과의 교과목 리스트가 인쇄물로 남아 있다는 사실을 외면할 수는 없다. 그 리스트를 제작한 사람을 송석하 이외의 인사라고 생각할 가능성은 추호도 없다. 이 과정을 본다면, 송석하는 자신의 미발령 상태를 인정하지 않고 버티기 작전에 들어갔었다고 생각할 수 있다.

그러한 과정에 1947년 봄학기가 거의 종료될 무렵인 6월 하순에 예일대학의 인류학 교수이자 피바디박물관 학예원이었던 커넬리우스 오스굿(Cornelius Osgood)이 송석하를 방문하였고, 송석하는 그를 위의 두 박물관으로 안내하였다. 오스굿은 인류학자로는

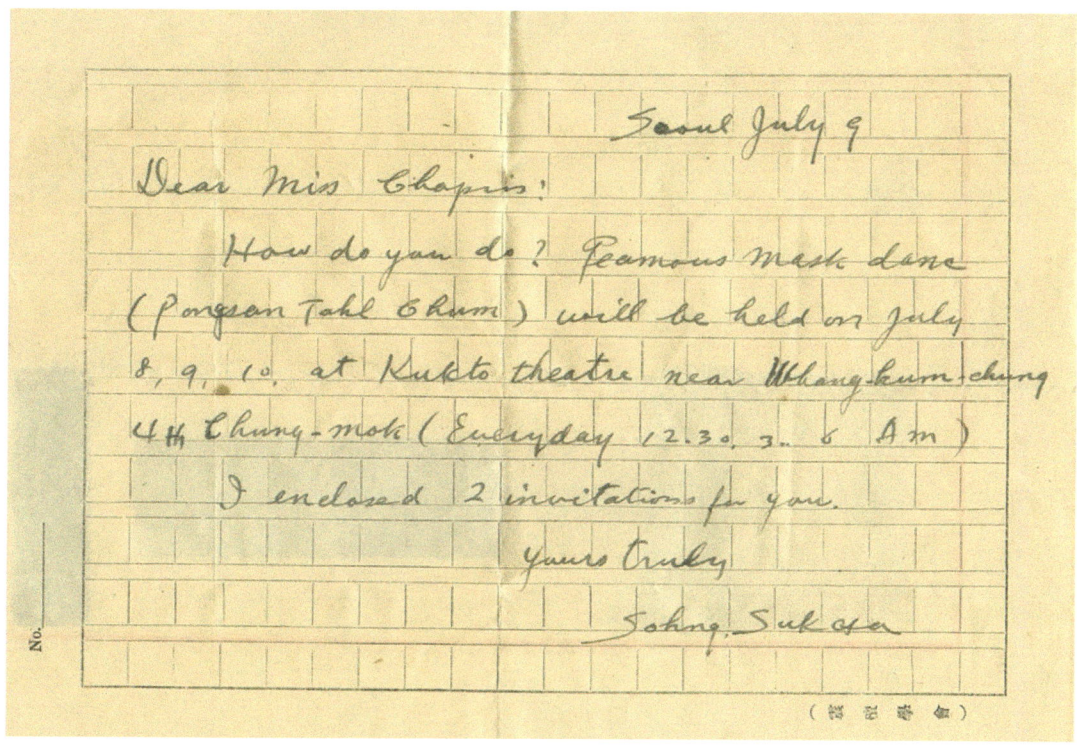

사진 109. 1947년 6월 8,9,10일에 황금정 4정목에 있는 국도극장에서 공연하는 봉산탈춤 안내장이다. 진단학회의 원고용지에 작성된 송석하의 친필 영문 편지다. 6월 9일에 작성한 것으로 기록되었다.

드물게 박물관 전문가이기도 하였다. 알래스카와 중국의 운남에서 장기간 연구하였던 인류학자인 오스굿의 눈에 서울대학교박물관의 만주와 시베리아 유물들은 인상적으로 남았다.

당시 미군정청의 고적과 유물 및 미술사 담당의 책임자로 헬렌 채핀(Helen Chapin) 박사가 동경의 GHQ(속칭 멕아더사령부)로부터 파견되어 있었다. 채핀 박사는 중국미술사 전공으로서 일본과 당시 일본의 식민지였던 조선의 고적과 미술사에 깊은 지식을 구비하고 있었다. 송석하는 채핀 박사에게 봉산탈춤 공연을 볼 수 있는 초청장을 보냈다.

송석하가 국립서울대학교 문리과대학에서 '인류학개론'과 '인류학연습'을 강의하였다는 직접적인 증거는 당시 문리과대학 학생회가 발행하였던 〈대학신문(大學新聞)〉 제2호(1947년 7월 20일 발행) 1면 '교수명 및 담당 강좌'란에 게재된 기록이다.

미군정에 의해서 유일하게 경성대학 교수직 임명을 거부당한 송석하였기에, 경성대학 법문학부 인류학과와 송석하는 사실상 대학이 직면한 행정상 긴장된 부분으로 남았을 것이다. 문학부 쪽에서 교수 임명을 받았던 사람들은 대부분이 진단학회 회원들이었다. 따라서 대학 구성원의 누구도 진단학회 위원장이기도 한 송석하의 의지를 거스를 수 있는 언행을 할 수 없었다는 점도 고려해야 한다. 공적인 차원에서 평생 송석하의 의지가 봉쇄된 두 번째의 사건인 점을 지적하지 않을 수 없다. 첫 번째는 1934년 조선총독부에 의해서 봉산탈춤의 동경 공연이 봉쇄되었던 점을 회상하게 된다. 필자가 '송석하, 비원의 서울대 교수'라는 문구를 등장시키는 이유가 이러한 배경이 있기 때문이다. "1946년 국립서울대학교의 설립 당시 문리과대학은 3부로 나뉘어 있었다. 제1부는 어학 및 문학, 제2부는 사회과학, 제3부는 자연과학이다. … 사회과학부에 속한 인류학과의 교과내용"(전경수, 1999.12.25: 155-156)이 열거되어 있다. 학과 개설을 위해서 교과목 내용까지 준비되었던 희망이 송석하의 교수 임용 실패로 물거품이 되었던 아픈 역사가 있다.

1948년 8월 5일 송석하 사망 후, 조선인류학회에서 서울대학교 인류학과 설립 문제를 거론한 때가 그해 9월 29일이었다. 그날 초대 위원장 이극로의 월북으로 공석이 된 조선인류학회 위원장에 손진태가 선임되었고, 국립서울대학교에 인류학연구실을 설치할 것을 결의하였다(漢城日報 809호, 1948.10.2). 사범대학 학장과 문교부 편수국장 등의 교육행정으로 바빴던 손진태는 학회의 결의를 실천하기 위한 구원투수의 역할에 나서지 않았다. 송석하의 염원은 정부 수립과 6·25전쟁을 격해서 1961년에 '고고인류학과'라는 명칭으로 실현되었지만, 사실상 송석하의 의지와는 다른 고고학 중심의 형태로 나타났다.

경성대학 시절 송석하가 단기간 머물렀던 박물관은 관장이 한동안 공석으로 있다가 후일 김상기가 임명되었다. 경성제국대학 시절 민속학참고실로 시작했던 박물관은 1961년 이후 김원룡에 의하여 고고학 중심으로 탈바꿈하기 시작하였다. 1947년 여름 제2회 국토구명사업의 울릉도독도 학술조사에 국립민족박물관장 송석하는 단장으로 국립박물관 직원 김원룡은 단원으로 참가했던 기록도 있다. 이러한 과정은 없었던 허구가 아니라 지워진 역사라고 말하고 싶다. 이와 관련된 공식적인 문서들이 발견되기를 고대한다. 미국국립공문서관(메릴랜드 소재)에 보관된 미군정청의 공문서철에서 해당 문건이 잠자고 있을 가능성이 높다.

현재 대학의 공식적인 문서에는 전혀 등장하지 않는 송석하의 이름과 국립서울대학교의 관련성에 대해서 논의할 필요가 있다. 여러 가지 복잡하게 얽힌 시절, 기록보존이라는 현상이 갖는 한계를 감안하고 이 문제를 생각해야 한다. 송석하와 개인적으로 가장 가까이 지냈던 사람이 김두헌이다. 김두헌은 경성대학에서 국립서울대학교로 전환하던 시기에 철학과 교수로 임명되었던 학자였다. 송석하에 대한 김두헌의 증언으로부터 두 가지 참고할 부분이 있다. "석남(石南)은 국립서울대학교박물관(國立서울大學校博物館)의 설치(設置)에 기여(寄與)하였고 …고혈압(高血壓)이 차츰 심해져서 불행하게도"(金斗憲, 1975.10.6) 일찍이 타계하였다는 내용이다. 한 가지는 석남과 서울대학교박물관에 관한 것이고, 다른 한 가지는 석남의 지병에 관한 내용이다. 서울대학교박물관과 관련하여 김두헌의 진술은 김상기가 관장에 취임하는 1947년 10월 이전의 시기에 서울대학교박물관에 존재하였던 송석하를 회상하여 지적하는 것이다.

김재원(당시 국립박물관장으로서 서울대학교 인류학과에서 송석하의 요청으로 고고학개론을 강의하였다고 스스로 기록하였음)과 김두헌의 진술이 일치한다는 사실은 존재하지 않는 공문서나 임명장의 역할을 하고도 충분히 남음이 있다. 당시의 정치적 상황과 현실을 감안해 볼 때, 해방 직후 학계의 현상과 인식이라는 점은 기록된 공문서만으로는 논증할 수 없는 부분이 있음을 인정해야 한다. 송석하의 서울대 교수 임명을 위한 노력은 총장 임명과 '국대안 반대'라는 대형 사건들에 휩싸여서 누구도 관심을 둘만한 사건이 아니었던 모양이었고, 송석하 자신도 그러한 대형 사건들 사이에서 자신의 교수 임명에 대한 대책 마련에 대해서는 속수무책이었을 것으로 예상할 수 있다.

해방 직후, 대표적 지식인 그룹인 진단학회 위원장 송석하에게 각종 사회단체로부터의 러브콜이 쇄도하였다. 첫 번째가 조선산악회였다. 송석하는 그 조직에서 위원장직을 맡았다. 해방 분위기에서 터진 표현 욕구는 여러 가지 형태로 발산되었다. 향토무용 관계뿐만 아니라 연극계로부터도 적극적인 참가 요청이 있었다. 1946년 3월 24일 무대예술연구회(舞臺藝術研究會)가 창립되었는데, 대표는 일본대학에서 예술학을 전공하였던 허 집(許 執)¹⁰⁴이었다.

　제3회 추기 연극강좌를 10월 20일부터 30일까지 오후3시부터 3시간 국립도서관(國立圖書館)에서 …백 여명의 청강생을 상대로 …거행되었는데, 송석하는 강사로서 참가하였다. 그 강좌의 제목과 강사명단을 보면, 당시의 분위기를 어느 정도 이해할 수 있다: 조선연극사 송석하(朝鮮演劇史, 宋錫夏), 세계연극사 서항석(世界演劇史, 徐恒錫), 애란연극사 유치진(愛蘭演劇史, 柳致眞), 근대극강화 이서향(近代劇講話: 李曙鄕)¹⁰⁵, 쉐스피어론 김동석(金東錫)¹⁰⁶, 극장예술 안철영(劇場藝術, 安哲永)¹⁰⁷, 희곡작법 안영일(戱曲作法: 安英一), 연출입문 안영일(演出入門, 安英一), 배우수업 허 집(俳優修業, 許 執), 무대실제 김종옥(舞臺實際, 金鍾玉)"(許 執, 1947.1.: 73).

　『조선문화사서설(朝鮮文化史序說)』 출판기념회가 1946년 7월 8일 오후 7시 반, 명치제과(明治製菓)에서 참가비 50원으로 개최되었다. 1946년 5월에 범장각(凡章閣)이 출판한 이 책은 모리스 쿠랑(Maurice Courant, 1865-1935)의 저서 『조선서지(Bibliographie Coreenne : tableau litteraire de la Coree)』(1890년 간행)의 서론에 해당하는 부분만을 김수경(金壽卿, 1918-2000)이 번역한 것이다. 그 책의 출판기념회가 발기인을 구성하면서 조직되었다. 발기인은 김남천(金南天, 1911 1953), 김동진(金東鎭), 김영건(金永鍵, 1910-?), 김영석(金永錫), 김태준(金台俊, 1905-1949), 이희승(李熙昇, 1896-1989), 이원조(李源朝, 1909 1955), 이태준(李泰俊, 1904-?), 이명선(李明善, 1914-?), 이용악(李庸岳, 1914-1971), 임 화(林 和, 1908 1953), 박상훈(朴商勛, 1917-?), 송석하(宋錫夏), 신남철(申南澈, 1907-?)로 모두 15명인 셈이다(中央新聞 1946.7.8, 개인별 출생·사망 연도는 필자가 삽입하였음). 참가자 중에서 해당 서적의 번역자인 김수경이 가

104　許 執은 1939년 일본에서 극단 형상좌(形象座)를 조직하여 공산주의 선전 연구를 하다가 검거되었으며, 광복 이후 주로 비평활동을 하였다. 주요 평론으로 「무대 인습의 가치」(1947), 「소극장운동의 신전술」(1947), 「전후 미국의 연극동향」(1948), 「전후 소련의 연극운동」(1948) 등이 있다(한국현대문학대사전, 2004.2.25., 권영민).
105　李曙鄕(1915-?)의 본명은 榮秀다. '바우고개'를 작사하였고, 해방 후 월북하였다.
106　金東錫(1913- ?)은 시인이자 비평가이다. 경성제국대학 법문학부 영문학과와 대학원에서 수학하였다. 중앙고등보통학교 영어교사를 거쳐서 광복될 때까지 보성전문학교 교수로 재직하였고, 1944년에는 연극협회 상무이사를 역임하기도 하였다. 광복 이후에는 조선문학가동맹에 가담하여 비평가로 활동하였으며, 주간 『상아탑(象牙塔)』을 간행하였다. 1946년 문학대중화운동위원회 위원을 역임하였고 1950년에 가족과 함께 월북하였다(한국민족문화대백과, 한국학중앙연구원).
107　안철영(1909-?)은 영화감독이었으며, 6·25전쟁 때 납북되었다. 그의 저서는 다음과 같다. 安哲永 1949 聖林紀行. 서울: 首都文化社.

장 연소하다는 점이 눈에 띈다. 당시 김수경의 근무지는 송석하가 관장이었던 국립민족박물관이었다. 언어학자인 김수경이 국립민족박물관의 관원이었다는 사실이 전해 주는 바는 그 박물관의 영어 명칭(National Museum of Anthropology)이 감당해 낸다. 인류학이란 단어 속에는 언어인류학을 포함하고 있었던 미국식의 학문분류 체계를 증언하고 있다.

김수경의 학문적 업적에 대해서는 근년에 재조명되고 있다(최경봉, 2009.11. & 板垣竜太, 2021.7.30). 같은 날 같은 장소에서 찍힌 사진에는 장소가 '올림픽'(板垣竜太 2021.7.30: 68, 도 2-1)으로 기록되어 있다. 일제 식민지 시기의 '명치제과'가 해방 후 '올림픽'으로 개명된 것 같다. 출판기념회에 참석하였던 15명 중에서 이희승과 송석하를 제외하면 대부분은 좌익인사로, 월북한 사람이 사분의 삼이 넘는다. 참고로 김수경은 이 출판기념회가 열린 후 한 달 열흘이 되는 8월 17일 삼팔선을 넘어서 월북하였다. 말하자면 이 출판기념회 이전에 이미 월북 준비가 완료되었다고 추측된다. 당시 상당한 양의 서적들이 출판되었던 점과 출판기념회를 벌일 만큼 그리 한가한 시절이 아니었다는 점을 감안해 보면, 이 출판기념회는 서적 출판을 빌미로 번역자인 김수경의 월북을 대비한 일종의 송별회 성격을 띠고 있었다는 생각을 저버릴 수 없다.

신문과학연구소(新聞科學硏究所 1946년 12월 25일 창설)는 진용(理事會)을 구성하면서 송석하를 포함하였다. 대표이사(미정), 이사: 김동성(金東成, 合同通信社長), 설의식(薛義植, 새한민보社長), 백낙준(白樂濬, 延大總長), 장이욱(張利旭, 師大學長), 현상윤(玄相允, 高大總長), 이순탁(李順鐸, 延大敎授), 이병기(李秉岐, 서울大學敎授), 이석하(李錫夏, 民族博物館長), 김련만(金鍊萬), 곽복산(郭福山, 常務), 연구소장에 백낙준, 소원에 김동성(金東成), 홍종인(洪鍾仁), 양재하(梁在廈, 1906-1966), 서강백(徐康百), 이계원(李啓元), 김영진(金永鎭), 설의식(薛義植, 1900-1954), 이정순(李貞淳), 이종모(李鍾模), 전홍진(全弘鎭, 1909-1969), 곽복산(郭福山, 1911-1971)이다(新聞科學硏究所 1948.7.26: 19). 소속에 '민족박물관장'이라고 기록한 것을 보면, 송석하의 성이 '이(李)'로 잘못 인쇄된 것이 분명하다. 1947년 3월 이여성[108]에 의해서 조선조

---

108 이여성(李如星, 1901-?)의 본명은 李命建이다. 칠곡 출신으로 중앙고보를 졸업하였고, 독립운동을 하였다. 일본의 릿교대학

형문화연구소가 창설되었다. 연구원으로 윤희순, 민천식(閔天植), 한상진(韓相鎭)[109], 송석하, 김재원, 이규필[110]로 임용하였고, 이여성이 소장에 취임하였다.

미군정 아래 지식인 지도라는 그림을 생각해 보면, 송석하는 가히 최고봉의 인기를 누렸다고 말할 수 있다. 그는 학계와 교육계 그리고 언론을 통하여 광폭의 소통을 하고 있었다. 국립서울대학교 사범대학 부속초등학교 내 아동교육연구회가 발행한 『아동교육(兒童敎育)』 창간호에 민속박물관장(民俗博物館長)이란 직함으로 축사(宋錫夏, 1947.1.25)를 적기도 하였다. 서지학회가 1947년 8월에 서지학연구 및 도서관학에 관한 연구를 위해 창립되었다. 이병기(李秉岐)·홍순혁(洪淳爀)·김구경(金九經)·박봉석(朴奉石)·이재욱(李在郁)·송석하(宋錫夏) 등이 중심이 되어 위원제도로 발족하였다. 서울대학교 문리과대학 조선어문학연구회 주최로 1947년 10월 24일부터 26일 사이에 허 균(許筠) 330주기, 청구영언(靑丘永言) 편찬 220주년 기념 '조선고전문학 작품전람회(朝鮮古典文學作品展覽會)'가 있었고, 목록(目錄)에 출품자들의 명단이 있다. 그 명단 속에 '송석하 장(宋錫夏 藏)'이라고 되어 있는 서적들의 명칭은 다음과 같다. 청구영언(靑丘永言), 토구가(兎鼈歌), 화용도(華容道), 샤시ᄒᆞᆼ녹, 야류가(野遊歌), 삼국유사(三國遺事, 이인영과 송석하의 장본을 합본하여 완질), 균여전(均如傳, 赫速挺撰), 태평통재(太平通載, 成任撰), 금보(琴譜) 등이다(匿名, 1947.4.1).

1946년 4월에 발족하였던 조선인류학회의 사무국도 국립민족박물관에 자리하였으나, 송석하가 조선인류학회에서 특별하게 활동한 기록은 없다. 송석하가 조선인류학회의 중심적인 인물로 활동한 것은 아니라는 방증이다. 국립민족박물관에는 상당한 숫자의 좌익인사들이 포진하고 있었다는 증언과 평판도 있었다. 일반 사무직원부터

(立敎大學)에서 정치경제학을 전공하였다. 저서로는 『조선복색원류고』(1941)와 『조선미술사론』(1955)이 있다. 1948년 초 월북하였다.

109 한상진(韓相鎭, ?-1963)은 미술사학자다. 『먼나라 미술의 발달-학생 서양미술사 입문』(1949년)을 썼다. 또 1949년에는 허버트 리드(Herbert Read)의 『예술과 사회』를 번역 출간했다. 그는 이 시기 미술연구회 주최로 덕수궁미술관에서 열린 미술사 강연에서 서양미술사 분야를 담당했다. 또 1950년 월북(또는 납북) 이후 북한에서 평양미술대학 교원으로 재직하면서 『조선미술사개설』(1961-1962)과 『조선미술사 1』(조준오와 공동집필, 1964)을 발표하여 북한 미술사의 기초를 다졌다(홍지석 2012.10.).

110 이규필은 덕수궁미술관장을 역임했다. 6·25전쟁 중 행방불명되었다.

사진 110. 송석하(1904년생, 좌), 조윤제(1904년생, 중), 유치진(1905년생, 우). 송석하가 정갈하고 단정한 모습으로 앉아 있지만, 동갑내기와 한 살 차이 친구들 사이의 얼굴 대조는 병색의 초췌한 모습을 한 송석하를 읽기에 모자람이 없다(송석하 사진, 국립민속박물관 소장).

학자의 반열에 속한 인사들까지 좌익계열이 자리를 잡고 있었기 때문에, 송석하도 그러한 사실을 몰랐을 리가 없을 것이다. 그 문제도 책임자인 송석하에게는 적지 않은 골칫거리였을 것으로 이해하는 것이 바람직하다.

서울대학교 사범대학의 유홍렬 교수가 1947년 1월부터 6월까지 6개월간 부관장을 맡았고, 그가 서울대학교 문리과대학으로 자리를 옮긴 후에는 동국대학에 적을 두었던 김효경이 부관장직으로 역할을 맡았지만, 김효경이 박물관에서 특별하게 활약했던 기록은 보이지 않는다. 한라산학술조사에 이어서 울릉도·독도의 학술조사(宋錫夏, 1947.8.3)와 오대산학술조사에서도 김효경이 참석한 흔적은 없다. 송석하는 국립민족박물관의 전시 준비를 위하여 최남선도 찾아다니면서 국악보를 빌리고, 전형필 소유의 『금합자보(琴合字譜)』를 빌리기 위해서 수차례 방문하여 야밤에 성공하는 일도 있었다(이혜구 선생 인터뷰, 2008년 7월 7일 이혜구 선생 댁에서, 음악대학 황준연 교수 동석).

제1회의 한라산과 제주도에 이어서 제2회 국토구명대회가 실천되었던 울릉도에서 "송석하씨는 원래 할 말이 적은데다 '통구미' 쪽으로 갔다가 길을 잘못 들어서 늦게야 혼자 돌아와 지쳐버린"(홍종인, 1978.11.1: 164) 결과 다음날 독도 방문에 결석하는 일도 있었다. 1904년 정월생인 홍종인은 송석하를 동갑이라고 표현하였다. 송석하 회장과는 전부터 아는 사이였고, 둘 다 백두산 등반의 경험자로서 '성지(聖地)' 답사의 동지와 같은 각별한 친분을 나눌 수 있었던 동갑친구였다(홍종인, 1978.11.1: 163). 그래서 둘이 "해안경비대 참모장 손원일 제독을 찾아가서"(홍종인, 1978.11.1: 164) 울릉도행의 함정을 지원받을 수가 있었다고 회고하였다.

　일간지에 '송석하씨(민속학자) 뇌충혈(腦充血)로 약 1개월 전부터 가료중(加療中)'(京鄕新聞 1946.10.17)이란 기사가 소개되었다. 뇌충혈(encephalemia)이란 질병은 고혈압 환자가 고도로 흥분할 때 발생하는 경우가 많다. 그해 9월에 발병하였다는 사실을 대하면서, 필자는 '송석하, 비원의 서울대 교수'라는 문구를 다시 떠올리게 된다. 평소에 고혈압이 지병이 되어 있었기에 과거에도 고혈압으로 인하여 입원한 적이 있었던 송석하로서, 미군정에 의해서 서울대 교수 임명 거부를 당한 상태에서 국립서울대학교가 발족하였던 것은 상당한 충격으로 다가왔을 것이다. 그 과정에서 송석하는 미군정의 정책책임자에게 필사적으로 어필하였을 것으로 예상할 수 있다. 필자는 1946년 9월 송석하의 입원은 자신의 노력이 실패로 돌아간 결과의 충격으로 인한 흥분 상태로 발병하게 된 것이라 예측을 해본다. 일제 식민지 시대의 학문적 진통이 끝나자, 개인적 진통이 시작되었던 것이다. 이후 송석하의 모습은 상당히 초췌한 상태를 보인다.

　국립민속박물관이 소장한 유물 관리 카드에 기록된 바에 따르면, 아래에 있는 초상화의 명칭은 송석하 선생 초상화이며, 1996년 7월 11일 김경옥 여사(서울 종로구 명륜동 4가 103-5에 거주한 부인)가 기증하였다. 가로 23cm 세로 32cm의 유화이며, 1948년에 제작된 것으로 기록되었다. 부분적으로 손상되어 있음도 발견된다. 유물 관리 카드에는 서울대에 다니던 제자가 그려준 것이라고 적혀 있다. 기증 당시 부인께서 증언하신 부분을 기록한 것으로 생각된다. 1946년 또는 1947년에 인류학개론 또는 민속학개론 강의를 들었던 제자가 아닐까? 얼굴 모습이 상당히 수척한 것으로 보아서 병환 중에 그린 것

사진 111. 석남 초상화(국립민속박물관 소장)

으로 생각되고, 제작 시기가 병환 중이던 시기와 일치하는 것 같다.

"서울문리대 학생회가 발행한『대학신문』1947년 7월 20일자에 '교수명 및 담당강좌'가 소개되어 있다. 그 속에 송석하의 담당으로 '인류학개론'과 '인류학연습'이 있고, 김재원의 담당으로 '고고학개론'과 '고고학연습'이 있다"(전경수, 1999.12.25: 158). 필자가 여러 가지 자료들을 근거로 하여 오래 전부터 추정하였던 내용이 사실로 판명되었다. 그동안 간접적 자료들에 의한 추정이었지만. 〈대학신문(大學新聞)〉 1947년 7월 20일자 제2호의 실물이 2024년 1월 소장자인 여인명씨의 제공으로 공개가 되었다. 아래의 사진이 그 내용을 증명해준다. 다음과 같은 결론이 가능하다. 이 땅에서 대학의 정규과목으로 '인류학개론'과 '인류학연습'이 최초로 강의된 것은 국립서울대학교 문리과대학이었으며, 담당교수는 송석하였다. '고고학개론'과 '고고학연습'은 김재원에 의해서 강의되었다는 사실도 확인된 셈이다.

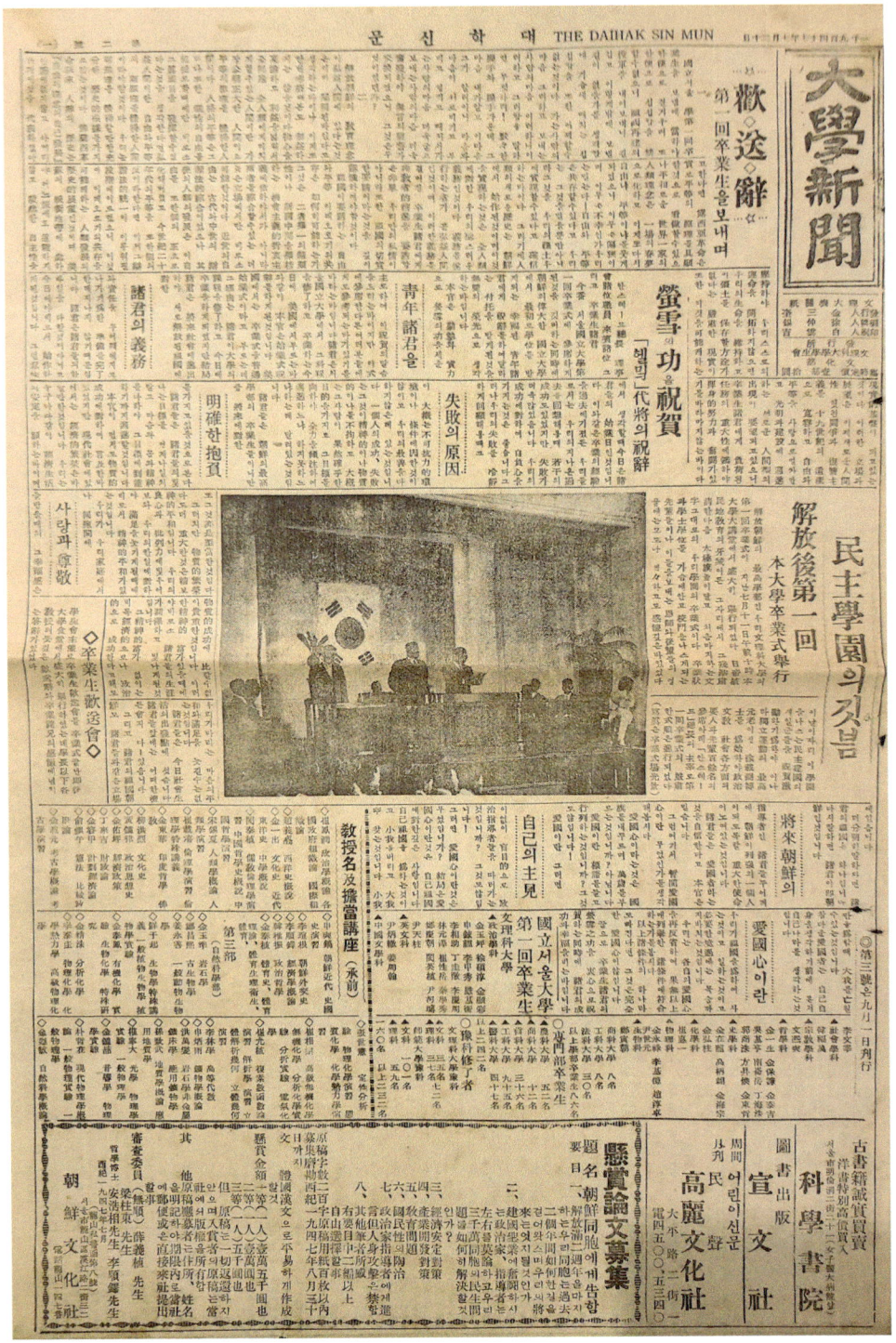

사진 112. 〈대학신문(大學新聞)〉 제2호(1947년 7월 20일), 왼쪽 하단의 "교수명 및 담당강의" 내용에 송석하의 인류학개론과 인류학연습이 기록되었다.

⟨표⟩ 국립서울대학교 문리과대학 인류학개론 수강생 현황(1947년-1948년)

수강생명(생년)	최종학력	입학 시기	전공	인류학개론 이수 시기
鄭祥基(1931)	문리과대학 예과	1947년 9월	정치학과	1947년 秋/1948년 春
嚴翼舜(1930)	문리과대학 예과	1947년 9월	정치학과	1947년 秋/1948년 春
李周垣(1921)	동양대학 문학부 중퇴	1946년 7월	정치학과	1947년 秋
林正芳(1925)	상해 聖芳濟大전문학교 중퇴	1946년 9월	철학과	1947년 秋
殷春培(1926)		1946년 9월	사회학과	1947년 秋/1948년 春
李容肅(1924)	서울대 상대전문부 수학	1947년 9월	사회학과	1947년 秋/1948년 春
李 龍(1925)	국학대학전문부 수학	1947년 9월	사회학과	1947년 秋/1948년 春
李秉春(1925)	경성대학 예과	1947년 9월	사회학과	1947년 秋/1948년 春
申官爕(1927)	문리과대학 예과	1947년 9월	사회학과	1947년 秋/1948년 春
申世雨(1922)	평양사범본과 졸업	1947년 9월	사회학과	1947년 秋/1948년 春
朴公鎭(1923)	국립경찰전문학교 졸업	1947년 9월	사회학과	1947년 秋/1948년 春
朴鍾勳(1927)	문리과대학 예과	1947년 9월	사회학과	1947년 秋/1948년 春
金敬鎬(1927)	서울대 상대전문부 수학	1947년 9월	사회학과	1947년 秋/1948년 春
金鎬一(1926)	간도공업학교	1947년 9월	사회학과	1947년 秋/1948년 春
黃 元		1947년 9월	사학과	1947년 秋
韓振興(1921)	명치대학 정경부 수학	1947년 9월	사학과	1947년 秋
金鎭舜(1922)	보성전문 졸업	1946년 9월	사학과	1947년 秋

위의 표는 국립서울대학교 문리과대학이 창설된 이후에 학생들의 수강 관계 내역을 보여주는 학수부를 통하여 수집된 정보를 정리한 것이다. 학수부의 전체 규모를 알 수 없는 상태이기 때문에, 현재로서는 정확한 수치를 적기할 수 없다. 1947년 가을학기와 1948년 봄학기 당시 17명의 학생들이 수강하였던 인류학개론(2학점) 과목과 관련된 현황 일부를 보여줄 수 있을 뿐이다. 어문학부 학생들의 학수부[110]도 있으나 어문학부 학생들이 인류학개론을 수강한 기록은 보이지 않는다. 정치학과, 철학과, 사회학과, 사학과 학생들의 일부분이 인류학개론 강의를 수강하였음은 분명하다. 그 강의를 담당한 강사가 송석하임은 두말할 필요도 없다. 경성대학 시절(1946년 봄)의 기록에는 송석하가 민속학개론과 인류학개론을 강의하였다고 되어 있는데, 국립서울대학교가 출범

한 이후에는 민속학개론이 빠졌음을 알 수 있다.

경성대학 시절에는 양자를 강의했던 송석하가 국립서울대학교 문리과대학에서 한 가지만을 설강할 때 선택했던 것이 인류학개론이라는 사실이 내포하는 의미가 있을 것이다. 송석하의 안목은 분명히 민속학으로부터 인류학으로 이동하고 있었음을 말한다. 그렇게 해야 했던 논리적인 이유가 있었을 것이다. 인류학이 민속학을 포함할 수는 있지만, 민속학이 인류학을 포함할 수는 없었다는 점이다. 이 땅에서 최초로 대학에서 인류학개론과 민속학개론 강의를 한 사람은 송석하라는 점도 분명하게 적기해야 한다.

1947년 2학기에 송석하는 교수 신분이 아닌 상태에서 강의하기로 계획되었던 것이다. 학과도 설치되지 않은 상태에서 과목만 개설된 내용이 공지되는 상태였음을 알 수 있다. 경성제대 시절의 아키바에게 물려받았던 유산인 박물관에서 새롭게 등장한 인류학이란 학문의 남상을 시도하였던 송석하의 염원이 도중하차하고 있었고, 해방과 함께 송석하에게 의지하여 학과목 명칭의 수준에서 잠깐 등장하였던 인류학이란 단어가 송석하의 사망으로 인하여 서울대학교의 공식기록에서 사라지는 계기가 되었음을 알게 된다. 1961년 정식 학과 명칭으로 등장하였던 '고고인류학'과는 그 명칭에서부터 고고학을 중심으로 한다는 의지가 분명함을 알 수 있다. 해방 직후 인류학과의 간판을

111 학수부의 사례는 다음과 같다.

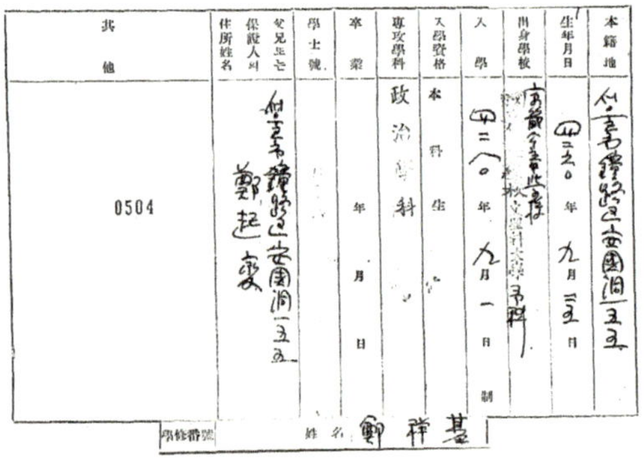
0504
姓名 鄭祥基

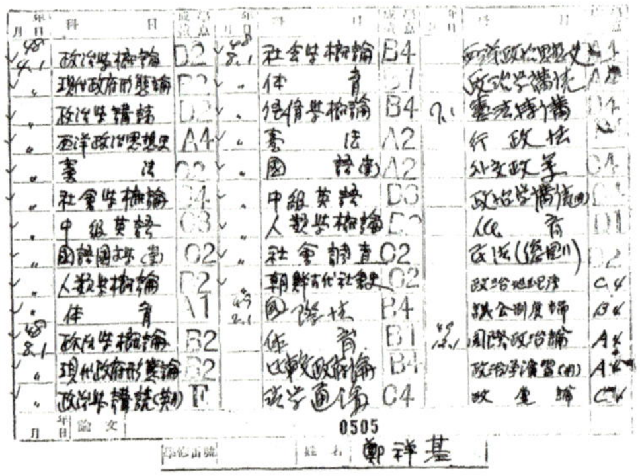
0505
姓名 鄭祥基

사진 113 & 114. 정치학과 학생 정상기(鄭祥基)의 학수부와 수강과목 명세

박물관에 걸었다는 김재원의 진술과 대조적이다. 송석하의 부름으로 서울대학교에서 고고학을 강의하였던 김재원의 진술이었다. 제도화에 실패한 송석하의 처신으로 인하여 15년 만에 인류학과 고고학의 입장이 뒤바뀐 것이다. 그리고 15년 뒤, 서울대학교 종합화 계획에 부속되어서 인류학과와 고고학과가 각각 단과대학을 달리하여 분리되었다.

송석하는 쇄도하는 사회적 활동의 요구에 대해서 적극적으로 대응하면서도, 학문적인 입장의 끈을 놓지 않았다. 그가 평생 추구하였던 '향토예술(鄕土藝術)의 의의(意義)'(宋錫夏 1946.11.10)나 '민속무용전망(民俗舞踊展望)'(宋錫夏 1946.12.19) 등에 관한 글을 발표하였으며(익명 1947.6.27), 해신의 여성성을 논하기 위하여 흑산도, 강릉 안인진, 울릉도 태하의 세 당에 얽힌 전설을 소개하고 있다(宋錫夏 1947.11.9). '송민'의 핵심적인 주제가 향토예술과 민속무용에 있었기에 우리는 지금도 그를 민속학의 개척자라고 말할 수 있다. 생애의 마지막 고비에서 그가 논했던 민요와 속요의 구분에 대한 진지한 의견은 지금도 효력이 있다고 말할 수밖에 없다. 이 잡지의 출판 일자가 1947년 9월 26일로 되어 있는데, 인쇄가 잘못된 것임이 맥락상 분명하여, 연도를 1948년으로 고쳤다. 저자의 이름 앞에 고(故)자가 있고, 글의 제목 다음에 '절필(絶筆)'이라고 부기되었다. 이것은 편집자가 부가한 것이라고 짐작된다.

"대체(大體)로 향토(鄕土)라는 뜻에는 여러 가지 의미(意味)가 포함(包含)되어 있음은 대략상식(大略常識)으로 판단(判斷)된다. (一)은 타지방(他地方)에 대(對)한 내 자신(自身)의 지방(地方) 즉(卽) 고향(故鄕)이라는 주관적의미(主觀的意味)로 쓰는 것 (二) 서울에 대(對)한 시골 또 기계문명외래문화(機械文明外來文化)가 혼합(混合)한 도시(都市)에 대(對)한 전승문화(傳承文化)가 보존(保存)되어 있는 농어촌(農漁村)을 지적(指摘)할 때 (三)은 (二)와 같이 특별(特別)히 볼가내지 않고 평면(平面)한 지역(地域)을 지적(指摘)할 때 즉(卽) 우리말 '고장'에 해당(該當)한 것들이라고 할 수 있다. 한동안 일본(日本)서 역시(亦是) 향토(鄕土)라는 말은 쓰서 향토문화.향토연구.향토예술(鄕土文化.鄕土研究.鄕土藝術)이라는 등(等) 신작술어(新作術語)는 상(上)의 (三)에 해당(該當)한 뜻에 다소(多少) (二)의 의의(意義)를 가미(加味)한 것이었다. 그 당시(當時) 조선(朝鮮)에서는 이 신술어(新術語)를 민족의식(民族意識)을 잠깨운데 역이용(逆利用)하얏든 것이다. 일례(一例)로 1938년(一九三八年)에 조선일보(朝鮮日報)에서 거행(擧行)한 향토문화조사(鄕土文化調査) 같은 것이다"(宋錫夏, 1948.9.26: 60).

사망 직전에 쓴 것으로 생각되는 글에서 1938년도 향토문화조사를 떠올린 송석하의 술회로부터, 남으로는 전라남도와 북으로는 평안북도를 왕래하면서 민속자료의 발굴과 수집에 심혈을 기울였던 당지 연구가 송석하 생전의 가장 큰 업적으로 평가할 수 있다. 그가 언급하였던 '휘일드 웍'이라는 단어를 떠올리게 되며, 황주의 성불사 석탑 앞에서 찍었던 사진이 그려진다.

"나는 그와 친한 이종태를 앞세우고 그를 만나보고 그에게 지도를 받으려고 왔다고 정중히 민요와 속요를 어떻게 구별하느냐고 물었다"(이혜구, 2007.7.23: 82). 이 부분을 필자의 인터뷰에서는 다음과 같이 진술하였다. "송석하는 이종태와 친구였는데, 이종태를 앞세우고 송석하의 집을 찾아서 속요와 민요의 차이를 질문하니 '그런 질문 말고 술이나 먹자'고 해서 청요리 시켜놓고 술을 마셨다. '내가 국악에 발을 들여놓게 된 것은 송석하와 이종태씨의 영향이었다'(2008년 7월 7일 오후 2시-3시 이혜구 선생 인터뷰, 선생 댁에서). 이종태는 조선민속학회 발기인 8명 중의 한 사람으로서 전문적인 음악가였다.

"민요(民謠)는 일정한 시기에 일정한 지역에서 우(又)는 특종(特種)의 사람이 부르는 모종의 제한을 받는 것으로 남도(南道)모심기소리는 이앙시에 한하야 농부(農夫)가 부르는 것이요 '이여도'는 제주도잠녀(濟州島潛女)가 일터(海)에 나갈 때에만 부르는 것이다. 그 반면에 속요(俗謠)는 여사한 제한을 받지 않는다. 전라도(全羅道)의 육자(六字)백이는 논일할 때에도 할 수 있고 귀초(歸樵)의 길에서도 할수 있고 술먹는 자리에서 기생(妓生)도 할수 있고 정치가(政治家)나 회사원(會社員)이나 다 할수 있다. 또 개성난봉가(開城難逢歌)는 부산(釜山)에서겨울저녁 술방(房)에서도 할수 있고 목포부두(木浦埠頭)에서 여름날 일중(日中)에서도 할수 잇는 것이 속요(俗謠)의 특색이다. 본래 민요(民謠)였든 것이 속요(俗謠)로 변화(變化)한 것이며 음악적(音樂的) 내지 문학적(文學的)으로 점차 세련하여져온 것이다"(宋錫夏, 1948.9.26: 61-62).

이혜구의 질문에 유고(遺稿)로 답한 셈인데, 민요와 속요의 구분을 이렇게 정교하게 정리한 사례는 송석하가 처음이라고 생각된다. "속요, 리요, 민요 다 같은 말로서 민간의 노래란 의미"(小寺融吉, 1943.10.)라고 하였던 구분을 훨씬 뛰어넘어 깊이를 더한 것이 송석하의 유고에서 나온 설명이다. 일본 연구자들이 구체적인 구분을 피하였던 것이며, 리(俚)는 속될 리로서, 속요와 리요는 둘 다 '속되다'라는 뜻이다. 저속하다는 어감을 피하려고 후일 민요라는 단어로 통일된 것 같다. 일본인들이 중구난방으로 사용하다가 민요로 통일되어 간 것으로 추정된다.

당지 연구를 최적의 방법으로 간주하였던 송석하는 "밤새도록 뱃길에…악수(惡水) 같이 비가 따루던 날 병원입원실(病院入院室)에서 바로 길을 갓나온 나에게는 첫날부터 여간한 시련이 아니었다"(宋錫夏, 1947.11.9)라고 하였다. 흑산도 당산에 전해오는 전설을 채집하기 위하여 병구를 끌고 혼신의 힘으로 당지 연구에 임했던 송석하의 모습을 연상할 수 있다. 흑산도 답사에는 방종현이 동행하였던 것이라는 생각을 할 수 있다. 거의 같은 시기에 방종현의 이름으로 상재되었던 흑산도에 관한 글들(方鍾鉉 1947.9.20; 1947.9.23; 1947.10.14)의 목록이 있어서 그렇게 추리하였다. 방종현의 글이 게재된 것으로 보고되는 『서울』이란 잡지의 실물이 확인되지 않은 상태이기 때문에, 두 사람이 함께 답사하였는지 아직 확인되지 않는 상태다. 방종현이 남긴 자료 속에 혹시 답사기가 발견될지도 모른다. 흑산도 답사가 송석하 최후의 당지 연구였고, 평생 그러한 바탕 위에서 실천으로 닦은 결과 자연스럽게 속요와 민요를 구분해 내었다. 민속학자 송석하를 딜레탕트라고 평가할 만한 근거는 전혀 없음을 여기서도 확인하게 된다.

해방 후, 새로움의 추구로 모두가 줄달음치던 분위기에서 누구도 민속학을 제대로 거론하지 않았다. '새 술은 새 부대에'란 속담이 있다. 해방을 맞은 새로운 시대에 누구도 민속을 대변하는 목소리를 높였던 경우가 없었다는 점에 대해서도 생각할 문제다. '민속은 잔존물'이라는 고정관념이 작동하였다고 생각할 수 있다. 조선민속학회를 창립할 당시의 기개와 육성으로 민속을 제창하였던 송석하도 민속에 대해서는 소극적이었다고 말할 수밖에 없다. 송석하 주변의 과거 민속학 관계 인사 중에서 누구도 민속을 부르짖지 않았음을 생각하지 않을 수 없다. 거꾸로 생각해 보면, 일제의 군국주의 아래에서 시달릴 대로 시달렸던 조선의 민속은 그 자체로서 움직일 수 있는 동력을 상실한 상태였다고 말할 수 있다. 동원용으로 이리저리 끌려다녔고, 동원되기 쉬운 모습으로 난도질당한 상태가 해방 직후 조선 민속의 상태라고 말하는 것이 나을 것 같기도 하다. 지칠 대로 지쳐서 쓰러진 조선민속을 일으켜 세워서 돌보려는 생각 자체가 작동하지 않았던 것이 당대의 현실이었다고 말하는 것이 정확할지도 모른다. 건강을 잃어 병상에 드러누웠던 송석하와 주권을 잃은 조선 민속은 고통스러운 운명을 함께하고 있었던 정황이 감지된다.

민속학이란 이름 대신 '민족문화학(民族文化學)'(孫晉泰, 1947.11.9)을 제안하였던 손진태조차도 입에 발린 '조선민속학의 계승'을 언급했을 뿐, 누구도 민속학의 실천을 위하여 챙기지 않았다. 사실상 손진태에게서 민속학(民俗學)이란 단어는 이미 오래전에 멀어지고 있었던 단어였음을 지적하고 싶다. 이러한 상황에서 김삼불(金三不, 1920-?)의 제안은 남다른 주목을 받을 수 있었다. '민(民)'자를 공유한 '속(俗)'과 '족(族)'이 그렇게도 서로를 멀리하던 때가 해방 직후라는 생각을 저버릴 수가 없다. 속은 족의 문화라는 내용이건만. 송석하 사망 후, 민속학의 터줏대감이 사라진 상황에서 벌어진 해프닝이었음을 지적하고자 한다. 6·25전쟁을 거쳐서 민속학이 국어국문학의 범주 하에서 교육과 연구를 이어가게 된 경위를 이해하게 하는 한 가닥의 증거가 있음을 확인할 필요가 있다.

김삼불이 열거한 항목들을 살펴보면, 전혀 체계성을 갖추지 못하고 있음을 알 수 있지만, "복식.요식(服飾.腰飾), 두발.두식(頭髮.頭飾), 관건(冠巾), 대.침.혜(帶.枕.鞋), 건축(建築), 풍수도(風水圖), 가.여(駕.輿), 악기(樂器), 의장구(儀杖具), 무구(武具), 신체불상(神體佛像), 문방구(文房具), 탈(假面), 풍속(風俗), 반상(盤床), 등롱(燈籠), 기맹(器皿), 인체(人體), 시각.방위(時刻.方位), 마종(馬種), 상상생물(想像生物)"(金三不, 1949.11.15) 등으로 열거되었던 『국문학참고도감(國文學參考圖鑑)』은 분명하게 민속학의 내용으로 구성되어 있음을 알 수 있다. 우연한 만남일까. 6·25전쟁 도중에 월북한 김삼불이 구성하였던 민속학은 해방 후 먼저 평양에 안착하였던 한홍수가 제안했던 민속학(러시아어의 에트노그라피야가 번역됨)의 내용과 동일한 궤적을 보이기도 한다.

국문학 측의 이러한 노력이 근간이 되어서 6·25전쟁 이후 50년대부터 민속학은 국문학 계열의 한 줄거리를 이루었던 과정을 보여주고 있다. 그것이 잘못되었다고 말하려는 것이 아니라, 무주공산에 깃발을 먼저 꽂은 사람이 임자가 되는 형국이 전개되었음을 말하고 싶다. 국어국문학회에서는 기관지 〈국어국문학〉 제18號에 다음과 같은 내용을 게재하였다. 民俗學特輯, 연구: "山臺都監劇의 成立에 對하여"(李杜鉉), "韓國民謠의 形式과 韻律"(任東權), "俗談에 나타난 文學의 影響"(李勳鍾), 자료: 鳳山탈춤臺詞"(任晳宰), 畵報: "楊州山臺놀이 서울 公演寫眞"(國語國文學會 1957.12.31). 김삼불이 제시하였던 항목들이 생활문화의 범주에 속한다는 점을 감안하고, 다음에 이어지는 문제에 대하여 고려한다면, 어떠한 방법론을 적용할 수 있는지 자못 심각한 문제에 봉착하게 된다. 국문학 쪽에서 주인 잃은 민속학을 챙겨주었음에 대한 고마움도 있지만, 송석하에 의해서 '제삼의 조선학'으로서 등장하였던 민속학의 행방이 방향감각을 상실하게 되지 않았나 하는 염려도 있는 것이다. 후일 민속학이 그야말로 영어표현의 folklore에 충실해야 하는지, 아니면 생활문화 전반을 다루는 일본 스타일의 민속학으로 탈바꿈해야 하는지 논쟁들이 드러나기도 했기 때문이다.

2) 유산(遺産)으로서의 송석하

"(1948.8.4)석남 송석하 군을 가보았다. 3, 4일전부터 구역이 나고 신열이 올라 얼굴빛이 못되었다. 정신은 좋다"(李秉岐 1976.4.15: 600). 석남이 오후 3시 15분 별세 두게, 동빈 예동(汭東)의 여러 친구가 모였었다. 밤에도 자정까지 있다 왔다"(李秉岐 1976.4.15: 600), "(1948.8.7) 석남 호상소에 가서 명정을 썼다. '석남 송석하 지구(石南 宋錫夏 之柩)'라고"(李秉岐 1976.4.15: 600), "(1948.8.9) 오전 8시반 석남 출상. 그 집으로서 민족박물관 전정(前庭)에서 영결식을 10시부터 하여 11시 마쳤다. 우인 대표의 조문을 읽었다. 그리고 수구하여 망우리(忘憂里)묘지로 나갔다"(李秉岐 1976.4.15: 600). 송석하가 사망했던 1948년 8월초, 영결식이 국립민족박물관에서 거행되었다. 국립민족박물관 직원대표로서 이복기(李福基, 1949.4.10), 우인대표로서 이병기(李秉岐), 그리고 손진태가 학계 대표로 각각 조사를 낭독하였다. 송석하 타계 후 국립민족박물관은 지속적으로 운영되고 있었음을 관보의 관람료에 관한 안내가 다음과 같이 알려준다.

"국립박물관급동분관(國立博物館及同分館) 및 과학관(科學館), 국립민족박물관(國立民族博物館) 관람료(觀覽料) 일반(一般) 30圓, 학생(學生) 20圓, 단체(團體)(一般 定額, 學生.軍人.警察 一人 10圓) 1950.3.30附"(官報 321號 1950.4.6).

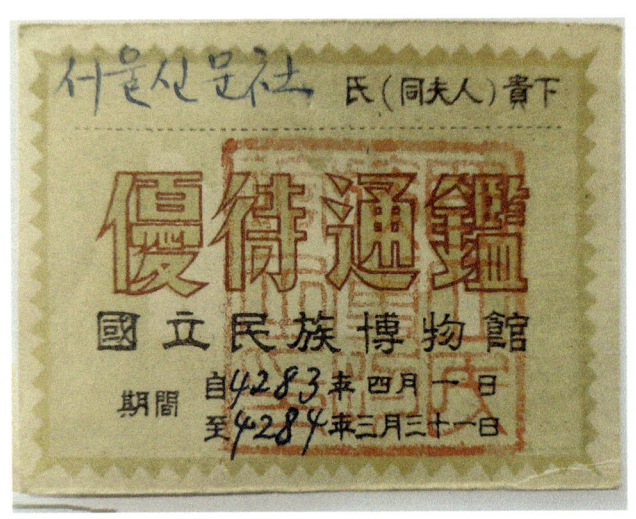

사진115. '가로 8.8㎝, 세로 6.6㎝ 크기의 우대통감(優待通鑑)으로서 박물관측에 발행해 준 일종의 출입증과 같은것이다. 국립민족박물관이란 서체가 분명하고, 기간이 "4283년 4월 1일부터 4284년 3월 231일으로 기록되었다.(화봉문고 소장)

이즈음 관장은 동국대학 교수 김효경(金孝敬, 1904-?)이 맡았고, 6·25전쟁 발발 후 김효경이 납북된 뒤(전경수, 2015.6.30b), 1952년 6월에 찍은 부산의 소개지에 소재했던 국립박물관 분관장회의 사진에 '김호탁(남산분관장)'(장상훈 2019.6.)이라는 기록이 등장한다. 즉 국립박물관 직제상으로 남산분관이 설립된 것은 6·25전쟁의 발발과 서울 수복 후라는 점이 분명하다. 1950년 7월 초 당시 국립민족박물관장 김효경은 납북되었고, 그해 12월 임시수도 부산으로 피난했던 국립박물관이 국립민족박물관을 흡수한 것으로 생각된다. 당시 부관장을 역임하였던 김정학(金廷鶴)은 미국 유학 중이었으며, 그의 흡수와 관련된 일말의 반대 목소리에 누구도 귀를 기울이지 않았다. 국립박물관 남산분관의 전신은 국립민족박물관이었다. 남산분관의 국유재산과 그 관리가 국립박물관에 부치됨은 자명한 일인데, 그 국유재산들 특히 공문서와 관련 자료들의 행방에 대해서 모호한 상태임에 관해 설명이 있어야 할 것이다. 현재까지 국립중앙박물관이 단 한 번이라도 남산분관의 국유재산을 명확하게 정리하여 밝히려는 시도를 제대로 해보았는지에 대한 질문을 하고 싶다. 동족상잔의 비극 속에서 사라진 국립민족박물관의 족적을 소상하게 밝히는 작업도 커다란 과제로 남아 있다.

송석하의 영결식 당시에 손진태의 "우리 조선민속학회(朝鮮民俗學會)에 남은 동지들은 선생의 유지를 받들어…"(孫晉泰, 1949.4.10: 171)라는 이 한마디로 조선민속학회가 명목상의 존재였음을 알 수 있다. 그 후 조선민속학회의 이름으로 어떤 행동도 없었음은 움직일 수 없는 사실이다. 1932년 송석하의 창안으로 발기 및 조직되었던 조선민속학회는 1948년 송석하의 사망과 함께 조종을 울렸음을 알 수 있다. 아이러니라고나 할까, 조선민속학회가 하였던 것보다는 훨씬 더 깊이 있게 민속학을 직업으로 하였던 송석하의 업적을 생각하고 재정리하고, 재독하고, 그 의미를 충실하게 독해하는 것이 후속세대들에게 남겨진 과제다.

후속세대에 전승된 영향이라는 점에서도 송석하 개인이 조선민속학회보다도 월등한 역량을 발휘하였다고 평가할 수 있다. 민속학을 직업으로 하였던 송석하와 민속학을 부업으로 하였던 여타의 다른 연구자들과는 차원이 다른 학문적 생산력을 발휘하였음에 대해서 겸허하게 다가서야 한다. 식민지 시대 송석하에게 민속학은 역사학 및 어문학과 어깨를 나란히 견주었던 조선학의 일익(一翼)이었다.

"1936년 8월 31일 석남이 발굴한 봉산탈춤을 전국 중계 방송하려 석남과 일본어 아나운서 안도(安藤)와 총독부 문서과 무라야마 지준, 오청과 함께 사리원에 가서 봉산탈춤을 처음으로 보았다. 우연히 그리 온 임석재 선배와 만났다"(이혜구 2007.7.23: 83). 동일한 내용을 필자의 인터뷰에서는 다음과 같이 표현하였다. "사리원 탈춤을 송석하의 소개로 경성방송국에서 전국 중개하도록 되었다. 일본인 아나운서 안도와 함께 갔다. 총독부에서는 무라야마와 오청(吳晴)이 왔고, 임석재씨는 선천에서 왔다. 대본은 오청과 임석재가 작성하였다. 오청이 한글로 번역하는 일을 맡았다"(2008년 7월 7일 오후 2시-3시 이혜구 선생 인터뷰 선생 댁에서, 음악대학 황준연 교수 동석).

오청은 무라야마의 조수 역할을 했던 총독부 촉탁직 신분이었다. 임석재는 성대(城大)의 스승인 아키바(秋葉)의 연락을 받고 참석한 것(임석재가 아키바의 조수를 하였다는 이토 아비토의 증언이 이런 부분을 말하는 것으로 생각된다)이며[112], 말하자면, 주최 측으로 볼 때 임석재

---

112 임석재는 경성제국대학 법문학부에서 아키바의 강의를 수강하였다. 과목명은 '사회학연습'이며, 수강 시기는 1927년 가을학기였다(김필동 교수가 제공한 경성제국대학 법문학부 학수부의 자료를 참고하였음).

는 주역으로 참석한 것이 아니었다고 생각된다. 그 결과 극의 대본을 정리하는 오청(1898년생)의 작업에 동참하였던 임석재(1903년생)의 입장을 확인할 필요가 있다. 이혜구(1909년생)가 임석재와 송석하(1904년생)를 대하는 방식의 차이도 분명하게 드러난다. 이혜구가 임석재를 선배(경성제대의 선배를 말함)로 대한 것과 달리 송석하에 대해서는 깍듯이 선생님으로 대하였다. 후일 회고담에서 '송형'이라고 지칭하는 부분도 보인다. 봉산탈춤의 중계를 주선하는 입장으로 갔던 송석하와 아키바의 부름으로 참석하였던 임석재의 입장 차이에 대한 인식이 당시 상황을 입체적으로 조명함에 도움이 된다.

임석재가 송석하보다도 나이는 한 살 위이다. 그러나 학계의 상황은 연령과 관계없음이 분명하게 인지된다. 임석재의 진단학회 입회(1939년)도 송석하의 소개를 통하여 이루어진 것이고, 임석재가 조선민속학회에 후속으로 참석하여 『조선민속』에 논문을 싣고 『관광조선』에 글을 게재하는 점들을 감안한다면, 후일 임석재가 진단학회위원장과 국립민족박물관장을 역임했던 송석하를 지칭하여 '딜레탕트'라고 폄하하는 지적에 대해서는 결코 동의하기가 어렵다. 팍크매너(Fachmanner)는 지식 또는 이론을 생산하는 반면에, 딜레탕트(Dilettanten)는 이미 사실로서 인정된 것에 기여하는 수준이다(Zimmerman, 2001: 134). 단어의 의미를 정확하게 풀어서 설명한다면, 팍크매너는 전문가(expert)라는 의미이고, 딜레탕트는 아마추어를 말한다.

송석하는 당대 조선 민속학의 전문가였다. 양자를 대조한다면, 임석재가 오히려 딜레탕트가 아니었을까? 특히 가면극 분야에서는 분명하게 새로운 자료를 발굴하고 자신의 이론을 구축한 과정과 결과를 보여주고 있다. 자신의 연구 분야를 민속학의 전반으로 확대하여 대중 계몽을 위해서 노력하였음도 분명하게 드러나고 있다.

송석하의 학문적 업적을 이해하기 위해서는 사상 탄압과 경찰 감시를 포함한 식민지적 폭력 상황이 진행되었던 점도 감안하지 않을 수 없다. 동시대를 살았던 임석재가 송석하에 대해서 그러한 평가를 한다는 점에 수긍하기 어렵다. 임석재는 총독부가 창씨개명 정책을 실시하기 이전부터 일본인 이름(眞木 林-마키 린, 맡길 임의 발음과 연동됨-필자 주)으로 총독부의 기관지인 『조선』에 몇 편의 글을 기고한 사실이 있다. 그런 시대를 함께 어렵게 살았던 사람으로서 더 명확한 사실에 입각하지 않고, 제대로 평가 책무를 저버리고 상대를 폄하하는 태도는 이해하기 어렵다.

"석남은『진단학보』에의 기고 청탁 후 얼마 안되서 조명기박사(1905생)가 주간하는『학풍』창간호에 기고해 달라고 해서 내수동 큰 형수댁에 우거하면서 '한국의 구기보법'(1948)을 썼다. 이 같이 송석하 선배는 그의 박식과 열성으로 나를 계몽하고 한국음악연구의 길로 이끌어준 고마운 분이다…송석하 선배의 원고 청탁으로 '여민락고'와 '한국의 구기보법'을 집필한 것이 방송국장의 행정직을 그만두고 대학교수를 택하는 동기가 되었다"(이혜구, 2007.7.23: 87). 조명기가『학풍』의 주간을 맡았고 송석하가 원고를 수집하려 노력하였다는 사실과 송석하가 위원장을 맡았던 진단학보의 편집을 담당했던 유홍렬을 엮어서 생각해 보면, 하나의 또 다른 그림이 다가온다. 이들은 모두 경성제대 시절의 아키바 타카시와 밀접한 관계를 맺고 있었던 인물들이었다.

"우리나라에서 최초로 '인형극꼭두각시'를 조사하여 일본의 민속예술지(2-4, 地平社書房 발행) 1929년 4월호에 '조선의 인형지거(朝鮮の人形芝居)'를 발표하였다. 경성제국대학 조선어문학과 출신 김재철(金在喆)에 의하여 1932년 동광(東光) 11월호에 '조선인형극꼭두각시'가 발표되기 3년 전의 일이다. 송석하는 이어서 '조선의 민속극(朝鮮の民俗劇)'을 1932년 8월호 일본의 민속학(民俗學)(4-8)지에 발표하였고, 또한 세계 유일의 인형극전문지〈계간인형지거(季刊人形芝居)〉4호(1933년 12월 발행)에 '박첨지극에 대한 수삼고찰(朴僉知劇に對する數三考察)'을 발표하였다. 그는 이러한 논문의 성과로 1933년 평범사(平凡社) 발행의 세계대백과사전(世界大百科事典)17권(卷)에 '조선의 연극(朝鮮の演劇)'을 수록하게 되어 한국의 대표적인 민속극학자로 인정을 받게 되었다"(崔鍾彩, 2002.4.: 131)

이러한 평가는 정당하게 받아들여야 한다. 유고로 간행되어 문교부의 교과서에 실렸던 우리나라의 연극(演劇)(宋錫夏, 1950.4.)은 단순한 사적 개관에 그친 것이 아니라 가면극을 기초로 한 한국연극의 대통이라는 점에서 앞으로 재조명되어야 할 부분이다. 일제 식민지 시대에 간접적이었지만 저항예술의 의미를 담았던 가면극이 어떻게 현대적인 연극으로 재창조되었는가 하는 과정은 현재 글로벌화가 진행되는 한국예술의 뿌리와 기둥의 실체를 밝혀줄 수 있을 것으로 예상한다. 사회구조적인 관점에서 가면극의 반란 의례적 성격을 성실하게 검토하고 분석할 필요가 있다.

유산이라 함은 화석을 말하지 않는다. 화석은 생명이 끊어진 상태이고, 유산은 현재를 살아가는 사람들 속에서 기능하는 현상이다. 화석화된 문화를 문화유산이라고 말하지 않는다. 문화유산은 전승과 획득이라는 과정의 결과에 따라 존재하는 것으로서 현재를 살아가는 사람들의 능력에 의해서 세대 유전이 가능하기도 하고 단절되기도 한다. 내가 사용하고 있는 호미가 현재 우리의 살림살이 속에서 제대로 기능하지 못하게 되면, 호미라는 유산은 폐절되는 것이다.

교육이라는 현상이 문화전승과 문화획득이 결합한 문화 과정의 중요한 형식이라는 점을 감안하면, 현재 진행되고 있는 문화유산과 관련하여 교육에 대한 생각을 깊이 있게 하지 않을 수 없다. 병마와 사투를 벌이던 병상의 송석하는 임종 전 해에 후세들을 향하여 '내 머릿장백이를 딧고 올라서라'라고 발원성 주문(呪文)을 하였다. 이 한마디의 주문을 풀어쓰면, 그것이 문화전승과 문화획득의 과정을 말하는 것이다. 연구도 연희도 모두 문화과정을 위한 한통속의 서로 다른 역할들이다. 연구 따로, 연희 따로가 아니다. '송민'을 왜 계승해야 하느냐 하는 문제는 이미 분명하게 짚어졌다. 어떻게 계승할 것인지에 대해서 구체적인 나의 목소리를 적으려고 한다.

학문은 축적에 의해 진행되는 현상이다. 축적을 위해서는 누군가에 의해서 계승되는 작업이 필수적이다. '송민'은 과연 제대로 계승되었는가? 송석하의 업적을 계승해야 할 주체는 누구인가? 이러한 문제가 대단히 아쉬운 상태로 남아 있기에, 필자는 한 가지의 사례를 들어서 이 문제를 환기하고자 한다. '송민'이 많은 시간과 노력을 투입했던 연구 분야 중의 하나가 가면극이었다. 1960년에 통영오광대 대사를 발표했던 이민기(李玟基, 1960.8.31: 161-172, 당시 통영여고 교감이며 시인이었음-정상박 교수의 교시)와 1970년 7월 통영오광대에 관한 자료를 수집하였던 이두현과 강용권의 보고가 어느 정도 송석하가 시도하였던 통영오광대에 관한 관심을 계승하려는 노력이 있었는가 하는 문제다. 당시 "작고연희자 장재봉(張在奉, 1899년생)과 구삼봉(具三奉, 1899년생)과 현연희자 오정두(吳正斗, 1899년생), 최선호(崔善浩, 1909년생), 김진수(金辰守, 1909년생), 김삼성(金三成, 1911년생), 이상래(李祥來, 1912년생), 박준홍(朴準烘, 1913년생), 유동주(劉東柱, 1917년생), 문창섭(文昌燮, 1918년생) 등의 명단을 제시하였으며, 이들은 대체로 박정부(朴正夫)와 장재봉에게 사사하였다"(이두현·강용권, 1972.12.30: 582-597)라는 이상의 기록들로부터 최소한 두 가지 사실을 확인할 수 있다.

첫째는 오정두와 장재봉의 연희기간이 35년에서 40년 동안이라고 기록한 것을 보면, 송석하가 이들과의 만남이 있었을 가능성이 상당히 높다는 점이다. 통영 출신이면서 고성오광대 연희본 채록자인 정상박(鄭尙朴) 선생의 증언에 의하면, 장재봉은 그의 형인 장용기(張容基)에게 배웠다고 한다. 이두현과 강용권이 기록할 당시 연희전승의 문제가 주된 관심 대상이 아니었다는 점을 지적하고 싶다. 문화전승의 문제를 고려했었다면, 그들은 통영오광대의 전승자였던 박정부와 관련된 질문을 하였을 것이다. 당시 연희자 중 여러 명이 박정부에게 사사하였다는 기록이 있는 것을 보면, 박정부에 대한 추적 기록을 남기지 못한 점이 참으로 안타깝다.

둘째는 연희전승자들 사이의 연령 차이로부터 통영오광대 전승의 단절 경험 가능성을 예상할 수 있다. 최소한도 10년 이상 간격이 벌어지는 연희전승자들 사이의 연령 차이가 무엇을 말하는 것일까? 통영오광대의 전승 이력은 한 번 쇠락을 경험하였고, 1920년대 후반에 부흥하는 과정의 모습을 느끼게 한다. 이는 삼일운동 후 총독부의 소위 문화정책과 조선인들의 자기 발견을 위한 과정으로서의 문화운동의 일환이었다고 할 수 있다. 그 과정에 송석하가 통영오광대를 만났던 것이다. 당시 송석하가 전승의 문제를 생각할 겨를이 없었던 모양이었던 것처럼, 40년 뒤인 1970년의 이두현과 강용권도 정부가 주도한 문화정책에 따른 대본채록에만 급급했던 모양이다. 전체를 보려는 안목이 부족했던 것이 사실이다. 결과적으로 통영오광대라는 문화유산은 춤사위와 대본을 중심으로 한 화석화에 가까운 모습으로 드러나게 된 것이며, 그 변화 과정을 제대로 추적할 수 있는 전승 계보의 상실을 노정시켰다.

가면극이나 오광대에 관해서 문외한인 필자가 만시지탄과 송구스러움의 감을 갖고, 이 문제를 심각하게 거론하는 데는 이유가 있다. 필자는 문화와 문화변동을 연구 주제로 반세기 이상 인류학을 연마하였다. 문화변동이라는 현상은 필연적으로 문화전승의 문제를 다루지 않을 수가 없으므로, 통영오광대라는 주제가 갖는 문화전승의 문제가 인류학적으로 중대한 관점을 제공할 수 있다는 신념을 갖고 있다. '송민'으로부터 계승할 수 있는 연구 전승의 맥락으로서 가면극이 갖고 있는 연구 과정의 파괴력이 분명히 존재한다. 왜냐하면, 그것은 이 땅에서 살아가고 있는 사람들의 문화유산이기 때문이다.

화석화(fossilization)와 유산화(heritagezation) 사이의 차이는 무엇일까? 송석하가 남긴 주문에 그 답이 있다. 자신을 딛고 올라서라는 내용이었다. 연구도 전승이고, 연희도 전승이라는 점을 확인한다면, 분명히 '송민'은 연구만이 아니라 실천, 즉 유산화의 실천에도 뜻을 두고 있었다는 점을 알 수 있다. 화석화와 유산화의 차이는 현재를 살아가는 사람들과의 호흡 공유라는 기준에서 찾을 수 있다. 여기에는 시간이라는 변수도 작용한다. 과거와 미래 사이의 밀고 당기는 시간의 힘이 문화유산에 개입하게 마련이다. 그렇기에 진리로서의 무상(無常)이 상수로 작용한다. 현재를 살아가는 사람들과 호흡을 공유하는 정도가 희박할수록 문화는 화석화의 길로 접어드는 것이고, 그 정도가 강력할수록 유산화로 근접한다. 화석화와 유산화는 살림살이라는 하나의 연속선(continuum) 선상에 존재하는 양 끝이다. 현재를 살아가는 사람들의 살림살이에 기여하는 정도의 차이라고 말할 수도 있다.

봉산탈춤에서 드러나는 저항 담론은 동래야류와 통영오광대에서도 그 저항성의 강도를 강력하게 발산한다. 조선총독부의 문화 정책적 의도가 사상 탄압이라는 정책을 통하여 저항 담론의 말살을 겨냥하였음도 송석하의 진술로 분명하게 드러났다. 조선 시대에는 계급에 대한 저항을 표출하였었고, 일제 식민지 시대에는 군국주의의 압제에 대한 저항 담론으로 기능하였다. 우리는 군사 독재 시대의 저항적 가면 예술을 경험하였을 뿐만 아니라 지금은 세계화와 신자유주의의 전 지구적 압력에 대한 저항 담론의 비전이 작동하는 시대에 살고 있다. 저항 담론이 민중문화의 핵심이라는 점은 두말할 필요도 없다. 인간은 정치적 동물이라고 했다. 사회를 구성하는 본질로서의 지배와 헤게모니의 문제는 사회의 규모가 커질수록 확대될 수밖에 없고, 내부 과정이 복잡해질 수밖에 없다. 민중은 사회의 구심점이고, 민중으로부터의 저항 담론은 더욱더 강해질 수밖에 없다.

저항 담론의 에너지를 어떻게 사회구성의 핵심을 위한 영양분으로 흡수할 것인가? 이는 지혜로운 정치의 몫으로 남아 있다. 세계질서 속의 지배와 헤게모니와 2,000년

전 『위지동이전』이 그렸던 '능가선무(能歌善舞)'의 전통을 대치시키면, 오늘을 이어가는 문화유산으로서의 K-POP의 폭발력이 결코 우연한 산물이 아님을 알 수 있다. 그것은 압축적 근대화라는 정치 경제적 압력에 대한 저항 담론의 표현으로 이해해야 한다. 세상의 젊은이들이 K-POP에 호응하는 이유가 무엇이겠는가? K-CULTURE도 문화전통으로서 이론이 필요하다. 그렇지 않으면, 출현할 때의 순식간처럼 언제 거품으로 사라질지 모른다.

이론의 에너지만이 밀려오는 거품을 흡수할 수 있고, 그 거품을 새로운 에너지로 활용하는 플랫폼 역할을 할 수 있다. 끊임없이 밀려드는 거품이 유행의 동력이라는 점을 확실하게 알아야 한다. 기성세대의 성공물로 회자하는 발전의 결과가 빚은 후유증으로서의 기후변화와 환경파괴를 안고 미래를 살아가야 하는 젊은이들의 저항 담론으로서 호흡 공유를 이루어 낸 결과라고 생각한다.

문화유산은 본질적으로 미래를 지향한다. 송석하도 그 문제를 분명하게 지적하였다. 왜냐하면, 그것은 봉인된 과거로서의 화석이 아니고 오늘을 함께 살아가는 사람들이 이용할 수 있는 에너지의 일부로 존재하기 때문이다. 오늘을 살아가는 사람들이 어떻게 하느냐에 달린 것이 문화유산이 가지는 미래 가능성이다. '송민'의 유산은 현재 우리가 어떻게 연마하느냐에 따라서 화석이 될 것인가 유산이 될 것인가 기로에 있다. 정부가 주도한 70년대 문화정책 아래에서 시행되던 통영오광대 연희대본 채록도 유산화의 과정이었다. 물론 그것이 완벽하게 제대로 되지 못한 면도 있지만, 당시의 상황에서는 최선을 다했던 노력의 결과였다.

연희대본은 구전을 바탕으로 하므로, 구전을 채록하여 기록으로 남긴다는 과정에는 필수적으로 구전 내용에 대한 치밀하고도 사실적인 검증 과정이 필요하다. 필자의 과문 탓인지는 몰라도, 연희대본과 관련된 구전 기록을 검증하는 과정이 비교적 허술하였다고 말할 수밖에 없다. 동시에 계승과 비판은 동전의 양면으로서 변증법적 논리를 구성한다는 인식이 중요하다. 계승에는 항상 비판이 따르게 마련이고, 비판적 안목은 항시적으로 작동하는 것이 문화연구의 핵심이다.

필자는 '송민'을 계승하는 입장에서 송석하의 업적을 시계열적으로 분석하여 소개함으로써 연구계승의 역할을 하였으며, 동시에 '송민'이 보여준 한계와 오류에 대한 비판적 견해를 제시함으로써 변증법적 발전의 기틀을 제공하기 위한 틀을 만들려고 노력하였다. 그 결과, 연구계승이 유산화의 중요한 역할을 할 수 있다는 자신감이 본서로부터 얻어졌다고 생각한다. '천 리 길도 한 걸음부터'라고 했다. '송민'의 작은 유산들 하나하나로부터 미래를 바라보게 되면, 학사적인 작업의 축적으로 이어질 것임에 분명하고, 이 축적이 전승으로 이어지는 연구계승의 토대가 된다는 자신감이 있다. '송민'의 비판적 계승이 미래 세대에게 주어진 작업임은 분명하다.

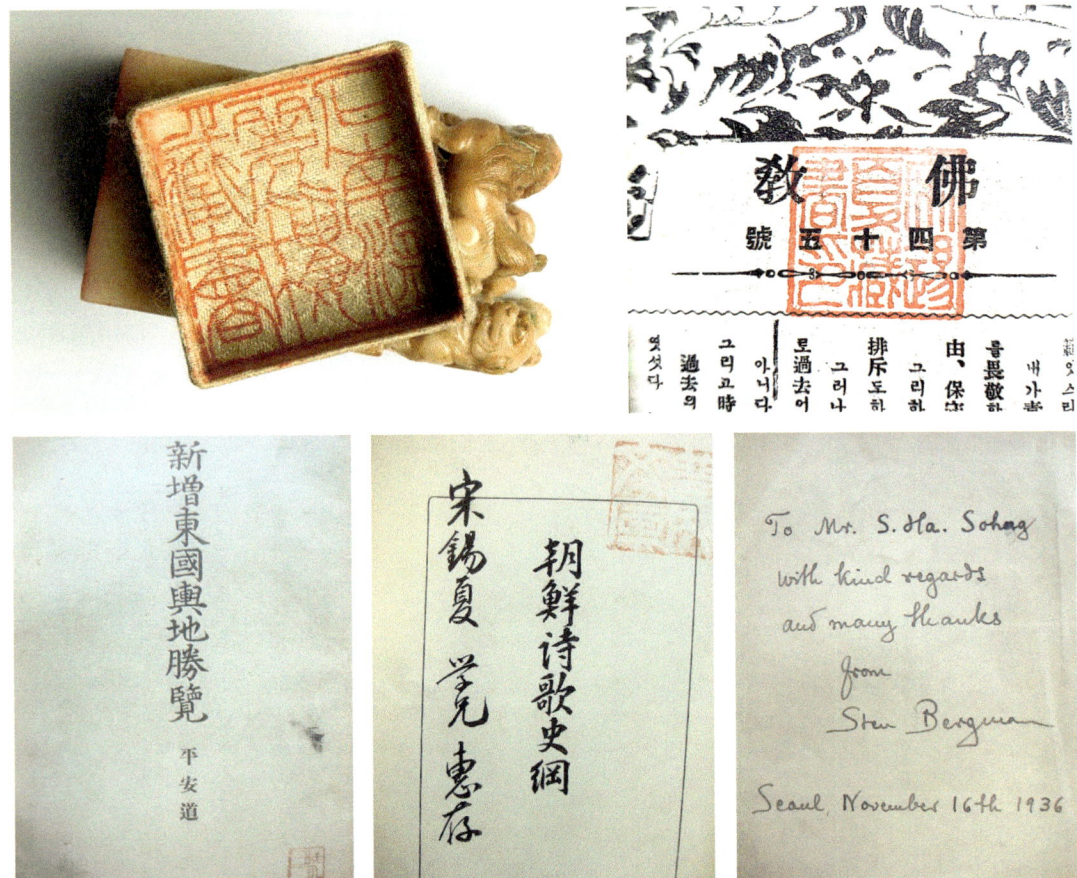

사진 116, 117, 118, 119. 상단의 두 사진은 송석하의 장서인(石南宋錫夏藏書)을 보여준다. 장서인 실물(상단, 좌)은 현재 국립민속박물관에서 소장하고 있다. 상단의 오른쪽 사진은 또 다른 장서인이 찍힌("宋錫夏藏書印") 잡지 『佛教』이다. 하단의 좌측은 방종현이 송석하에게 기증한 서적, 하단 중앙은 경성을 방문하였던 스웨덴의 박물학자 스텐 베리만(Sten Bergman)이 송석하에게 기증한 자신의 서적, 하단 우측은 "石南"인이 날인된 〈新增東國輿地勝覽〉(平安道篇)이다. 이상의 사진들은 근대서지학회 회장 오영식 선생께서 제공하였다.

이상의 장서인이 찍힌 서적과 기증본들은 모두 현재 보성고등학교 도서관에 소장되어 있다. 이두현의 증언과 "석남장서는 질적으로나 양적으로나 고 해원(황의돈) 장서와 막상막하였으며, 다만 석남장서는 민속학과 서지학 관계를 위주로 수집하였고, …1948년에 석남이 작고한 뒤에 그의 장서는 간송 전형필 씨가 인수하여 혜화동에 있는 보성중고등학교 본관 옆에 서고를 새로 짓고 도서전시를 하였는데…전란중에 일부분이 산실되었다고 한다. ..황 모씨가 xx중고교의 도서책임자임을 악용하여 도서관 장서를 대량으로 불법인출하여 사복을 채웠다"(李謙魯, 1987: 73-77 참조)라는 기록이 이를 뒷받침하고 있다.

이두현의 증언에 의하면, 6·25전쟁 전에 보성학교에 석남의 장서가 있었다. 선배가 그곳의 교사로 있었기 때문에 그것이 석남에게서 넘어온 장서라는 소개를 받았다. 1920년대 서양에서 발간되었던 인류학 관계 원서들이 많았다고도 증언하였다. 필자는 이러한 기록과 증언들을 바탕으로 간송미술관을 비롯한 여러 곳을 수소문한 바 있으나, 기대에 미치지 못하는 결과만 남은 상태다. 이렇듯이 석남이 요절하는 바람에 그의 자료들은 산일되는 운명을 맞았다고 생각할 수밖에 없다. 그러나 아직도 자료는 더 찾아볼 수 있는 여지는 있다.

3) 제3의 조선학

필자는 송석하의 민속학이 추구하였던 목표가 '제삼의 조선학'에 있었다고 생각한다. 그가 조선민속학회의 결성에 선구적이었고, 분위기 조성에 박차를 가하였지만, 주위에서의 협력이 송석하의 이상과 집념을 따라 주지 못하였다. 대표적으로 손진태가 보였던 태도는 비교적 소극적이었다고 말할 수 있다. 그 이외의 인물들은 일본인들보다도 적극적으로 참여하지 못하였다. 상속받은 지주로서의 부를 축적하고 있었기 때문에, 송석하는 민속학을 직업으로 하였다고 말할 수 있다. 그 이외의 연구자들은 먹고살기 바쁜 직업에 밀려서 송석하 정도로 민속학을 할 수 있었던 사람이 단 한 사람도 나타나지 않았던 것이 사실상 조선민속학회의 진행 과정이었다. 어문학과 역사학

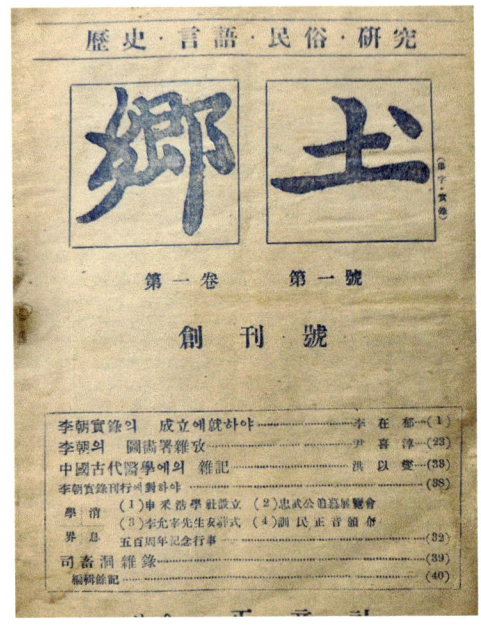

사진 120. 1946년 7월 15일 발행된 <향토> 창간호의 표지(화봉문소 소장)

에 이어서 조선학을 대표할 수 있는 분야로서 성장할 수 있는 재목인 생활문화를 배경으로 하면서도 제대로 이루어 내지 못하였던 점은 상당히 유감스러운 상태다. 해방과 아울러서 송석하가 진단학회의 위원장을 맡았을 때도 기회는 있었다. 인류학이란 새로운 학문에로의 편승 기회가 마련되면서 민속학을 심화할 기회는 물리적인 시간이 허락하지 않았던 것으로 보인다. 사계와 대중의 요청에 부응하는 노력으로 인하여 스스로 민속학을 추구할 여력도 없었다. 게다가 지병으로 인하여 병마와 싸워야 했고, 결국 44세로 조사하고 말았다. 민속학이 '제삼의 조선학'으로 자리를 잡았다는 결실은 월간잡지로도 드러났다. 월간잡지 <향토(鄕土)>의 제1호 앞면 표지에는 "역사 언어 민속 연구지"라는 표제가 붙었다. 역사학과 언어학에 이어서 민속학이 조선학의 대표로 등단하였다. <향토>는 편집인 홍이섭과 발행인 최영해로 하여 1946년 7월 15일 창간되었다.

본서에서는 송석하가 제삼의 조선학으로서 민속학이라는 희망의 씨앗을 뿌렸고 싹이 돋았음도 증명하려고 노력하였다. 송석하의 노력으로 인하여 판은 마련되었다. 그러나 주변의 협력이 미약하였고, 후계 구도가 조성되지도 못하였다. 최상수로 이어질 것같은 기색이 있었지만, 그것도 여의치 못한 상태로 현재에 이르고 있다. 후일 경희초급대학 강사라는 직함으로 발표한 논문에서 "1935년에 실지조사를 하였다"(崔常壽, 1965.12.10)라고 진술하면서, 송석하에 대한 언급이 전혀 없음에 의문이 간다. 최상수의 한국민속학회(1954년 설립)가 발행한 『민속학보(民俗學報)』 1집(1956년 발행)에서 손진태와 송석하의 글들을 게재한 사실이 있다. 송석하는 이미 1948년에 작고하였고, 손진태는 6·25전쟁 중 북조선으로 납북되었음을 감안할 때, 최상수의 의도에 대하여 생각할 점이 있다.

조선민속학회의 주역이었던 송석하와 손진태라는 점을 생각하면, 최상수의 한국민속학회는 조선민속학회를 자의적으로 승계하고 있다는 표현일지도 모른다. 그 잡지의 휘보에 "송석하씨 민속학연구집 발간계획"(p. 195)을 밝히고 있지만, 그 계획은 성사된 바가 없었다. 따라서 앞으로 송석하에 관한 구체적인 또 다른 연구는 최상수가 남긴 자료들 속에서 연장될 수 있을 것으로 생각한다. 단 최상수가 남긴 자료에는 석연치 않은 사실관계의 문제들이 내재하고 있음(전경수, 1999.12.25: 108-109)도 주의해야 할 점이다. 그러나 최상수에 대해서는 반드시 심층적인 검토가 필요하다.[113] 최상수를 위한 것

---

[113] 최상수의 저서와 글들이 적지 않다. 부분적이지만 『한글』에 게재된 것들을 아래에 소개한다.
1938.7.1 "때읊음 몇글재", 한글 6(7):52.
1938.7. "첫여름 — 시", 한글 6(7)
1938.7. "첫여름의 아침 — 시", 한글 6(7)
1938.7. "京城四時 타령 — 시", 한글 6(7)
1938.7. "意氣 — 시", 한글 6(7)
1938.9.1 "시골말", 한글 6(8): 24.
1938.12.1 "朝鮮말 地名", 한글 6(11): 29.
1946.4.1 "시골말", 한글 11(1): 44-45.
1946.5.1a "朝鮮地名의 傳說(一)", 한글 11(2): 50-52.
1946.5.1b "관촉사의 미륵", 한글 11(2): 56.
1946.9.15 "朝鮮地名의 傳說(二)", 한글 11(4): 51-56.
1946.11.30 "한글날", 한글 11(5): 58.
일제말기에 이미 두 권의 저서가 발행되었다. 〈朝鮮の傳說〉(250페이지)은 1944년 9월 조선어연구회가 발행하였고, 〈女の學校〉(226페이지)는 토요노 미노루(豊野 實)라는 창씨명으로 大同印書館이 1944년에 발행하였다.

사진 121 & 122. 최상수의 저서 〈여학교〉와 〈조선의 전설〉

이 아니라 애매모호하게 남겨진 자료들의 분명한 해석을 위함이다.

4) 기존 비평에 대한 비판

본고를 작성하는 과정에 발견되었던 또 다른 문제 중의 하나는 연구자들의 연구 태도와 관련된 것이다. 조선민속학회와 관련된 문제는 기본적으로 적지 않은 일본어로 된 자료들을 대하지 않으면 안 되는 상황이다. 따라서 일본어에 능숙한 일본 유학 경험자들이 이 분야의 연구에서 집중도를 높이는 것은 당연한 일이다. 문제는 그러한 상황에 놓여 있는 일부 인사가 일본에서 배운 일본식 단어와 개념들을 무비판적으로 수용하여 맥락이 다른 시간과 공간에 적용하려는 행태를 보이는 점도 관찰되었다. 학문적 식민주의(academic colonialism)의 연장전을 보는 것 같아서 안타까운 마음을 금할 수 없다. 그러한 현상이 발생하는 원인은 이미 여러 곳에서 습득된 바 있다. 전체를 보려는 노력을 하지 않기 때문에, 발생하는 일반적인 현상이다. 부분에 안주하면, 학문은 그것으로 자멸한다. 그렇기에, 학문이라는 현상은 경계가 없다. 전체를 보려는 노력은 끊임없이 연장되어야 한다. 그러한 과정에서 모방이 축적되고 창조적인 작품이 등장하는 것이 일반적이다. 모방이 저절로 창조로 이어지는 것은 결코 아니다. 모방에서 창조로 전환하는 계기에는 임계치에서 발생하는 일종의 역치적(閾値的 liminal) 경험이 필수적이다. 바로 그 시점에 비판적 안목이 동반된다.

송석하에 대한 기존의 비평들에 있어서 특히 문제가 되는 점을 네 가지만 지적하고자 한다. 이미 기록한 부분과 중복되는 부분이 있는 것을 알면서도 결론 부분에 이 문제를 요약 정리하고자 한다. 첫째, "송석하의 연구는 역사민속학과는 별 상관이 없는 것으로 보인다"(주강현, 2003.9.10b: 53)라는 지적이다. 송석하의 신라사와 관련된 글들에 대해서는 어떻게 생각하는가? '역사민속학'이란 도대체 무엇인가? 그 개념과 범주가 불분명한 것이 아닌가? "석남의 민속학이 일반적 의미에서의 딜레탕트적인 민속학이었다"(주강현, 2003.9.10b: 53). 숭어가 뛰니까 망둥이도 뛴다고 했던가? 선학들의 업적에 대해서 진지한 정독과 숙고의 과정과 결과를 배경으로 하지 않는 표현은 가능한 삼가는 것이 여러모로 낫다고 생각한다. 딜레탕트라는 표현은 임석재가 1960년에 사용하였는데, 주강현은 그것을 인용하였는가 아니면 저자 자신이 그렇게 생각하고 있는가? 인용하였다면 분명하게 인용부호를 붙여서 표시해야 할 것이 아닌가? 자신의 평가에 의한 표현이라면, 왜 그러한 평가를 하는지에 대한 의견을 피력해야 한다.

둘째, '송석하=조선의 코데라'라는 식으로 송석하를 동경의 연구자 중에서 단 한 사람에게만 고정하여 학문적 교류 관계를 고찰하는 것은 송석하 민속학을 코데라의 지정학적 속령으로 위치시키는 결과를 초래한다. 마치 그것이 송석하가 고대하였던 것처럼 설명하는 인식 자체가 지극히 식민주의적이다. 송석하가 조선민속학회를 창립하였을 때, 창립 회원들과 공유하였던 문제의식의 하나는 레퍼런스일 것이다. 그들은 도쿄에서 진행되고 있었던 민속학회와 민속예술의 회에 대해서 소상하게 알고 있었다. 전자가 발행하였던 『민속학』과 후자가 발행하였던 『민속예술』이 그들의 모델 역할을 하였다고 생각해서 무리가 없다. 이처럼 당대 민속학이란 학문에 관심을 갖고 있었던 조선의 지식인들은 도쿄라는 제국의 중심지를 벤치마킹하고 있었다. 송석하가 코데라 한 사람하고만 교류하였다고 생각하는 것은 독서와 공부가 부족한 데에서 기인한다.

사실상 송석하는 코데라 이외에도 가면극과 민속예술 분야에서 네 사람 이상의 연구자들과 학문적으로 깊게 교류하였다. 그 구도에 대해서 구체적으로 정리해 보는 것이 앞으로의 연구에 도움이 될 것이다. 송석하와의 교류라는 문제를 시계열상으로 정리하면, 코데라 유키치(小寺融吉, 1895-1945)-이이츠카 토모이치로(飯塚友一郎, 1894-1983)-난에 지로(南江治郎, 1902-1982)-인나미 코이치(印南高一, 1903-2001)가 된다. 전자의 두 사람은 송석하보다도 10년 정도 연상이고, 후자의 두 사람은 송석하와 연배가 비슷하나 송석하보다는 연상이었다. 코데라는 민속무용, 이이츠카는 연극학, 난에는 가면극과 인형극, 인나미는 연극이라는 각각 세분한 전문 분야가 있었고, 조선에서는 송석하 한 사람이 내지의 네 전문가와 맞대응하였던 것이다. 학문적 교류라는 차원에서 생각하면, 송석하는 네 전문가로부터 폭 넓은 자료를 습득하였을 것이지만, 혼자서 북 치고 장구 치고 소리까지 해야 하는 신체적 한계도 작용하였음을 외면할 수 없다. 동시에 송석하는 조선의 관련 정보를 내지로 전달해 주는 역할을 하였다.

앞으로의 과제는 송석하와 연결되었던 이 네 소통선을 보다 더 면밀하게 분석하고 정리하는 작업이다. 그렇게 하기 위한 전초적인 작업은 위의 네 사람과 그들의 업적에 대한 심도 있는 연구가 필수적이다. 그 과정에서 송석하의 업적에 대한 재분석이 심화할 수 있고, 송석하에게서 부실하였던 점과 송석하의 장끼도 재발견될 수 있을 것이라 확신하는 바이다. 총독부사회과 공무원과 명치신궁 일본청년관 부장 그리고 조선민속학회대표 송석하, 3인의 회합(1933년 9월 27일)은 식민정책 아래 조선 탈춤의 정치적 성격 규정이라는 측면을 보여준다. 식민지통치에서 사상 문제를 가장 핵심적인 문제로 설정하였던 총독부가 동경으로 파견해야 하는 조선 대표의 민속 예술팀을 선정함에 봉산탈춤으로 대표되는 가면극을 배제하였다는 사실이 전해주는 역설에 대한 해석에 관심이 간다. 해학과 풍자라는 수단으로 저항예술의 원조로 자리매김하던 역사의 순간이었다는 점을 확인해야 한다. 송석하가 그 자리를 지키고 있었다는 역사적 순간에 대한 인식을 촉구한다.

셋째, 송석하에 대하여 딜레탕트라는 단어의 적용으로 폄하하는 평가에 대하여 반론을 제기한다. 송석하는 일제 식민지 시대 조선을 내방하였던 비엔나 민족학자 빌헬름 슈미트(Wihelm Schmidt)로부터 자신의 논문들을 출판하겠다는 제의를 받았다(1935년 6월). 또한 미군 점령지 시기 조선을 내방하였던 예일대학 인류학자 커넬리우스 오스굿(Cornelius Osgood)에게 국립민족박물관과 서울대학교박물관의 오로첸과 뉴기니 수집품들을 안내하였던(1947년 6월) 송석하였다. 제대로 성사는 되지 않았지만, 세계적인 무대와 연결될 수 있었던 유일한 조선의 민속학자가 송석하였다고 말할 수 있다. 미완의 '송석하 학문'을 점검하고 거울삼는 작업은 후학들의 몫이다. 참으로 대조적인 1958년의 두 사건을 열거하고자 한다. 아무런 관계가 없는 것 같은 두 사건인데, 학문이라는 장르와 송석하의 입장에서 보면 대단히 긴밀하게 이어져야만 하는 점을 알게 된다.

1958년 11월 본시 민속학에 관심이 있다는 분들이 모여서 우여곡절 끝에 한국문화인류학회라는 이름의 학회를 창립하였다. 과거로부터 배운 바는 한 점도 없고, 아무렇지도 않다는 듯이 천연덕스럽게. 송석하에 대해서는 일언반구도 없이. 더군다나 조선인류학회를 언급함도 없었다. 임동권 선생의 증언에 의하면, 한국문화인류학회는 그렇게 최상수가 기왕에 사용하고 있었던 '한국민속학회'라는 존재를 피해서 소극적인 이름으로 시작하였다. 그해 마지막 날(1958년 12월 31일) 진단학회의 이병도, 김두헌, 이상백 등의 발기로 서울대학교 문리과대학 강당에서 '석남송석하10주기추도식'이 개최되었다. 해방 직후 짧은 기간이었지만 경성대학의 교정에서 뜻을 함께하였던 동학들인 문리대 교수들이 마련한 자리였다. 이 자리를 만들었던 사람들은 '송석하, 비원의 서울대 교수'들이었으며, 진단학회를 배경으로 한 자리였다. 이 추도식이 의미하는 바를 새삼스럽게 거론하고 싶다.

송석하의 학문적 그림자가 그만한 대접을 받을 수 있었다는 현장이 의미하는 바를 되새기고 싶다. 그런데 1960년에 간행된 송석하의 유고집 『한국민속학』은 10주기 추도식의 연장선상에서 기획 및 출판된 것이었고, 한국문화인류학회 회장직을 맡았던 임석재는 그 책 속에서 송석하를 딜레탕트라고 평가절하하였다. 그 후 1961년에 국립서울대학교 문리과대학에 고고인류학과가 설립되었다. 일련의 연속선상에서 전개되었던 두 가지의 후속 사건들이라는 점을 상기한다면, 무지에 의한 인멸과 의도적 비의도적 은폐에 의한 단속적(斷續的)인 모습을 보이긴 하였다. 계획과 실천을 위한 필수적인 행정이라는 과정에 개입된 시간변수를 생각하면, '송민'의 정신은 어렵사리 이어졌고, 지금도 진행 중이라는 말로 마무리하고 싶다.

넷째, 송석하에게 친일파라는 굴레를 씌우려는 시도들에 대해서 한마디 하지 않을 수 없다. '송민'은 조선 가면극을 중점적으로 연구하면서, 저항 담론을 기본으로 하는 가면극의 반란 의례적 성격을 분명하게 명시적으로 지적하지 못한 것은 하나의 아쉬움으로 남는다. 문제는 조선 가면극의 반란 의례적 성격의 내용을 충분히 인지하고 있었던 송석하가 그러한 문제의식을 표면적으로 문장화하지 못했다는 점이다. 그러한 문제의식의 결여가 송석하의 책임이며 '송민'의 한계라고 종결짓는다면, 식민주의적 학문의 관점이라는 감옥에 갇힌 안목을 노정(露呈)하는 꼴이 된다. 사상 감시라는 올가미가 전천후로 작동하는 식민지의 상황에서, 과연 송석하라는 개인이 표면적이고 공개적으로 가면극의 반란 의례적 사회연극에 관한 내용을 글로 만들어 내는 것이 가능했겠는가? 감시와 탄압당하는 상황은 어쩔 수 없지만, 체포와 구금을 면하려는 생각이 은항책이 작동하는 수준을 넘어가지 않았다고 비난할 수 있겠는가? 일상생활이 어려워지는 임계치를 넘어가지 않았다고 질책할 수 있는가? 식민주의적 학문의 한계가 드러난 임계치의 수준을 중언하는 대목을 본 것으로 만족할 수밖에 없다.

지식 부족과 판단 미숙 그리고 본말전도와 침소봉대라는 언어유희의 전략으로 민속학의 선구자이자 저항 담론을 골자로 하는 가면극 연구의 개척자인 송석하를 친일파로 규정하려는 의도를 배척한다. 필자는 친일과 반일의 두 입장들을 비난하거나 경계하지 않는다. 양극의 대립 구도가 하나의 사회적 현상이라는 점을 겸허하게 받아들인다. 그럼에도 지일(知日)하는 과정의 고뇌보다도 지일로 인한 후폭풍의 고뇌가 더 쓰라린 현실을 개탄하지 않을 수 없다. 친일과 반일의 양극 구도 사이에서 지일이 방황하고 있는 안타까운 현실을 직시한다. 지일의 차원이 행동으로 실천하는 통일(通日)로 이어지기를 염원한다. 지일이 방황하는 이유는 통일의 실천으로 이어지지 못하기 때문이다. 언어도단의 현실을 극복하지 않으면 안 되는 것도 학문을 연구하는 입장의 몫으로 남아 있다. 지일의 힘이 친일과 반일의 양극 구도를 극복하지 못하는 것도 하나의 현실이다. 지일의 힘이 미약해서 벌어지는 현상이라고 생각한다.

양극 구도의 이념 몰이를 두려워하여 제대로 지일하기를 포기한다면 이념에 항복한 학문의 모습일 뿐이고, 이념의 광풍으로 지워지는 진실을 외면하는 패배주의일 뿐이다. 친일과 반일의 양극 구도를 잠재울 수 있는 지일이 제대로 자리를 잡는 것이 양극화된 친일과 반일 구도 속에서 희생되어 버린 '식민지 지식인의 고뇌'를 돌아볼 기회를 제공할 수 있다. '송민'의 궤적에 강고히 스며들어 있는 '식민지 지식인의 고뇌'라는 구도를 망각하고 조선 민속학을 논할 수 없다. 송석하와 함께 활동하였던 일제 식민지 시기 지식인들의 고뇌 공간을 확장하는 노력 없이 식민지 조선을 이해할 수가 없다. 그 확장 과정이 지일의 방법으로 자리 잡기를 기대하는 바이고, 궁극적으로는 지일의 바탕 위에서 친일과 반일의 논의가 진행되기를 바라마지않는다. 어설픈 이념의 포로에 사로잡힌 논의들이 학문이라는 탈을 뒤집어쓰고 등장하는 행태는 과감하게 척결되기를 바란다.

식민지 조선이라는 현상은 엄연히 하나의 역사적 사실로서 존재하며, 존재하는 것의 역사성이라는 현상이기에 외면할 수 없는 유산이다. 세종대왕의 한글 창제가 우리에게 하나의 유산으로 존재하듯이 식민지 조선과 식민 통치자인 일제도 유산을 구성하는 재목일 수밖에 없고, 이러한 유산들은 전체를 구성하는 한 부분으로 현재와 미래에 작동하는 것이 당연지사다. 따라서 그것에 대해서 아는 만큼 보이는 구도가 설정될 수밖에 없고, 일제 식민지 시대 조선에서 민속학자로서 활동하였던 송석하에 대해서 알기 위해서는 일본 제국과 송석하와 관련된다고 생각되는 일본의 현상들에 대해서 알아야 한다. 아는 만큼 송석하가 보일 수밖에 없다. 물론 그것이 전부는 아니지만, 상당한 정도로 영향을 미치고 있다는 점을 부정하는 것은 두 손바닥으로 하늘을 가리는 것이나 다를 바 없다. 일본에 대해서 제대로 알기를 거부하고, 조선과 한국의 역사적 현실을 논한다는 것은 어불성설이다. 외면하는 만큼 외면하는 사람이 무지하게 될 것이고, 무지의 빈자리를 독단으로 채우려는 도그마만 횡행할 뿐이다.

 더군다나 식민지 시대에 일본어로 정규교육을 받았던 세대들의 평가에 있어서, 정도의 차이를 허용할 수 있을지언정 일본의 영향에 대한 점검 없이 '패싱'을 허용하는 과정은 어불성설이다. 그 분야가 문학이든 예술이든 과학이든 관계없이, '패싱' 없는 점검이 필수적이다. 따라서 진정으로 지일하는 과정이 '송민'의 이해를 위한 중요한 바탕이라는 점을 강조하고 싶다. 지일과 친일(親日)을 혼동하는 위인들과는 대화할 가치조차 느끼지 못함을 부언한다. 아는 만큼 물든다는 궤변은 탈맥락적인 공격용 주술의 이상도 이하도 아니다.

결론

10. 자문화인류학을 향하여

뿌려진 씨앗이 싹을 올렸지만 여러 가지 이유로 제대로 성장하지 못한 것이 이 땅의 민속학이란 학문의 유산이다. 그러나 지금도 기회는 보장되어 있다. 사회과학의 여러 분야가 제대로 '제삼의 조선학'으로서 역할을 하지 못하고 있는 상황을 목도한다. 송석하의 민속학으로부터 이어진 '제삼의 조선학'이 탄탄대로로 행진하는 모습이 한국학이란 이름으로 사실상 눈앞에서 전개되고 있다. 중요한 것은 '송민'을 제대로 계승하는 것이다. '송민'을 소극적이고 수동적으로 다룰 것이 아니며, 적극적이고 능동적으로 다루는 관점을 확립해야 한다. 그렇게 하자고 필자가 제안한 것이 '제3의 조선학'이라는 개념이다. 송석하가 실천하였고, 해방 직후 진단학회 회원 모두가 인정하고 지지하였던 역사적 사실이 엄연히 존재한다. 남은 것은 후학들의 가열 찬 노력뿐이다.

일차대전 후의 글로벌 모더니티 일환으로 구도를 갖춘 식민지적 근대성(colonial modernity)이라는 조류의 연장선상에서 일본이 식민지 조선에 이식하려던 것이 하청 제국주의의 한 모습이다. 당시 세계화의 시작은 대전으로부터 촉발되었던 것이며, 일제의 하청 제국주의 아래 도탄 문화(predicament of cultures) 현상의 사례가 민속주의의 선동으로 동원되었던 소위 '향토무용민요'들이었던 것이다. 국책기조의 전환에 따라서 오락에 대한 정책적 변화에 대한 양상이 드러난 셈이다. '송민'의 전 기간이 거의 일본의 군국주의 아래에서 진행되었음에 대한 분명한 인식이 필요하다. 평화 체제가 아니라 전쟁 체제에서 전개되었던 민속학이라는 점을 망각하는 순간, '송민'이 딛고 있었던 정치 경제적 조건에 대한 인식이 흐려지게 되고, 그 결과는 오해와 오판으로 연결될 수밖에 없다.

식민주의적 정책하에서 주목되었던 놀이와 가무를 포함하는 오락이 사상이라는 점에서 감시와 탄압의 대상이 되었다면, 황도신앙을 주축으로 하는 군국주의적 정책하에서 오락은 전쟁을 지원하기 위한 인적자원으로 동원의 대상이 되었다. 혼다 야스지(本田安次, 1906-2001)가 지적한 것처럼, 예능에서 신앙이 빠지면 오락이 되는 것(本田安次 1958)이라는 구도가 대강 맞아떨어지는 현상이 극대화되었던 곳이 식민지 조선이었다는 점을 말하고 싶다. 총독부의 전시 동원의 목표가 되었던 봉산탈춤이 무대로 올랐던 것이 만들어 낸 결과는 박제화의 길이었음을 본론에서 밝혔다. 탈춤의 배경으로 역할을 했던 모닥불의 배제는 제의적인 신성성과 야성성을 앗아가 버렸고, 결과적으로 봉산탈춤은 껍데기 중심으로 엮어진 오락으로 전락하였던 과정이 군국주의 정책의 영향이었다. 송석하는 그러한 과정이 진행되고 있었던 역사적 현장에 있었다. 이러한 문제를 논의할 때, 송석하의 위치는 어떻게 설정될 수 있을까? 이 문제는 지금도 진행 과정에 있다는 점을 분명하게 인식해야 한다.

인간 송석하는 일찍 타계하였지만, 하나의 유산으로서 후학들에게 이어지고 있음을 부정할 수 없다. 그가 어떠한 의지와 의도로 어떠한 학문을 하였는가에 대한 문제는 끊임없는 토론으로 이어지는 것이 바람직하고, 또 한편으로는 그렇게 될 수밖에 없다. 학문이란 것 자체가 끊임없이 새롭게 반복-조명-해석-성찰-재해석의 과정을 되풀이하는 하나의 생명체처럼 시간과 함께 확장될 수밖에 없는 시공적(時空的, spatio-temporal) 인식론 속에서 이어져가고 있기 때문이다. 나는 그러한 학문의 현상을 무한외연적(無限外延的)이라고 생각한다.

1948년에 타계한 송석하의 학문은 하나의 과정 중에 있었다고 이해하는 것이 논리적으로 합리적이다. 미군정에 의하여 임명되었던 국립민족박물관장으로서, 그리고 서울대학교 문리과대학에 인류학과를 설치하려는 노력 과정이 포기되어야만 했던 시절의 고뇌를 생각하면, 송석하는 식민지 시대의 민속학으로부터 새로운 시대의 인류학을 지향하는 입장이었다고 생각된다. 그의 조선 민속학이 새롭게 맞이한 인류학으로 연동되기 위해서 우리는 새로운 개념을 생각해야 한다. 필자는 그것을 자문화인류학

(自文化人類學)이라고 표현한다.

현재까지 정리된 '송민'의 이해에 있어서 가장 기본적인 개념 중의 으뜸은 '민속=잔존물'이라는 인식이다. 이 점은 김광식에 의해서 세밀하게 지적된 바 있다. 예를 들면, "민속(토속)을 잔존물(殘存物)로 보는 경향", "송석하에게 고속(古俗)의 잔존물로서의 현재의 민속"(김광식, 2017.8.30: 13 & 15)으로 확인되었고, 따라서 "민속학은 '현재에도 잔존하는 원시 신앙 혹은 습관을 연구하는 학문"(김광식, 2017.8.30: 15)이라고 정리되었다. 그 핵심 단어가 영어로는 survival이며, 이 용어는 인류학의 비조 에드워드 타일러(Edward Tylor)가 사용한 것이기 때문에, 송석하의 '민속학'은 타일러류 인류학에 속한다고 말할 수 있다. 따라서 송석하가 타일러의 『원시문화』(1871)를 읽었다는 것은 확실하다. 송석하가 그 책의 페이지를 구체적으로 인용하고 있으며, 그 책의 중요한 개념인 잔존(survival)을 반복해서 인용하고 있다.

여기에서 아주 중요한 문제가 도사리고 있다. 위의 인식은 사실상 '송민'의 절반에만 적용할 수 있다는 사실이다. 송석하는 민속학이 미래의 문제에 기여할 것을 주문하였다. 그럼에도 현재까지 진행되어 온 '민속=잔존물'이라고 인식한 상태에서 한 발짝도 더 나아가지 못하고 있는 것이 현재 한국 민속학을 전공하는 분들의 현주소다. 잔존물을 통하여 보편적인 문화를 논하였던 것이 인류학의 비조 에드워드 타일러의 공헌이었다.

수동적이고 소극적인 한국 민속학계의 입장을 탈피하는 것이 보편적인 문화 개념의 수용에 달렸다는 점을 인식해야 한다. 그것이 송석하가 적기하였던 미래와 관련된 문제이다. 민속의 개념은 문화로 확산해야 한다. 송석하가 시도하였던 '제3의 조선학'으로서 민속학을 지향하는 바탕이 되고 에너지가 되는 혁신적인 아이디어가 문화의 개념에 있다는 점을 강조하고 싶다. 송석하는 과거에 갇힌 민속학만을 한 것이 아니었다. 송석하의 제시는 미래 지향의 민속학을 포함하고 있다.

송석하는 왜 당시 인류학이란 용어를 사용하지 않고, 민속학이란 용어를 사용하였을까? 두 가지 이유의 복합적인 결과라고 생각할 수 있다. 첫째, 당대의 학문을 인식하고 소비했던 관행을 생각할 필요가 있다. 이미 본문에서 잠깐 언급한 바처럼, 민족학과 민속학의 대비라는 인식이 있었다. 민족학(인류학)은 무문자사회인 미개사회를 연구하는 것이고, 민속학은 유문자 사회를 대상으로 하는 것이라는 관행이 지배적이었다. 특히 일본의 학계에서 그러한 구분이 강하게 작용하고 있었다. 둘째, 송석하가 이 분야의 공부를 독학으로 하고 있던 당시, 동경이라는 중심부에서 전개되고 있었던 이 분야의 경향에 대한 이해가 필요하다. 1925년 11월 『민족(民族)』이 야나기타 쿠니오(柳田國男)에 의해 창간되었고, 내용은 의심 없이 넓은 인류학의 내용을 반영하였다. 우여곡절 끝에 1929년 『민족』이 정간되면서 민속학회가 조직되었고, 동회의 기관지로 『민속학(民俗學)』이 『민족』을 이어서 창간되었다. 『민족』으로부터 『민속학』으로 이행하는 과정은 상당 부분 후자가 전자를 승계하는 형식을 보여주고 있다는 점에서 학문적 연속성을 지적할 수 있다. 그 내용은 인류학적이었다. 물론 당시 일본에서 인류학이란 용어가 이미 체질인류학 분야에서 선점한 용어였기 때문에, 후발 주자들은 주로 민족학(民族學)이란 용어를 사용하였다. 『민속학』을 발행하였던 민속학회가 발전적 해체를 경유하여 '일본민족학회'를 결성하였고(1935년), 그 학회의 기관지가 『민족학연구(民族學硏究)』로 등장한 때가 1936년 초였다. 거의 동시에 야나기타 중심의 '민간전승의 회'가 발족하여 별도의 활동을 전개하였다. 따라서 송석하가 이 분야의 학문에 관심을 갖고 활동을 시작하고 있었던 기간에는 민속학이 일시적으로 민족학(民族學)을 대체하는 모습을 보여준 것이 동경의 학문적 상황이었다. 송석하가 자신이 하고 있었던 학문의 정체성에 대해서 민속학이라고 지칭한 것은 이상과 같은 배경에서부터 기인하였다고 생각한다.

1935년 7월 송석하가 분명하게 자신이 집중적으로 연구와 발표를 하였던 조선 가면에 관한 연구 분야를 비교 연구하면서 인류학상의 진전이 있을 것을 피력하였다는 점에 주목하고 싶다. 즉 송석하의 학문은 출발 시점부터 타일러로부터 시작하는 인류학을 배경으로 하고 있었으며, 그가 치중하였던 민속학에 비교 연구를 접합하면 인류학으로 전개된다는 생각을 분명하게 하고 있었다. 이러한 배경과 전개 과정을 생각하였기 때문에, 나는 일찍부터 송석하의 학문은 좁은 민속학으로부터 넓은 인류학으로 진행하였다는 견해를 제시한 바 있었다.

비교 연구라는 측면에서 생각을 해보면, 손진태와 송석하는 10년이라는 시간차를 보인다. 와세다대학의 니시무라 신지 교수로부터 체계적인 인류학 교육을 받은 손진태와 독학으로 조선 민속에 심취하였던 송석하의 차이를 보게 된다. 넓은 인류학의 배경을 갖고 있었던 손진태에 비해서 좁은 민속학의 길을 밟은 송석하의 모습이다. 전쟁체제에서 '송민'에게 상수로 작동하였던 순탄치 않은 억압적 조건들에 대한 문제의식을 분명하게 하면, '송민'을 바탕으로 한 이 땅의 민속학에 대한 적극적이고 능동적인 사고의 전개가 당연한 행보일 수밖에 없다. '송민'을 전쟁체제의 질곡으로부터 해방시키는 안목이 절실하다. 군국주의에서 벗어난 '송민'의 진정한 모습을 재구성하려는 노력은 후진들의 몫으로 남아 있다. 민속학의 학문적 부흥의 계기는 탈군국주의에서 비롯된다는 필자의 주장은 허공을 향한 것이 아니다.

필자는 송석하의 민속학적 작업이 '제삼의 조선학'을 지향하고 있었다고 생각했다. 송석하는 어문학과 역사학에 이어서 조선학의 중요한 한 축을 형성할 수 있는 분야가 민속학이었다고 확신했기에, 조선민속학회를 결성하는 주인공의 역할을 하였다. 당시 어떤 다른 학문 분야도 하나의 독립적인 학회 구성에 기치를 든 경우는 조선어학회 이외에는 없었다는 점이 새롭게 다가온다. 1930년대 '제삼의 조선학'으로서 웅비하려고 노력하였고, 군국주의 시대의 어려운 환경 속에서 그 의지를 꾸준히 실천하였던 인물이 송석하였음은 결코 가볍게 볼 일이 아니다. 의지만으로 실천한 것이 아니다.

1927년 조선의 민요를 설명하면서, 송석하는 '기억'과 '집요함'을 거론하였다. 조선의 민요를 꿰뚫어 본 그의 혜안이 돋보인다. 혜안과 의지가 '송민'의 실천 에너지였음은 전혀 과장된 해석이 아니다. 그로부터 100년 가까이 지난 지금의 상황과 비교하면, 그 문제는 더욱더 무게감을 가진다. 사실상 식민지 시대의 민속학은 '직업으로서의 민속학'을 실천하였던 송석하가 고군분투하여 지켜왔다고 말해도 과언이 아니다. 해방 후의 상황도 송석하의 타계 후 전혀 개선되지 못하였고, 현재까지 한계학문(限界學問)의 지위를 벗어나지 못한 상태 속에서 지탱해 왔던 것이 사실이었다.

지금 이 땅의 대학(학부 과정)에서는 공식적으로 민속학과가 존재하지 않는다. 중앙대학교에 있었던 민속학과가 10여 년 전에 폐절되었고, 최근에 국립안동대학교의 민속학과가 명칭을 변경하였다. 이러한 과정에 반성의 목소리 한 번 제대로 들려온 적이 없었다는 점도 어떻게 이해해야 할까? 이제 대학 교육 과정에서 민속학은 사실상 문을 닫은 것이나 마찬가지다. 한국학이란 프레임을 생각하면, 역사학과 어문학 분야에 이어서 민속학이 자리할 수 있는 여지는 지금도 분명하게 존재한다. 왜냐하면, 생활문화라는 학문영역이 분명하게 존재하기 때문이다. 한국인의 생활문화를 연구하는 학문으로서의 민속학이 위상 상실에 봉착하였고, 송석하 시대의 의지가 오늘에 와서는 혈맥이 끊긴 모습을 보인다.

경성의 행랑살이 연구를 제창하였던 송석하의 지침은 도시 민속학의 가능성을 열었음에도, 누구 하나 도시 민속학을 제대로 하려는 시도조차 하고 있지 않은 학계의 현실을 직시하게 된다. 장도의 기어 민속을 기록하였던 송석하가 어촌 민속지의 개조임도 분명하다. 어촌에 대한 민속학은 이어지고 있음에도, 도시에 대한 민속학은 왜 방기되고 있는가? 인구분포가 도시로 집중된 현실을 반영하는 민속학은 왜 실천되지 않는가? 민속학이 현실 사회의 사회적 사실을 외면하고 있다는 생각이 든다. 자업자득의 결과가 생산되고 있는 현실을 본다.

군국주의적 정책에 휘둘렸던 100년의 민속학이라는 구도는 식민지 시대의 총독부로부터 비롯되었음이 분명하다. '정책그늘'에 순종하던 민속학이 과감하게 '정책너머'를 추구하는 비전을 제시하지 않으면, 아무 것도 이룰 수 없을 것이다. 저항 담론의 봉산탈춤으로 총독부의 사상 탄압 시도에 맞섰던 송석하의 기개로부터 배워야 하는 것이 있다. 90년 전의 그 현장을 필자는 복원할 수 있었다. 연희자도 연구자도 모두 '정책그늘'에 안주하는 한 삶의 전체를 추구하는 학문의 맥락은 공염불로 끝날 수밖에 없다. 무엇이 문제인지는 이 분야의 전문가라는 분들이 고심해야 할 과제라고 생각한다. 인근의 나라들에서 진행되고 있는 민속학이란 분야의 대학 교육을 살펴보면, 문제의 심각성이 더욱더 선명하게 다가온다.

송석하 민속학의 레퍼런스가 동경(東京)의 학계였다는 점은 움직일 수 없는 사실이다. 일제 식민지라는 정치적 상황이 제공하는 영향이자 한계였다. 특히 동경의 민속학회가 발회되는 시점이 1929년이라는 대목은 송석하 민속학이 '민속학'이라는 타이틀을 갖게 되는 결정적인 역할을 하였다고 본다. 여기에 세 가지 상황의 접목과 탈맥락을 지적하고 싶다. 첫째는 동경이라는 중심부와 경성이라는 주변부 사이에 형성되었던 소통 관계의 지체현상으로 인하여 동경에서는 '민속학'이 '민족학'으로 진행하였음에도 불구하고, 경성에서는 '민속학'이 그대로 존속되었다는 점이다. 둘째는 식민지 조선이라는 지정학적 조건으로 인하여 발생 및 연동되었던 식민지 내의 감정 형성에 의한 '민족' 개념의 고수가 자연스럽게 '자'(自)만을 바라보는 사상적 구도를 형성하게 한 것이다. 셋째로는 동경의 학계에서 주도되었던 야나기타 쿠니오를 중심으로 한 '민간전승' 학파의 對 민족학(Völkerkunde=ethnology) 구도에 독일식 민속학(Volkskunde)을 추종한 결과로, 고정된 '민속학'이란 용어의 영향도 포함된 것이라고 생각한다.

송석하의 주된 관심은 민속극이란 주제였다. 그의 민속극에 집중된 학문적인 오리엔테이션이 당대 동경이란 중심부에서는 『민속예술(民俗藝術)』, 『민속학(民俗學)』, 『여행과 전설(旅と傳說)』, 『일본민속(日本民俗)』 등을 발행하였던 그룹들과 연결되어 있었을 뿐 아니라 오사카에서 발행되었던 『이나카(田舍)』의 필자로서도 등장하였다.

민속극에 관심을 가지던 사람들의 활동 영역이 대체로 민속학이었다는 점에 대해서는 별다른 이론이 있을 수 없다. 이때의 민속학은 당시에 일반적으로 folklore에 대응되는 것으로 이해되고 있었다는 점을 지적할 수 있다. 이것은 야나기타 쿠니오가 후일 독일어의 volkskunde를 배경으로 설정하였던 민속학과는 범주의 폭을 달리하는 것이었으며, 대체로 volkskunde보다는 범주가 좁은 편이라고 말할 수 있다. 이 문제를 고려함에 여태까지의 연구가 간과해 왔던 학문상에서 구체적인 인간관계에 관한 관점의 포석이 필요하다.

해방 후 미군정으로부터 송석하에게 공식적으로 다가온 인류학박물관(Museum of Anthropology) 관장의 직책이 전해주는 의미와 제도화에 실패했던 '경성대학 인류학과 교수 송석하'의 직함이라는 두 가지 사건의 엇갈림 사이에서, 인류학이란 학문의 운명이 좌우되었던 역사적 사실을 부정하지는 못한다. 송석하가 시도하였던 민속학은 '제삼의 조선학'이었다는 부제에 대해서 마지막으로 해명을 추가하고자 한다. 조선 민속을 연구 주제로 하여 민속학을 실천하였던 송석하의 입장은 요즈음 인류학에서 유행하는 용어로 표현한다면, 토착인류학(native anthropology) 또는 원주민인류학(indigenous anthropology)으로 번역될 수 있다.

그러나 위의 두 용어가 출현하는 배경과 과정을 본다면, 우리는 영문으로 된 용어를 글자 그대로 번역하여 그대로 받아들일 수가 없다. 우리가 사용하는 글자는 한자를 배경으로 하며, 한자는 본질적으로 표의문자이기 때문에 위의 두 용어를 우리가 사용하게 되면, 극단적인 타자화의 표현을 받아들이는 꼴이 된다. 서양인들이 우리들을 향하여 "native다" "indigenous people"이라고 말하는 것은 나의 입장을 전혀 고려하지 않은 결과다. 그들이 나를 토착인 또는 원주민이라 기록한 표현을 내가 사용하는 것은 어불성설이다. 환언하면, 송석하의 민속학은 조선인인 송석하가 조선 민속을 연구한 결과를 말한다. 송석하와 우리의 입장에서는 그것이 내용상 서양인들과 원활하게 커뮤니케이션하기 위해서 영어 표현을 적용할 수는 있다. 그러나 내가 주체가 되어서 우리의 문화를 설명하면서 한글로 토착인류학이나 원주민인류학이라는 표현을 사용하는 것은 대상과 입장이라는 측면에서 일치되지 않는다.

따라서 영어표현의 native anthropology나 indigenous anthropology를 나의 입장에서 나의 문화를 대상으로 연구할 경우 다른 표현이 필요하다. 그 두 용어는 서양인이 제삼자의 문화를 대상으로 할 경우에 허용되는 표현이고, 내가 그 입장에 서서 사용할 수 있는 표현이 아니다. 나는 그 두 용어를 '자신의 문화를 연구하는 인류학'이라는 의미의 자문화인류학(自文化人類學)이라고 표현한다. 따라서 native anthropology 또는 indigenous anthropology라는 용어는 사용 주체와 상황에 따라서 번역어가 선택되어야 할 것이다. 트로브리안드 출신의 인류학자가 트로브리안드의 문화를 연구하는 것이나 마찬가지고, 일본 출신의 민속학자가 일본 민속을 연구하는 것이나 마찬가지다. 인류학이란 학문의 틀에서 본다면, 송석하의 민속학은 자문화인류학의 하나였다라고 말하는 것이 공평한 표현이다.

학문의 제3세계에 있는 자신의 목소리를 내는 과정에서 필연적으로 발생할 수밖에 없는 것이 용어에 대한 해석의 문제다. 이 과정을 제대로 극복하지 않으면 영원히 제삼자의 위치에서 학문을 해야 하는 숙명론에 빠지게 된다. 서구인류학계에서 활동하는 적지 않은 아시아계 인류학자들이 예외 없이 이 문제의 수렁에 빠져있음을 외면할 수 없다. 자연과학에서는 거의 이러한 문제가 발생하지 않는다. 인문학 특히 인류학에서 학문의 주체와 객체 사이에 존재하는 문제가 극복되기를 기다리고 있다. 이것도 인간의 문제다. 후발 주자이기 때문에, 먼저 목소리를 내는 것도 하나의 기회다. 학문의 제3세계의 입장이 영원히 정치 경제적 제3세계의 입장과 운명을 함께 하라는 법은 없다. 송석하의 민속학을 논의하면서 학문의 제삼세계가 안고 있는 긴장감에 대한 인식이 동시에 논의되는 것은 이 땅에서 인류학을 하는 사람으로서 갖는 또 다른 의미의 천우신조이기도 하다.

입장의 긴장감이 없는 학문하기란 시간이 남아도는 사람의 한담(閑談)과 다름없다. 제3세계의 경험은 식민지 상황만으로는 설명이 부족함도 알게 되었다. '송민'이 진행되었던 대부분 시간이 '군국주의 맥락'의 전개 과정에 있었다는 점을 다시 한번 더 확인하고자 한다. 식민지 상황 너머에서 힘을 발휘하였던 '군국주의 맥락'을 논증하려고 시도했던 것이 본서의 핵심적인 의도였고, 필자는 일정한 정도로 성과를 얻었다고 생각한다. 일본의 군국주의적 전통과 유산에 관한 문제가 앞으로의 과제로도 떠오른다. 식민주의라는 연막에 가려진 군국주의의 실상에 대한 연구를 심화하는 과제를 말한다.

필자는 본서의 시작점에서 '사실(事實)'과 '사실(史實)'이라는 문제를 제기하였다. 분명하게 양자 사이의 간극이 있다. 학문이 추구하는 진리라는 차원에서 바라본다면, 양자 사이에 존재하는 간극이 사람들의 사고 과정을 호도하는 실체이고, 이것이 존재하는 한 진리 탐구의 과정이 절실하고도 필연적으로 작동해야 한다. 그 과정은 그야말로 천 리 길도 한 걸음부터 시작해야 한다. 그 첫걸음의 방법을 제시한 송석하의 언설이 있다. 1947년 여름 병실 신세를 지고 있던 송석하는 '석옹(石翁)'이라는 호를 사용하면서, 방종현의 저서에 적은 서문에서 "후진은 마땅히 선배의 머리장백이를 디디고 올라서야 하며 선배는 마땅히 후배의 발판의 의무가 있어야 하지 않는가 한다"(宋錫夏, 1947.11.25: 2-3)라고 갈파하였다. '제삼의 조선학'으로 시작하였던 민속학은 하나의 과정이며, 지금도 진행 중이다. 필요한 경우에는 탈바꿈도 해야 하고, 환골탈태도 해야 한다. 전체를 향한 무한경계를 뚫고 나아가야 할 학문하기에 일조하는 방식은 비판 정신에 입각해야 한다는 점을 재차 강조하고 싶다.

대조해 보아야 할 작업들도 기다리고 있다. 해방 직후 소련군과 미군의 상륙으로 남북이 분단되어, 해방과 6·25전쟁 사이에 남과 북에서 각각 전개되었던 전통문화와 관련된 정책과 조사연구의 결과들에 대한 대조가 필연적이다. 앞으로 해방 직후 북조선에서 출판된 자료집들과의 대조가 송석하를 이해함에 있어서도 하나의 과제로 남아 있다. 제2차 세계 대전이라는 세계사의 굴곡 속에서 가장 뜨거운 냉전의 착종 현상이 폭발하였던 한반도라는 주변부의 일각에서, 새로운 학문인 인류학을 향하여 매진하였던 인물의 흔적은 아직도 제대로 정리되기를 기다리고 있다. 북에서는 비엔나대학에서 민족학으로 '하빌리타치온'(habilitation)까지 하였던 한흥수가 소련식의 '애트노그라피아(etnografia)'를 '민속학'이라고 번역한다고 규정하였고, 그것이 현재 한반도의 북쪽에서 진행되는 민속학의 바탕으로 자리를 잡았다(전경수 2015.6.30). 송석하의 족적이 닿았던 성불사와 평양 대동강 그리고 평안북도 후창에 이르는 답사 여정이 후진들에 의해서 계승되는 날, 송석하를 다시 되돌아볼 날이 오기를 고대한다.

문화는 화석화되기도 하고, 변하기도 한다. 그러한 과정을 연구하는 학문이 인류학이다. 송석하가 처음 보았던 봉산탈춤은 현재 얼마나 달라져 있을까? 달라진 근본적인 이유는 무엇일까? 불을 피워놓고 밤새 춤을 추던 봉산탈춤의 무대화라는 변질 원인을 통치시스템으로서의 군국주의라고 지목한 것이 이 책이다. 지난 100년 사이의 문화변동에 대한 인류학적 고찰이 '송민'의 족적을 새롭게 밝혀줄 수 있을 것이라는 믿음은 분명하게 다가온다.

송석하의 민속학은 한마디로 일본 제국의 군국주의 맥락에서 성장 및 형성되었던 조선학(한국학)의 하나였으며, 이 땅에서 자문화인류학의 뿌리로 발전될 수 있는 기반으로 자리매김할 수 있는 바탕이 있다. 사회적 사실에 입각한 학문하기에 충실하다면, 미래세대는 진정한 리더십을 실천하였던 송석하라는 선각자의 학문적 정신을 계승함에 분골쇄신할 수 있는 바탕이 있음에 대해서 자랑스러울 뿐만 아니라, 자신감 있는 학문하기를 열어야 마땅하다. 말도 바뀐다. 궁극적으로 명칭은 껍데기다. '송민'의 정신을 계승하는 것이 진정한 학문하기의 모범이라는 점은 분명하다. 계승해야 할 보편적 정신이 분명하게 존재한다는 사실이 이념에 치우치지 않는 학문하는 사람의 희망이다.

참고문헌

鵬坡生, 1927.8.1-3 "迷信에 對하야(一-三)", 東亞日報.
김광식, 2018.12. "월북 작가 신래현(申來鉉)의 『향토전설집』(1957) 고찰", 근대서지 18: 311 – 331.
金斗憲 1975.10.6 "石南의 生涯와 業績", 韓國民俗博物館 편, 民俗寫眞特別展圖錄(石南民俗遺稿). 서울: 良書文化社.
金三不, 1949.11.15 國文學參考圖鑑(李秉岐 先生 校閱). 서울: 新學社.
金素雲, 1940.4. "抒情朝鮮詩の片鱗", 知性 3(4): 102~106.
김수영, 2009 "수출회화로서 기산 김준근(箕山 金俊根) 풍속화 연구", 미술이론과 현장 8: 89-119.
김수현, 2022.5.7 조선의 악률론과 근대 음악론. 서울: 경인문화사.
金丞植 편, 1947 1948年 朝鮮年鑑. 서울 : 朝鮮通信社.
김승우, 2013, "19세기말 의료선교사 엘리 랜디스의 한국민속 연구와 동요 채록", 한국민요학 39: 43-82,
김유진, 2022.11.30 "1910-1940년대 세시풍속자료 현황과 근대 세시기의 기술 변화 및 특징", 민속학연구 51: 93-130.
金正實, 1934.7.20 "迷信을 팔아 사는 무리들", 東亞日報.
金鼎泰, 1989 天池의 흰눈을 밟으며. 서울: 케른.
김헌선·김채리 2019.8. "일제강점기 경기도 개성 덕물산 무가 · 무속 현지조사의 경과와 의의 -경성제국대학연구시론(京城帝國大學硏究試論)(1)-", 한국무속학 39: 7-32.
남근우, 2008.2.25 '조선민속학'과 식민주의. 서울: 동국대학교출판부(본고에서 참조한 것은 eBook).
남근우 2019 "봉산탈놀이의 근대", 비교민속학 67: 67-114.
다키자와 교지(滝沢恭司), 2007 "닌교자(人形座)와 다이쇼 시기(1920년대) 신흥미술운동", 미술이론과 현장 5: 135-174.
都宥浩, 1936.7.15 "都宥浩氏의 書信(維也納로부터)", 震檀學報 5: 202-205.
閔泳珪, 1942.7. "高慮에 來住한 西域사람들", 朝光 8(7): 64-67.
民間傳承 10(7).10(8)合倂号, 1944年 8月 5日.
민영규, 1994 "春香傳 五則", 강화학
朴錫胤, 1924.6.17 "나그네의 마음", 時代日報 79호.
방원일, 2018 "성공회 선교사 랜디스(Eli Barr Landis)의 한국 종교 의례 연구", 종교연구 78(2): 169~198.
방종현, 1947.9.20 "흑산도와 민요", 서울 2:

방종현, 1947.9.23 "흑산도와 주택", 서울 2:

방종현, 1947.10.14 "지금의 자산어보", 서울 3:

서연호, 1985.9.25 "민속극 전승과정 연구", 예술과 비평 7:

石南山人, 1935.12.1 "新羅의 民俗", 朝光 1: 302-313.

석지훈, 2022.4.1 "근현대 미디어 속의 한국무용 (3): 사진으로 기록된 재래 민속무용", https://dancepostkorea.com/new/board/column/recollection_view.php?b_idx=114&page=&search_part=&search_acv=

城東學人, 1927.11.23 "녀자의 해산에 대한 迷信을 타파하라(一)", 東亞日報

城東學人, 1927.11.24 "녀자의 해산에 대한 迷信을 타파하라(二)", 東亞日報

성호경, 1998.5. "중국희곡이 한국의 극문학에 끼친 영향에 대한 고찰", 국어국문학 121: 139-168.

孫晉泰, 1932.11.1 "厠に於ける朝鮮民俗について", ドルメン 1(8): 34-38.

孫晉泰 1933.1.1 "民俗採訪餘錄", 鄕土硏究 7(1): 36-54.

孫晉泰 1933.2.1 "民俗採訪餘錄(二)", 鄕土硏究 7(2): 1-12.

孫晉泰, 1947.11.9 "民俗과 民族", 京鄕新聞.

孫晉泰, 1949.4.10 "弔辭", 修文舘編輯部 著 卓上式辭演說寶鑑(增補再版). 서울: 修文舘. pp.170-172.

손태도, 2017 "조선 후기 절걸립패 풍물의 성립과 그 풍물사적 의의", 문화재 50(1): 78-117.

송기태, 2006 "전남 남해안지역 절 걸립패의 활동 및 성격 고찰", 남도민속연구 13: 225 – 247.

송방송, 2012.11.2 "이종태", 한겨레음악대사전. 서울: 보고사.

宋錫夏, 1926.11.3 "慶州邑誌에 對한 私見", 東亞日報.

宋錫夏, 1927.7.10 "歌謠上より觀たる朝鮮の自然", 朝鮮新聞 10109호.

宋錫夏, 1929.4.15 "朝鮮の人形芝居", 民俗藝術 2(4): 80-85.

宋錫夏, 1929.7. "歌謠上より觀たる朝鮮の自然に就て", 眞人 7(7): 48-50.

宋錫夏, 1932.8.10 "朝鮮の民俗劇", 民俗學 4(8): 9-23.

宋錫夏, 1932.9.1 "南方移秧歌", 新朝鮮 3: 14-18(재수록 宋錫夏 1940.1.2 "南方移秧歌", 學海 3: 420-426).

宋錫夏, 1933.1.1 "朝鮮の婚姻習俗", 旅と傳說 61: 195-196.

宋錫夏, 1933.1. "五廣大小考", 朝鮮民俗 1:

宋錫夏, 1933.11. "朴僉知劇に對する數三考察", 人形芝居 1(4): 鄕土演劇協會

宋錫夏, 1933.12.16/17/19/20 "鳳山의 舞踊假面", 東亞日報(4회 연재). "무용"의 "踊"자가 "用"으로 인쇄된 것을 필자가 수정하였다.

宋錫夏, 1934.3.1 "民俗學은 무엇인가", 學燈 4: 20-22.

宋錫夏, 1934.3.13 "民俗劇, 東萊野遊 – 그 復活에 際하야 一言함", 東亜日報.

宋錫夏, 1934.3./4./5./7./9. "民俗學은 무엇인가", 學燈 4/5/6/8/9(5회 연재).

宋錫夏, 1934.3.30-4.1 "民俗藝術의 紹介에 對하야-金浦農民舞踊東京派遣을 契機로-", 東亞日報(3회 연재).
宋錫夏, 1934.4.1 "民俗學은 무엇인가(二)", 學燈 5: 21-23.
宋錫夏, 1934.4.1-6 "祈豊, 占豊과 民俗(續)", 朝鮮中央日報
宋錫夏, 1934.4.23-27 "祈豊, 占豊과 民俗(續)", 朝鮮中央日報(5회 연재).
宋錫夏, 1934.4.28-5.5 "朝鮮の豊年の祈りと占ひ(1-7)", 日刊朝鮮通信 2419-2425호
宋錫夏, 1934.4.21,22,24-27, 29, 30 "南朝鮮假面劇의 復興氣運 - 晋州人士의 誠意的企圖", 東亞日報(8회 연재).
宋錫夏, 1934.4.28-5.5 "朝鮮の豊年の祈りと占ひ(1-7)", 日刊 朝鮮通信 2419-2425.(7회연재).
宋錫夏, 1934.5. "東萊野遊臺詞", 朝鮮民俗 2:
宋錫夏, 1934.7.9 "山과 民俗", 朝鮮中央日報 2271호.
宋錫夏, 1934.7.14 "閑郎な哀調! 民謠(1), 民衆の情緒と年中行事(1): 半島新人集", 大阪每日新聞 3751号.
宋錫夏, 1934.7.15 "全鮮各地の農旗踊, 民衆の情緒と年中行事(2): 半島新人集", 大阪每日新聞 3752号.
宋錫夏, 1934.7.17 "朝鮮人は歌舞愛好者, 民衆の情緒と年中行事(3): 半島新人集", 大阪每日新聞 3754号.
宋錫夏, 1934.9.1 "民俗學은 무엇인가(完)", 學燈 9: 23-25.
宋錫夏, 1934.9.1 "朝鮮の舞踊", 旅と傳說 7(9): 22-32.
宋錫夏, 1934.9.1 "沙里院民俗舞踊に就て", ドルメン 3(9): 52-57.
宋錫夏, 1934.10.23-25 "黃倡傳說戲化의 復活 - 慶州의 今年秋夕行事-", 朝鮮日報
宋錫夏, 1934.11.5 "處容舞, 儺禮, 山臺劇의 関係に就て", 演劇學 3(3): 2-25.
宋錫夏, 1934.11.28 "風神考(附禾竿考)", 震檀學報 1: 156-166.
宋錫夏, 1935.1.12-16 "正月과 民俗", 朝鮮中央日報(5회 연재).
宋錫夏, 1935.3.1 "朝鮮의 正月과 農業", 學燈 14: 8-11.
宋錫夏, 1935.3.10 "ホスアヒ考(案山子考)", 案山子考. 橫井照秀 編. 大阪: 住吉土俗研究會. Pp. 39-50.
宋錫夏, 1935.3. "索戰考", 田舍 11: 8-17.
宋錫夏, 1935.4.20 "處容舞, 儺禮, 山臺劇의 關係를 論함", 震檀學報 2: 87-114.
宋錫夏, 1935.5.6-8 "民俗採訪雜記", 朝鮮中央日報 2572-4호.
宋錫夏, 1935.6.22/23/25-30/7./2-7/9-13/15 "農村娛樂의 助長과 淨化에 對한 私見 - 特히 傳承娛樂과 將來娛樂의 關係에 就하야", 東亞日報(20회 연재).
宋錫夏, 1935.8. "民俗學 僅想", 中央 3(8):
宋錫夏, 1935.10.3-6/8/10/11 "傳承音樂과 廣大 - 史的回顧와 將來의 用意", 東亞日報(7회 연재).
宋錫夏, 1935.11. "傳承되여온 朝鮮婦女의 스-포츠", 新家庭 3(11):
宋錫夏, 1935.12.1 "神話傳說의 新羅", 朝光 1: 302-313.
宋錫夏, 1935.12.-1936.8. "朝鮮各道民俗槪觀", 新東亞 50-56호(7회 연재).
宋錫夏, 1936.1.1 "民俗의 振作과 調査研究機關", 東亞日報.

宋錫夏, 1936.1. "朝鮮の俳優に就て-'廣大'の觀念變遷に關するもの", 演劇學 4(1): 12-19.

宋錫夏, 1936.2. "廣大란 무슨 뜻인가", 朝光 2(2): 253-257.

宋錫夏, 1936.2. "朝鮮各道民俗槪觀", 新東亞 53: 93-98.

宋錫夏, 1936.3.1 "初期民俗學의 硏究領域及對象", 學燈 23: 18-19, 301.

宋錫夏, 1936.3. "朝鮮各道民俗槪觀", 新東亞 54: 93-96. 강원도편

宋錫夏, 1936.3.26 "新羅의 狻猊와 北靑의 獅子: 民俗硏究의一新發見(一)", 東亞日報 5505호.

宋錫夏, 1936.3.27 "新羅의 狻猊와 北靑의 獅子: 民俗硏究의一新發見(二)", 東亞日報 5506호.

宋錫夏, 1936.3.29 "新羅의 狻猊와 北靑의 獅子: 民俗硏究의一新發見(三)", 東亞日報 5508호.

宋錫夏, 1936.3.31 "新羅의 狻猊와 北靑의 獅子: 民俗硏究의一新發見(四)", 東亞日報 5510호.

宋錫夏, 1936.4.1 "新羅の狻猊と北靑の獅子", 旅と傳說 1936년 4월호. pp. 200-204.

宋錫夏, 1936.4. "朝鮮各道民俗槪觀", 新東亞 55: 84-90. 경기도편.

宋錫夏, 1936.4. "假面이란 무엇인가?", 朝光 36(4): 226-233.

宋錫夏, 1936.5. "鞦韆의 유래", 新家庭 4(5): 77-80.

宋錫夏, 1936.5. "朝鮮各道民俗槪觀", 新東亞 56: 94-101.

宋錫夏, 1936.6. "朝鮮各道民俗槪觀", 新東亞 57: 70-78.

宋錫夏, 1936.8. "朝鮮各道民俗槪觀", 新東亞 58: 44-49.

宋錫夏, 1936.9.29 "倡劇調 春香傳小論: 주로 倡調劇全體에 對한 問題", 劇藝術 5: 14-19.

宋錫夏, 1937.1.4 "湮滅되야가는 扶持者인 古代小說(古文化의 再吟味)", 朝鮮日報

宋錫夏, 1937.5.15,16,18 "鳳山民俗舞踊考 - 演劇學上及舞踊系統上으로", 朝鮮日報.

宋錫夏, 1937.9.7 "겸卿의 '民俗學槪論'(上)", 東亞日報 5758.

宋錫夏, 1937.9.8 "民俗藝術參考書", 東亞日報 5759.

宋錫夏, 1938.2.18 "書誌學上의 珍本인 高麗版法華經", 朝鮮日報.

宋錫夏, 1938.6.12,14,16 "民俗에서 風俗으로 湮滅하는 民俗에서 새호흡을", 東亞日報.

宋錫夏, 1938.6. "傳承노리의 由來, 朝鮮風俗特輯", 朝光 4(6):

宋錫夏, 1938.7.7-10, 12,13 "鄕土文化를 차저서 長興篇", 朝鮮日報(6회 연재).

宋錫夏, 1938.7.20 "南鮮の移秧歌", 日本民俗 32: 11-13.

宋錫夏, 1938.8.20 "南鮮の移秧歌(承前)", 日本民俗 33: 20-22.

宋錫夏, 1938.10.8 "雅樂聽後偶感 - 今般公演을 契機로-", 朝鮮日報.

宋錫夏, 1938.11.2. "鄕土文化를 차저서 1: 慈城.厚昌編, 麻田嶺登步", 朝鮮日報 6280.

宋錫夏, 1938.11.3. "鄕土文化를 차저서 2: 慈城.厚昌編, 元永胄日記", 朝鮮日報 6281.

宋錫夏, 1938.11.5. "鄕土文化를 차저서 3: 慈城.厚昌編, 元永胄日記(續)", 朝鮮日報 6283.

宋錫夏, 1938.11.8. "鄕土文化를 차저서 4: 慈城.厚昌編", 朝鮮日報 6286.

宋錫夏, 1938.11.9. "鄕土文化를 차저서 5: 秋娥의 傳說", 朝鮮日報 6287.

宋錫夏, 1938.11.10. "鄕土文化를 차저서: 民俗學資料", 朝鮮日報 6288.

宋錫夏, 1938.11.13. "鄕土文化를 차저서 6 慈城.厚昌編, 民俗學資料(結)", 朝鮮日報 6291.

宋錫夏, 1938.12.30 "鄕土藝術의 保存, 鳳山탈춤保存會設立에際하야", 朝鮮日報

宋錫夏, 1939.1.3 "朝鮮舞踊의 史的槪觀", 東亞日報

宋錫夏, 1939.2. "蒐集斷想"(隨筆), 文章 1(1): 176-177.

宋錫夏, 1939.10.13/14 "海州康翎의 假面演劇舞 中央公演 消息을 듯고", 東亞日報.

宋錫夏, 1939.10.15 "朝鮮의 假面演劇舞踊", 觀光朝鮮 3: 8-12.

宋錫夏, 1940.7. "鳳山假面劇脚本", 文章 2(6): 273-306.

宋錫夏, 1940.9.6 "今村翁と瓠杯", 書物同好會報 9: 13.

宋錫夏, 1940.11. "雪嶽征服", 朝光 11월호. Pp. 114-121.

宋錫夏, 1941.2. "半島における農民生活の娛樂的一面", 綠旗 6(2): 160-163.

宋錫夏, 1941.2.26 "映畵と演藝", 每日新報 12041호.

宋錫夏, 1941.2.27 "映畵と演藝", 每日新報 12042호.

宋錫夏, 1941.4.1 "農村娛樂", 三千里 13(4): 227-228.

宋錫夏, 1941.4. "朝鮮傳承娛樂의 分類", 朝光 7(4): 178-182.

宋錫夏, 1941.12.1 "輯安高句麗古墳과 樂器", 春秋 2(1): 137-141.

宋錫夏, 1941.12. "梅月堂藁", 書物同好會報 14: 1-5.

宋錫夏, 1942.9. "月印釋譜考", 書物同好會報 17: 24-26.

宋錫夏, 1943.8.8 "現存朝鮮樂譜", 東亜音楽論叢: 田邊先生還曆紀念東亞音樂論叢. 東京: 山一書店. pp. 387-432.

宋錫夏, 1944.8.1 "太平洋의 여기저기 퍼저닐린 各色民族", 放送之友 2(8): 58-61.

宋錫夏, 1944.10.20 "序", 印南高一 著 朝鮮の演劇. 東京: 北光書房.

宋錫夏, 1946.11.10 "鄕土藝術의 意義", 서울新聞.

宋錫夏, 1946.12.19 "民俗舞踊展望", 京鄕新聞.

宋錫夏, 1947.1.25 "祝辭", 兒童敎育 1: 6-7.

宋錫夏, 1947.8.3 "鬱陵島學術調査隊", 京鄕新聞.

宋錫夏, 1947.11.9 "黑山島의 傳說과 海神의 '性'", 京鄕新聞.

宋錫夏, 1947.11.25 "序", 方鍾鉉 編, 朝鮮文化叢說. 서울: 東省社. pp. 1-3.

宋錫夏, 1948.9.26 "民族藝術問題", 民主警察 2(5): 60-62.

宋錫夏, 1950.4. "우리나라의 연극(演劇)", 文敎部 編 中等國語 6. 서울: 朝鮮敎學圖書株式會社. Pp. 47-54.

松齋學人, 1929.5.11-5.22 "斷末期의 虛勢: 迷信의 新舊形態種種(一-八)", 朝鮮日報.

시라이 준, 2011.12.31 "마에마 교사쿠와 손진태: 큐슈대학 소장 자이산로문고를 중심으로", 근대서지

4: 405-431.

新聞科學研究所, 1948.7.26 新聞記者手帖. 발행소: 모던出版社. 발행인: 李得龜.

엄인경, 2015 "재조일본인의 조선민요번역과 문화표상 - 〈조선민요의 연구(朝鮮民謠の研究)〉(1927년)에서 〈조선의 자연(朝鮮の自然)〉(1929년)으로 -", 日本言語文化 33: 387-408.

오석민·박중훈·이용찬, 2023.6.24 민속학자 송석하의 부와 학문. 서울: 민속원.

王 京 2008.3.31 一九三0, 四0年代の日本民俗學と中國. 橫浜: 神奈川大學21世紀COEプログラム'人類文化研究のための非文字資料体系化'研究推進會議.

吳快一 1938.5.8 "女眞遺族部落探訪記", 朝鮮日報 6103호.

우페이천(吳佩珍), 2021.4.20 "일본 연극운동과 동아시아 좌익지식인", 근대 동아시아의 인문학과 상호인식. 연세대 근대한국학연구소 인문한국플러스(HK+) 사업단 편. 서울: 소명출판. Pp. 301-325.

尹白南, 1948.6.21 "史實과 事實", 새한민보 29: 22-22.

윤수현 옮김, 2003.5.30 한국의 야생화 이야기. 서울: 민속원.

恩津宋氏大同譜刊行委員會, 1966. 恩津宋氏大同譜.

이경성, 1998 어느 미술관장의 회상. 서울: 시공사.

李能和, 1927.5.10 "朝鮮巫俗考", 啓明 19.

李能和, 1941.4.1 "朝鮮鄕土藝術論", 三千里 13(4): 213-216.

이두현·강용권, 1972.12.30 "연희: 통영오광대", 한국민속종합조사보고서 제삼책(경상남도편). 서울: 문화공보부문화재관리국. Pp. 582-597.

이문웅, 2004 "영상으로 본 石南 宋錫夏의 민속학 오딧세이", 한국민속학의 선구자 석남 송석하 선생 탄신 100주년 기념 심포지움. 국립민속박물관.

李玟基, 1960.8.31 "統營 五廣大 臺詞", 국어국문학 22: 161-172.

李秉岐, 1976.4.15 가람 日記(II), 서울: 新丘文化社.

이병기, 2021.12.30 가람이병기전집(8): 일기(IV). 전주: 전북대학교출판문화원

이병길, 2021.4.23 "의열단원 박재혁과 그의 친구들(32): 오택, 송태관을 처단하려 하다", Ohmy News(internet 판).

李福基, 1949.4.10 "故 宋錫夏先生 永訣式弔辭辭", 修文舘編輯部 著 卓上式辭演說寶鑑(增補再版). 서울: 修文舘. pp.166-168. 초판 1948년 9월 1일.

李宣根, 1930.9. "汗蒸의 土俗學的 研究", 新生 23: 16-18.

이수정, 2021 "일제강점기 李王職雅樂部 음악촉탁의 역할과 영향의 이중성", 이화음악논집 25(1): 61-100.

이수정·김수현 편, 2008 한국근대음악기사자료집(권1-10). 서울: 민속원.

이영호, 2017.2. "랜디스(Eli Barr Landis)의 의료활동과 '한국학'연구", 한국학연구 44: 543-572.

李載喆(輯校), 1987 "西餘閔泳珪先生略報", 東方學志 54~56(西餘閔泳珪先生古稀記念論叢): 975-980.

李忠雨, 1980 京城帝國大學. 서울: 多樂園.

이혜구, 2007.7.23 만당음악편력. 서울: 민속원.

匿名, 1947.4.1 "批評과 鑑賞", 文化 1(1): . (아단소장)

익명 1947.6.27 "봉산탈춤 시연회", 서울신문

임혜정, 2012. "조선정악단에 관한 일고찰-일본 연주회 기록을 중심으로", 한국음악사학보 49: 523-558.

장상훈, 2019.6. "임시수도 부산과 국립박물관 임시청사", 박물관신문 574.

장성운, 2012.6.11 "울산 넘어 부산·태안·파주 등 '전국구 부호' 송태관씨", 경상일보.

전경수, 1997 "송석하, 조선민속학회, 국립민족박물관, 인류학과", 민속학연구 4: 23-43.

전경수, 1999.12.25 한국인류학 백년. 서울: 일지사.

전경수, 2010.11.10 손진태의 문화인류학: 제국과 식민지의 사이에서. 서울: 민속원.

전경수, 2014.12.12 "下請帝國主義 틀 속의 文明과 原始: 뒤엉킨 二重螺線", 東西洋의 文明과 韓國. 서울: 民音社. pp. 211-255.

전경수, 2015.6.30a "平壤政權이 肅淸한 人類學者 韓興洙(1909-?)", 近代書誌 11: 390-465.

전경수, 2015.6.30b "宗教民族學者 金孝敬의 學問訓練과 帝國背景", 民俗學研究 36: 5-58.

전경수, 2018.6.30 "식민지 지식인에 대한 제국일본의 감시와 착취: 都宥浩의 경우", 近代書誌 17: 468-526.

전경수, 2018.10.10 인류학자 말리노브스키. 서울: 눌민.

전경수, 2022.9.30 "송석하가 쓴 최초의 논문, 조선화폐사", 사회와 역사 135: 299-309.

전경수, 2023.11. 경성학파의 인류학: 식민주의에서 군국주의로. 서울: 서울대학교출판문화원.

전봉희·최원준·조항만, 2020.12.20 유걸구술집(목천건축아카이브 한국현대건축의 기록9). 서울: 마티.

정상박, 1986 오광대와 들놀음연구. 서울: 집문당. 1993 "한국탈놀음의 갈래", 문학 한글 7: 119-141.

정영진, 2002 "매스미디어를 통한 이왕직아악부의 음악활동", 음악과 민족 23: 140-163.

鄭寅燮, 1966.12.30 "朝鮮民俗學會, 記憶 나는 대로", 民族文化研究 2: 185-192.

정진석, 2008.1. 극비 조선총독부의 언론 검열과 탄압: 일본의 침략과 열강 세력의 언론통제. 서울: CommunicationBooks.

정현수, 2005 青田 李象範의 挿畵제작의 변화과정 연구(계명대학교 교육대학원 미술교육전공 석사학위논문).

鄭玄雄(畵), 1938.5.4 "鳳山탈춤: 民藝素描", 朝鮮日報 6099號.

鄭玄雄(畵), 1938.5.5 "山臺都監: 民藝素描", 朝鮮日報 6100號.

鄭玄雄(畵), 1938.5.6 "꼭두각시: 民藝素描", 朝鮮日報 6101號.

조정우, 2008 "'탈식민' 민속학의 구축을 위하여: 서평", 사회와 역사 78: 337-346.
좌담회 1957.6. "가면극, 인형극 및 창극 문제를 중심으로-작가, 평론가, 고전 부문 관계자들의 좌담회-", 조선예술 pp. 52-61.
주강현, 2003.9.10 "역사민속학의 단절과 복원", 한국역사민속학회 편, 南滄 손진태의 역사민속학연구. 서울: 민속원, 43~94.
차철욱, 2001 "구포[경남]은행의 설립과 경영", 지역과 역사 9: 5-43.
최덕원, 1990.5.8 남도민속고. 서울: 삼성출판사.
崔常壽, 1965.12.10 "韓國假面의 語源. 名義. 信仰考", 龍鳳 2: 20-29.
崔承喜, 1934.8.15 "朝鮮舞踊に就ての感想", 国際写真新聞 72: 43~43.
崔承喜, 1934.8.22 "朝鮮舞踊に就ての感想", 国際写真新聞 73: 43~43.
崔承喜, 1936.8.1 " ", 日本民俗 2(1): 16-17.
崔榮翰, 1938.6. "朝鮮民謠と社會相", 滿蒙 19(6): 137~142.
崔益翰, 1938.5.6 "平海舊邑城隍堂", 朝鮮日報.
崔鍾彩, 2002.4. "石南 宋錫夏의 生涯와 業績: 宋錫夏研究 1", 韓國의 美術文化史論叢. 서울: pp. 125-149.
漢陽花郎, 1934.9.1 "樂壇메리-그라운드", 三千里 6(9): 152-157.
韓榮國 1985.12. "朝鮮後期의 挾人.挾戶", 千寬宇先生還曆紀念韓國史學論叢, 서울: 正音文化社. pp. 665-700.
咸大勳, 1933.2.2 "〈朝鮮民俗〉을 讀함", 朝鮮日報 2226호.
허 수, 2000 "戰時體制期 靑年團의 조직과 활동", 國史館論叢 88: 163-204.
허용호, 2022.11.30 "일제강점기 하회별신굿탈놀이 조사 사진의 표면과 이면", 민속학연구 51: 159-191.
許 執, 1947.1. "우리가걸어온길과걸어갈길: 舞臺藝術硏究會의片貌", 映畵時代 2(1): 72-73.
홍종인, 1978.11.1 "다시 獨島問題를 생각한다", 신동아 pp. 162-169.
홍지석, 2012.10. "해방공간 예술사회학의 이론과 실천 -1940-1960년대 한상진(韓相鎭)의 미학,미술사론을 중심으로", 미학예술학연구 36: 173-199.
紅把洞人, 1927.9.18 "科學과 迷信", 東亞日報.
黃羲敦, 1938.7.5 "巫黨과 花郎", 朝鮮日報.
黃 準, 1934.2.1-10.1 "民俗과 傳說로 본 朝鮮의 歲中行事(一-七)", 中央 2(2): 259-262.
황철산, 2016.11.20 황철산 민속학(주강현편). 서울: 민속원.
開闢 34호(1923.4.1).
光州公立高等普通學校同窓會 同窓會報(昭和十二年度)
光州公立高等普通學校 1937(2597) 第十三回 卒業記念.

光州西中學校 同窓會報(昭和十三年度)
女性 3(6)(1938.6.1).
震壇學報 15(1947.5.28).
靑色紙 3호(1938.11.20).
京鄕新聞 1946.10.17
官報 321號 1950.4.6
三千里 13(9): 83-84. 1941.9.1
광주일보 4914호(1996.11.25).
大同新聞 1948.12.
東亞日報 1931.5.8, 4353호(1933.1.28). 5773호(1937.9.23), 1938.1.29, 5927호(1938.2.25).
文學新聞 創刊號 1946.4.6
서울新聞 1950.11.1
제주일보 http://www.jejunews.com
朝鮮中央日報 2074호(1933.12.24); 2079호(1933.12.29).
朝鮮日報 1934.2.16
朝鮮新聞 8082號(1924.2.25), 8084號(1924.2.27.)
中央新聞 1946.7.8
중외신보 1946.4.26
漢城日報 809호, 1948.10.2

赤松智城·秋葉 隆, 1938.10.30 朝鮮巫俗の研究(下). 東京: 大阪屋書店
秋田雨雀, 1939.10.15 "春香傳の旅と京城", 觀光朝鮮 1(3): 18-21.
秋葉 隆, 1929.4.1 "嶺東の旅", 文敎の朝鮮 44: 20-26.
秋葉 隆, 1933.1.1 "假面を祀", ドルメン 10: 9-11.
姉崎正治, 1897.12. "中奧の民間信仰", 哲学雜誌 12(130): 995~1025.
安藤正次, 1924.3.20 古代國語の研究. 東京: 內外書房.
飯山達雄, 1942.3.10 "嚴冬の摩天嶺-白頭山縱走", 文化朝鮮 4(2): 62-66.
石坂賢次 1941.11.10 "朝鮮に於ける火田に就て", 憲友 35(11): 47-52.
市川 彩, 1917.1. "臺灣のお正月、朝鮮のお正月、滿洲のお正月", 少女の友 10(1): 59-62.
市山盛雄, 1927.10. 朝鮮民謠の研究. 東京: 坂本書店.
伊能嘉矩, 1917.3.25 "石戰風習に就きて思ひ出づるまにまに", 人類學雜誌 32(3): 77-80.
今西 龍, 1915.3.1 "在家僧に關する調査一斑", 朝鮮彙報 1: 52~56.
今村 鞆, 1914 朝鮮風俗集. 京城: 私家版.

今村 鞆, 1927.6.1b "藥飯と鳥崇拜", 朝鮮 145: 26-32.

今村 鞆, 1928.8.20 歷史民俗朝鮮漫談. 京城: 南山吟社.

今村 鞆, 1932.2.1 "朝鮮の歲事と農業(一)", 朝鮮農會報 6(2): 21-24.

今村 鞆, 1932.3.1 "朝鮮の歲事と農業(二)", 朝鮮農會報 6(3): 15-17.

今村 鞆, 1932.4.1 "朝鮮の歲事と農業(三)", 朝鮮農會報 6(4): 42-44.

今村 鞆, 1932.7.1 "朝鮮の歲事と農業(三)", 朝鮮農會報 6(7): 39-41.

今村 鞆, 1932.12.1 "朝鮮の歲事と農業(五)", 朝鮮農會報 6(12): 23-25.

海野福寿, 1981.3. "一九三〇年代の文藝統制", 駿台史學 52: 1-38.

小笠原長信, 1935.11.3 實業金剛石. 東京: 力之日本社.

岡田 貢, 1929.6.1 "朝鮮の民衆性と民謠.童話.傳說", 文明協會ニュース 6: 33-56.

小山內薰, 1908.8.1 "藝術か娛樂か", 歌舞伎 97: 1~10.

加藤增雄, 1911.1. "朝鮮の正月(加藤增雄氏)", グラヒック 3(1): 12.

川野正雄, 1931.4.1 "小豆島昔話三篇", 旅と傳說 40: 69-71.

川野正雄, 1934.12. "猿智入──(高松市)", 旅と伝說 7(12): 17~17.

神田海之助 1934.4.5 鄕土舞踊と民謠(第8回). 東京: 日本靑年館.

北川左人, 1932.12.26 朝鮮固有色辭典(上,下). 京城: 靑壺發行所.

北村敏夫, 1938 "春香傳と歌舞伎の元曲", テアトロ 5(6): 49~50.

城戶峰雄, 1933.1.10 "咸北特有の在家僧に就て", 憲友 27(1): 101-103.

木村義昌, 1973.7.10 "城山正三さんを追悼して", 山 337: 5-5.

金スチヤン, 1938 "春香傳(移民觀衆の中で)", テアトロ 5(5): 30~33.

金承久, 1938 "驀進する朝鮮演劇", テアトロ 5(6): 51~53.

金素雲, 1928.12. "朝鮮民謠の律調", 民俗藝術 1(12): 64~69.

京城帝国大学創立五十周年記念誌編集委員会 編 1974 紺碧遙かに─京城帝國大學創立五十周年記念誌. 東京: 京城帝国大学同窓会.

礫川全次〈コイシカワ·ゼンジ〉のコラムと名言, https://blog.goo.ne.jp/514303/e/3d71239666146c845beb206d2f0c8004

兒島勘次, 1934.11.14 "山のジプシイ: 北朝鮮の火田民(撮影.解說)", アサヒグラフ 23(20).

小寺融吉, 1930.7. "朝鮮の古樂", 民俗藝術 3(7): 76-77.

小寺融吉, 1932 "舞台化の記錄", 日本民俗藝術大觀 第1卷(秋田縣角館町飾山囃子記錄).東京: 鄕土研究社.

小寺融吉, 1940.8.25 "農村に於ける厚生運動", 日本厚生大會會誌第2回. 名古屋: 名古屋市. Pp. 85-90.

小寺融吉, 1942.8.31 "非常時局下の盆踊り", 農業の滿洲 14(8): 81-83.

小寺融吉, 1943.10. "俚謠集錄(九)", 放送研究 3(10): 80~83.

小松 綠, 1915.3.1 "朝鮮統治の本義", 朝鮮彙報 1(1): 11-15.

權田保之助, 1939.12.1 "厚生運動斷想", 厚生の日本 1(3): 86-89.

佐谷 功, 1943.4.5 日本民族舞踊の研究(東寶藝能叢書). 東京: 東寶書店.

座談會, 1942.12.10 "朝鮮の豊年踊を語る", 文化朝鮮 4(4): 20-26.

佐藤健二 2011.3. "近代日本民俗學の構築について覺書", 國立歷史民俗博物館研究報告 165: 13-45.

渋沢敬三伝記編纂刊行会 1979.9. "岡 正雄氏談話". 澁沢敬三 上.

渋沢敬三伝記編纂刊行会編. 東京: 澁沢敬三傳記編纂刊行會. pp. 664-689.

島 公靖, 1943.4.5 "春香傳", 佐谷功 編, 日本民族舞踊の研究. 東京: 東寶書店. Pp.277-310.

下村作次郎, 2006.3.20 "台湾人詩人呉坤煌の東京時代(1929年-1938年): 朝鮮人演劇活動家 金斗鎔や日本人劇作家秋田雨雀との交流をめぐって",

關西大學中國文學會紀要 27: 31-49.

白井 順, 2015.10. 前間恭作の学問と生涯―日韓協約の通訳官、朝鮮書誌学の開拓者. 東京: 風響社.

白川 豊, 1989.3.31 "張赫宙作戲曲〈春香伝〉とその上演(1938年)をめぐって", 史淵 126: 93-125.

城山正三, 1943.11.10 登行(白頭山特輯). 京城: 朝鮮体育振興会登行団.

城山正三, 1970.6.5 祕境白頭山天池. 東京: 叢文社.

申鉉鼎, 1922.2. "朝鮮の風習・朝鮮人のお正月", 朝鮮 84: 142~147.

辛兌鉉, 1938.12. "春香傳上演を觀て", 朝鮮 283: 47~61.

關正雄, 1941.5. "現下に於ける演藝放送の任務", 交通経済 12(5): 26~27.

張赫宙, 1940.7. "春香傳(一)", 協和事業彙報 2(7): 34~60.

張赫宙, 1940.8. "春香傳(二)", 協和事業彙報 2(8): 45~69.

張赫宙, 1940.9. "春香傳(三)", 協和事業彙報 2(9): 49~70.

張赫宙, 1940.10. "春香傳(四·完)", 協和事業彙報 2(10): 109~121.

張賢均, 1962.8. "書評: 宋錫夏〈韓國民俗考〉", 民族學研究 26(3): 30-32.

鄭祐宗, 2010 "植民地支配体制と分断体制の矛盾の展開: 敗戦後山口県の対在日朝鮮人統治 を中心に", 立命館法学 333·334: 868-915.

第八師團軍醫部, 1915.4. 朝鮮人ノ衣食住及其ノ他ノ衛生(2005.10. 韓國併合史研究資料 53, 東京: 龍溪書舍).

武田久吉, 1943.12.1 "民俗學と寫眞", 旅と傳説 192: 62-64.

鶴見俊輔, 2001.4. 戰時期日本の精神史 1931~1945年. 東京: 岩波書店.

東京市役所商工課 編, 1924.9.10 東京市商工名鑑(大正13年版). 東京: 地涌學會出版部.

坪内博士記念演劇博物館 編, 1932.5.20 国劇要覽 東京: 梓書房.

長白翁, 1912.1. "朝鮮人のお正月", 海外之日本 2(1): 111~112.

中馬 馨 編, 1941.12.5 紀元二千六百年 興亞厚生大會. 大阪: 興亞厚生大會事務局.

永田衡吉, 1958.8.25 "小寺融吉氏", 日本民俗學大系 13(藝能と娛樂). 東京: 平凡社. pp. 336-338.

楢木末實, 1913.10.3 朝鮮の迷信と俗傳. 京城: 新文社.

南江二郎, 1928 人形劇の研究. 東京: 原始社.

南江二郎, 1929.8.20 原始民俗假面考. 東京: 地平社書房.

西村眞太郎, 1923.6.5 朝鮮の俤. 京城: 朝鮮警察協會.

野口善作, 1943.4.5 "'雪國'に就いて", 佐谷功 編, 日本民族舞踊の研究. 東京: 東寶書店. Pp. 248-264.

野間口英喜, 1940.5. "社會政策としての觀光事業", 滿洲觀光 4(5): 4-5.

野間口英喜, 1941.1. "厚生運動と觀光国策", 滿洲觀光連盟報 5(1): 6-7.

馬場辰己 編, 1981 "戰中演劇年表", 演劇學論集 19: 39-50.

萩野由之, 1892.2.20 朝野年中行事(全). 東京: 博文館.

長谷川宇一, 1940.5. "時局と觀光", 滿洲觀光 4(5): 2~4.

長谷川宇一, 1941.1. "世界新秩序の前進と滿洲觀光", 滿洲觀光連盟報 5(1): 2-3.

早川孝太郎, 1935.5.1 "感想二三(第九囘鄕土舞踊大會にて)", 旅と傳說 8(5): 65~71.

早川孝太郎, 1939.7.18 "戰時體制下にて慰樂問題"(2分科), 日本厚生協會 編. 第一回日本厚生大會報告書. 東京: 京英社(印刷). pp. 133-137.

肥後和男, 1940.9.1 "厚生運動としての茶と花", 厚生の日本 2(9): 76-81.

平田 勳, 1938 "春香傳觀劇所感", テアトロ 5(5): 28~29.

布施辰治, 1938 "春香傳を觀て", テアトロ 5(5): 25~28.

本田安次, 1940.9.1 "朝鮮の舞踊を見る", 旅と傳說 153: 27-34.

本田安次, 1958 "總說", 日本民俗學大系 9: 藝能と娛樂. 東京: 平凡社. Pp. 10-12.

丸山泰明 2020.2.25 "日本靑年團・大日本聯合靑年團 民俗學關聯刊行物", 昭和戰前期の靑年層における民俗學の受容・活用についての研究(神奈川大學日本常民文化研究所調査報告第28集). 橫濱: 神奈川大學日本常民文化研究所/神奈川大學國際常民文化研究機構. Pp. 121-130.

黛 友明 2020.2.25a "'鄕土舞踊と民謠の會'の理念と現實 – 日本靑年館所藏資料と竹內芳太郎のノートから-", 昭和戰前期の靑年層における民俗學の受容・活用についての研究(神奈川大學日本常民文化研究所調査報告第28集). 橫濱: 神奈川大學日本常民文化研究所/神奈川大學國際常民文化研究機構. Pp. 105-118.

黛 友明 2020.2.25b "'鄕土舞踊と民謠の會'の理念と現實 – 日本靑年館所藏資料と竹內芳太郎のノートから-", 昭和戰前期の靑年層における民俗學の受容・活用についての研究(神奈川大學日本常民文化研究所調査報告第28集). 橫濱: 神奈川大學日本常民文化研究所/神奈川大學國際常民文化研究機構. Pp. 181-192.

松浦淑郞, 1921.8. "俗傳迷信に表れた朝鮮人の衛生思想", 東洋時報 275: 29-32.

松浦淑郞, 1921.9. "俗傳迷信に表れた朝鮮人の衛生思想", 東洋時報 276: 62-64.

松浦淑郞, 1921.10. "俗傳迷信に表れた朝鮮人の衛生思想", 東洋時報 277: 32-37.

三田村鳶魚, 1932.12.1 "朴僉知の教へる人形製作過程", 旅と傳說 60: 2-16.

三橋蓮子, 1943.4.5 "朝鮮鄉土舞踊'鳳山タール", 佐谷功 編, 日本民族舞踊の研究. 東京: 東寶書店. Pp. 266-272.

村山智順, 1929.7.31 朝鮮の鬼神(民間信仰 第一部: 調査資料 第二十五輯). 京城: 朝鮮總督府.

村山智順, 1931.2.28 朝鮮の風水(民間信仰第二部: 調査資料第三十一輯). 京城: 朝鮮總督府.

村山智順, 1931.6.18 朝鮮の民間信仰. 京城: 無聲會.

村山智順, 1932.3.31 朝鮮の巫覡(民間信仰第三部: 調査資料第三十六輯). 京城: 朝鮮總督府.

村山智順, 1941.3.31 朝鮮の鄉土娛樂. 京城: 朝鮮總督府.

村山知義, 1926.2. "寫眞の新しい機能", アサヒカメラ 1(2): 114-117.

村山知義, 1938.6.1 "朝鮮の風趣", 海 8(6): 20-22.

八木奘三郎, 1917.1.25 "朝鮮の石戰風習", 人類學雜誌 32(1): 1-7.

柳田國男 1912.2.10 "イタカ及びサンカ(其三)", 人類學雜誌 28(2): 77-84.

山口麻太郎, 1930.1. "壹歧島方言に見ゆる古語に就て", 國語と國文學 7(1): 93-97.

山口麻太郎, 1930.11.1 "壹岐に於ける田の神の信仰に就いて", 旅と伝説 3(11): 29~31.

山口麻太郎, 1935.1.1 "壹岐島年中行事", 旅と伝説 8(1): 157~179.

若山一夫, 1938 "樂しい春香傳", テアトロ 5(4): 20~21.

若山浩一, 1943.4.5 "朝鮮民謠雜記", 佐谷功 編, 日本民族舞踊の研究. 東京: 東寶書店. Pp.311-329.

匿名, 1930.1. "江界郡の火田民生活", 朝鮮總督府調査月報 1(1): 103~112.

匿名, 1930.2. "熙川郡の火田狀況", 朝鮮總督府調査月報 1(2): 77~95.

匿名 1930.10.1 "讀者名簿(六)", 旅と傳說 3(10): 95-95.

匿名, 1933.1. "熙川郡の火田指導部落施設", 朝鮮總督府調査月報 4(1): 57~62.

匿名, 1934.7.14 "宋錫夏氏小傳", 大阪每日新聞 朝鮮版.

匿名, 1943.9. "特輯: 民俗と寫眞", 寫眞文化 27(3): 39-45.

アチックマンスリー1: 2, 1935.7.30

京城帝國大學學報 26号(1929.5.5); 100号(1935.7.5)

寫眞文化, 1943年 9月號(第27卷3號)..

人類學雜誌, 50(5): 213, 人類學雜誌 50(7): 303,

朝鮮新聞, 11688號(1933.12.4).

ドルメン 7: 53(1932.7.1). ドルメン 4(6): 260, 1935.6.1

每日申報, 6077號(1924.11.13), 12926 號 (1943.8.6), 12928 號 (1943.8.8).

民族學硏究, 28(1); 民族學硏究 新1(5).

Theopotamos(Kamikawa) 2022年1月29日 19:23. https://note.com/theopotamos/n/n4404477949f7

https://sites.google.com/view/kinkiminzoku/ホーム/小島勝治の部屋

Bateson, Gregory & Margaret Mead 1942 *Balinese Character: A Photographic Analysis*. New York: New York Academy of Science.

Bausinger, Hermann 1994 "Nazi Folk Ideology and Folk Research", *The Nazification of an Academic Discipline: Folklore in the Third Reich*, eds. by James Dow & Hannjost Lixfeld. Bloomington: Indiana University Press. pp. 11-33.

Boas, Franz 1974(1904) "The History of Anthropology", *Readings in the History of Anthropology*, ed. by Regna Darnell. New Yo가: Harper & Row. pp. 260-273.

Canclini, Nestor Garcia 2001 *Culturas hibridas: Estrategias para entrar y salir de la modernidad*. (이성훈 역 2011 혼종문화: 근대성 넘나들기 전략. 서울: 그린비).

Carles, William Richard 1888 *Life in Korea*. London & New York: Macmillan and Co.

Carvendish, A.E.G. & H.E.Goold-Adams 1894 *Korea and the Sacred Mountain, being a brief accound of a journey in Korea in 1891*. London: George Philip and Son.

Clifford, James 1988 *The Predicament of Culture: Twentieth-Century Ethnography, Literature, and Art*. Cambridge: Harvard University Press.

Crossman, Carl L. 1991 *The Decorative Arts of the China Trade: Paintings, Furnishings and Exotic Curiosities*. Woodbridge, Suffolk: Antique Collectors' Club.

Culin, Stewart 1895 *Korean Games, With Notes on the Corresponding Games of China and Japan*. Philadelphia: University of Pennsylvania.

Eckert, Carter J. 2016 *PARK CHUNG HEE and Modern Korea: The Roots of Militarism, 1866-1945*. Cambridge, MA: Harvard University Press.

Gardner, C.T. 1895 "The Coinage of Corea", *Journal of the North-China Branch of the Royal Asiatic Society* 27: 71-130.

Gerndt, Helge 1994 "Folklore and National Socialism: Questions for further Investigation", *The Nazification of an Academic Discipline: Folklore in the Third Reich*, eds. by James Dow & Hannjost Lixfeld. Bloomington: Indiana University Press. pp. 1-10.

Gluckman, Max 1966 *Custom and Conflict in Africa*. Oxford: Blackwell.

Hodges, Cecil H.N. 1914 "A Plea for the Investigation of Korean Myths and Folklore", *Transactions of the Korea Branch of the Royal Asiatic Society* 5(1): 41-53.

Hulbert, Homer B. 1902 "Korean Folk-Tales", *Transactions of the Korea Branch of the Royal Asiatic Society* 2(2): 45-79.

Hulbert, Homer B. 1897(Jan.) "Demonical Possession: Things in General", *Korean Repository*

4(1): 24-25.

Jones, Heber 1901 "The Spirit Worship of the Koreans", *Transactions of the Korea Branch of the Royal Asiatic Society* 2(1): 37-58.

Kano, Tadao & Segawa Koichi 1945.4.20 *An Ilustrated Ethnography of the Yami*. Tokyo: Sibusawa Institute for Ethnographical Research.

Landis, E.B. 1896-1897 "Korean Folk Tales", *The China Review: or, Notes and Queries on the Far East* 22: 693-697.

Landis, E.B. 1898.7. "Rhymes of Korean Children", *Journal of American Folklore* 11(42): 203-209.

Lay, Authur Hyde 1913 "Marriage Customs of Korea", *Transactions of the Korea Branch of the Royal Asiatic Society* 4(3): 1-15.

MacGowan, Daniel J. 1891 "Gyneacocracies in Eastern Asia with Anthropological Notes", *The China Review: or, Notes and Queries on the Far East* 19: 285-308.

Malinowski, Bronislaw K. 1923 "The Problem of Meaning in Primitive Language", *The Meaning of Meaning*, eds. By C.K.Ogden & I.A.Richards. London: Kegan Paul, Supplement. Pp. 451-510.

McVicker, Donald 2012.8. *Frederick Starr: Popularizer of Anthropology, Public Intellectual, and Genuine Eccentric*. AltaMira Press.

Oppenheim, Robert 2005.8. "The West" and the Anthropology of Other People's Colonialism: Frederick Starr in Korea, 1911-1930", *Journal of Asian Studies* 64(3): 677-703.

Oppenheim, Robert 2016 *An Asian Frontier: American Anthropology and Korea, 1882–1945*. Lincoln: University of Nebraska Press.

Osgood, Cornelius 1951 *The Koreans and their Culture*. New York: The Ronald Press.

Quack, Anton 2006 "100 Years of Anthropos", *Anthropos* 101: 3-7.

Rutt, Richard 1979 "An Early Koreanologist: Eli Barr Landis, 1865-1898", *Transactions of the Korea, Branch of the Royal Asiatic Society* 54: 59~91.

Scott, James C. 1990 *Domination and the Arts of Resistance: Hidden Transcripts*. New Haven: Yale University Press.

Starr, Frederick 1917 "Corean Coin Charms and Amulets", *Transactions of the Korea Branch of the Royal Asiatic Society* 8: 42-79.

Steger, Brigitte 2019.12. "The Stranger and Others: The Life and Legacy of the Japanese Ethnologist Oka Masao", *Vienna Journal of East Asian Studies* 11: 60-91.

Stocking, George W.(ed.) 1991 *Colonial Situations: Essays on the Contextualization of Ethnographic Knowledge*. Madison, WI: University of Wisconsin Press.

Strobach, Hermann 1994 "'...but when does the prewar begin?': Folklore and Fascism before and around 1933", *The Nazification of an Academic Discipline: Folklore in the Third Reich*, eds. by James Dow & Hannjost Lixfeld. Bloomington: Indiana University Press. pp. 55-68.

Underwood, H.H. 1915 "Hunting and Hunters' Lore in Korea", *Transactions of the Korea Branch of the Royal Asiatic Society* 6(2): 23-43.

Zimmerman, Andrew 2001 *Anthropology and Antihumanism in Imperial Germany*. Chicago: University of Chicago Press.

Osgood Papers(Manuscripts and Archives, Sterling Memorial Library, Yale University).

인명색인

로마자

J

James Frazer 137

한국어

ㄱ

강석천(姜錫天) 66
강신표 146
강용권 334, 335
게르넛 프루너(Gernot Prunner) 8
게오르그 횔트커(Georg Höltker) 173
고도우 타쿠오(伍堂卓雄) 253
고도 코젠(後藤興善) 219
고유섭 235
곽상훈 137
구본웅(具本雄) 242
구스타프 아돌프(Gustaf VI Adolf) 70
구용서(具容書, 具鎔書) 67
굴드-애덤스(H. E. Goold-Adams) 89
권덕규 235
권상로 235
그레고리 베잇슨(Gregory Bateson) 209
김광식 296, 352
김광진(金光鎭) 66
김남천(金南天) 226, 316

김달관(金達寬) 66
김도태 235
김동진(金東鎭) 316
김복진(金福鎭) 133, 134, 227, 281
김삼불(金三不) 328, 329
김선풍 43
김성철(金聲喆) 63, 66
김성호 235
김소운 82, 83, 95, 96
김수경(金壽卿) 316, 317
김영건(金永鍵) 316
김영석(金永錫) 316
김영애(金永愛) 133
김재원 175, 315, 318, 321, 325
김재철(金在喆) 127, 128, 333
김정학(金廷學) 330
김준근 88, 89, 90, 91, 137, 211
김지곤(金之坤) 63, 67
김태곤 43
김태준(金台俊) 243, 316
김홍조(金弘祚) 68
김효경(金孝敬) 319, 330
김희술(金熙述) 66

ㄴ

나가다 타쓰오(永田龍雄) 71
나라키 스에자네(楢木末實) 40
나카기리 카쿠타로(中桐確太郎) 81
나카야마 타로(中山太郎) 156
난바 센타로(難波專太郎) 71
난에 지로(南江二郎) 112, 128, 129, 131, 134, 141, 202, 296, 343
네스토르 가르시아 칸클리니(Nestor Garcia Canclini) 210
노구치 요시사쿠(野口善作) 267
노마구치 히데키(野間口英喜) 285
니시다 나오지로(西田直二郎) 172
니시무라 신지(西村眞次) 131, 135, 146, 354
니시무라 신타로(西村眞太郎) 40
니시츠노이 마사요시(西角井正慶) 272

ㄷ

다니엘 맥고완(Daniel J. MacGowan) 57
도유호(都宥浩) 173, 174, 175

ㄹ

루미스 헤브마이어(Loomis Havemeyer) 219
루스 베네딕트 176
리햐르트 피셸(Richard Pischel) 219

ㅁ

마가렛 미드(Margaret Mead) 209
마렛트(Robert Marett) 130
마쓰모토 카쿠(松本 學) 272, 273
마에마 쿄사쿠(前間恭作) 177, 179
모리스 쿠랑(Maurice Courant) 316
무라야마 지준(村山智順) 40, 41, 42, 83, 105, 205, 220, 239, 271, 331
무라야마 토모요시(村山知義) 256, 257, 259, 266, 296
문일평 235, 236, 237
미나미 카나에(南 要) 172
미야모토 츠네이치(宮本常一) 172
미츠바시 렌코(三橋蓮子) 262, 263
미치히사 료(道久 良) 71
미타무라 엔교(三田村鳶魚) 127
민영규 181, 257
민천식(閔天植) 318

ㅂ

박상훈(朴商勳) 316
박석윤(朴錫胤) 67
박유하 251, 252
박응진(朴應鎭) 133
박정부(朴正夫) 334, 335
방종현 178, 236, 237, 327, 338, 358

백낙준 81, 82, 317
백남운 65, 66
변수 105, 336, 345
브로니슬라브 말리노브스키(Bronislaw K. Malinowski) 28
빌헬름 슈미트(Wilhelm Schmidt) 169, 171, 179, 344

ㅅ

사와타 시로사쿠(沢田四郎作) 172
사쿠라다 카즈노리(桜田勝徳) 172
사타니 이사오(佐谷 功) 262
서광범 59
서재필 59
세실 홋지(Cecil Hodges) 60
세코 토시오(瀬古敏雄) 71
손더슨(Saunderson) 138
손진태(孫晉泰) 13, 42, 72, 80, 81, 82, 87, 94, 95, 96, 97, 105, 113, 134, 153, 154, 156, 165, 166, 176, 178, 179, 180, 191, 200, 220, 235, 240, 258, 282, 283, 289, 303, 314, 328, 329, 330, 339, 340, 341, 353, 354
송완용 34
송태관 34, 67, 68, 126, 153, 232
스기우라 켄이치(杉浦健一) 272
스기우라 후쿠베(杉浦 瓢) 172
스즈키 토이치(鈴木東一) 172
스텐 베리만(Sten Bergman) 338
스튜어트 쿨린(Stewart Culin) 59, 89, 90, 92
시라이 준(白井 順) 107, 134, 177
시로야마 쇼조(城山正三) 292
시마 키미야스(島 公靖) 262, 264
시미즈 헤이조(清水兵三) 71
시부사와 에이이치(澁澤榮一) 66
시부사와 케이조(澁澤敬三) 85, 171
시이키 우노스케(椎木宇之助) 74
신남철(申南澈) 316
신래현(申來鉉) 296
신현정(申鉉鼎) 155
심영(沈影) 256, 258, 259

인명색인 • 377

ㅇ

아네자키 마사지(姉崎正治) 84
아놀드 반 게넵(Arnold van Gennep) 218, 219
아다치 료쿠토(安達綠童) 71
아베 요시시게(安倍能成) 258
아사카와 노리타카(淺川伯教) 71
아서 레이(Authur H. Lay) 60
아유가이 후사노신(鮎貝房之進) 127
아카마쓰 치조(赤松智城) 65, 74, 105, 145, 148, 193, 212, 220
아키바 타카시(秋葉 隆) 42, 65, 72, 80, 82, 105, 148, 179, 193, 212, 220, 282, 283, 289, 308, 333
아키타 우자쿠(秋田雨雀) 257, 259
안도 마사츠구(安藤正次) 184
안도 무레루(安藤 烈) 272
안영일(安英一) 296, 316
안확 149, 150
알프레드 에드워드 존 캐번디시(Alfred Edward John Cavendish) 88
알프레드 크로버 176
야나기타 쿠니오(柳田國男) 114, 156, 163, 164, 171, 172, 173, 200, 202, 219, 288, 353, 356
야마가 노부지(山家信次) 309
야마구치 아사타로(山口麻太郞) 138, 157
야부키 케이키(矢吹慶輝) 65
양세환 235
양재연 8
언더우드(Horace Horton Underwood, 元漢慶) 60
에드문트 후설(Edmund Husserl) 44
에드워드 타일러(Edward Tylor) 64, 352
에른스트 카시러(Ernst Cassirer) 44
에반스 프리처드(Evans-Pritchard) 119
여중철 8
오노 사치오(大野左千夫) 9
오리구치 시노부(折口信夫) 172, 272, 273
오사나이 카오루(小山內薰) 142, 143
오세창 235
오에노 마사후사(大江匡房) 183
오정두(吳正斗) 334, 335
오청(吳晴) 205, 206, 331, 332
오카다 미츠구(岡田 貢) 71, 72
오카 마사오(岡 正雄) 131, 135, 169, 170, 171, 174, 289
오쾌일(吳快一) 199
오토 토키히코(大藤時彦) 272
와카야마 코이치(若山浩一) 262, 266
요시다 테이고(吉田禎吾) 42
요코이 테루히데(橫井照秀) 9, 10, 160, 163, 164, 172
우노 마사시(宇野正志) 272
우츠시카와 네노조(移川子之藏) 64
월터 휴(Walter Hough) 59
윌리엄 고울란드(William Gowland) 138
윌리엄 칼스(William Richard Carles) 137
유영준(兪永濬) 102, 113, 115, 116, 137
유자후(柳子厚) 264
유진오 303
유치진(柳致眞) 98, 100, 133, 207, 208, 227, 258, 264, 280, 281, 282, 316, 319
유형목(兪亨穆) 79, 81, 82, 133
유홍렬 303, 319, 333
윤백남(尹白南) 33, 127, 258
윤세평 162
윤희순 318
이강선(李剛仙) 207, 223
이경모(李坰謨) 79
이광규 8
이광수 71, 282, 303
이규필 318
이나바 군잔(稻葉岩吉) 127
이노우에 오사무(井上收) 71
이노우에 이진(井上位人) 71
이노우에 토시지(井上俊治) 292
이노 카노리(伊能嘉矩) 159
이능화(李能和) 38, 41, 57, 72, 73, 99, 181, 235, 282
이덕봉 235
이동벽(李東碧) 116, 133
이두현 7, 8, 141, 334, 335, 339
이마니시 류(今西 龍) 194, 195

이마무라 라엔(今村螺炎) 71
이마무라 토모에(今村 鞆) 40, 80, 105, 127, 150, 158, 191, 199, 220, 289
이명선(李明善) 316
이무영 225, 303
이민기(李玟基) 334
이병기(李秉岐) 235, 303, 317, 318, 329
이병도 235, 303, 345
이복기(李福基) 329
이봉진(李琫振) 98, 101, 102, 154
이선근 81, 82, 146, 235
이시이 요시오(石井吉雄) 291, 292
이여성(李如星) 227, 235, 248, 317, 318
이와쿠라 이치로(岩倉市郎) 172
이용악(李庸岳) 316
이원조(李源朝) 226, 316
이은상 66, 71, 235, 236, 237
이이츠카 토모이치로(飯塚友一郎) 100, 148, 149, 296, 343
이재간(李載侃, 李在侃) 66
이전화 235, 236, 238
이종권(李鐘券) 133
이종철 8
이종태(李鍾泰) 81, 82, 153, 154, 180, 274, 282, 283, 326
이치야마 모리오(市山盛雄) 71
이치카와 사이(市川 彩) 155
이태준(李泰俊) 225, 226, 282, 316
이혜구 81, 149, 205, 207, 247, 248, 250, 290, 319, 326, 331, 332, 333
이희승(李熙昇) 227, 316, 317
인나미 코이치(印南高一) 295, 296, 343
일라이 바르 랜디스(Eli Barr Landis) 92
임돈희 8, 43
임동권 8
임석재 8, 205, 206, 331, 332, 343, 345
임화(林和) 226, 243

ㅈ

장재봉(張在奉) 334, 335
장주근 8
장철수(張哲秀) 8
장현균(張賢均, Kenneth Chang) 42, 43, 44
정상박 141, 148, 334, 335
정인섭(鄭寅燮) 80, 81, 82, 87, 97, 98, 100, 113, 133, 141, 258, 280, 282
정현웅(鄭玄雄) 225, 226, 227, 228
제임스 스콧(James C. Scott) 48, 227
제임스 클리퍼드(James Clifford) 50
조동일 141
조명기 333
조옥라 43
조지 스토킹(George W. Stocking Jr) 28
조지 헨리 루이스(George Henry Lewes) 142

ㅊ

최길성 8
최남선(崔南善) 38, 41, 71, 72, 127, 151, 319
최상수(崔常壽) 8, 141, 340, 341, 345
최승희(崔承喜) 152, 153
최익한(崔益翰) 238
최인학 43
최진순(崔瑨淳) 81, 82
최천(崔天) 101, 102, 154
최현배 235
츠루미 슌스케(鶴見俊輔) 30, 32
츠보우치 쇼요(坪內逍遙) 76, 100, 101, 296
츠보이 쇼고로(坪井正五郎) 160
치바 타쿠오(千葉卓夫) 292

ㅋ

카노 타다오 209
카와노 마사오(川野正雄) 157
카와타케 시게토시(河竹繁俊) 296
카터 에커트(Carter Eckert) 29
카토 마스오(加藤增雄) 155
카토 쇼린(加藤松林) 71
칼 만치우스(Karl Mantzius) 100

칼 야스퍼스(Karl Jaspers) 44
커넬리우스 오스굿(Cornelius Osgood) 309, 312, 344
코데라 유키치(小寺融吉) 76, 86, 107, 114, 117, 152, 186, 202, 213, 260, 269, 273, 296, 343
코마츠 미도리(小松 綠) 158
코바야시 이치조(小林一三) 261, 267
코우노 타카시(河野鷹思) 257
코이즈미 아키오(小泉顯夫) 70
코지마 카츠지(小島勝治) 172
코지마 칸지(兒島勘次) 199
코타니 미치아키라(小谷方明) 172
콘다 야스노스케(權田保之助) 251
콘 와지로(今 和次郎) 229
쿠로다 마사오 292
쿠마가이 타츠지로(熊谷辰治郎) 108, 272
크리스토퍼 가드너(Christopher T. Gardner) 57
클리퍼드 기어츠(Clifford Geertz) 44
키시모토 신지(岸本真治) 71
키쿠치 산사이(菊池山哉) 272
키타가와 스케토(北川左人) 40
키타노 히로미(北野博美) 76, 272

ㅌ

타나베 히사오(田辺尚雄) 290
타나카 하쓰오(田中初夫) 71
타쓰이 마쓰노스케(龍居松之助) 71
타카기 이치노스케(高木市之助) 71
타카노 타츠유키(高野辰六) 114
타카다 야스마(高田保馬) 289
타카무라 에츠코(高村江津子) 9
타카사키 마사히데(高崎正秀) 272
타카하시 토오루(高橋 亨) 205
타케다 히사요시(武田久吉) 122
타케우치 요시타로(竹內芳太郎) 273
토리이 류조(鳥居龍藏) 160, 248
토키와 다이조(常盤大定) 65

ㅍ

펜실베이니아 14, 15, 57, 89, 91, 92, 93
프란츠 보아스(Franz Boas) 12, 43, 176
프레데릭 스타(Frederick Starr) 60
프레데릭 퍼트넘(Frederick Ward Putnam) 59
플로렌스 허들스턴 크레인(Florence Hedleston Crane) 201

ㅎ

하기노 요시유키(萩野由之) 151
하기와라 마사노리(萩原正德) 96, 102, 103
하마구치 료코 71
하마구치 요시미쓰(浜口良光) 71
하세가와 우이치(長谷川宇一) 285
하야카와 코우타로(早川孝太郎) 97, 186, 252
하타 이쿠타로(波多郁太郎) 272
하타 토요키치(秦 豊吉) 261
한상복 8
한상진(韓相鎭) 318
한성준(韓成俊) 127, 207, 223, 262, 263, 264
한창희(韓昌熙) 66
한태익(韓泰益) 66
한흥수(韓興洙) 173, 328, 359
허민수(許敏洙) 66
허버 존스(Heber Jones) 58
허영호 137
헨리 아서 존스(Henry Arthur Jones) 142
현철(玄哲) 258
호머 헐버트(Homer Hulbert) 57
혼다 야스지(本田安次) 143, 245, 262, 351
홍명희 66, 235, 281
황의돈(黃義敦) 235, 236, 237, 238, 339
황철산 197
후루노 키요토(古野淸人) 135
후지이 사다후미(藤井貞文) 272
후쿠다 토쿠조(福田篤三) 64, 165
히고 카즈오(肥後和男) 138, 157

사항색인

기호

15년 전쟁 30, 32, 255

한글

ㄱ

결전오락(決戰娛樂) 268
고현학 229
국극요람(国劇要覽) 87
국제인류학민족학협회(IUAES) 169
군국주의 맥락(militarism context) 27

ㄴ

남방이앙가(南方移秧歌) 95, 147

ㄷ

당지연구(當地研究) 41, 218
대일본청년단(大日本靑年團) 106
『도루멘(ドルメン)』 118, 148
도시 민속학 172, 355
도탄문화론(predicament of culture) 50
도탄 문화(predicament of cultures) 350
동래야류 102, 108, 111, 113, 114, 115, 116, 117, 119, 137, 203, 212, 336
동보무용대(東寶舞踊隊) 264
동화주의(同化主義) 36

등촌리풍년용(登村里豊年踊) 122
딜레탕트(Dilettanten) 332

ㅁ

메타 민속학(meta folklore) 166
명치신궁(明治神宮) 106
문화 각축(cultural contest) 268
문화 도탄(cultural predicament) 269
문화인류학(文化人類學) 135
문화전파론 99, 141, 171
문화주권(cultural sovereignty) 70
문화체계론 141
민속예술 75, 76, 86, 109, 112, 114, 120, 122, 123, 124, 127, 129, 132, 138, 139, 141, 142, 167, 213, 227, 228, 272, 273, 274, 275, 276, 277, 278, 283, 333, 343, 356
민속예술의 회(民俗藝術の會) 76
민속지(ethnography) 37
『민속학(民俗學)』 85, 138, 157, 353, 356
『민속학보(民俗學報)』 340
민족학(民族學, ethnology) 135

ㅂ

반란 의례(rites of rebellion) 111, 142, 256, 333, 345
보총무용대(寶塚舞踊隊) 261
봉산탈춤 86, 91, 108, 109, 110, 111, 114, 116, 117, 118, 119, 120, 125, 133, 144, 147, 148, 205, 206, 210, 211, 212, 213, 214, 215, 216, 220, 225, 226, 227, 228, 231, 234, 243, 245, 246, 254, 263, 267, 268, 277, 314, 331, 332, 336, 344, 351, 355, 359

ㅅ

사실(史實, historical fact) 44
사실(事實, social fact) 44

사회적 연극(social drama) 111
사회진화론(social evolutionism) 39
속전학(俗傳學) 175
스미요시 토속연구회(住吉土俗研究會) 160
식민지적 근대성(colonial modernity) 350
식민지혼종론(植民地混種論, colonial hybridity) 46

ㅇ

애니메티즘(animatism) 130
애니미즘(animism) 130
애트노그라피아(etnografia) 359
양주별산대 91, 92, 93, 94, 100, 228
에스노그라퍼(ethnographer) 96
『여행과 전설』 96, 104, 160, 176
오광대급야류 97, 183
은항책(隱抗策, hidden transcript) 48
이나카 10, 160, 161, 162, 163, 172
인종지(人種誌) 135
인종학(人種學) 135

ㅈ

자문화인류학 350, 351, 357, 359
잔존(survival) 352
전국향토무용민요대회(全國鄕土舞踊と民謠大會) 76
전국향토무용민의회(全國鄕土舞踊民謠の會) 114
조선각도민속개관(朝鮮各道民俗槪觀) 188
『조선민속』 53, 82, 86, 88, 96, 97, 98, 100, 104, 137, 146, 153, 154, 166, 167, 179, 180, 186, 187, 332
조선민속학회 12, 41, 42, 53, 76, 79, 80, 81, 82, 83, 84, 85, 86, 88, 96, 97, 98, 99, 104, 105, 109, 133, 136, 146, 153, 154, 158, 166, 167, 179, 180, 185, 187, 193, 206, 208, 220, 223, 232, 234, 243, 263, 270, 282, 285, 289, 326, 327, 330, 331, 332, 339, 341, 342, 343, 344, 354, 366
조선인류학회 314, 318, 344

조선인형극회(朝鮮人形劇會) 133
지일(知日) 36, 346
진주오광대 100, 139, 140, 147, 213, 308

ㅊ

채방기 164, 165
체질인류학(體質人類學) 135

ㅌ

토속학(土俗學, ethnography) 135
토착인류학(native anthropology) 356
통영오광대 96, 97, 98, 100, 102, 154, 156, 203, 245, 334, 335, 336, 337, 365
트로브리안드(Trobriand) 33

ㅍ

팍크매너(Fachmanner) 332
포크로어(folklore, 독일어로 Volkssage) 136
포크스쿤데(volkskunde) 137

ㅎ

학문적 식민주의(academic colonialism) 342
한계학문(限界學問) 354
한국문화인류학회 344, 345
한국민속고 25
『한국민속학』 345
한국민속학회 340, 341, 345
향산제(香山祭) 147
향토문화조사사업 235, 236, 237, 238, 239
황기 2600년 49, 224, 244, 261, 262, 271, 272, 273, 274, 278
황도사상(皇道思想) 36
황창랑 전설 147
휘일드 웍(Field Work) 38